国家社会科学基金艺术学重点项目（项目号：13AH005）最终成果

公共文化服务体系建设财政保障研究

张启春 著

中国社会科学出版社

图书在版编目（CIP）数据

公共文化服务体系建设财政保障研究／张启春著．—北京：中国社会科学出版社，2019.8

ISBN 978－7－5203－4831－7

Ⅰ.①公…　Ⅱ.①张…　Ⅲ.①公共管理—文化工作—财政支出—财政制度—研究—中国　Ⅳ.①F812.453

中国版本图书馆 CIP 数据核字（2019）第 171456 号

出 版 人　赵剑英
责任编辑　周晓慧
责任校对　无　介
责任印制　戴　宽

出　　版　中国社会科学出版社
社　　址　北京鼓楼西大街甲 158 号
邮　　编　100720
网　　址　http://www.csspw.cn
发 行 部　010－84083685
门 市 部　010－84029450
经　　销　新华书店及其他书店

印　　刷　北京明恒达印务有限公司
装　　订　廊坊市广阳区广增装订厂
版　　次　2019 年 8 月第 1 版
印　　次　2019 年 8 月第 1 次印刷

开　　本　710×1000　1/16
印　　张　22
字　　数　317 千字
定　　价　99.00 元

目　　录

第一章　导论

第一节　选题背景及意义

文运与国运相牵，文脉同国脉相连。党的十九大报告明确提出“在本世纪中叶建成富强民主文明和谐美丽的社会主义现代化强国”的奋斗目标，同时指出“没有高度的文化自信，没有文化的繁荣兴盛，就没有中华民族伟大复兴”。完善公共文化服务体系的关键在财政保障，在这种背景下研究公共文化服务体系建设财政保障具有必要性与迫切性。

一　选题背景

文化是民族的血脉，是人民的精神家园。不断提升文化软实力，直接关系到“两个一百年”奋斗目标和中华民族伟大复兴中国梦的实现。“十三五”时期是全面建成小康社会决胜阶段，作为其指标之一的文化小康被推至一个历史新高度。公共文化服务体系作为社会主义文化强国的基础性工程，不仅承担着弘扬社会主义核心价值的重要使命，也是我国先进文化传承的重要载体，更是实现社会主义现代化和中华民族伟大复兴的重要精神支撑。自 2005 年首次提出至今，特别是党的十八大以来，我国公共文化服务体系建设取得了令人瞩目的成绩，呈现出整体推进、重点突破、全面提升的良好发展态势。然而，公共文化服务体系建设是一项涉及面广、错综复杂的系统性工程，面对历史欠账与现实需求，公共文化服务体系建设仍面临着体系不完善、发展不均衡等诸多问题和困难，归根结底，还在于财政保障问题。当前，中央政府和包括浙江、江苏、湖北、山东、河南等在内的不少地方政府均已开展了公共文化服务体系示范区创建活动，以期探索公共文化服务建设的有效路径，其中财政保障是重要板块之一。那么，各国家级、省级示范区是如何应对公共文化服务体系建设财政压力的？示范区创建之后如何走向全国范围内公共文化服务的标准化、均等化、现代化？这些问题亟待解决。

（一）制度的变迁：政府公共文化服务职能的回归

中华人民共和国成立以来，我国政府职能大体上经历从计划经济时期的“全能型”、改革开放初期的“发展型”、21 世纪的“服务型”三种形态。在不同形态的政府职能下公共服务供给模式是不相同的，大致呈现了“垄断式”“过度市场化”和“政府主导、多元共治”的演进脉络，这一历程充分体现了党和政府对其职能的清晰定位、对公民权利和民生建设的主动担当。具体而言，在计划经济时期，政府全面管控社会，公共服务政策制定主要考量的是体现社会主义制度优越性，在城乡二元分治基础上坚持平均平等的价值取向。[①] 1954 年宪法确认了政府应当提供社会保险、社会救济、群众卫生事业和基础教育等基本公共服务。在此理念的指引下，我国几乎从零起步投资兴办了教育、卫生、社会保障和文化等一大批关系公民基本生存和发展的社会事业。“1954 年预算中国家用于文教、卫生和社会福利事业的支出等于 1950 年的 4.9 倍。这部分的支出占整个财政支出的比重也从 1950 年的 11.1% 增加到 1954 年预算的 14.7%。”[②] 这一时期公共服务体系基本上实现了全面覆盖、区域均等，但限于当时的经济社会发展水平，总体供给严重短缺，服务水平低下。在改革开放初期，在发展主义意识形态主导下，各级政府高度重视经济政策和经济增长，相对忽略社会政策和社会建设，甚至为了追求经济增长而“容忍不平等的扩大”[③]。我国政府开始推进公共服务的社会化与市场化改革，这一改革的结果是：公共服务责任下移，地方政府公共服务

① 范逢春：《建国以来基本公共服务均等化政策的回顾与反思：基于文本分析的视角》，《上海行政学院学报》2016 年第 1 期。

② 参见周恩来《1954 年国务院政府工作报告》，1954 年 5 月 23 日。

③ Bjorn A. Gustafsson，Li Shi，Terry Sicular（eds.），*Inequality and Public Policy in China*，Cambridge University Press，2008.

职能不断弱化，公共服务缺少常态化、规模化投入，公共服务供给的普及性和均等化程度大大降低。[①] 进入 21 世纪以后，党和政府提出了“以人为本”和“科学发展”的治理理念，政府职能向服务型转变，并于 2005 年提出了“促进基本公共服务均等化”战略构想，各级政府不断探索创新公共服务体系建设，并取得了一定的成效。十八大以来，党和政府进一步加大重视程度，分别于 2012 年、2017 年发布了《国家基本公共服务体系“十二五”规划》和《“十三五”推进基本公共服务均等化规划》，对基本公共服务标准化、均等化建设做了详细部署，这些举措促使公共服务体系的全面建立从理念蓝图变成现实计划。

就公共文化服务领域而言，纵观相关政策的演进脉络，从计划经济时期“大包大揽”的文化垄断式供给，到改革开放初期的“摸着石头过河”，再到 2005 年首次提出“公共文化服务体系”、2011 年提出“基本公共文化服务均等化”和 2013 年进一步提出“现代公共文化服务体系”，充分显示了政府文化职能的定位逐渐清晰并向本质回归。在计划经济时期，与其他公共服务一样呈现出发展较快、相对平等、低水平供给的特征，城市公共文化主要由国家财政保障，农村公共文化则由村集体经济作为主要供给者和融资方，其中“大跃进”与“文化大革命”期间则呈现出停滞乃至倒退的局面。改革开放以来，文化事业也随之转型，国家垄断格局逐渐得以转变，受当时经济领域普遍实行的“承包制”影响，公益性文化事业单位也实行了“经济承包责任制”“以文养文”“多业助文”。这直接导致这一阶段公益性文化事业和文化产业被混淆、政府文化职能和财政保障责任模糊，进而导致财政对公共文化的总体投入规模过小，增长缓慢。“六五”（1981—1985 年）规划提出了“县县有图书馆和文化馆，乡乡有文化站”的目标，乡镇文化站为促进农村文化建设发挥了重要作用，但是作为单一供给主体，“文化专干”很少能够有效履行相应职责，公共文化服务效率低下。到 20 世纪 90 年代中期，全国乡镇普遍开展“财源基地”建设，乡镇文化站的人、财、物管理权限全部被下放到

① 郁建兴：《中国的公共服务体系：发展历程、社会政策与体制机制》，《学术月刊》2011 年第 3 期。

乡镇一级，出现较大收支缺口，一大部分诸如乡镇文化站等文化阵地设施逐步被变卖。① 公共文化建设缺乏文化阵地的支撑，产品供给严重不足，与人民群众日益增长的文化需求相差甚远。对此，2002 年党的十六大首次将传统的大文化事业分为公益性文化事业和经营性文化产业，并逐步重视且不断加大文化建设投入。2005 年党的十六届五中全会第一次正式提出要“加大政府对文化事业的投入，逐步形成覆盖全社会的比较完备的公共文化服务体系”。自此，公共文化发展迈入了新阶段，公共文化服务相关政策密集出台（见表 1－1），建立健全公共文化服务体系成为各届各级政府的关注点，其建设在一定程度上也得到了长足发展。特别是党的十八大以来，以习近平同志为总书记的党中央，将加快构建现代公共文化服务体系纳入“四个全面”战略布局，全国各地以推进公共文化服务标准化、均等化为目标，加快构建覆盖城乡、便捷高效、保基本、促公平的现代公共文化服务体系。面对各级政府公共文化服务的积极实践，加强理论研究已成为一项重要课题。

表 1－1　2005 年以来关于公共文化服务体系构建的若干政策梳理

序号	文件	政策要点
1	十六届五中全会通过《中共中央关于制定国民经济和社会发展第十一个五年规划的建议》（2005）	首次提出逐步形成覆盖全社会的比较完备的“公共文化服务体系”
2	《关于开展国家公共文化服务体系示范区（项目）创建工作的通知》（2010）	在全国创建一批网络健全、结构合理、发展均衡、运行有效的公共文化服务体系示范区，培育一批具有创新性、带动性、导向性、科学性的公共文化服务体系项目
3	《中共中央办公厅、国务院办公厅关于加强公共文化服务体系建设的若干意见》（2011）	指出加强公共文化服务体系建设，是从中国特色社会主义事业总体布局和全面建设小康社会全局出发提出的一项重要任务
4	十七届六中全会通过《中共中央关于深化文化体制改革推动社会主义文化大发展大繁荣若干重大问题的决定》（2011）	提出到“2020 年，文化事业全面繁荣，覆盖全社会的公共文化服务体系基本建立，努力实现基本公共文化服务均等化”的目标

① 杨丽：《我国农村公共文化服务问题研究》，学位论文，郑州大学，2008 年。

续表

序号	文件	政策要点
5	《文化部"十二五"时期公共文化服务体系建设实施纲要》(2013)	要求构建覆盖城乡、结构合理、功能健全、实用高效的公共文化服务体系
6	十八届三中全会通过《中共中央关于全面深化改革若干重大问题的决定》(2013)	首次提出构建"现代公共文化服务体系"目标
7	《关于加快构建现代公共文化服务体系的意见》(2015)	全面部署构建现代公共文化服务体系，配发《国家基本公共文化服务指导标准(2015—2020年)》
8	《"十三五"时期贫困地区公共文化服务体系建设规划纲要》(2015)	凸显政府兜底保障文化民生的庄严承诺和主体责任
9	《关于做好政府向社会力量购买公共文化服务工作的意见》(2015)	创新公共文化服务供给模式，明确购买主体、承接主体、购买内容、购买机制、资金保障等
10	《关于进一步做好为农民工文化服务工作的意见》(2016)	要求加大公共文化设施向农民工免费开放力度，支持为农民工提供优惠或免费的文化服务等
11	《公共文化服务保障法》(2016)	将公共文化服务体系建设领域的行政方针上升为法律制度，进一步保障公民文化权利
12	《文化部"十三五"时期公共数字文化建设规划》(2017)	我国首部公共数字文化建设规划，确立了国家公共数字文化建设的实现路径

(二)现实的挑战：公共文化服务供给的财政约束

财政支持公共文化服务供给，是世界各国的普遍做法。当前，我国已走出20世纪八九十年代公共文化事业发展的"过度市场化"误区，政府公共文化服务职能定位已相对清晰，由公共财政支撑的理念相对深入。2005年提出构建公共文化服务体系之后，在党中央、国务院的高度重视下，我国公共文化建设投入稳步增长，公共文化服务体系建设取得了显著成就(见表1-2)。然而，由于历史欠账多、发展基础弱等，投入缺乏刚性指标，没有形成正常的增长机制，公共文化服务体系建设仍面临着巨大压力，尤其表现在财政层面。

表 1－2　　我国公共文化服务体系建设进展（部分指标）

类别	指标	2005 年	2010 年	2015 年	2020 年目标值
公共文化服务网络设施	公共图书馆（个）	2762	2884	3139	县级以上全覆盖
	群众文化机构（个）	41588	43382	44291	县级以上全覆盖
	乡镇（街道）文化站（个）	38362	40118	40976	乡镇全覆盖
	公共博物馆（家）	1581	2435	3852	县级以上全覆盖
	艺术表演场馆（家）	2805	6864	10787	—
公共文化产品、服务与活动	公共图书馆总藏量（万册）	61726	61726	83844	人均藏书量 1 册
	公共图书馆图书流通人次（万人次）	23331	32823	58892	80000
	群众文化机构组织文艺活动（万次）	39	58	96	—
	博物馆文物藏品（万件/套）	1620	1755	3044	—
公共文化服务支撑体系	公共图书馆从业人员数（人）	50423	53564	56422	推动人员编制落实
	乡镇（街道）文化站从业人员数（人）	—	89842	118192	每站 1—2 人
	艺术表演团体机构数（个）	2805	6864	10787	—
	公共图书馆电子阅览室终端数（台）	—	83124	126702	—

经过十多年的政策推动，当前已经基本建成一个覆盖城乡、结构合理、网络健全、运营有效、惠及全民的公共文化服务体系框架。公共文化基础设施得以完善，在一定程度上实现了“县县有图书馆文化馆、乡乡有综合文化站”，公共文化产品和服务能力不断提升，农家书屋、文化信息资源共享、广播电视村村通、送电影下乡、送戏下乡等文化惠民工程有序推进，公共文化设施向社会免费或优惠开放且服务人次大幅增加。但是，在面向文化小康社会迈进的历史征程中，人民日益增加、日趋多元的公共文化需求不可避免地与总量不足、发展不均的公共文化服务供给之间存在较为突出的矛盾。现阶段公共文化体系建设还存在不少短板与不足之处，城乡、区域、群体间公共文化服务供给严重不平衡，公共文化“设施孤岛”现象突出，公共文化

产品和服务供给"有馆有人无资源"现象严重，管理和服务水平不规范不科学，人才队伍数量（尤其是基层公共文化服务人才）匮乏。究其原因是多方面的，归根结底在于"钱"的问题。具体而言，公共文化服务供给所面临的财政困境主要体现在如下方面：一是财政管理体制有待理顺。1994 年分税制改革促使财权在中央与地方重新设定，支出责任却未能随之重新划分。财权与支出责任的不对称直接影响了地方公共服务供给财力，而中央财政转移支付体系也未能充分支持地方政府提供公共服务时所需的支出。[①] 二是财政保障意识有待更新。一些地方政府对文化建设的重要性、必要性、紧迫性认识不够，文化自觉性不高，存在着"等、靠、要"的问题，缺乏公共文化服务体系建设的积极性和主动性，文化职能并未得以发挥。这导致公共文化服务财政投入总量不足，直接影响和制约着公共文化服务效能。三是财政保障力度有待提升。全国县及县以下文化事业费所占比重不到 50%，上海、北京的人均文化事业费都在 120 元以上，而像河南、河北、安徽、江西这些中部人口大省的人均文化事业费则是 10 多元不足 20 元。[②] 针对残疾人、农民工、老年人、边疆少数民族地区群众等特殊群体的公共文化服务更是普遍较少。理顺财政管理体制，亟须开展政府文化职能相关研究，在合理界定政府文化职能的前提下，优化中央政府与地方政府、各级地方政府之间的事权与支出。在财政保障意识与保障力度方面，亟须开展针对公共文化服务体系建设的财政保障标准与方式的研究，从工具理性与价值理性两个层面为公共文化服务建设提供支撑。在实践中，2016 年颁布的《公共文化服务保障法》规定要形成明确的"事权"、落实"支出责任"、与"预算"挂钩的"三要素"投入格局，但是与此前的草案相比，删减了"建立健全公共文化服务财政保障机制"的表述，从中可见财政问题之复杂。只有正视且解决公共文化服务体系建设中上述种种财政保障难题，才能有效解决当前公共文化服务体系建设中的系列问题，才能实

---

① Christine P. W. Wong，Richard M. Bird：《中国的财政体系：进行中的工作》，劳伦·勃兰特、托马斯·罗斯基：《伟大的中国经济转型》，上海人民出版社 2009 年版。

② 李国新：《对我国现代公共文化服务体系建设的思考》，中国人大网，http：//www.npc. gov. cn/npc/xinwen/2016—04/06/content_ 1986532. htm。

现到2020年现代公共文化服务体系“全覆盖”“标准化”和“均等化”的发展目标。

（三）可行的出路：公共文化服务体系示范区的探索

面对公共文化服务体系建设的历史欠账和紧迫任务，通过开展公共文化服务体系示范区创建的形式，发挥典型和先进区域的示范作用，带动公共文化服务体系面上工作的开展，成为推进公共文化服务体系建设的有效途径。在分税制改革实施之后，中央政府税收大幅增加，各种财政资金开始以“专项”和“项目”的方式向下分配，而且这越来越成为最主要的财政支出手段，形成了所谓的“项目治国”①。就公共文化服务领域而言，尽管中央政府一再强调文化建设的重要性，并通过会议形式将其纳入政府发展规划中，甚至将文化建设纳入地方政府的考核指标中，但是地方政府还是紧紧盯住GDP，尤其是经济欠发达地区更是无暇顾及文化发展，文化投入指标柔性化，文化事业经费增长机制缺乏，当地群众的文化权益难以得到保障。② 以“项目”形式自上而下的专项支付投入，通过指定转移支付资金的特定用途、明确转移支付对象，可以有效地指导、动员、控制地方财政投入。文化部、财政部于2010年12月31日下发了《关于开展国家公共文化服务体系示范区（项目）创建工作的通知》，于2011年联合开启了首批国家公共文化服务体系示范区（项目）创建工作，运用“项目制”方式引导地方政府发展公共文化服务。截至目前，已经将前两批合计63个市区命名为国家公共文化服务体系示范区，将104个项目命名为国家公共文化服务体系示范项目。其中，第一批示范区31家、示范项目47个，第二批示范区32家。示范项目57个。第三批参与创建的示范区30家、示范项目54个，已经展开了中期督查，正在验收过程中。第四批创建的示范项目目前正在申报中。

---

① 周飞舟：《财政资金的专项化及其问题——兼论“项目治国”》，《社会》2012年第1期。

② 张良：《项目治国的成效与限度——以国家公共文化服务体系示范区（项目）为分析对象》，《人文杂志》2013年第1期。

表1-3 第一、二、三批国家公共文化服务体系示范区

组别	地区	第一批	第二批	第三批
东部组	广东省	东莞市	深圳市福田区	佛山市
	上海市	徐汇区	浦东新区	嘉定区
	北京市	朝阳区	东城区	海淀区
	福建省	厦门市	三明市	福州市
	山东省	青岛市	烟台市	东营市
	江苏省	苏州市	无锡市	南京市江宁区
	天津市	和平区	河西区	北辰区
	浙江省	宁波市鄞州区	嘉兴市	台州市
	海南省	澄迈县	保亭黎族苗族自治县	—
	辽宁省	大连市	沈阳市沈河区	盘锦市
中部组	湖北省	黄石市	襄阳市	宜昌市
	安徽省	马鞍山市	安庆市	铜陵市
	黑龙江省	牡丹江市	哈尔滨市南岗区	哈尔滨市道里区
	江西省	赣州市	新余市	九江市
	吉林省	长春市	延边朝鲜族自治州	吉林市
	湖南省	长沙市	岳阳市	株洲市
	河北省	秦皇岛市	廊坊市	沧州市
	河南省	郑州市	洛阳市	济源市
	山西省	长治市	朔州市	晋中市
西部组	陕西省	宝鸡市	渭南市	铜川市
	四川省	成都市	南充市	乐山市
	重庆市	渝中区	北碚区	江津区
	内蒙古自治区	鄂尔多斯市	包头市	呼和浩特市
	云南省	保山市	楚雄彝族自治州	曲靖市
	青海省	格尔木市	西宁市	—
	宁夏回族自治区	银川市	石嘴山市	吴忠市
	广西壮族自治区	来宾市	玉林市	防城港市
	新疆维吾尔自治区	喀什地区	克拉玛依市	昌吉回族自治州
	西藏自治区	林芝地区	山南市	拉萨市
	甘肃省	金昌市	张掖市	白银市
	贵州省	遵义市	贵阳市	毕节市
	新疆生产建设兵团	—	石河子市	五家渠市

国家公共文化服务体系示范区创建周期为 2 年，从 2011 年开始，每两年进行一次示范区（项目）申报、创建、验收工作，验收合格，命名颁牌。国家公共文化服务体系示范区按照中、东、西制定相应的创建标准和验收标准，探索不同类型地区的公共文化服务体系建设模式，探索基本公共文化服务标准化、均等化、现代化的实现路径。把制度设计研究作为创建示范区验收的前置条件，要求示范区着力针对主要矛盾和突出问题，根据区域差异、城乡差异的具体实际，开展理论研究，提出政策建议和工作方案，为构建现代公共文化服务体系提供理论指导和政策支持。为了配合和响应文化部、财政部开展的国家公共文化服务体系示范区创建工作，加快建设和完善公共文化服务体系，一些省份参照国家示范区创建安排，也相继开展省级公共文化服务体系示范区创建工作。据统计，截止到 2017 年 7 月，已有 12 个省开展了省级创建活动（见表 1 – 4）。就财政保障层面而言，国家公共文化服务体系示范区按照东、中、西部地区每个分别补助和奖励 400 万元、800 万元、1200 万元，每个示范项目分别补助和奖励 50 万元、100 万元、150 万元。同时要求地方政府为示范区（项目）建设进行资金配套和政策配套。省级公共文化服务体系示范区根据省情“以奖代补”，给予不同数量资金支持，同样要求创建单位进行资金配套以保证完成创建任务。其中创建标准对财政保障也进行了硬性规定。比如国家层面，在第一批“资金、人才和技术保障措施落实方面”要求：将公共文化服务体系建设纳入财政预算，经费得到落实，建立完善的公共文化投入保障机制等；第三批“公共文化服务保障”要求：按照基本公共文化服务标准测算、落实当地常住人口享有基本公共文化服务所必需的资金，保障公共文化服务体系建设和运行。在省级示范区创建方面亦是如此。无论是国家级还是省级，具有创建资格或者已经获得命名的地区，为完成创建任务，均大幅度增加财政投入，创新财政投入方式，在公共文化服务体系建设的某一方面取得了显著成效，对推动全国、全省公共文化服务体系建设产生了一定的借鉴、启示和带动促进作用。

表1－4　　省级公共文化服务体系示范区创建活动

序号	地区	开始时间	创建名称	创建安排	
				创建周期与范围	财政激励举措
1	江苏省	2011	江苏省公共文化服务体系示范区	两年，包括省辖区、县市区、乡镇（街道）	以奖代补，省辖市奖励300万元，县（市）级奖励100万元
2	浙江省	2011	浙江省公共文化服务体系示范区	两年，县市区	以奖代补
3	山东省	2013	山东省公共文化服务体系示范区（项目）	两年，示范区以地级市、县市区为单位	以奖代补（不含青岛）
4	湖北省	2013	湖北省公共文化服务体系示范区	两年，县市区	以奖代补，200万元
5	广东省	2014	广东省公共文化服务体系示范区（项目）	两年，县市区	以奖代补
6	河南省	2014	河南省公共文化服务体系示范区（项目）	两年，县市区	以奖代补，示范区200万元，示范项目50万元
7	黑龙江	2014	黑龙江省公共文化服务体系示范区	两年，县市区	—
8	安徽省	2014	安徽省公共文化服务体系示范区	两年，县市区	以奖代补
9	辽宁省	2015	辽宁省公共文化服务体系示范区（项目）	两年，县市区	—
10	湖南省	2015	湖南省现代公共文化服务体系示范区	两年，县市区	以奖代补
11	四川省	2016	四川省现代公共文化服务体系示范县	两年，县市区	—
12	河北省	2017	河北省公共文化服务体系示范区	两年，县市区	以奖代补

随着服务型政府和政府公共服务职能的逐渐清晰定位与本质回归，以基本公共文化服务供给为主的公共文化服务体系建设成为我国经济社会发展的一项长期战略任务，是各级政府的重要职责。然而，面对历史旧账所造成的公共文化服务基础薄弱和新时代人民日益增长

的美好文化生活需求的差距，财政保障压力巨大。为探索有效的建设途径，我国以公共文化服务体系示范区创建的形式先试先行。这些国家级、省级公共文化服务体系示范区是如何实现标准化、均等化的？采取了哪些财政保障措施？其财政保障标准是否具有可持续性？财政保障方式的绩效是否得以提升？诸如此类的问题急需研究总结推广，从而超越示范区，实现全国范围内公共文化服务的标准化、均等化、现代化。

二　选题意义

2002 年，党的十六大首次将传统的大文化事业分为公益性文化事业和经营性文化产业，此后的一系列文化政策使得公共文化服务在十多年的时间里获得了快速发展。在此基础上，2011 年党的十七届六中全会提出：到 2020 年，覆盖全社会的公共文化服务体系基本建立，努力实现基本公共文化服务均等化。2015 年《关于加快构建现代公共文化服务体系的意见》进一步提出：到 2020 年，基本建成覆盖城乡、便捷高效、保基本、促公平的现代公共文化服务体系，这直接关系到公共服务总体均等化和全面建成小康社会宏伟目标的实现。但是，现阶段我国公共文化服务体系建设还面临着诸多问题，要实现到 2020 年构建现代公共文化服务体系的目标，关键和当务之急在于研究、解决公共文化服务体系建设和运行中政府的角色定位与财政保障的范围、标准和方式问题。基于此，聚焦于公共文化服务体系建设财政保障的研究，具有重要的学术价值和应用价值。

（一）学术价值

在公共财政框架下探讨公共文化服务体系建设财政保障的范围、标准和方式，有助于深化我国公共财政模式、政府预算管理、财政支出结构及政府间转移支付制度等财政领域的研究，同时也将有助于深化政府文化职能、公共文化产品供给、艺术学发展等公共文化领域的研究，是对公共文化、艺术学与公共财政学科交叉领域的拓展和创新。

一方面，有助于公共财政理论的进一步丰富、深化和拓展，着力体现在预算管理、事权与支出责任划分、公共品供给等层面。公共文化服务体系建设财政保障研究，首要的问题是在文化领域里政府与市场的关系与界限问题，即明确政府文化职能，本书将进一步厘清社会主义市场经济体制下政府在文化领域的责任，完善文化管理体制，切实转变政府职能，推动政府部门由办文化向管文化转变。财政保障标准研究的核心问题是解决保障的整体规模、水平，涉及财政学中的公共产品、财政职能、政府预算、预算管理体制等领域，以公共文化服务的公共产品属性及政府的文化职能、财政保障责任为基础，最终必须以预算支出科目及内部结构、政府间转移支付制度综合呈现出来。财政保障标准研究同时也涉及文化大部门制下文化体育与传媒支出，各类款、项具体支出清单以及我国的预算管理制度改革。财政以及以财政为主导的多元化保障方式研究，其核心问题是在既定保障标准下的保障绩效问题，既涉及财政投入方式，也涉及中央和地方的支出分摊方式，从构建公共文化服务体系建设的长效财政保障机制来看，还涉及财政资金筹措方式和多元化资金筹措渠道。多元化保障方式研究不仅涉及个人、企业捐赠和非政府组织的参与形式，还涉及基本公共服务包括公共文化服务领域对非国有资本的开放研究。

另一方面，有助于艺术学和公共文化服务相关理论的进一步丰富、深化和拓展，着力体现在文化权利与政府文化职能、公共文化财政政策等层面。公共文化服务体系建设财政保障研究，其起点是政府文化职能，从社会契约论中的权利保护出发，研究政府文化职能与文化权利保护，阐明政府提供基本公共文化服务对保障公民基本文化权利的重要意义。进而研究财政如何保障基本公共文化服务以有效保障公民的基本文化权利，不仅要研究关于财政支持公共图书馆建设、“三馆一站”免费开放、公共数字文化发展等特定领域的若干项政策，还要研究财政投入总体规模的确定、投入方式的创新等宏观领域的方案制定，同时还涉及文化预算管理制度的深化改革、公共文化服务领域的ppp模式运用等内容，这些举措将从财政领域丰富、深化艺术学和公共文化服务相关理论的研究，助力于完善现代公共文化服务体系建设战略的顶层制度设计。

（二）应用价值

作为一项应用型研究，公共文化服务体系建设财政保障研究成果可为财政部门、文化部门等相关政府决策部门制定政策、编制公共文化预算支出提供决策参考。其中，通过国家级、省级公共文化服务体系示范区财政保障的案例分析，提炼出具有普遍意义的制度要素，将为地方政府开展公共文化服务活动保障提供政策建议和实践指导。与此同时，以公共文化服务为案例的财政保障标准和保障方式研究对其他基本公共服务领域也具有一定的参考价值，将对其他基本公共服务领域产生一定的借鉴与推广价值。

第一，有助于确保公共财政支撑公共文化服务的有效供给。随着2002 年党的十六大对公共文化服务与文化产业的区分，2005 年十六届五中全会提出逐步形成覆盖全社会的比较完备的公共文化服务体系，我国新时期公共文化服务体系建设拉开了序幕，标志着政府公共文化服务体系主体地位的重新确立，保障公共文化服务体系的建设和运行成为公共财政模式的内在要求之一。在公共财政框架下，根据政府文化职能定位，明晰公共文化服务体系建设和运行中的财政保障标准与保障方式，有助于充分发挥公共财政的资源配置职能，确保公共文化服务的有效供给和2020 年公共文化服务建设目标的实现。

第二，有助于科学界定政府文化职能及各级政府间事权与支出责任。公共文化服务体系建设财政保障研究，不仅要明确政府与市场的分工界限、政府的文化职能，而且要明确政府文化职能在政府层级范围内的纵向配置。1994 年的分级分税预算管理体制对各级政府的文化事权和支出权做了划分，中央财政主要承担中央直接管理的文化事业发展支出，地方财政承担本地的文化事业费支出。但随着分税制运行中财权中心的不断上移、事权重心的不断下移，公共文化服务体系建设和运行逐步超越文化系统“内循环”，以及政府收支分类和部门预算等一系列改革的推行，原有的政府文化事权划分越来越不适应现行公共文化服务体系运转的需要。开展公共文化服务体系建设财政保障研究，能够进一步明确公共文化服务体系建设内容和财政的保障责任，在全覆盖、社会化“大循环”背景下进一步科学界定中央和地方各级政府的公共文化服务事权，建立规范的转移支付制度框架，确立以政府财政为主导的多元化保障方式。同时，有助于解决现行政府事权划分中存在的“内外不清”“上下不清”所导致的政府越位、缺位、错位并存问题，解决各级政府在公共文化服务供给中的财力与支出责任不匹配所带来的基层公共文化服务财力困境问题。

第三，有助于进一步缩小城乡、区域和群体间公共文化服务差距，促进基本公共文化服务均等化。经过十多年的努力，我国公共文化服务体系建设取得了重要突破，当前已进入整体推进、科学发展、重点突破、全面提升的新阶段。但现阶段城乡之间、区域之间以及社会群体之间享受的公共文化服务供给还存在较大差异，广大农村和中西部地区公共文化服务发展相对滞后，基层公共文化设施基础薄弱，基本公共文化服务供给严重不足，由于体制障碍、责任不清、针对性不强等原因所导致的农民工基本文化需求得不到满足。这一突出问题严重影响了2020年现代公共文化服务体系建设目标，急需财政保障加大向农村基层、欠发达地区、农民工等特殊群体的倾斜力度。在研究总体标准、分类标准的同时，重视倾斜标准研究，在保障方式研究中强调中央政府的均等化责任和对三个重点领域的转移支付，以尽快缩小城乡、区域和群体间的公共文化服务差距。

第四，有助于加快文化民生发展，促进基本公共服务总体均等化。基本公共文化服务是国家基本公共服务体系的组成部分，是基本公共服务在文化领域的具体体现。在促进基本公共教育、基本医疗卫生、基本住房保障等其他基本公共服务均等化的过程中，也会遇到基本公共文化服务领域所遭遇的相似问题，以公共文化服务为案例的财政保障标准制定、保障方式创新，可推广至其他基本公共服务领域，对其他基本公共服务领域产生推广价值，从而促进我国基本公共文化服务总体均等化目标的实现。

第二节 文献综述

以公共财政支持文化发展成为各国政府的共识。在实践的指导下，关于公共文化服务体系的理论研究不断得以扩展与深入，且涌现出许多具有研究潜力的理论增长点。其中，与财政保障相关的研究涵盖或涉及以下领域：首先，对公共文化服务体系建设中的财政保障标准与保障方式的研究，以关于公共文化服务体系建设为基础，但研究重点是财政保障标准与保障方式。其次，公共文化服务体系隶属于国家总体基本公共服务体系，因此，关于基本公共服务及其均等化的诸多研究涉及公共文化服务，也适用于公共文化服务体系建设及其财政保障。本节主要分析我国公共文化服务体系建设财政保障的相关研究。就国内研究状况而言，截止到2017年8月，根据中国知网CNKI数据库的统计，国内学术期刊公开发表的公共文化服务相关学术论文有1.5万余篇，其中涉及财政问题的有600余篇。CNKI是中国当前最大的全文数据库，检索结果能粗略反映出国内对公共文化服务的研究状况，可以发现，学术关注度呈现出快速增长的趋势，且与我国实践进程是互为影响的。

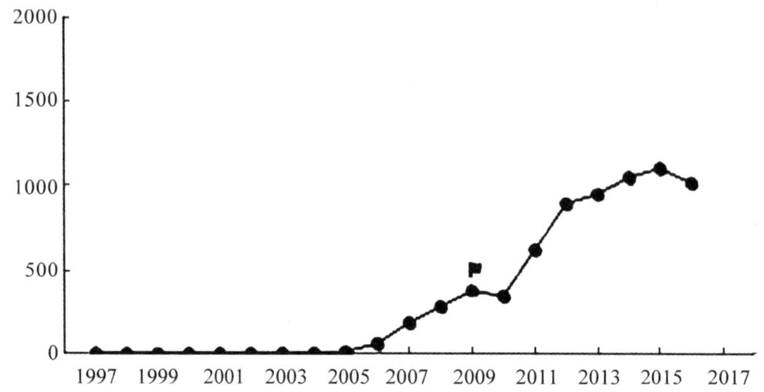

图1－1　关于公共文化服务的学术关注度①（1997—2017年）

注：横轴表示年份，纵轴表示文献数量，⚑表示标识点数值高于前后两点，且与前一数值点相比增长率大于30%。

一　公共文化服务体系及其建设的相关研究

（一）关于公共文化服务体系的概念辨析及建设意义

理顺公共文化服务体系的概念是政府划分公共文化服务种类、采取不同服务方式的依据，也是实现公共文化服务均等化、标准化的基础。虽然国外并没有“公共文化服务体系”这一特定术语，但注重保障公民基本文化权利，促进公民平等分享文化发展成果一直是各个国家文化管理和服务的中心内容。就我国而言，2005年党的十六届

① 学术关注度以CNKI知识资源总库中与关键词最相关的文献数量为基础，统计关键词作为文献主题出现的次数所形成的学术界对某一学术领域关注度的量化表示。

五中全会首次提出“公共文化服务体系”这一概念，围绕这一概念，学者从不同学科不同角度展开了研究。

界定公共文化服务体系，首先需要明确公共文化服务的内涵。从已有研究来看，对“公共文化服务”的界定大体有三种视角：第一种是基于财政学的视角，参照一般公共产品的非竞争性和非排他性特征来分析公共文化服务。如周晓丽、毛寿龙（2008）认为，公共文化服务就是基于社会效益，不以营利为目的，为社会提供非竞争性、非排他性的公共文化产品的资源配置活动。① 第二种则是基于公共文化政策的视角，分别从政策目标、提供方式、产品特性三个方面来定义。该类观点认为，公共文化服务是政府主导的、以保障公民基本文化权益、满足公众基本文化需求为目标的基本文化服务，其基本特点是公益性、基本性、均等性和便利性。第三种是基于文化治理的视角，主要从文化权利、公共治理角度出发探讨，主张公共文化服务是一项在文化治理情境中由政府推动的服务于群众文化生活的制度实践，其供给过程就是治理过程。而夏国锋（2014）认为，文化不仅具有权利的维度，还具有权力的维度，公共文化服务研究涉及政府、市场与社会合作以及政府职能和治理结构转型等议题，同时也涉及公共文化服务实践所包含的文化与权力关系、公共性培育等相关议题。② 无论从哪种视角出发，都有助于理解公共文化服务的内涵和外延。笔者采纳《公共文化服务保障法》中的界定：公共文化服务就是由政府主导、社会力量参与，满足公民基本文化需求为主要目的而提供的公共文化设施、文化产品、文化活动以及其他相关服务。在对公共文化服务这一概念加以讨论的基础上，学者们提出了公共文化服务体系的内涵，普遍认同陈威（2006）提出的界定：公共文化服务体系，作为国家公共服务体系的有机组成部分，是以满足公民基本文化权益为逻辑出发点，向公众提供公共文化产品和服务的行为及其相关制度

---

① 周晓丽、毛寿龙：《论我国公共文化服务及其模式选择》，《江苏社会科学》2008年第1期。

② 夏国锋：《从权利到治理：公共文化服务研究的话语转向》，《湘潭大学学报》（哲学社会科学版）2014年第5期。

与系统的总称。[①] 随后，学者们从不同程度予以细化，如王列生等（2009）进一步阐释道，作为国家实施的公共文化服务体系，是政府因承担文化义务而设计出来的制度层面自循环功能框架，进行这种设计的目的是适应时代的文化需要并提高政府文化服务制度效率，是使政府文化服务规范化、制度化、效率化、均等化和长效化的制度创新之举。[②]

需要注意的是，当前存在“公共文化服务”“基本公共文化服务”与“现代公共文化服务体系”三个相关的概念，大多数学者并没有给予详细区分。换言之，不少学者对什么是公共文化服务有一个理论和认识上的误区，就是把基本公共文化服务等同于非基本的公共文化服务或者直接等同于公共文化服务。[③] 在政策实践领域，2005 年党的十六届五中全会首次提出的概念是“公共文化服务体系”，直至 2011 年党的十七届六中全会第一次提出“到 2020 年……努力实现基本公共文化服务均等化”的奋斗目标，随后，2013 年党的十八届三中全会又第一次提出构建“现代公共文化服务体系”。对此，部分学者予以了说明，如柯平等（2015）认为，“基本公共文化服务”这一重要概念的提出不是要缩小公共文化服务的规模，放慢公共文化发展步伐，而是要加快公共文化服务的发展，反映出国家对公共文化事业更加重视，公共文化服务出现了前所未有的最佳发展环境。[④] 陈昊琳（2015）认为，“基本”这一限定语的含义，应理解为这种文化服务既是重要的、符合大众最低文化需求的，同时也是政府现有资源刚好能够提供的且符合社会文化资源配置要求的公共文化服务。[⑤] 而何为现代公共文化服务体系，张永新（2013）认为，现代性主要体现在价值取向、政府行政理念、服务内容、服务能力和服务方式上。[⑥] 圣

---

① 陈威：《公共文化服务体系研究》，深圳报业集团出版社 2006 年版。

② 王列生：《国家公共文化服务体系论》，文化艺术出版社 2009 年版。

③ 祁述裕、曹伟：《构建现代公共文化服务体系应处理好的若干关系》，《国家行政学院学报》2015 年第 2 期。

④ 柯平、朱明、何颖芳：《构建我国公共文化服务体系研究》，《国家图书馆学刊》2015 年第 2 期。

⑤ 陈昊琳：《基本公共文化服务：概念演变与协同》，《国家图书馆学刊》2015 年第 2 期。

⑥ 张永新：《现代公共文化服务体系的五个方面》，http：//culture. people. com. cn/n/2013/1115/c172318—23558608. html。

章红（2016）认为，公共文化服务体系走向“现代”，是与文化体制改革大局和文化建设大局同步，与全球化浪潮、信息化形势发展相适应的，具体意味着文化功能设置的现代化、服务体制机制的现代化、服务途径方式的现代化。[①] 笔者认为，从公共文化服务到基本公共文化服务的转向，意味着现阶段政府保障的是纯公共文化物品，是政府文化职能定位清晰的例证，现代公共文化服务概念的提出，意味着公共文化服务体系建设进入了新阶段，是对政府文化职能动态调整的例证。

从公共文化服务体系的概念即可看出其无论是对于满足公民基本文化需求、保障公民基本文化权益，还是对于繁荣发展社会主义先进文化，全面实现文化小康生活，实现中华民族伟大复兴中国梦都具有重大的意义。从既有研究看，关于公共文化服务体系建设意义的讨论，主要从以下角度展开：一是从满足民众基本文化需求的角度来看，建设公共文化服务体系是维护和保障人民群众基本文化权益的重要途径。如王京生（2006）认为，公共文化服务体系作为实现公民基本文化权利的主要载体和途径，其构建目的就是使人民文化权益得到更好保障，社会文化生活更加丰富多彩，人民精神风貌更加昂扬向上。[②] 高福安等（2011）认为，只有公益性文化的普及，才能使广大人民群众得到应有的基本文化权益保障。国家公共文化服务体系建设对于提高公民的思想道德意识和科学文化水平，促进人的全面发展，推动社会进步具有重要作用。[③] 二是从社会发展所必需的文化环境来看，实施公共文化服务体系建设战略是提高国家文化软实力，繁荣发展社会主义先进文化的必然要求。如宋一（2008）认为，加强公共文化服务体系建设，是繁荣发展社会主义先进文化的需要，也是加强社会主义和谐文化建设的必然要求。[④] 齐勇锋、李平凡（2012）认

① 圣章红：《中国公共文化服务体系的现代性解读与建设路径》，《湖北大学学报》（哲学社会科学）2016 年第 4 期。

② 王京生：《构建公共文化服务体系 实现公民基本文化权利》，《特区实践与理论》2006 年第 3 期。

③ 高福安、刘亮：《国家公共文化服务体系建设现状与对策研究》，《现代传播》（中国传媒大学学报）2011 年第 6 期。

④ 宋一：《社会主义和谐文化建设视野中的公共文化服务体系》，《陕西理工学院学报》（社会科学版）2008 年第 2 期。

为，公共文化建设与文化产业都是国家文化软实力所不可或缺的内容，公共文化服务体系不仅与国家文化软实力的要素密切相关，还与提高国家文化软实力的主要目标相一致。① 三是从意识形态的重要性来看，建设公共文化服务体系是巩固国家政治意识形态的战略举措。如周晓丽、毛寿龙（2008）认为，文化物品和服务在传播主流意识形态，形成特定政治体系所要求的公民政治文化，维护国家政治稳定、文化安全等方面发挥着重要作用②；何继良（2007）认为，建设好公共文化服务体系能够有效传播主流意识形态，潜移默化地影响民众思想觉悟，形成特定的价值取向和公民政治文化。③ 四是从国际社会文化认同和国家形象来看，建设公共文化服务体系是在国际社会提升中国文化影响力和树立文化强国国家形象的必经之路。如陈威（2006）认为，积极构建公共文化服务体系，有助于我国在更高的程度上获得国际社会的文化认同，参与国际交往规则的制定，让更多的中国传统伦理智慧融入人类共同体价值体系，在国际舞台上树立成熟的现代国家形象。④ 高福安、刘亮（2011）也认为，公共文化服务体系建设有助于在国际上树立成熟的现代国家形象，最大限度地获得国际社会的文化认同，为更多地参加国际文化交流奠定扎实的基础。⑤ 还有学者从国家治理的视角论证了公共文化服务体系建设的重要性。如李旺珍、吴理财（2016）认为，构建现代公共文化服务体系既是国家治理体系现代化的组成部分，也是国家治理能力现代化的必要环节。⑥

（二）关于公共文化服务体系建设的内容

在公共文化服务体系建设的内容问题上，学者们看法不一，但

---

① 齐勇锋、李平凡：《完善公共文化服务体系 提高国家文化软实力》，《中国特色社会主义研究》2012 年第 1 期。

② 周晓丽、毛寿龙：《论我国公共文化服务及其模式选择》，《江苏社会科学》2008 年第 1 期。

③ 何继良：《关于构建公共文化服务体系、保障人民基本文化权益的若干问题思考》，《毛泽东邓小平理论研究》2007 年第 12 期。

④ 陈威：《公共文化服务体系研究》，深圳报业集团出版社 2006 年版。

⑤ 高福安、刘亮：《国家公共文化服务体系建设现状与对策研究》，《现代传播》（中国传媒大学学报）2011 年第 6 期。

⑥ 李旺珍、吴理财：《试析现代公共文化服务体系的内涵与特征》，《理论月刊》2016 年第 5 期。

大多从公共文化管理机制、管理内容等方面展开讨论（参见表1－5）。就国家政策文件来看，依据党的十七届六中全会通过的决定，公共文化服务体系应包括公共文化产品生产供给体系、公共文化服务设施网络覆盖体系、资金人才和技术保障体系、组织支撑体系、运行评估体系五个基本的子系统。就国家政策实践来看，第一、二批国家公共文化服务体系示范区创建标准包括设施网络建设，服务供给，组织支撑，资金、人才和技术保障措施落实，公共文化评估和其他，第三、四批国家公共文化服务体系示范区创建标准包括设施网络建设，服务供给/效能，与科技融合发展，社会化建设，体制机制建设，公共文化服务保障和其他。笔者将公共文化服务体系所涵盖的各个基本子系统综合成三类来讨论，分别为公共文化设施网络服务体系，公共文化产品、服务及活动供给体系，公共文化服务支撑体系。下面依次进行论述。

表1－5 **代表学者就"公共文化服务体系"的构成界定**

序号	代表学者	公共文化服务体系构成
1	陈威（2006）①	公共文化服务的主体、公共文化服务的对象、公共文化基础设施、公共文化产品的内容、公共文化产品的提供五个方面
2	韩军（2008）②	政策法规体系、基础设施体系、产品供给体系、人力资源体系、资金投入体系、评价监督体系六个部分
3	李国新（2010）③	设施网络覆盖体系，产品生产服务供给体系，人才、资金和技术保障体系，组织支撑体系，运行评估体系五个方面
4	王洛忠、李帆（2013）④	与基本公共文化服务相关的政策法规，支撑基本公共文化运作的基础设施（物质保障），与基本公共文化服务运作相关的机构和人才，参与和享受基本公共文化服务活动的主体，基本公共文化服务的经费投入

① 陈威：《公共文化服务体系研究》，深圳报业集团出版社2006年版。

② 韩军：《论公共文化服务体系的构建》，《党政干部论坛》2008年第1期。

③ 李国新：《公共文化服务体系建设中的图书馆》，《图书馆研究与工作》2010年第3期。

④ 王洛忠、李帆：《我国基本公共文化服务：指标体系构建与地区差距测量》，《经济社会体制比较》2013年第1期。

续表

序号	代表学者	公共文化服务体系构成
5	柯平等（2015）①	依据过程观和系统观提出公共文化服务体系的内容框架，由三大体系构成：一是基本公共文化保障体系，包括政策法规保障等六个子体系；二是基本公共文化组织管理体系，包括公共文化活动等五个子体系；三是基本公共文化评价体系，包括公共文化综合评价等四个子体系

首先，关于公共文化设施网络服务体系的研究。公共文化服务设施是广大人民群众进行文化活动的场所，是开展文化宣传教育的阵地，是公共设施的重要组成部分。公共文化服务设施主要包括“三馆一站”——公共图书馆、文化馆（群艺馆）、博物馆、乡镇综合文化站，村（社区）文化活动室和其他如美术馆等文化设施。其中，学界关于公共图书馆的研究最为集中。根据中国知网 CNKI 数据库文献检测，截至 2017 年 10 月 1 日，篇名包括“公共文化服务”并含“图书馆”的，已达到 764 篇，代表学者有李国新、王瑞英等人，涉及各级公共图书馆、高校图书馆和联合图书馆。如李国新于 2008 年起开始持续关注公共文化服务体系建设中的图书馆问题，对我国图书馆的发展脉络、现状、面对的挑战和宏观环境、构建公共图书馆服务体系的对策等，进行了卓有成效的研究。李超平（2012）从“国家公共文化服务体系示范项目”创建的视角对地级市公共图书馆服务体系建设进行了分析。② 相比较而言，对公共文化服务体系中的文化馆、博物馆等县级以上其他文化场馆的研究很少，通过同样的检索方式，分别有 158 篇、113 篇、47 篇。文化馆作为公共文化服务体系下的重要组成部分，在推动公共文化服务均等化、保障公民文化权益方面，肩负着极为重要的责任。与图书馆研究学者来源较为广泛的状况不同，关于文化馆研究的学者多为各级文化馆工作人员，如济南市群众艺术馆的薄君（2006）探析了文化馆体系在构建公共文化服务体系中的

① 柯平、朱明、何颖芳：《构建我国公共文化服务体系研究》，《国家图书馆学刊》2015 年第 2 期。

② 李超平：《“国家公共文化服务体系示范项目”对地级市公共图书馆服务体系建设的推动》，《图书馆建设》2012 年第 10 期。

职能定位与运营模式。[①] 四川省文化馆的唐健春（2014）指出，公共文化服务体系的建设是对文化馆公益性服务职能的再定位，是对政府责任的再明确，是对社会文化建设发展的再深化，是对公共文化事业发展的制度性保障，也是政府强调民生保障的充分体现。[②] 博物馆是重要的公共文化服务机构，开展公共文化服务是博物馆的本质属性和职能所在。宋新潮（2012）指出，博物馆的公益性和开放性，决定了它是公共文化服务体系的重要组成部分，进而探讨了博物馆免费开放所带来的成效、存在的问题及相应的对策。[③] 乡镇文化站是农村公共文化服务体系的先锋站和桥头堡，直接面向农村社会和服务广大农民，为其提供公共文化服务。根据中国知网 CNKI 数据库文献检测，截至 2017 年 10 月 1 日，篇名包括“乡镇文化站”的，已达到 495 篇，学者们针对乡镇文化站的历史变迁、现实困境、转型路径以及公共文化服务功能等问题进行了全面研究。如夏玉珍、卜清平（2014）通过对乡镇文化站的前世与今生的分析，探讨其在政府全能主义时期、税费时期和后税费时期的文化供给特点、社会功能及其运行机制，指出在后税费时期，乡镇文化站回应民众多样化需求，为民众提供公共文化服务。[④] 此外，城市社区文化活动中心、村文化活动室等也是学者普遍关注的，但都只是作为文章中的一部分进行讨论，缺乏有针对性的专题研究。需要特别指出的是，流动文化设施、数字文化设施也是公共文化服务基础设施建设的重要内容，但对其的研究尚不多见。

其次，关于公共文化产品、服务及活动供给体系的研究。目前，我国公共文化产品和服务以及公益性文化活动供给体系除了图书馆、文化馆、博物馆、乡镇文化站等的常规性产品和服务供给以外，还提

---

① 薄君：《文化馆体系在构建公共文化服务体系中的职能定位与运营模式新探》，《山东省青年管理干部学院学报》2006 年第 5 期。

② 唐健春：《论公共文化服务体系与文化馆（站）建设的转型升级》，《四川戏剧》2014 年第 10 期。

③ 宋新潮：《公共文化服务体系与博物馆免费开放》，《东南文化》2012 年第 4 期。

④ 夏玉珍、卜清平：《前世与今生：乡镇文化站的历史变迁与路径转向——公共文化服务不同时期的功能》，《甘肃社会科学》2014 年第 1 期。

供“送书下乡”“送戏下乡”“流动服务”等公益性文化活动。关于供给体系内容的探讨，如罗云川等（2011）认为，公共文化产品供给体系是指可向社会公众提供服务的公共文化产品及其生产和提供机制，公共文化产品既包括有形产品（如演出、图书），又包括数字产品（如音视频文件、电子图书）①。陈昊琳（2015）认为，以均量文化作为基本的判断标准，基本公共文化服务内容应是当前社会发展阶段政府可承担的公共文化服务与公民普遍文化需求相对接的部分，相关文件将其具体表述为“人民群众看电视、听广播、读书看报、进行公共文化鉴赏、参与公共文化活动”的服务。② 免费开放是文化场馆提供公共文化服务的重要依托，胡智锋、杨乘虎（2013）指出，免费开放是全球公共文化服务的成功经验和通行惯例，我国实行文化场馆免费开放极大地推动了国家公共文化服务体系的发展与创新，进而探讨了未来免费开放实现科学发展、特色发展、全面发展的方向与重点。③ 关于流动文化服务，丛志杰（2014）结合内蒙古牧区独特的自然环境和人文环境所具有的较大的特殊性，指出流动公共文化服务很好地适应了这一特点。④ 关于数字文化服务，陈露（2013）选取了代表政府型公共数字文化服务的“智慧南京”模式和代表公益型公共数字文化服务的全国信息资源共享工程，对我国公共数字文化服务模式进行了分析，发现公共数字文化服务体系正在逐步完善，但是由于我国城乡二元化结构和东、西部地区经济发展的差异，仍存在信息基础设施建设水平较低等问题。⑤ 此外，学者还针对特殊群体的公共文化服务项目进行了探讨，如王子舟（2009）分析了图书馆如何向农民工提供知识援助，途径有实行全面免费服务、以合作方式多开办临时或半临时图书室、利用流动书车送书、设立开放的农民工推荐书

---

① 罗云川、张彦博、阮平南：《“十二五”时期我国公共文化服务体系建设研究》，《图书馆建设》2011 年第 12 期。

② 陈昊琳：《基本公共文化服务：概念演变与协同》，《国家图书馆学刊》2015 年第 2 期。

③ 胡智锋、杨乘虎：《免费开放：国家公共文化服务体系的发展与创新》，《清华大学学报》（哲学社会科学版）2013 年第 1 期。

④ 丛志杰：《流动服务：内蒙古牧区公共文化服务的重要途径》，《内蒙古社会科学》（汉文版）2014 年第 4 期。

⑤ 陈露：《我国公共数字文化服务体系研究》，学位论文，南京大学，2013 年。

架、定期为农民工开展培训与文化活动等。[①] 吕效华、朱力（2012）在调查流动人口文化公共服务供给与需求现状的基础上分析流动人口遭受文化排斥的原因，提出构建流动人口文化福利的支持机制。[②]

最后，关于公共文化服务支撑体系的研究。公共文化服务体系的建设离不开文化人才队伍（尤其是基层文化队伍）、现代科学技术、资金及管理组织的重要支撑，其良性运行也离不开运行评估体系的监督和保障。目前，我国人才队伍建设存在基层文化队伍数量不足、结构不合理、专业素质偏低等问题。针对上述问题，学者们提出了相应的对策。如焦岩（2012）认为，政府应加强对文化系统从业人员的管理培训，采用多种方式及时吸收各类优秀人才，开辟“绿色通道”引进文化专才，建立文化人才基地。[③] 吴理财（2012）认为，要设立扶持民间文化艺人和团体发展的专项资金，对民间传统文艺进行有效保护，建立公共文化人才，建立专业人才、志愿者、业余文化骨干互为补充的公共文化人才队伍体系。[④] 关于技术保障问题研究，学者们认为，公共文化服务体系要以高新技术为载体创新服务方式，打造智能化公共文化设施和服务平台，提升公共文化服务的传播力和影响力。如高福安、刘亮（2012）指出，高新信息传播技术发展迅猛，已成为公民享受公共文化资源的重要载体，成为创新公共文化服务体系建设的重要途径。[⑤] 关于公共文化服务组织支撑体系的研究较少，主要集中在政府主导的多元治理结构上，如刘俊生（2010）认为，旧思维下的公共文化服务组织体系呈现出一元化特征，主要由履行文化职能的政府机关和直接提供文化服务的国有文化事业单位构成，新思维下的公共文化服务组织体系呈现出明显的多元化特征，由

---

① 王子舟：《图书馆如何向农民工提供知识援助》，《山东图书馆学刊》2009 年第 1 期。

② 吕效华、朱力：《流动人口文化福利支持机制构建研究——学习贯彻党的十七届六中全会精神》，《理论探讨》2012 年第 1 期。

③ 焦岩：《甘肃省公共文化服务体系建设的财政政策研究》，《财会研究》2012 年第 16 期。

④ 吴理财：《把治理引入公共文化服务》，《探索与争鸣》2012 年第 6 期。

⑤ 高福安、刘亮：《基于高新信息传播技术的数字化公共文化服务体系建设研究》，《管理世界》2012 年第 8 期。

政府一元体系发展为政府、企业和第三部门共同构成的三元体系。① 王迪（2017）也基本上认同这一观点，将之概括为从国家包揽到多方参与，提出在治理理念上，应消解国家与社会之间简单的二元对立，强调治理过程中的多主体参与和相互依赖。②

关于公共文化服务体系建设的资金保障及评估问题的研究将在下文分别予以详解。

（三）关于公共文化服务体系的建设模式

公共文化服务财政保障模式决定着一国或地区公共文化服务的供给水平，选择适合某国或地区的公共文化服务保障方式具有十分重要的意义。当前国际上关于基本公共文化服务供给主要有三大模式：第一种是“中央集权”或“政府主导”的模式（“单元式”文化行政模式），以法国、意大利、西班牙、葡萄牙、巴西、阿根廷等拉丁语系国家，以及（原）社会主义国家、东亚和发展中国家，如俄罗斯、越南、日本、印度尼西亚等为代表。第二种是“市场分散”或“民间主导”模式（“多元式”文化行政模式），以美国、德国等为代表。第三种是“分权化”模式（“二元式”文化行政模式），以英国、澳大利亚等为代表。毛少莹、袁园（2012）指出，发达国家和地区财政保障的基本做法是，保证公共财政对公共文化服务的必要投入、文化资源的合理分配和有效利用，依靠社会力量，适当应用市场机制，大力发展第三部门，推进公共文化服务的社会化与市场化。③ 美国国家艺术基金会主席 Dana Gioia（2004）认为，政府主导型的公共文化服务供给模式虽然是一种简单的管理方式，但它不是一种高效的管理方式，因为它会加重政府的财政负担，且导致国家供给与民间需求之间存在一定的差距。此外，则是一些国家和地区的案例分析，如陈鸣（2012）详细介绍了公私合作伙伴制度形式中的公私合作基金组织建

---

① 刘俊生：《公共文化服务组织体系及其变迁研究——从旧思维到新思维的转变》，《中国行政管理》2010 年第 1 期。

② 王迪：《从国家包揽到多方参与——公共文化服务体系建设中的社会治理理念与实践》，《学术论坛》2017 年第 1 期。

③ 毛少莹、袁园：《发达国家和地区的公共文化服务及其发展趋势》，《中国公共文化服务发展报告（2012）》，社会科学文献出版社 2012 年版。

设情况，如意大利的歌剧院基金会、英国的公共文化展馆改建项目基金会、澳大利亚的企业艺术基金会。[①] 李国新（2012）研究了日本的公民馆及其基本制度，指出对于完善我国公共文化服务体系中的文化馆建设具有借鉴意义。[②] 杨庆红（2012）详细介绍了北美公共图书馆、文化活动中心、克罗克社区综合活动中心、基督教青年会俱乐部以及丹佛艺术中心等公益性文化设施的建设情况，提出了可供借鉴的先进经验。[③] 需要指出的是，这些国外公共文化管理服务模式虽然提供了一定的参考价值，但因国情不同还须做出进一步的深入研究，借鉴要审慎。

就国内而言，长期以来我国公共文化服务在制度安排上一直存在着公共部门垄断、市场准入壁垒、寻租和公共福利损减等诸多问题。对此，学者们从公共文化服务的属性出发，基于现代治理理念，主张区别公共生产与公共供给、直接生产与间接生产，普遍认同供给主体多元化的公共文化服务供给模式。比如，周晓丽、毛寿龙（2008）认为，公共文化服务供给可采用政府“权威型供给”、市场“商业型供给”以及第三部门“志愿型供给”等，从而形成多元化的公共文化服务供给模式。其中，在“权威型供给”模式中政府主要扮演的是政策制定者、资金供应者和生产安排者的角色；在“商业型供给”模式中还可分为公共生产、市场提供，非公共生产、政府提供，非公共生产、混合提供。[④] 耿达、傅才武（2015）认为，根据现代性要求，实施“政府引导—市场运作—社会参与和共享”的包容开放的多元文化运行模式。[⑤] 罗云川、阮平南（2016）基于网络治理视角，结

① 陈鸣：《管制改革与西方国家文化行政体制的转型》，《中国文化产业评论》2012年第2期。

② 李国新：《示范区（项目）创建与公共图书馆发展》，《中国图书馆学报》2012年第3期。

③ 杨庆红：《北美公益性文化设施及服务考察报告》，《中国公共文化服务发展报告（2012）》，社会科学文献出版社2012年版。

④ 周晓丽、毛寿龙：《论我国公共文化服务及其模式选择》，《江苏社会科学》2008年第1期。

⑤ 耿达、傅才武：《公共文化服务体系建构：内涵与模式》，《天津行政学院学报》2015年第6期。

合我国公共文化服务体系建设实践，探讨公共文化服务传统模式向网络治理模式转换，即供给主体从过去主要由政府及其所辖的公益性文化单位构成的“一元化”形态转变为政府、企业、社会组织、社会公民共同参与的“多元化”形态。[①] 另外，对国内各地文化工作实践的经验总结，主要从公共文化服务体系的各子系统建设模式的探索展开。首先，在公共文化设施网络体系建设方面，多着眼于图书馆建设实践。如嘉兴市图书馆分馆的建设实践，已形成“政府主导、统筹规划、多级投入、集中管理、资源共享、服务创新”的图书馆分馆建设模式。深圳市建设“图书馆之城”，目的是将城市建设成为一个没有边界的大图书馆网。其次，在公共文化服务与产品供给体系建设模式方面，浙江省台州市大力实施“三个三”文化工程，着力建设农村、社区、企业三类文化俱乐部，举办三大文化节，建立“百分之一”文化计划共建机制、公益性文化项目政府采购制度、文化设施建设以奖代补机制三项文化制度。河北省则大力推行一种“民资文化”模式，形成了企业资助型、集体投资型、村民集资型等形式多样的“民资文化”格局。最后，在人才支撑体系建设模式方面，福建省以“县聘、乡管、村用”的方式，建立了“村级文化协管员”队伍。云南省文化工作则采用“三创三转变”理念，通过文化建设与服务“三农”相结合，建立基层文化人才管理机制以及整合资源搭建平台。

综上所述，目前学界对公共文化服务体系以及建设的研究已经取得了突破性进展，尤其是党的十七届六中全会对一系列重大理论问题及实践目标、任务和路径的明确阐释，既是中国公共文化服务体系建设的历史性转折，对公共文化服务体系研究也具有里程碑意义。需要认识到，要实现到2020年覆盖全社会的公共文化服务体系基本建立，努力实现基本公共文化服务均等化的建设目标，当务之急是解决公共文化服务体系建设运行中的财政保障问题。现有关于公共文化服务体系建设的研究成果和实践案例，尽管存在不足和遗留问题，比如并未

---

① 罗云川、阮平南：《公共文化服务网络治理：主体、关系与模式》，《图书馆建设》2016年第1期。

形成整体性、系统性的公共文化服务理论体系，缺乏对公共文化服务体系网络设施、资源供给以及建设和运行支撑等各子系统的详细研究，定性分析多、定量分析少，但解决了公共文化服务领域的主要理论问题，提供了初步研究案例，为开展公共文化服务体系建设和运行的财政保障问题研究奠定了基础。

二 对公共文化服务体系建设财政保障责任的相关研究

在公共文化服务体系本身的研究取得突破性进展的基础上，进一步研究体系建设和运行中的财政保障问题，是一个典型的财政学研究课题。早在2004年，李达昌就倡导"公共财政：不要忘了文化"。但从现有文献来看，关于公共文化服务体系建设和运行财政保障的研究文献较少，且大多集中于公共文化服务或文化体制改革的财政保障机制这一较为笼统、抽象的提法之下。从语言表述来看，有使用公共文化服务体系建设财政保障机制的，也有使用财政投入机制、文化财政经费管理模式等的，直接针对财政保障的研究则更为少见。关于政府文化职能与财政对公共文化服务的保障研究，要从理论层面回答财政为什么要保障公共文化服务和哪些公共文化服务应该纳入财政保障范围这些问题。

（一）关于政府文化职能与财政保障

公共经济学认为，财政保障的目标和范围取决于政府职能和政府的经济活动范围，在社会主义市场经济体制下，政府经济活动以弥补市场失灵为界限，因此，现有文献基本上围绕政府在文化领域的职能与财政保障之间的逻辑关联展开。公共文化服务是政府履行公共服务职能的重要内容，是政府职能改革过程中文化服务领域的深入和发展。公共财政是政府履行公共文化服务职责，实现公共文化服务职能创新的制度依托和物质基础。何广前、赵英吉（2008）从公共文化服务与公共财政的交集来认识这一问题，遵循的是同一思路，认为公共文化服务与公共财政最大的交集在于其公共性和公益性。这必然要求财政在支持公共文化服务方面大有作为。同时，由于相对人民群众巨大的精神需求而言，财政资金显得十分有限，必须退出市场领域，将营利性、非公益性的文化产品推向市场。[①] 魏鹏举（2008）认为，公共财政是与市场经济相匹配的，弥补市场不足、市场缺陷与失灵，为满足公共需要为目的的财政运行模式，基础功能是提供公共产品和公共服务。同时他还指出，中国现阶段公共财政不仅具有弥补市场失灵、培育市场体系的使命和任务，同时还要承担由体制创新所带来的改革成本。[②] 张永新（2014）指出，公共文化服务标准化体系的保障标准，主要指体现各级政府责任和义务的保障标准。[③] 公共文化服务乃政府的文化职能，财政投入是政府职能的重要体现。随着我国改革开放的不断深入、政府职能由建设型向服务型转变，在文化领域，政府职能逐渐发生管办分离，即由原来政府在文化领域大包大揽的管办一体化逐渐向建立科学合理的文化管理与监督机制转变。文化领域政府职能的转变根本，就是要解决政府长期存在的“缺位”和“越位”问题，使政府的职能逐步适应文化体制改革的需要。张波、郝玲玲（2010）在分析了公共财政对政府公共文化服务职能创新的作用机理的基础上，从明确职能创新的方向、规范职能创新的范围、转移职能创新的重心和调整职能创新的结构四方面提出了改善公共财政体系，优化公共财政支出结构，调整财权事权结构和完善公共财政运作程序等，以实现政府公共文化服务职能创新的基本思路。[④]

（二）关于财政保障公共文化服务的范围

学界已经明确了公共财政需要为保障公共文化服务，那么，哪些公共文化服务应该纳入财政保障范围？张启春（2014）认为，公共文化预算的外部边界，可以粗略地切分为大文化模式、中文化模式和小文化模式，不同模式下的文化财政保障范围存在着重大区

---

① 何广前、赵英吉：《财政如何支持公共文化服务体系建设》，《经营与管理》2008年第1期。

② 魏鹏举：《文化体制改革与我国公共文化资金管理创新》，《中国行政管理》2008年第7期。

③ 张永新：《构建现代公共文化服务体系的重点任务》，《行政管理改革》2014年第4期。

④ 张波、郝玲玲：《公共财政视角下政府公共文化服务职能创新》，《学术交流》2010年第6期。

别。在大文化模式下，政府文化预算不仅实现了文化与教育的合账，而且实现了包括青年、体育和旅游等的预算统一。如瑞典财政保障范围相当广泛，不仅保障传统意义上的文化艺术大类，它对体育和媒体等内容也进行了较大力度的投入。小文化模式，如美国不存在文化部，因而政府不存在直接的文化责任，而是通过大量官方和半官方中介机构体现的。美国政府财政对非商业性艺术活动和公益性文化设施的投入仅占政府财政预算的极小比重。相比之下，日本政府的文化责任较为明确，日本文化厅不仅负责最基本的非商业性艺术活动和公益性文化设施事务，还负责教育等相关领域的事务，如语言、宗教等事务，其所涵盖的内容比以美国为代表的小文化模式更加广泛，是典型的中文化模式。我国公共文化财政保障模式介于大文化模式和中文化模式之间。上文在对公共文化服务体系的构成界定进行综述时，已阐明属于公共文化服务体系的内容，如基础设施建设、公共文化产品服务及活动供给、人才保障等都应纳入财政保障范围，但是财政保障现状并不乐观。魏鹏举（2005）认为，当前政府的投资范围不合理，“越位”和“缺位”并存的现象较为严重。[①] 这代表了学界很多人的看法。一方面，由于历史原因，部分带经营性质的文化事业单位过度依赖政府，导致政府对这部分单位的“越位”管理，财政负担过重；另一方面，部分非经营性文化事业单位虽然存在较大的正外部性，却由于政府的“缺位”而出现供给不足，不能有效满足社会成员的公共需要。这实际上是对文化部门职责的外部边界划分不清所致。傅才武等（2015）认为，在财政保障范围上，要实现由公共单位本位向公民权益本位的转变，即以公民基本文化权益为边界，以公民基本文化权益实现为公共目标，要超越以公共文化机构为基础的预算管理模式，通过服务契约配置公共资源，将体制内和体制外的公共文化生产机构纳入政府公共购买的范围，从而保障全社会公共文化的生产和供给。[②]

---

① 魏鹏举：《文化事业的财政资助研究》，《当代财经》2005 年第 7 期。

② 傅才武、陈庚、彭雷霆：《现代公共文化服务体系建设中的财政保障标准研究》，《福建论坛》（人文社会科学版）2015 年第 4 期。

（三）关于基本公共文化服务均等化

将公共文化服务作为国家基本公共服务的重要组成部分，在财政保障基本公共服务总体均等化中包含基本公共文化服务的研究这一讨论视角也值得我们关注。基本公共服务均等化，自党的十六届五中全会通过的《中共中央关于制定国民经济和社会发展第十一个五年规划的建议》首次提出至今，一直是国内学术界和决策层关注的热点问题。学术界围绕基本公共服务均等化开展了广泛而深入的研究，财政学领域以基本公共服务的公共产品属性、财政促进基本公共服务均等化为重点开展了系列研究。在关于基本公共服务均等化的理论基础研究、基本公共服务内涵与实证评估研究中，不少学者将公共文化服务包含其中，并在基本公共服务均等化指标体系的构建及实证分析中选取了公共文化服务等相关指标，作为基本公共服务均等化实证分析的重要组成部分，在政策建议部分也一直强调财政对基本公共服务均等化的保障。如王国华、温来成（2008）在对政府统筹城乡发展的研究中，建立了我国基本公共服务标准化指标，其一级指标设计包括公共文化设施，对人均公共图书馆藏书等二级指标，提出了硬性数据标准，尽管没有在文献中给出这些数据的具体过程。① 张启春（2009）从基本公共服务均等化与财政分权体制下的公共产品提供角度详细论证了基本公共服务均等化与政府财力均等化以及政府调控的机制和手段，特别是政府间转移支付等工具，认为基本公共服务是纯度最高的公共产品，理应纳入政府财政保障范围。② 张启春、汤学兵、胡继亮等（2009，2012）构建了一个包括八大类的基本公共服务均等化指标体系，主张现阶段应该纳入区域基本公共服务范围的包括一般公共服务、基本公共教育服务、基本医疗卫生服务、基础科技服务、公共文化体育服务、就业与社会保障服务、公益性基础设施服务、环境保护服务八类基本公共服务，对公共文化服务的实证分析主要选取了人均文体广播事业费、每万人公共图书馆数量等指标来衡量。

---

① 王国华、温来成：《基本公共服务标准化：政府统筹城乡发展的一种可行性选择》，《财贸经济》2008年第3期。

② 张启春：《区域基本公共服务均等化与政府间转移支付》，《华中师范大学学报》（人文社会科学版）2009年第1期。

大多数财政学者均强调公共文化服务是现代政府公共服务体系的重要组成部分，也就是说，在中国现阶段，公共文化服务体系隶属于国家基本公共服务体系。重视这一点，有助于从更高层面认识公共文化服务体系在政府基本公共服务整体职能中的地位，更好地把握公共文化服务与其他基本公共服务间的共通性和差异性，更为宏观地理解、认识政府在既定预算约束下的财政保障责任履行和各阶段保障与支出的重点领域选择。综上可见，学界已经达成共识，向全体社会民众提供大致均等的公共文化服务，保障人民群众的基本文化权利，是政府职能的重要组成部分，是政府在文化领域的职责，基本公共文化服务理应由公共提供、公共财政保障，关键在于财政保障的程度问题。当前学界对此研究较为宽泛，只是概括地论述纯公共文化产品由财政全额保障，准公共文化产品由财政部分保障，但具体体现在哪些方面，并未给出较为明确的研究结论。

三　公共文化服务体系建设财政保障标准的研究

关于财政保障标准要回答的问题是财政在多大规模、多大程度上保障基本公共文化建设？虽然现有文献真正讨论公共文化服务的财政保障标准的屈指可数，但在相对较多的公共文化服务的财政保障机制研究中有所涉及，也具有一定的参考价值。从政府文化政策实践和主管部门调研层面来看，党的十七届六中全会决定明确提出要把主要公共文化产品和服务项目、公益性文化活动纳入公共财政经常性支出预算中，同时在完善政策保障机制部分还提出要保证公共财政对文化建设投入的增长幅度高于财政经常性收入增长幅度，提高文化支出占财政支出的比例。财政部教科文司曾牵头，会同文化部、广电总局、新闻出版总署等部门赴浙江、江西、安徽、重庆、贵州等省（市）开展了建立公共文化服务体系，建设财政保障机制专题调研。在此基础上，提出了构建我国公共文化服务体系建设财政保障机制的初步构想，提出了研究制定基本公共文化服务标准和财政保障标准的具体要求，认为区别于传统的文化事业管理中以“定性”为基础的模糊管理方式，新时期公共文化服务体系建设要求确立一种量化和科学的管理方式。例如，研究确立现阶段公共文化服务供给的标准和保障范围，研究把握当前区域经济水平差异、地区文化差异和城乡差异背景下公共文化服务产品的供给状况以及与规划目标之间的差距，区分现阶段中央与地方政府间关于公共文化产品供给的事权，研究明确中央与地方公共文化服务的支出责任等。

（一）关于公共文化预算

当文化预算制度的体制合法性和存在结构特征不成问题后，我们迫切需要面对的是，政府预算中的公共文化服务支出预算方法类型的选择以及类、款、项三级具体预算科目的设计所涉及的问题及解决方案。只有确定了文化预算编制环节为公共文化支出开出的支付清单，以及这一清单中的关键性科目排序，所谓预算规范在政府文化治理结构中的清晰目标才能真正显现出来。王列生（2011）从纯学理层面阐释了文化预算的技术性方案设计[①]，他重点探讨了零基态常量计算方案、参数值增量计算方案和编序性变量计算方案三种技术方案及其涉及的主要问题。在零基态常量计算方案的探讨中，重点阐述了他称之为类目统置、科目分置和项目具置所面临的困难，在参数值增量计算方案的讨论中重点分析了参数值增量的关键性影响因子，在编序性变量计算方案研究中重点探讨了公共文化预算的外部边界形态和内部边界切分问题，并相应地指出了我国文化预算制度建设的技术路径。至于内部边界切分，不同政府不管选择何种外部边界的文化治理模式，都会密切结合其文化国情选择针对性强的切分与排序技术方式，甚至在某种程度上完全演绎为文化预算制度设计的技术能力。就现有公共文化类预算的特征及问题而言，现行政府公共文化预算在保障目标上的狭隘性和保障标准上的偏差，已难以满足新的公共文化服务体系建设和运行的需要。如巫志南（2008）认为，目前我国各地虽已初步将公共文化发展纳入各级财政预算，但预算标准主要参照20世纪末以来实行的系统性或部门化的“专项资金”政策，预算资金额度及性质主要是文化领域经营收入所形成的地方财力部分。这一预算的潜在意义不是把公共文化发展与经济社会发展水平相协调，而是仅

① 王列生：《论文化预算制的功能实现技术方案》，《华中师范大学学报》（人文社会科学版）2011年第1期。

仅与地方或系统的文化产业发展水平直接挂钩。因而，现行公共文化投资政策只是在形式上纳入公共财政预算，而尚未真正从经济、政治、文化和社会“四位一体”协调发展的角度，纳入一级政府公共财政中。[①] 张启春等（2014）认为，目前我国的文化预算科目并不能涵盖公共文化服务财政保障的所有内容，部分公共文化基础设施建设等资金通过临时性和应急性的专项资金形式拨付，并没有列入目前的预算之中，而某些非公益性的广播影视和新闻出版支出也被视为公共文化支出，这导致目前各种衡量公共文化服务规模的预算口径存在偏差。因而，将公共文化预算与公共文化服务对接是目前文化预算改革的重点。[②]

（二）关于公共文化服务体系建设财政投入

通过在纵向上将历年文化事业费及文化事业经费占全国财政支出比重进行对比，横向上将这些指标与教育、卫生、科技事业财政投入相比，学界几乎毫无争议地得出了我国文化预算支出标准严重偏低的结论，我国文化财政支出占财政总支出的比重与目前国际上中等发达程度以上国家的标准存在很大的差距，不少文献都建议参照国外文化支出占财政支出比例 1% 的经验标准。如张桂琳（2009）认为，政府要履行其公共文化服务责任，一定水平的财政保障标准是前提，目前中国香港和法国等发达地区的公共文化服务投入占财政支出的比例已经超过 1%。在探讨我国公共文化服务的“非均等化”现象时，指出其中最突出的问题就在于文化服务经费投入水平较低。在确定财政保障标准时，既要考虑到发达国家的标准水平，又要考虑到我国的实际情况。[③] 郭全中（2014）认为，现代公共文化服务体系的标准应体现为财政保障标准和财力的标准化，建议设立这样的目标：到 2020 年，各级政府在公共文化服务

① 巫志南：《现代服务型公共文化体制创新研究》，《华中师范大学学报》（人文社会科学版）2008 年第 4 期。

② 张启春、李淑芳：《公共文化服务的财政保障：范围、标准和方式》，《江汉论坛》2014 年第 4 期。

③ 张桂琳：《论我国公共文化服务均等化的基本原则》，《中国政法大学学报》2009 年第 5 期。

体系建设方面的投入占财政支出的比例不得低于0.8%，每个农民享受到的公共文化服务投入不得低于20元。在确定底线标准的同时，一方面鼓励和支持经济发达地区设定更高的标准，另一方面把该比例纳入绩效考核体系中。[①] 除了总体保障规模偏低之外，不少学者还认为，文化部门预算资金投入存在严重的不平衡现象。马海涛等（2009）测算的2006年全国人均文化事业费为11.91元，仅有15个省（区、市）超过平均水平。[②] 唐亚林、朱春（2012）认为，财政投入的区域结构失衡问题严重，存在公共文化服务资源配置的区域间“鸿沟”，同时还存在公共文化服务供给的本地人与外来者的“差别对待”和阶层间的“序差结构”[③]。

针对这些问题，学者们从不同层面论述了公共文化服务体系建设的财政保障标准。傅才武等（2015）认为，科学合理的经费保障标准是促进基本公共文化服务标准化的根本路径，是促进基本公共文化服务均等化的重要杠杆，制定科学合理的经费保障标准还有助于深化文化财政体制改革。因此要实现由粗放定性型向量化规范型转变，不论是东部还是中部和西部，公民基本文化权益是同一尺度、同一标准，国家必须“建立标准、兜住底线”，这在客观上要求必须建立规范、量化的财政保障标准，建立国家基本公共文化服务供给的统一尺度，以促进各地区基本公共文化服务均等化的实现。通过研究和梳理公共文化服务行业的特点，他们提出制定现代公共文化服务体系建设财政保障标准的“补齐增量、开放业务、评价激励”的基本思路，依据基本公共文化服务标准化、均等化原则，确定财政保障的基准；根据事权与支出责任相匹配的原则，优化中央和地方财政分担机制；根据基本公共文化服务的责任主体，确立以各级政府为对象的财政投入责任考核机制。基于上述思路和原则，根据基本公共文化服务供给主体的不同、区域发展不均衡、事权与财力相统一、经费量化等因

① 郭全中：《现代公共文化服务体系的现代性》，《行政管理改革》2014年第4期。

② 马海涛、程岚：《完善财政政策促进公共文化服务体系建设》，《中国财政》2009年第23期。

③ 唐亚林、朱春：《当代中国公共文化服务均等化的发展之道》，《学术界》2012年第5期。

素，建议采取分类保障、倾斜保障、分级分担、量化标准的方案设计。[①] 王显成（2017）认为，应该采用“分类保障、分级承担、精准扶贫”的原则来研究公共文化服务财政投入保障标准，其中“分类保障”，是指按照经费开支的功能，将财政投入经费分为开办经费、日常经费、活动经费等部分。按照“分级承担”的原则，这些经费由相应级别的财政承担。同时按照“精准扶贫”的要求，加大对革命老区、少数民族地区、边疆地区和欠发达地区的转移支付力度。[②] 就政策层面而言，2015 年发布的《关于加快构建现代公共文化服务体系的意见》要求，县级以上政府按照标准测算所需经费，将基本公共文化服务保障资金纳入财政预算，落实保障当地常住人口享有基本公共文化服务所需资金。李国新（2015）认为，这一要求的新思路有三大改革亮点：第一，按标准测算，标准就是各级政府依据国家指导标准，结合当地实际制定的地方性基本公共文化服务实施标准。按标准测算，也打破了传统的公益性文化事业单位“先见钱、后见事”的行政拨款体制，建立“先见事、后见钱”“钱随事走”的新的经费拨付体制。第二，保障对象为常住人口。公共文化服务的保障对象是常住人口，不是户籍人口，这适应了我国的城市化进程，体现了社会公平正义。第三，保障范围是基本公共文化服务，超出“基本”范畴的，主要通过市场化途径解决。[③]

（三）关于基于公益性文化单位的预算测算

傅才武、曹兴国（2012）领导的“湖北省基层公益性文化单位财政保障标准”课题组直接开展了基层公益性文化单位财政保障标准研究，在开展湖北省县级基层公益性文化单位基础设施、文化基层人才队伍以及基层文化单位经费保障状况调查研究的基础上，依据基层文化单位分类性事权安排，重点探讨了县级基层公益性文化单位的项

① 傅才武、陈庚、彭雷霆：《现代公共文化服务体系建设中的财政保障标准研究》，《福建论坛》（人文社会科学版）2015 年第 4 期。

② 王显成：《公共文化服务投入的统计范围与保障标准》，《统计与决策》2017 年第 10 期。

③ 李国新：《现代公共文化服务体系建设与公共图书馆发展——〈关于加快构建现代公共文化服务体系的意见〉解析》，《中国图书馆学报》2015 年第 3 期。

目经费和运营经费的财政保障标准，提出通过分类确定县级“三馆一站”［博物馆（纪念馆）、文化馆、公共图书馆、乡镇综合文化站］及基层剧团、剧场、县级广播电视机构的详细事权，分别核算财政保障标准的思路。他们对公共文化服务体系建设财政保障的调查和研究重点放在县级基层层面，且主要讨论的是项目经费和运营经费的公共资助标准。同样基于来自地方公共文化服务财政保障标准的调研总结及测算的研究，还有韩梅对山东济宁的调研。韩梅（2009，2010）将公共文化资金分为人员工资、运行经费、业务经费和重大工程四类，根据对山东济宁财政局支持济宁公共文化服务的调查研究，详细介绍了济宁公共文化服务体系发展现状和财政投入情况，总结了来自济宁各县的公共文化服务体系建设经验，提出了现阶段公共文化经费支出的范围、财政保障重点以及补助标准的建议，主张财政保障公共文化服务体系应该重点保证大型公共文化设施建设，如市级、县级文化（艺术）馆、图书馆等，乡镇综合文化站和村文化大院建设，重大公益性活动如送电影下乡、送戏下乡、非物质文化遗产保护、文化信息资源共享工程服务、广场文艺演出、节庆活动及重大纪念日活动等，图书馆、文化（艺术）馆、乡镇综合文化站、村文化大院运行经费和业务活动经费；并提出了较为具体的经费来源和补助标准，如主张市级、县级重大公共文化设施建设以同级财政为主，国家、省财政根据情况进行一定的补助；在重大基础性工程建设上，可以采取企业赞助、企业冠名（如济宁市某某企业图书馆、某某企业图书馆专柜等）、股份经营（利用原文化场所地理位置以土地入股，共同开发经营）、镇村合建（乡镇文化站建在村里，由村里出土地，挂两家牌子，产权归村里，管理归乡镇）等方式拓宽经费来源。① 其研究意义不在于她所总结的具体保障标准数据，而在于调研对象是位于我国东部地区的地级市及所辖县乡村，并较为详细地从财政角度区分了财政保障的经费来源，尽管从财政学理论分析角度看可能存在分歧。

从中我们不难发现，无论是学理层面的讨论还是基于地方公益性

---

① 韩梅：《不断加大资金投入逐步完善基础设施——济宁市财政支持公共文化服务体系建设情况调查》，《行政事业资产与财务》2010 年第 8 期。

文化单位保障实践的调研和标准测算，都未明确回答现阶段公共文化服务体系建设财政保障到底应该达到什么标准，更没有涉及政府内部保障分工。尽管调研和测算涉及具体保障标准，但也未明确总结出财政保障总体上到底应该达到什么标准，哪些应该全额保障，哪些应该部分资助，甚至没有说明给出标准的理由。

四　公共文化服务体系建设财政保障方式的研究

关于公共文化服务体系资金保障方式的研究，着重要回答谁来保障？采用什么保障方式？目前国内大体一致的看法是：以政府财政保障为主，积极引导社会力量参与，政府保障采取中央和地方共担方式。鉴于公共文化服务的纯公共产品属性，这里对保障方式的理解和探讨应以财政保障方式为主。同时，从财政学角度来看，讨论还有一个很重要的问题需要理清，即公共提供与公共生产、私人提供与私人生产的区分。

（一）关于公共文化服务保障主体

从公共服务这一整体来看，“二战”以来英国公共服务供给引领了西方发达国家基本公共服务供给模式的变革，经历了“国有化”“私有化”和“公私合作”三个主要阶段。传统模式认为，公共品供给和生产应统一由政府提供，而以 Vicent A. O. Storm 为代表的学者则主张公共品供给和生产应根据公共品类型予以区分，注重将市场机制、公民组织引入公共服务领域，由“多中心”主体合作供给。格拉齐亚·爱托·吉利斯（2008）从提供和生产、资金两个维度来考虑，认为公共服务的模式可分成四种：政府主导模式——服务资金和生产的提供者都是公共权力；慈善模式——服务资金由私人提供，生产者则是社会力量；市场主导模式——私人既是服务的提供者，也是生产者；政府与市场合作或伙伴关系模式——服务的资金提供者是政府，生产者是私人。

鉴于政府的文化职能与财政保障的内在统一性，学术界一般都认为，公共文化服务作为一种纯公共产品，理应由政府提供，政府保障或以政府保障为主的方式是必然的选择。这从关于财政保障机制的大部分文献以及众多的政策建议中可以看出，均主张以政府为主导，通过财政予以保障。如王大为（2007）认为，公共文化服务应由政府举办，政府要加强对公共文化服务事业的领导，切实做好公共文化事业的规划，加强管理，充分发挥公共文化设施的效用，政府要制定政策，促进公共文化事业的发展。[①] 从现有文献来看，不少文献在政府主导、公共财政保障的主张下把讨论重点放在了对政府文化职能的“缺位”和“越位”问题的关注上，主张政府公共文化服务职能创新过程必须以实现基本公共文化服务均等化和广覆盖为根本目标。如魏鹏举（2008）认为，鉴于社会主义市场经济建设的稳定需要以及文化在中国的特定意识形态属性，公共文化资金的管理模式随着文化体制改革的深入开展，需要进一步探索：如何由直接投入向间接投入转变，由微观管理向宏观调控转变，合理解决政府在公共文化管理方面的“越位”和“缺位”问题；如何真正由办文化向管文化转变、由养文化人到扶持文化项目转变。[②] 陈立旭（2016）进一步阐释构建公共文化服务体系，虽然可以有多种多样的方式，包括引入社会力量、运用市场手段，但主要责任在政府。正如市场会“失灵”一样，政府也有“局限”，这就要求把政府权威与市场交换的功能优势有机地组合在一起。在市场经济大背景下，政府更好地履行公共文化发展责任，既必须从“越位”的地方“退位”，也必须在“缺位”的地方“补位”[③]。换言之，政府在提供公共服务和产品时无法应对差异化的需求，且供给效率低下，并不意味着公共文化产品供给应该走市场化道路。如果政府不对公共文化产品和服务的生产与供给予以干预和补偿，使不同类型文化产品的生产者之间实现利益均衡，那么因市场配置资源高效率而带来的经济剩余，就不会自动地流向公共文化部门，就会导致公共文化领域的萎缩，公共文化产品生产和供给的不足。有学者提出了较为综合的观

---

① 王大为：《公共文化服务的基本特征与现代政府的文化责任》，《齐齐哈尔师范高等专科学校学报》2007 年第 3 期。

② 魏鹏举：《文化体制改革与我国公共文化资金管理创新》，《中国行政管理》2008 年第 7 期。

③ 陈立旭：《从文化事业到公共文化服务的理念转型》，《中国社会科学报》2016 年第 7 期。

点，即政府与供给相结合，建立供给主体多元化的供给机制。如朱旭光、郭晶晶（2010）认为，公共文化服务供给体系要实现供给渠道社会化，即注重“三力合一”，在政府主导力、市场配置力、社会主体力的配合下供给公共文化服务。[①] 耿达、傅才武（2015）认为，在公共文化服务体系构建中应形成一个政府引导、多方参与的公共文化治理模式，就是要改变资金来源单一的现状，推动民间资本向公共文化服务方面合理流动。[②]

（二）关于政府财政保障的具体方式

近年来，关于公共文化服务保障方式的社会化、市场化呼声颇高。总体而言，存在着两个不同的提出视角：一是从改善财政投入资金的使用效率视角提出的，二是从开放基本公共服务包括公共文化服务，引导社会资本投资公共文化服务视角提出的。多数文献主张改进和完善现有公共文化资金的投入方式，完善分摊方式，拓宽资金来源渠道，加强绩效评价，以提高公共资金的使用效益。傅才武等（2015）从现代公共文化服务体系建设财政保障方式上，概括了要实现由行政性配置向竞争性（开放式）配置的转变，即转变以文化事业单位为本位、以直接拨款的形式，转向以绩效评价为约束，围绕绩效评价的结果建立财政经费投入的竞争性分配机制。[③]

大部分研究集中于财政投入方式上，概括而言无外乎纳入财政预算，通过预算支出科目保障，其中公共文化服务日常经费以基本支出为主，公共文化服务设施网络建设经费则一般采用项目支出的方式投入。如财政部文教司（2008）提出构建公共文化服务财政保障机制，一方面，要发挥财政资金的主导作用，通过直接投入为人民群众提供基本公共文化服务；另一方面，要发挥财政的引导作用，采取相关措施，鼓励和动员社会力量积极投入公共文化服务体系建设，形成公共

① 朱旭光、郭晶晶：《双重失灵与公共文化服务体系建设》，《经济论坛》2010 年第 3 期。

② 耿达、傅才武：《公共文化服务体系建构：内涵与模式》，《天津行政学院学报》2015 年第 6 期。

③ 傅才武、陈庚、彭雷霆：《现代公共文化服务体系建设中的财政保障标准研究》，《福建论坛》（人文社会科学版）2015 年第 4 期。

财政主导、社会力量普遍参与的良好格局。要创新财政投入方式，通过政府采购、委托承办等方式，吸引社会资金投入公共文化服务，推动公共文化服务资金来源的社会化和多元化。巫志南（2008、2012）较为详细地分析了我国现行公共文化服务财政资金保障方式（他称之为我国现行公共文化投融资体制），主张彻底改革现行部门化、系统化的投融资体制，扩大社会力量参与的宏观投融资体制，建立和完善公共文化“规划—预算—投入—产出—评估”的投融资运行体制，应积极创新公共文化投入方式，灵活运用政府招标采购、项目补贴资助、贷款担保贴息等方式，吸引社会力量投资、参股、赞助、提供设施和产品等多种方式投入公共文化服务，鼓励金融机构创新金融工具或产品，向公共文化领域提供长期和低息贷款，及时修订出台鼓励社会对公共文化捐助的政策法规，抓紧落实社会力量公益性捐赠的税收优惠及相关表彰和奖励政策等。[①] 随着公共文化服务资源体系建设的成熟，应在政府主导和协调下，建立起现代公共文化资源供给主体群落。[②] 王显成（2017）提出，公共文化设施网络体系建设在投入方式上可以引入 PPP 模式，大力发展代建、BOT、BT 等新型投入机制。公共文化事业活动经费要放弃财政直接投入的做法，通过政府购买、以奖代补、财政补贴等方式，形成以政府购买为主的新型投入方式，实现公共文化服务投入方式的优化。[③]

至于资金来源，不言而喻，既然是纳入预算支出范围，税收收入自然是主要的资金来源保障方式。但财政部长谢旭人（2011）提出，要进一步拓宽文化投入来源渠道，合理增加政府非税收收入用于文化投入，重视文化事业费等专项用于文化改革发展资金的征收、管理和使用，逐步提高各级彩票公益金用于文化事业发展的比重，要建立健全新型国有文化资产管理体制。[④] 目前，一方面要进一步巩固和完善

① 巫志南：《现代服务型公共文化体制创新研究》，《华中师范大学学报》（人文社会科学版）2008 年第 4 期。

② 巫志南：《免费开放背景中文化馆功能定位思考》，《艺术评论》2012 年第 2 期。

③ 王显成：《公共文化服务投入的统计范围与保障标准》，《统计与决策》2017 年第 10 期。

④ 谢旭人：《创新财政政策机制推进文化发展繁荣》，《财政研究》2011 年第 12 期。

非经营性国有文化资产管理体制，另一方面要继续推进建立健全经营性文化资产管理体制的改革。财政部门要主动配合国有文化资产管理体制改革的新形势，提出具有前瞻性、系统性和可操作性的意见和建议，制定出切实可行的政策方案。这释放了在财政保障方式范围内研究增加政府公共文化资金来源保障渠道的可能性。就国外经验而言，美国文化服务的资金来源较为多样化，并且一直处于变化之中。政府财政投入，特别是联邦政府财政投入仅为其中的一部分，其他为州和地方政府的财政拨款，私人部门捐赠及税收优惠政策也比较多。瑞典文化资金主要来源于政府财政拨款，以及财政补贴，然而，除了公共开支外，个人支出仍然占文化艺术支出的绝大部分。Kigyo Mecenat Kyogikai（2009）指出，在日本，除了各级政府对文化艺术的支持外，还有专门针对文化发展的税收优惠政策，鼓励日本私人和公司的捐赠。

关于事权与支出责任划分，即在具体分摊比例上，各国情况略有不同。Joanna Woronkowicz（2012）指出，美国联邦政府、州政府及地方政府2006—2010年对艺术的投入比例分别为17.9%、32.8%和49.3%，联邦政府对艺术的投入相对较低。Agency for Cultural Affairs（2013）对日本的情况做了分析，日本文化厅近年来的文化相关财政支出约为1000亿日元，地方政府文化相关总支出约为3500亿日元，市级政府支出约为2500亿日元，市以下政府支出约为1000亿日元。中央政府、市级政府、市以下地方政府支出的比重分别为22.5%、55%、22.5%。张启春（2014）指出，瑞典政府的所有文化艺术公共支出中，中央政府支出占到44.5%，市级政府占40.5%，而县政府则占15%。可见，瑞典政府在提供公共文化服务时将责任的重点放在市一级政府，而市以下地方政府承担的责任则相对有限。我国财政部教科文司（2008）提出初步考虑：公共文化服务基础设施网络建设具有基础性、普遍性特征，且易于量化，应以中央财政投入为主，地方财政配合；公共文化产品和服务的提供具有明显的多样性和地域性特征，应以地方财政投入为主，中央财政予以补助或奖励。江光华（2011）建议，在合理划分事权的基础上划分财政，建立中央、省、县、乡四级财政分担体系，主张建立以中央财政和省级财政为主导，以县乡财政为辅助系统的公共文化财政支出体系。进而提出，根据我国的实际情况，并参照世界其他国家的经验，可将中央、省、县各级政府的财政投入比例调整为：中央政府负担10%—20%，省政府负担50%左右，县政府负担30%—40%。在县乡财政无力解决地方公共文化财政支出资金时，中央政府、省级政府应通过转移支付的形式弥补缺口，确保提供基本的公共文化服务经费。①

关于财政转移支付研究，国外学者高度关注财政转移支付制度对基本公共服务均等化的作用，如Bordway等（2001）对日本财政制度效果进行评价后发现转移支付对地区财力均衡效果显著，确立了转移支付与基本公共服务均等化间的有机联系。Shah等（2006）以世界范围内转移支付方式为分析对象，认为发展中国家转移支付制度安排缺乏科学衡量标准，造成对转移支付的较强依赖。此外，中央政府层面通过设计地方政府绩效考核机制，有利于引导地方政府形成基本公共服务支出偏好。布坎南（1950）认为，在美国实行统一税率的前提下，个人所得税缴纳存在不相等结果需要通过联邦对个人的转移支付进行均衡调整，联邦对州的转移支付是实现政府间财力相对均衡的最有效方法。加拿大经济委员会提出的财政均衡理论对布坎南的观点做了进一步研究，强调平等享受财政待遇以及州政府通过联邦政府转移支付达到财力配置等的横向均衡，通过模型设计出根据人均实际税收和人均平均税收额两项指标间的差距确定转移支付额度，以达到人均财力均衡状态。就公共文化服务而言，张启春、李淑芳（2014）认为，目前我国政府对公共文化服务的财政投入除仍显不足外，还在于建设初期多采取的是应急性、临时性的非常规保障方式，亟须转向规范化、制度化的以预算和预算管理体制为依托的政府公共文化服务财政支出和规范化的转移支付方式，主张构建以纵向为主、纵横交错的转移支付体系。② 李国新（2015）认为，《关于加快构建现代公共文化服务体系的意见》就经费保障的一个有新意的政策措施是，明确

---

① 江光华：《公共文化服务财政投入机制初探》，《科技智囊》2011年第1期。

② 张启春、李淑芳：《公共文化服务的财政保障：范围、标准和方式》，《江汉论坛》2014年第4期。

了中央和省级财政转移支付、扶弱奖优的功能。该意见指出，中央和省级财政通过转移支付主要解决了两大问题：一是对革命老区、民族地区、边疆地区、贫困地区给予补助，二是对绩效评价优良的地区给予奖励，这属于重大政策调整，体现了正确的激励导向，使财政转移支付资金的功能更趋完善。[①]

在政策实践层面，党的十七届六中全会明确提出要把主要公共文化产品和服务项目、公益性文化活动纳入公共财政经常性支出预算中。至于由一级政府负责还是由多级政府共同保障问题，《国家基本公共服务体系“十二五”规划》（2012）已明确提出，要综合考虑法律规定、受益范围、成本效率、基层优先等因素，合理界定中央政府与地方政府的基本公共服务事权和支出责任，逐步通过法律形式予以明确，同时在财力保障部分还明确提出了完善转移支付制度和完善公共财政预算、优化财政支出结构，拓宽基本公共服务资金来源，提高县级财政保障基本公共服务能力的要求。就地方创新而言，北京市政府在公共文化服务体系建设初期，对公共文化服务事业的投入最初采取的是通过专项拨款的方式，从 2009 年开始，北京市政府对这种财政拨款方式进行了创新和改革，由原来按项目补助的方式转变为对各区县的转移支付形式，即北京市文化局不再直接拨付区县文化项目经费，而是由市财政局通过转移支付的形式直接下划给区县财政，由区县统筹安排。针对这次财政保障方式的创新和改革，江光华（2009）做了初步研究，她提出了公共文化转移支付制度的概念，并指出这种在全国首次推行的文化资金转移支付制度能够承担起为推进北京市公共文化服务事业发展而供给资金的责任。[②] 笔者认为，北京市的这一做法并非财政保障方式的创新和改革，而是公共文化服务体系建设财政保障向预算管理方式的回归。纳入预算管理标志着公共文化服务体系建设和财政保障运行的常态化、制度化，至于是否能承担起为推进北京市公共文化服务事业发展供给资金的责任，则取决于保障标准和

① 李国新：《现代公共文化服务体系建设与公共图书馆发展——〈关于加快构建现代公共文化服务体系的意见〉解析》，《中国图书馆学报》2015 年第 3 期。

② 江光华：《北京市公共文化转移支付制度研究》，《北京社会科学》2009 年第 6 期。

转移支付规模。

（三）关于农村基本公共文化服务财政保障方式的研究

农村公共文化服务是我国农村公共服务体系的重要组成部分，建立规范的农村公共文化服务财政投入体制，是实现农村文化服务均等化的基础前提。吴理财（2008）总结讨论了现阶段我国农村公共文化服务保障的三种典型模式："部门供给""以钱养事""以县为主"，主张在确保各地文化服务经费存量的基础上，使财政资金增量部分重点向农村倾斜，向中部地区倾斜，缩小农村文化服务的地区差距和城乡差距。建立分类、分级的农村文化服务财政资金投入制度，确定系统的财政分类、分级投入指标，明确各级政府在不同种类的农村文化服务中的财政投入比例，确保各地农村人均文化服务经费投入大致均衡。他主张中央财政要按照35%—40%的比例进行投入，省级财政要按照45%—50%的比例进行投入，县级财政要按照10%—20%的比例进行投入①。王瑞涵（2010）较为系统地分析了农村公共文化服务建设中的财政责任和经费保障机制，在指出我国农村公共文化服务供给总量不足，结构不甚合理，事权划分有待明晰等问题的基础上，明确了农村公共文化服务的具体内容，提出了农村公共文化服务经费保障机制设计方案，建议通过采取"低水平、广覆盖"的模式，首先实现农村基本公共文化服务均等化，在此基础上逐步推进完善；通过细化事权，科学界定各级政府的农村基本公共文化服务供给责任，优化服务供给框架，提高农村公共文化服务质量；借鉴"文化例外"的原则，建立稳定增长的投入机制；根据基本公共服务均等化思路，建立规范合理的转移支付制度；根据政府事权划分，整合现有财政资源，优化财政支出结构；借鉴"一臂之距"原则，有效发挥市场机制的作用；注重财政支出绩效评价，建立农村公共文化服务的奖惩机制和信息反馈机制。②

总体而言，学界从财政投入方式、政府间事权与支出责任以及政

---

① 吴理财：《非均等化的农村文化服务及其改进对策》，《华中师范大学学报》（人文社会科学版）2008年第3期。

② 王瑞涵：《农村公共文化服务体系建设：财政责任与经费保障机制》，《地方财政研究》2010年第8期。

府主导的多元参与等层面对公共文化服务体系建设财政保障相关问题进行了不同程度的研究，还特别针对农村公共文化服务体系建设进行了针对性研究。但大多数分散在对更宏大主题研究的部分阐释中，缺乏对财政保障方式的专题性研究。而仅有较少的相关研究也存在诸多问题，需要进行进一步深入探讨，比如概念使用含混、财政支持、财政资助、财政投入、财政经费保障、文化经费管理等充斥于研究中。我们认为，现阶段在对公共文化服务作为纯公共产品属性的认识得到统一后，将其纳入政府保障范围已确定无疑。在此背景下，再提公共文化服务的财政支持、资助已不妥当，应用公共文化服务财政保障，具体反映在政府预算中用公共文化（服务）支出、公共文化（服务）基本建设预算支出较为适当。此外，当前学界普遍未对“公共提供”和“公共生产”做出区分，严重影响、制约了公共文化服务体系建设运行财政保障机制和保障方式问题的研究思路。这急需从公共财政学视角，运用最新财政理论知识，从财政投入方式、分摊方式与融资方式上系统开展公共文化服务体系建设财政保障方式的研究。

五　公共文化服务体系建设财政保障评估的相关研究

科学地评价公共文化服务体系建设财政保障状况，是制定公共文化服务政策、优化公共文化服务供给的必要依据。《国家“十一五”时期文化发展规划纲要》要求“建立政府对公共文化事业投入的绩效考评机制”，公共文化服务的绩效考评成为学者关注的问题之一。在一定的理论和研究框架下，基于科学的公共文化服务财政保障指标体系的构建，运用一定的方法和手段，对财政保障的标准、方式等进行测量和评估，并判断是否真正实现预期目标及其存在的问题等，据此提出改进举措，有益于对下一步公共文化服务资源的合理投入。当前关于公共文化服务体系建设财政保障评估主要分为两大类：一类是对公共文化服务绩效评估所涉及的财政保障研究，另一类是专门针对公共文化服务体系建设财政保障评估的定性研究和定量研究。

（一）关于公共文化服务绩效评估所涉及的财政保障研究

目前关于公共文化服务绩效评估指标体系构建和实证评估中包含

着政府投入指标。如陈威（2007）在对深圳公共文化服务体系的研究中，所划分的公共文化服务体系衡量指标有三类，其中第二类为政府投入指标。[①] 毛少莹（2007、2012）提出的公共文化服务绩效评估的五个二级指标中也包含政府投入指标。在具体指标的选取上，包含政府文化事业财政拨款、政府公共文化事业拨款经费占政府总财政支出的比重、人均公共文化事业财政投入和文化事业基建投资四级指标。向勇、喻文益（2008）提出了构建公共文化服务指数的一般思路，将公共文化资金保障体系作为其一。[②] 上海高校都市文化 E—研究院发布的2011 年全国 31 个省市自治区公共文化服务指数蓝皮书，其综合指数排序也包括各省市区“公共文化投入”综合指数得分和排名，在 31 个省市区公共文化服务核心指标的专题研究中也包括若干财政支出指标，包括文化事业费占财政支出的比重、人均文化事业费、公共图书馆财政拨款和人均购书费、群众文化机构财政拨款，反映出以省级为单位的公共文化财政投入区域差异仍然较大。傅利平、何勇军等（2013）利用复数表分析方法，构造出政府公共文化服务绩效评价的偏最小二乘通径模型，通过模型筛选和检验，从政府投入、服务保障、总体效应三方面设计了基本公共文化服务绩效评价指标体系。[③] 马虹（2013）从政府投入、社会参与、规模和效率四个维度，采用德尔菲法进行调查，构建各层次因子的权重，结合层次分析法，对甘肃省 14 个州市的公共文化服务进行综合评价。[④] 盛禹正（2013）对省级公共文化服务绩效指标体系构建进行研究，经三轮筛选，最终形成（公共文化服务财政指标、机构与基础设施指标、人力资源指标、产出指标）四个维度 30 个指标的绩效指标体系。[⑤] 胡税根等（2015）从公共文化服务投入、公共文化服务过程、公共文化

---

① 陈威：《公共文化服务体系研究》，深圳报业集团出版社 2006 年版。

② 向勇、喻文益：《公共文化服务绩效评估的模型研究与政策建议》，《现代经济探讨》2008 年第 1 期。

③ 傅利平、何勇军、李军辉：《政府公共文化服务绩效评价研究》，《中国财政》2013 年第 7 期。

④ 马虹：《基于 AHP 的公共文化服务绩效评价研究》，学位论文，兰州大学，2013 年。

⑤ 盛禹正：《我国省级公共文化服务绩效指标体系构建研究》，学位论文，浙江大学，2013 年。

服务产出和公共文化服务效果四个维度，设计了评价政府基本公共文化服务绩效的57个指标，然后利用因子分析的方法对评价的指标进行筛选和赋权。[①]

（二）关于公共文化服务体系建设财政保障评估的研究

在政策指导下，许多学者逐渐采用定性方法开展了对公共文化服务财政保障（政府供给）绩效评估的研究。何广前、赵英吉（2008）建议公共文化服务体系建设财政保障的绩效评价应以人民群众的评价为导向，逐步建立和完善以市场准入和人民群众评价为主要指标的财政投入绩效评价机制，把向社会提供更多更好的文化产品作为财政增加投入的重要依据。[②] 睢党臣等（2012）认为，从以往实践来看，我国在公共文化服务事业的财政投入方面，关注的仅仅是前期的资金投入环节，严重忽视了后期对资金使用的绩效评估，公共文化项目的运行缺乏全面监督管理，长期存在一些重复建设、忽视质量、贪污腐败等“散、滥”现象。他们建议，根据公共文化服务的特殊性，研究制定规范可行、操作性强的评价指标体系，将各类财政投入资金的绩效考核纳入科学化、规范化的轨道，同时定期进行绩效考核，将考核结果与绩效工资、财政补贴等奖惩措施结合起来，建立健全激励约束机制。[③] 于洪、丛树海（2013）分别对财政投入与群众文化基本指标进行描述性分析，解释了公共文化提供与财政投入的关系，指出当前各级财政部门积极筹措资金，着力调整公共支出结构，不断加大对文化事业的投入力度，但仍存在诸如总量增长滞后、中央与地方财政文化支出结构不平衡等突出问题。[④]

随着研究的不断深入，有学者开始利用面板数据、运用因子分析法、数据包络分析DEA等定量方法研究检验公共文化服务的财政保

---

① 胡税根、李幼芸：《省级文化行政部门公共文化服务绩效评估研究》，《中共浙江省委党校学报》2015年第1期。

② 何广前、赵英吉：《财政如何支持公共文化服务体系建设?》，《经营与管理》2008年第1期。

③ 睢党臣、李盼、师贞茹：《完善公共文化服务体系的财政政策研究》，《上海管理科学》2012年第3期。

④ 于洪、丛树海：《公共文化提供与财政投入问题研究》，《财政研究》2013年第12期。

障（政府供给）绩效。孔进（2010）则从政府公共文化投入、公共文化服务发展规模、公共文化活动三个维度构建了指标体系，运用因子分析法，对我国省级政府的公共文化服务提供能力进行实证研究。研究显示，政府正逐渐加强对公共文化的投入能力，对公共文化服务设施建设的重视程度较高，而对设施的利用效率和群众性文化活动关注度不高。[①] 大多数研究采用 DEA 分析法，不论是投入和产出的指标两分法，还是投入、保障、活动产出、参与情况的四分法，其实质都是以投入和产出比评价服务效能。一般将公共文化财政投入数额、比重等作为投入变量，将人均拥有服务数量、举办活动数量、参与人数等作为产出变量，运用对各变量的相对重要性进行加权处理的方法，确定综合权重进行评价分析。涂斌、王宋涛（2012）从省内范围开展了公共文化支出效率评价，使用 2000—2009 年广东 21 个地级市的面板数据，研究了广东地方政府公共文化支出效率。结果表明，广东地方政府的公共文化支出效率存在显著的差异，而造成这种效率差异的重要原因主要包括财政分权和文化政策等政策变量、人均 GDP、人口密度和居民受教育水平等经济及社会因素。杨林、许敬轩（2013）从治理的视角出发，采用降维的思路处理多维指标面板数据，然后再进行因子分析，对地方财政公共文化服务支出规模绩效进行测量与判断，得出结论：地方财政公共文化服务支出的规模绩效与经济发展水平没有明显的相关性，且规模绩效水平均低于 0.50，不能满足公众对公共文化服务的经常需求与发展诉求，基于此提出构建多元、稳健的资金投入机制，创新专项转移支付力度等政策建议。[②] 张启春、范晓琳（2017）采用因子分析、数据包络分析方法，从投入产出视角构建基本公共文化服务绩效评价指标体系，首先利用因子分析方法对构建的指标体系进行主成分分析，再利用数据包络分析方法对我国 31 个省级政府基本公共文化服务绩效进行测评。结果表明：省级政府基本公共文化服务效率总体水平还有待提升，地区间基本公共文化

① 孔进：《公共文化服务供给：政府的作用》，学位论文，山东大学，2010 年。

② 杨林、许敬轩：《地方财政公共文化服务支出效率评价与影响因素》，《中央财经大学学报》2013 年第 4 期。

服务效率存在差距。①

有学者把不同的公共文化项目的绩效进行分开评价。如李金珊、徐越（2014）从效率、公平、效果和可持续性四个维度构建指标，以浙江省农家书屋为例，对公共文化基础设施政策绩效进行实地考察与研究，验证了后续资金保障等对我国基层公共文化基础设施的政策绩效具有解释力的制度因素。②程慧平等（2015）从基础条件、财政支出、资源利用、民众受益四个维度构建公共图书馆发展水平评价指标体系，采用PLS结构方程模型对2012年我国31个省市区公共图书馆的发展水平进行评价。结果显示：我国公共图书馆发展水平区域差异显著，东部地区公共图书馆发展水平最优，中部地区次之，西部地区较差。进而运用聚类分析方法，将我国31个省市区公共图书馆的发展水平分为五类。③

可见，目前国内对公共文化服务体系建设财政保障的评估多以定性分析评价为主，规范化的绩效评估还相对欠缺。就方法存在的问题而言，DEA模型是一个衡量多投入、多产出综合效率的有效方法，而大多数研究为简化计算，或者将财政支出作为唯一投入指标，或者设置了很少的产出指标。因此，如何从宏观和具体保障内容各个层面构建评估指标体系，采取科学合理的方法，开展财政保障状况评估，是今后研究的重点任务。

综上所述，目前学界对公共文化服务体系建设的研究已经取得了突破性进展，但对财政保障问题主要着眼于宏观层面关于公共文化服务体系建立健全、基本公共服务均等化的研究，和微观层面关于公共文化服务发展中诸如政府购买、社会力量参与、文化资助模式等特定领域的研究，财政保障相关问题仍存在较大的研究空间。要到2020年实现基本公共文化服务均等化目标，当务之急是解决公共文化服务

---

① 张启春、范晓琳：《我国基本公共文化服务绩效的评价与实证》，《统计与决策》2017年第17期。

② 李金珊、徐越：《基层公共文化基础设施政策绩效及其制度因素探究——以浙江省农家书屋为例》，《东北大学学报》（社会科学版）2014年第5期。

③ 程慧平、万莉、张熠：《基于偏最小二乘结构方程的我国区域公共图书馆发展水平研究》，《图书情报工作》2015年第12期。

体系建设中的财政保障问题，加强文化财政保障也是“十三五”时期乃至今后现代化强国建设期间文化发展改革的重要议题。在现有研究基础上，开展针对财政保障标准与方式这一需探讨与突破问题的研究具有紧迫性和重要性。笔者运用经济学的规范研究框架和方法，尤其是从财政学角度，以寻找最佳理论分析框架，结合预算和预算管理体制、事权与支出责任划分，探索基于最适文化预算科目分类的、可操作的财政保障标准，以及既符合理论和国际普适性要求，又适合中国国情的保障方式。

第三节　研究思路、内容及架构

一　总体思路

本书以公共文化服务体系建设财政保障为核心研究任务，从满足公民公共文化需求和权益出发，从公共文化服务体系建设内容和财政保障责任研究入手，在公共物品、预算管理、现代治理等前沿理论基础上，搭建公共文化服务体系建设的财政保障理论分析框架，紧紧围绕公共文化基础设施网络建设体系，公共文化产品、服务及活动供给体系，公共文化服务建设支撑体系三大建设内容，农村、欠发达地区及特殊群体三个保障重点，通过规范分析与实证分析相结合的研究路径，分别开展财政保障标准、财政保障方式、财政保障状况的评价研究，提出财政保障标准制定与落实、财政保障方式创新的政策建议，为构建现代公共文化服务体系“保驾护航”。

一条主线：基于预算和预算管理体制，构建具有中国特色、规范化、长效化的公共文化服务体系建设财政保障机制。本书以公共预算、分级分税预算管理体制为依托，将财政保障标准和方式的研究置于现行政府收支分类和预算框架之中，将政府的文化职能、财政对政府文化职能的保障边界范围、保障规模与结构，以政府公共文化服务支出科目及内部结构量化呈现。从深层次认识而言，旨在通过财政保障标准和保障方式的研究，从根本上推动公共文化服务体系建设的长效保障机制的建立健全。

两大导向：基本公共文化服务的标准化、均等化。党的十七届六中全会首次明确指出公共文化服务体系建设目标是，到2020年，覆盖全社会的公共文化服务体系基本建立，努力实现基本公共文化服务均等化。党的十八届三中全会进一步提出构建现代公共文化服务体系的任务，并明确要求“促进基本公共文化服务标准化、均等化”。党的十九大报告更是站在中国特色社会主义新时代高度上针对新矛盾提出了建设文化强国的发展目标，指出要完善公共文化服务体系。“标准化”和“均等化”两大目标的实现既是2020年基本公共服务总体均等化、全面建成小康社会目标的重要组成部分，也是到21世纪中叶建成富强民主文明和谐美丽的社会主义现代化强国的应有之义。

三个倾斜：指向农村地区、欠发达地区、农民工等特殊群体倾斜。现阶段城乡、区域、群体间公共文化服务供给仍然存在较大的差异，农村、欠发达地区以及对农民工等特殊群体的公共文化服务供给不足，应成为今后财政保障的三大重点。笔者将在综合标准和分类标准基础上开展对农村、欠发达地区以及特殊群体公共文化服务体系建设和运行倾斜程度的研究，也涉及中央和地方的事权与支出责任划分和分摊方式确定。

四大领域：指财政保障范围、财政保障标准、财政保障方式与财政保障评价。在社会契约论、公共物品理论、渐进预算理论与多中心治理理论的基础上，明确公共文化服务体系建设战略的具体内容、政府的公共文化服务职能，进而明确财政保障范围，搭建财政保障理论分析框架。通过大规模调研、随机实地实验、多种计量方法的实证评估及专家咨询，分别开展综合标准、分类标准和倾斜标准研究，设计具有可操作性的年度预算方案。同时深入开展适合中国公共文化服务体系保障的财政投入方式、分摊方式和筹资方式研究，构建适合中国特色社会主义市场经济体制要求的基本公共文化服务财政保障方式政策体系。最后，一方面对2007—2016年10年的公共文化服务体系建设财政支出效率进行测算，另一方面依托调查问卷对公共文化服务体系建设财政保障状况进行评估，审视财政保障标准的合理性与保障方式的有效性，从实证层面印证课题组的观点，基于此提出改进财政保障的政策建议。

二　研究内容及架构

目前我国初步形成了覆盖城乡的，从中央、省、地市、县至乡镇的公共文化设施体系，近 5 万所“四馆一站”实现了“免费开放”，重大文化惠民工程显著提升了公共文化产品和服务的供给能力，以各地国家公共文化服务示范区创建为代表的服务方式创新和改善，提升了公共文化服务效能。但我们也发现，近些年来，国家财政对公共文化服务体系的投入采取的多是临时性、应急性的“文化专项资金”方式。在经历了这种大规模的、非制度化的投入阶段后，现在是考虑构建具有中国特色的、规范化的、制度化的财政保障机制的时候了。在这样的背景下，笔者对公共文化服务体系建设的财政保障问题进行了研究。

第一章　导论。从国家公共文化服务政策变迁、公共文化服务供给的财政困境和国家级省级公共文化服务体系示范区创建探索的三个视角交代选题背景，阐释了本书的学术价值和应用价值；进而通过梳理与公共文化服务体系建设财政保障相关的研究文献并予以评述，找准本书的切入点。接下来，交代研究思路、内容及架构和研究视角、方法及技术路线。

第二章　基本公共文化服务财政保障的理论分析。本章主要阐述财政保障的理论依据，即阐述为什么财政要保障基本公共文化服务？财政保障责任的范围是什么？从社会契约论的视角探讨公民文化权利和政府文化职能，从公共物品理论的视角探讨公共文化服务属性和财政保障责任的必然性，从渐进预算理论的视角探讨公共文化服务财政保障标准，以及从多中心治理理论的视角探讨基本公共文化服务财政保障方式，从而确立公共文化服务财政保障的外部边界范围和内部组成结构，从区分公共提供与公共生产、关注公共提供与私人生产的组合创新角度探讨政府文化职能和财政保障的多种实现方式。最后，搭建公共文化服务体系建设的财政保障理论分析框架。这是后文关于公共文化服务体系建设的财政保障标准与方式研究的理论前提。

第三章　现行公共文化服务体系建设的财政保障标准。财政保障标准的理论框架和技术性方案的确定，需从综合标准、分类标准以及倾斜标准等分层面和综合研究层面展开。综合标准主要涉及公共文化服务的相对规模，可以用公共文化服务支出增长率、增长弹性系数及支出增长边际倾向等指标来衡量；多层次分类标准主要涉及公共文化服务设施网络建设体系、产品和服务以及活动供给体系、建设和运行支撑服务体系三大类及其具体服务内容保障标准的调研、测算核定，既涉及基本建设又涉及产品、服务和活动项目，既涉及公益性文化单位、文化传人等文化团队又涉及物质、技术设施设备，既涉及建设所需资本性支出又涉及运行经费的保障，还涉及保障内容要从部门行为转变为政府行为；倾斜标准研究重点是在综合标准和分类标准基础上开展对农村、欠发达地区以及特殊群体公共文化服务体系建设和运行倾斜程度的研究。通过梳理我国公共文化服务体系建设，特别是国家级、省级公共文化服务体系示范区建设中的分类财政保障标准，并结合调研所得到的财政保障标准实际数额，分析既有财政保障标准是否能够保障公共文化服务体系建设及良好运行以及存在的问题。

第四章　现行公共文化服务体系建设的财政保障方式。具有全球视野和中国特色的保障方式政策体系构建，需从财政投入方式、中央和地方分摊方式以及多元化筹资方式多个角度加以探讨。从投入方式看，以政府财政投入为主、引导社会力量积极参与的多元化公共文化服务投入机制已得到认同，进一步深入细致地探讨政府财政保障资金投入方式的转变和创新，探讨公共文化服务体系建设和运行中的公共提供与公共生产、私人生产的多种组合方式，开展针对不同公共文化服务内容、三大保障重点中政府最适保障方式研究；从分摊方式看，公共文化服务体系的建设和运行，一直以来采取的都是中央和地方共担的分摊方式，但这是在政府间公共文化服务责任未做清晰划分的前提下进行的，分摊方式和标准缺乏制度性框架保障，笔者将探讨中央和地方在清晰文化事权基础上的、不同保障内容的中央和地方分摊方式；从筹资方式看，目前财政保障资金主要来源于政府税收，笔者将进一步探讨政府财政资金来源渠道的拓宽方式以及公私伙伴关系在公共文化服务领域的多种合作方式。本章从公共文化服务体系建设的三大领域出发，聚焦于投入方式、分摊方式以及融资方式三个维度，对三批国家级示范区和以湖北为主的省级示范区进行多案例研究，讨论公共文化服务体系建设财政保障状况、取得的成效和存在的问题。

第五章　公共文化服务体系建设财政保障状况评估：基于2007—2016年省级面板数据的分析。首先构建公共文化服务体系建设财政保障指标体系，采用“纵横向”拉开档次评价法，对我国31个省级政府2007—2016年10年的基本公共文化服务财政投入和产出进行评价和分析，然后采用DEA方法和Malmquist指数方法对2007—2016年全国31个省级政府公共文化服务体系建设财政保障的效率进行评估，最后采用泰尔指数对我国公共文化服务体系财政投入的均等化状况进行评估。

第六章　公共文化服务体系建设财政保障状况评估：基于257份市县级调查问卷的分析。本章从实证层面，通过问卷调查、数据分析，评估当前公共文化服务体系建设财政保障状况，具体操作方式是紧紧围绕公共文化服务体系建设的三大领域，即基础设施建设、产品服务及活动供给、人才队伍的财政保障标准和方式，从示范区与非示范区，中、东、西地区进行比较分析和相关分析。接着通过多元回归分析探索影响财政保障状况的因素所在。

第七章　结论与政策建议。本章着重考虑由公共文化服务体系示范区创建如何走向全国范围内的标准化、均等化，提出进一步加强文化财政保障的思路与政策建议及方案。在对上文进行总结之后，将以国家预算、分级分税预算管理体制为依托，遵循规范化、制度化、长效化和具有中国特色的财政保障机制构建目标，从财政保障责任清单化、保障标准可持续化、保障方式多元化、保障绩效高效化四个方面提出具体政策建议。

三　研究的重难点

围绕构建规范化、制度化、长效化的公共文化服务体系建设的财政保障机制这一总体研究目标，着力解决两大关键性问题：一是如何实现政府有限财力和众多保障需求约束下的公共文化服务财政保障责

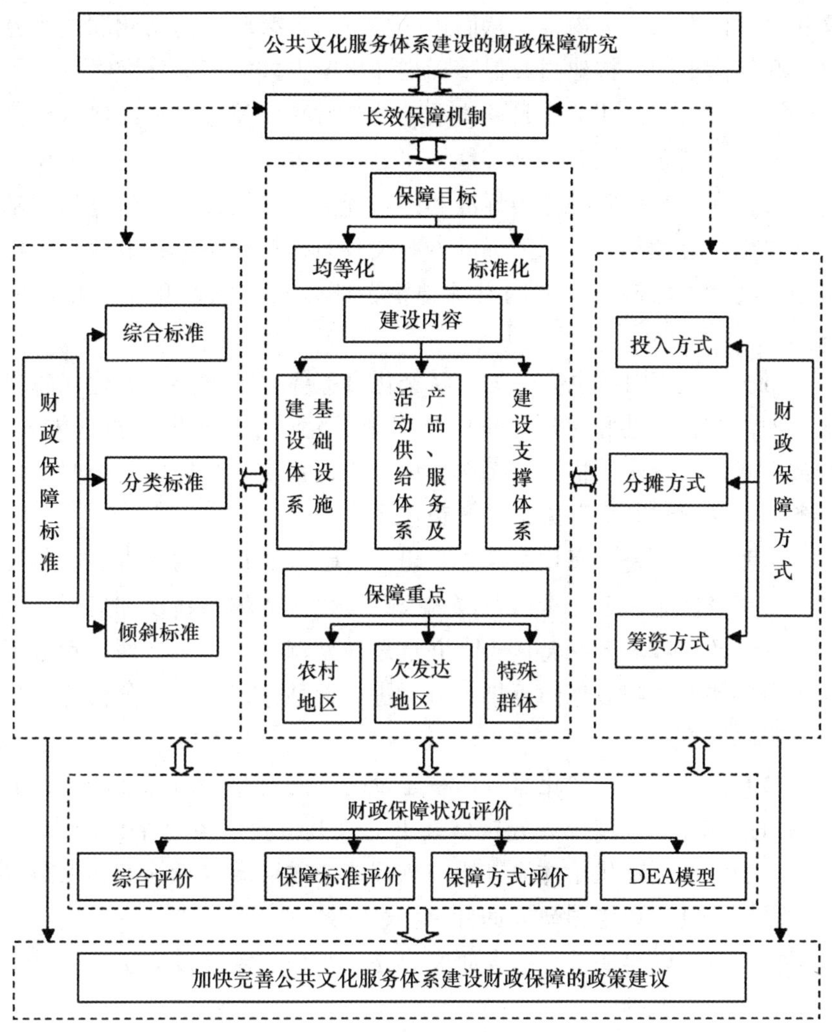

图1-2 研究内容及架构示意图

任的履行，找寻最佳财政保障规模和结构；二是如何实现政府既有财力保障的公平和效率最大化，探讨最佳保障方式。具体而言，需要解决的重点问题有：

第一，关于公共文化服务体系建设内容和财政保障责任。如何从公共文化服务的公共产品属性（包括全国性公共产品和地方性公共产品的划分）和社会公众的公共文化需求入手，进一步细致地明确公共文化服务体系的建设内容，从而进一步理清各级政府的文化职能边界和财政保障范围，构建财政保障标准和保障方式的理论分析框架。

第二，关于公共文化服务体系建设的财政保障标准。如何以理论分析框架为基础，同时根据实地调研、实验方案及结果以及实证评估结论等，在财政保障的分类标准和倾斜标准等多层面分析研究的基础上，提出综合性的财政保障标准方案及政策建议。如何在财政保障标准中，克服人均保障标准的设计缺陷，体现对公共文化服务供给的激励。

第三，关于财政主导下的公共文化服务体系建设的多元化保障方式。如何结合定性和定量分析以及案例研究总结，从财政投入方式、分摊方式以及资金筹措方式多个方面，构建系统的、完整的公共文化服务体系建设财政保障方式的政策体系。

第四，关于公共文化服务体系建设财政保障状况的评价。如何设计一份调查问卷，针对全国范围内公共文化服务体系建设和运行三大领域的财政保障展开问卷调查，并从总体状况，中、东、西，示范区与否等多层面对财政保障标准和方式进行评估，运用定量分析方法找到其影响因素。

第五，基于公共文化服务体系建设内容的财政保障标准和方式的分层研究。如何开展统一分析框架下的公共文化服务网络设施体系，产品、服务和活动供给体系，服务支撑体系的财政保障标准和保障方式的分层研究，以增强研究的针对性、有效性。

根据研究内容要求，结合研究思路、视角、路径及方法，需要解决的难点问题包括：

其一，如何在明确公共文化服务体系建设内容和财政保障责任中更好地体现社会公众需求偏好的表达？在建设内容和财政保障责任中更好地体现公众偏好的集合？如何根据公共文化服务的全国性和地方性公共产品特性确定中央和地方的分摊责任？

其二，在财政保障标准研究中，如何综合众多的约束条件和影响因素，建立基于分权财政框架、新的政府收支分类体系，以预算为依托的保障标准和方式的基础理论模型？如何解决有限财力约束与财政保障整体标准的矛盾，把握分类保障标准之间的结构安排？

如何在全面保障公共文化服务内容，在应保则保的同时实现重点倾斜，如何在分层次标准探讨基础上提出综合性财政保障标准方案和政策建议？

其三，在保障方式研究中，如何构建既能充分满足公共文化服务体系建设和运行需要、弥补文化领域市场失灵，又能提高财政资金保障效率、预防政府失灵的财政保障方式政策体系？如何在现有保障方式的基础上，进一步探寻适合不同类型公共文化服务的有针对性的保障方式？如何在现行市场化、社会化呼声甚高的背景下，审慎清理保障方式的不同层面所面临的问题，从财政投入方式、分摊方式及资金来源方式的多样化和公私伙伴关系的具体实现形式方面开展保障方式的研究？

第四节　研究视角、方法及技术路线

一　研究视角

财政保障公共文化服务体系建设战略的实施，是党和政府对自身文化职能的清晰定位在经济上的集中体现。公共文化服务体系建设财政保障研究涉及财政学、公共管理学、政治学、经济学、社会学、艺术学等诸多学科，需要从多学科视角集成研究。每个学科均有其独特的解释，各种理论体系相辅相成。本书采取以财政学为主，结合公共管理学、经济学、社会学等跨学科的研究视角，从公共文化服务领域的市场失灵和政府文化职能定位入手，综合运用政府预算、公共物品、多中心治理等相关理论，运用规范分析、跨区域调研、随机实验、问卷调查以及综合评价等多种方法，对公共文化服务体系建设的财政保障标准和保障方式展开研究，进而对公共文化服务体系建设的财政保障综合绩效予以评估，并基于此提出具有中国特色的财政保障标准技术性方案和由财政主导的多元化保障方式政策体系。

首先，财政学的视角。公共文化服务体系建设离不开财政，财政学也在公共文化服务研究与发展中扮演了关键角色。财政学作为公共经济学，并不是简单的研究资金问题，其核心是资源配置与利用，研究对象涉及财政收支、转移支付、公共物品供给、政府预算等。基本公共文化服务属于纯公共物品，应当由财政保障。本书以国家预算、分级分税预算管理体制为依托，将财政保障标准和方式的研究置于现行政府收支分类和预算框架之中，将政府的文化职能、财政对政府文化职能的保障边界范围、保障规模与结构，以政府公共文化服务支出科目及内部结构量化呈现。那么，公共文化服务体系建设财政保障的标准如何制定？采取何种方式实现？传统财政学理论认为，由于存在市场失灵，公共物品应当由政府提供，以满足公共需求，即所谓公共生产。但公共选择理论认为，公共物品的公共生产也会存在政府失败，主张政府和市场合作供给。换言之，政府提供公共文化服务，并不一定由政府生产，可以由企业生产、政府采购。这一观点也正是本书的基调。

其次，公共管理学的视角。公共文化服务体系建设是一个涉及多级政府、多个部门的管理活动。公共管理学是一个研究公共管理活动或公共管理实践的学科，政府行政机关是其研究的核心主体。从公共文化服务财政保障责任研究来看，党的十八届三中全会提出构建现代公共文化服务体系的重点任务，列在首位的就是建立公共文化服务体系协调机制。理顺公共文化管理体制，加强各级政府对公共文化服务体系建设的统筹协调，解决条块分割、行业壁垒、资源分散、重复建设、效益不高等问题，是强化政府责任的现实要求。[①] 从财政保障标准研究来看，政府预算本身就是政府管理社会公众事务的一种工具，是政府文化职能实现的前提和物质基础。从财政保障方式研究来看，主要是强调通过现代管理理念的引进、管理手段的创新、管理资源的整合、管理机构的重组等，最终构建形成科学的管理模式。

此外，公共文化服务体系建设财政保障研究还涉及政治学、社会学等学科。就政治学的视角而言，公共文化服务体系建设财政保障研究最终旨在保障公民的基本文化权益，公共文化服务均等化是社会公正的一个子系统，财政保障状况评价研究还涉及公民参与、社会监督

---

① 李国新：《强化公共文化服务政府责任的思考》，《图书馆杂志》2016 年第 4 期。

等问题，这些都属于政治学领域的话题。公共文化预算也构成政治过程的核心，因为预算本质上是一个政治决策或公共选择过程，是利益在政治过程中的分配。

二　研究方法

选择正确且可行的研究方法可以高屋建瓴地指导我们分析问题、解决问题。本书从问题和政策导向出发，从财政学、公共管理学等跨学科的视角切入，立足于公共部门经济和公共管理的理论基础，纳入政府预算框架考虑，并采用面向公共文化服务建设实践的规范研究与实证研究相结合的路径，既注重理论工具的运用与理论框架的架构，也注重现实问题的关怀与实证资料的支撑。其中，规范研究是指充分结合财政学、公共管理学、艺术学等学科的相关研究成果，集中解决公共文化服务及体系建设、政府文化职能、文化事权与支出责任的科学内涵及其相互关系，着力尝试回答“财政保障标准如何制定”和“财政保障方式如何有效”的问题。实证研究是指运用实地调研、问卷调查、案例分析、计量分析等研究方法全面系统地分析公共文化服务体系建设中的财政保障实践，夯实研究基础，掌握论证根据，着力回答“财政保障标准是否合适”“财政保障方式是否有效”“财政保障状况如何”的问题。

在这两大研究路径的主导下，具体采用以下研究方法：

第一，问卷调查法。为获取真实反映公共文化服务体系建设中的财政保障现象资料，课题组在大规模、跨地区实地调研的基础上开展问卷调查。通过专家组讨论设计出调查问卷，在武汉市进行预调查之后，进一步修改问卷再进行全面调查。考虑政府预算级次（中央、省、市、县、乡）与东、中、西部三大板块，选取代表性区域，将调查对象锁定为市级、县区级文化系统和财政系统的公务员以及国家或省公共文化服务体系专家库成员，调查方式包括课题组成员面对面访谈、直接邮寄、电话访谈等。需要说明的是，由于人力和研究经费的限制，无论是专家选取还是调查样本都主要是在区域分配的系统抽样基础上基于资料和数据的易获取性而确定的，这可能会使数据具有一定的局限性。

第二，案例分析法。由于财政保障方式体现为连续且重复过程，各主体的行动与策略也体现在一系列活动之中，通过问卷法比较难以获得全面的信息。因此，本书还运用多案例分析方法，选定当前国内国家级、省级公共文化服务体系示范区作为案例，并通过实地调研、官方网站、资料报道、会议报告以及必要的半结构式访谈搜集数据资料。通过发掘一些成功或典型个案，进行剖析，加以深入研究，总结实践经验，提炼出具有普适性的政策建议，探讨具有推广价值的模式。

第三，计量分析法。应用多种计量方法，构建基于计算机模拟技术、可应用的经济模型，具体包括投入—产出法、面板数据回归分析、数据包络分析以及综合评价方法、泰尔指数法等，开展公共文化服务体系建设财政保障状况的评估分析。

第四，类比分析法。比较研究可以帮助人们认识各种社会现象的异同，从中把握实质与规律性。本书不仅将公共文化服务体系建设财政保障进行国内和国际比较，还对国内国家级公共文化服务体系示范区和包括以湖北省为主的各省级公共文化服务体系示范区进行全方位比较，在此基础上推导出公共文化服务体系建设的一种较为有效的财政保障实践模式。

第五，随机实地实验。随机实地实验作为识别社会现象中因果关系的重要手段，在国际经济学界正得到日益广泛的应用。自 2011 年国家开始进行公共文化服务体系示范区（项目）创建活动以来，已经有 93 个市区参与创建，有 63 个市区获得命名。还有十多个省（市、区）开展了省级公共文化服务体系示范区创建活动。课题组与一些湖北省公共文化服务体系示范区的创建单位合作，开展公共文化服务体系建设财政保障的实验研究。一方面，将我们的研究结论直接应用于政府改革，另一方面通过社会实验检验和修正自己的理论观点和政策建议，使研究观点和政策建议更具有科学性和可行性，并在实验和实践中进一步提炼和总结新的理论。

三　技术路线

本书研究的技术路线如图 1 – 3 所示。

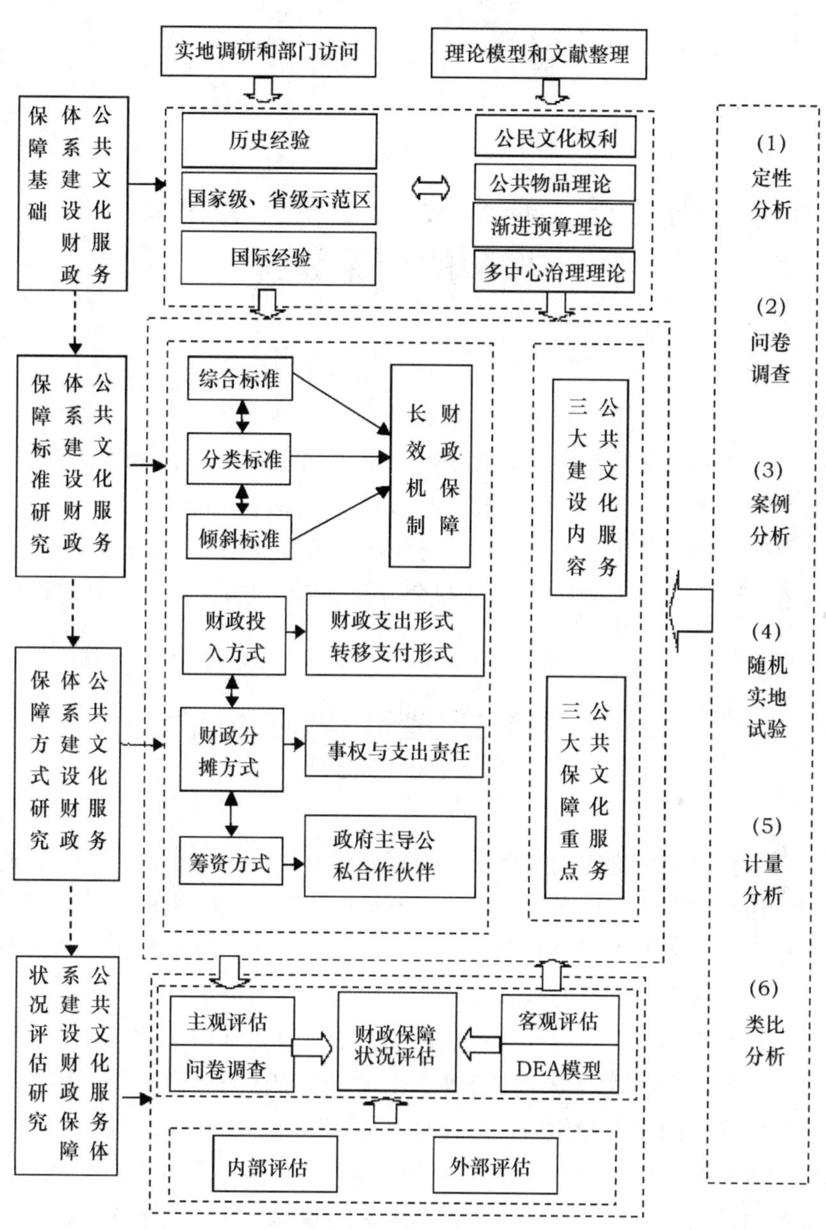
实地调研和部门访问
理论模型和文献整理
公共文化服务体系建设财政保障基础
历史经验
国家级、省级示范区
国际经验
公民文化权利
公共物品理论
渐进预算理论
多中心治理理论
公共文化服务体系建设财政保障标准研究
综合标准
分类标准
倾斜标准
财政保障长效机制
公共文化服务三大建设内容
公共文化服务体系建设财政保障方式研究
财政投入方式
财政支出形式
转移支付形式
财政分摊方式
事权与支出责任
筹资方式
政府主导公私合作伙伴
公共文化服务三大保障重点
公共文化服务体系建设财政保障状况评估研究
主观评估
问卷调查
财政保障状况评估
客观评估
DEA模型
内部评估
外部评估
(1)
定性分析
(2)
问卷调查
(3)
案例分析
(4)
随机实地试验
(5)
计量分析
(6)
类比分析

图 1－3　技术路线示意图

第二章　基本公共文化服务财政保障的理论分析

本章的主要任务是阐述财政保障基本公共文化服务的理论依据，以从社会契约论切入探讨文化权利让渡和政府文化职能来源为前提，基于财政学的角度，依次从公共物品理论、渐进预算理论、多中心治理理论对公共文化服务体系建设财政保障的责任范围、标准制定和方式选择进行纯理论分析，搭建一个分析框架，为后文研究奠定理论基础。

第一节　社会契约理论、政府文化职能与公共文化服务体系

从社会契约论的观点来看，国家和政府的合法性不仅来自于普遍同意和授权委托，还在于甚至更主要地在于其对自身承诺的信守、对自身所负义务的承担和对自身职责的忠诚。因此，保障公民基本人权成为政府获得合法性的基础之一。文化权利作为公民基本人权的重要组成，在范围、法律内涵和可执行性上最不成熟，需要政府在此方面更加有所作为。政府为保障公民文化权利而依法对社会文化领域进行管理所具有的职责和作用，即为政府文化职能。其中，提供基本公共文化服务是政府履行其文化职能的核心内容，当前我国公共文化服务体系建设的要旨就是为公民提供均等化的基本公共文化服务。

一　社会契约论、文化权利与政府文化职能

权利转让与权利保护构成社会契约论的立足点和理论旨归，政府

及其公共权力也只是因其对权利的保护才获得其存在的合法性，保护包括文化权利在内的公民基本权利是政府行使权力的重要归属。作为人权的基本内容和重要组成部分，文化权利和我们每个人的生活息息相关，它直接影响着人类社会是否全面发展以及公民是否有尊严地生活，同时也是检验一个社会公平正义实现程度的重要标准。

（一）权利保护：社会契约论的正义原则

契约精神在人类文明史上极其重要，英国著名法学家梅因曾作出这样的论断：所有进步社会的运动，是一个从身份到契约的运动。社会契约论是一个古老的历史性主题，经历了长期的发展过程，其中卢梭的《社会契约论》被视为近代社会契约论最终形成的标志。卢梭认为，社会契约要解决的根本问题是“寻找出一种结合的形式，使它能以全部共同的力量来捍卫和保障每个结合者的人身和财富，并且由于这一结合从而使每个与全体联合的个人又只不过是在服从自己本人，并且仍然像以往一样地自由”①。换言之，以社会契约方式建立起来的国家，应当是体现人民主权和公意的，主权是不可转让、不可代表、不可分割的，一切政府只能是公意的执行机关，政府只不过是主权者的执行人，政府存在的合理性也在于对自身所负义务的承担。20 世纪，以罗尔斯为主要代表人物的学派所提出的“新契约论”，是作为一种思想机制设计出来保护平等权利的，被称为“作为公平的正义”的正义观，人们在选择政治模式时，既要考虑最大效率受益，也要考虑最小结果受损。换言之，既要注重效率也要注重结果的公平。罗尔斯认为：“‘契约’一词暗示着这种个人或团体的复数，暗示必须按照所有各方都能够接受的原则来划分利益才算恰当。”② 这种新契约论的精神实质强调缔结契约和国家的诞生是一种理性选择。可见，无论是近代契约论还是现代契约论，均认同国家或政府的产生建立在同意的基础上，进而阐释了国家权力与公民权利之间的从属关系，即公权力源于每个公民的权利让渡，政府只是从属于主权权利，是公共力量的受托者。根据这一逻辑，由政府来保障和实现人们在自

---

① ［法］卢梭：《社会契约论》，何兆武译，商务印书馆 1980 年版。

② ［美］罗尔斯：《正义论》，何怀宏等译，中国社会科学出版社 1988 年版。

然状态中不便实现的权利也构成了国家存在的合法性，国家虽然在人们签订契约之时即可独立运作，然而，国家必须信守契约的内容而履行其对人们的义务。

一般而言，社会契约论总要从“权利”的设立与保护开始。追踪契约论的权利概念发展，可以发现它有三个阶段：自然权利、基本权利和天赋人权。[①] 托马斯·霍布斯认为，在国家成立以前，每个人在自然状态中拥有各种同样的权利，“都有运用自己的权利以求保全自己的本性，即保全生命的自由”[②]。这就是自然权利。洛克进一步指出，在自然权利中存在着不可交换的基本权利，即财产权和人身自主权，正义原则在于人的基本权利。卢梭在此基础上提出了人权概念，并认为这个自然权利就是基本权利，是与生俱来且不可剥夺的，即为“天赋人权”，人类诞生以来就存在着人权，每个人生来自由平等，而“公民权利就是人作为社会一分子所具有的权利……所有这一类权利都是与安全和保护有关的权利”[③]。卢梭设想的社会契约过程是：人们在缔结契约时，把自身的一切权利全部转让给整个集体的同时，可获得自己所让渡给别人的同样权利，并以更大的力量来保全自己，通过订立契约进入政治社会，建立国家和政府，这一契约的精神——人们为了自身安全而让渡一部分自然权利给政府形成公共权力，即“权利的让渡”，“个人转让权利是因为他只是为了自己的利益，才会转让自己的自由”[④]。政府则“由被统治者同意而取得正当的权力”，政府的目的是保证每一个社会成员的不可剥夺的权利，保证这些权利不受暴力的侵害，增进他们的安全与幸福。[⑤] 通过公民之间的契约，国家变成了权利的集合器，然后再通过自身政治体系的构造，将公民让渡出来的权利变成只有国家才能享有的权力，以实现从公民权利到公共权力的转换。可见，政府权力源于人们权利的转让，这是政府权

① 谢文郁：《权利：社会契约论的正义原则》，《学术月刊》2011 年第 5 期。

② ［英］霍布斯：《利维坦》，杨昌裕译，商务印书馆 1995 年版。

③ ［美］潘恩：《潘恩选集》，马清槐等译，商务印书馆 1982 年版。

④ ［法］卢梭：《社会契约论》，何兆武译，商务印书馆 1980 年版。

⑤ ［美］杰弗逊等：《资产阶级政治家关于人权、自由、平等、博爱的言论选录》，世界知识出版社 1963 年版。

力的本质来源。然而，当公民通过契约将权利交给国家后，他们与强大的国家机器相比就显得十分弱小了。国家并不是一个被动的机器，其自主性会不断增强，反过来公民的权利也会受到约束。[①] 基于这一情况，公民权利保护便构成了社会契约论的核心问题。从理论层面而言，如果国家权力出现了异化，它不再因公众的权利而存在时，人们就可以把转让出去的权利收回来。正如卢梭所说："行政权力的受任者绝不是人民的主人，而只是人民的官吏；只要人民愿意就可以委任他们，也可以撤换他们。"[②]

综上可见，依据社会契约论的观点，国家或政府的合法性不仅来自于普遍同意和授权委托，还在于甚至更主要地在于其对自身承诺的信守、对自身所负义务的承担和对自身职责的忠诚。因而，政府权力的行使应以公民权利为导向，并接受人民的监督和制约。

（二）文化权利保护：政府文化职能的定位

毋庸置疑，文化权利的普遍意义如今已得到了人们的认同。虽然说公民的文化权利与公民所享有的政治、经济和社会权利一样，都是公民所必须享有的法律利益，[③] 但作为人权的一个重要组成部分，"文化权利的内容和价值并没有受到应有的重视，常常被称为人权中的'不发达部分'。所谓'不发达'，是指相对于其他种类的人权，比如公民权、政治权利、经济和社会权利而言，文化权利在范围、法律内涵和可执行性上最不成熟，它们的确需要进一步的阐明、分类和强化"[④]。虽然人们常说"经济、社会和文化权利"，但是重点通常是经济和社会权利，这一点不仅表现在理论上，也表现在国家实践中。导致文化权利常被忽略的原因是多方面的，相比较于公民政治权利这一国家的消极义务而言——只要国家不干涉即可，其实现是即刻的，作为基本人权的文化权利被认为是"逐步实现的"，依赖于政府提供

① 彭正波：《权利让渡的政治学分析——社会契约论的逻辑审视与现代启示》，《山西师范大学学报》（社会科学版）2013 年第 4 期。

② ［法］卢梭：《社会契约论》，何兆武译，商务印书馆 1980 年版。

③ 莫纪宏：《论文化权利的宪法保护》，《法学论坛》2012 年第 1 期。

④ ［波］雅努兹·西摩尼迪斯：《文化权利：一种被忽视的人权》，《国际社会科学杂志》（中文版）1999 年第 4 期。

积极的服务，且比较“昂贵”，还不被认为是真正的权利。① 人们多有这样的想法：在基本的温饱、工作的安全、生活的保障不能得到满足时，谈文化权利是奢侈的。但是，需要认识到，只有当文化权益与经济、政治、社会等权益一起得到有效保障时，对人民权益的保障才是全面的、充分的。② 马克思主义对经济、政治和文化的理解以及当今世界对三者关系的认识为经济权利是基础，政治权利是保证，文化权利是目标。随着对文化权利认识的深入，文化权利的构成也被赋予不同的理解（见表2-1），联合国教科文组织也认为，文化权利至少包括文化认同的尊重、被认可为一个文化社群的权利、参与文化生活、教育与训练、资讯权、保护研究、创意活动、智慧财产权与文化政策参与权。③

表2-1　**学者关于文化权利构成的观点**

学者	关于文化权利构成的观点
西摩尼迪斯④	8项：受教育权、文化认同权、文化信息权、参与文化生活权、文化创造权、享受科学进步的权利、保护作者物质和精神利益的权利、国际文化合作权
普若特⑤	11项：表达自由权，教育权，父母为子女教育选择权，参与社群的文化生活权，保护艺术、文学与科学作品权，文化发展权，文化认同权，少数族群对其认同、传统、语言及文化遗产的尊重权，民族拥有其艺术、历史与文化财产的权利，民族有抗拒外来文化加诸其上的权利，公平享受人类共同文化遗产的权利

① 何海岚：《〈经济、社会和文化权利国际公约〉实施问题研究》，《政法论坛》2012年第1期。

② 王三运：《大力发展公益性文化事业，保障人民基本文化权益》，《求是》2011年第24期。

③ Halina Nie'c (1998), Cultural Rights and Wrong: A Connection of Essays in Commemoration of the 50 the Anniversary of the Universal Declaration of Human Rights, Paris: UNESCO, pp. 176-190. 转引自吴理财《文化权利概念及其论争》，《中共天津市委党校学报》2015年第1期。

④ ［波］雅努兹·西摩尼迪斯：《文化权利：一种被忽视的人权》，《国际社会科学杂志》（中文版）1999年第4期。

⑤ L. V. Prott (1992), "Cultural Rights as People's Rights in International Law," in James Crawford (ed.), *The Rights of Peoples*, Oxford: Clarendon Press, pp. 96-97.

续表

学者	关于文化权利构成的观点
艺衡等①	4 种：享受文化成果的权利，参与文化活动的权利，开展文化创造的权利以及对个人进行文化艺术创造所产生的精神上和物质上的利益享受保护的权利
宋慧献②	6 项：文化创作自由、文化传播自由权、文化媒介自由权、文化接触权、文化生活参与权和国际文化合作权

履行文化权利保护的核心义务者是政府公权力机构，政府为尊重、保护和促进文化权利承担着全面性义务，公民文化权利的实现正是以政府文化职能履行为基本依托和重要条件。政府职能在文化领域内的体现是政府的文化职能，是指文化管理机构依法对新闻出版、广播影视、文学艺术等社会文化事业和文化产业的管理。公民文化权利的实现必须具有可能性和现实性两个因素：从可能性角度来看，要实现公民的文化权利，首先法律赋予公民的文化权利是确定的，有相对明确的范围，并且是为公民从事文化活动所需要的；从现实性角度来看，公民能否有效地行使法律所规定的文化权利，一要看公民在行使文化权利时能否得到政府和社会的帮助；二要看公民行使文化权利的行为成本的多少，是否会受到不必要的法律上的限制或者是因为法律制度本身的矛盾而使得公民的文化权利无法准确地得到行使。③ 政府为保护公民文化权利，在文化领域中所承担的管理、指导、领导、组织等职责和所发挥的功能，即为政府文化职能。不同发展阶段对文化有不同的需求和期待，相应地，政府在文化权利保护中扮演着不同的角色，文化职能的侧重点也有所不同。服务型政府职能的公共性和有限性决定了政府文化职能的公共性和有限性，使政府从“权力理性”走向“权利理性”。相对于“权力理性”而言，权利理性更看重执政机制中内在向心力与凝聚力的建立，即把“人民拥护不拥护、高兴不

① 艺衡、任珺、杨立青：《文化权利：回溯与解读》，社会科学文献出版社 2005 年版，第 12 页。

② 宋慧献：《论文化权利的构成与属性》，《中国政法大学学报》2017 年第 5 期。

③ 莫纪宏：《论文化权利的宪法保护》，《法学论坛》2012 年第 1 期。

高兴、满意不满意、答应不答应”作为公共行政的参照系和出发点。[①] 简单而言，对政府来说，提供基本公共服务是责任；对老百姓来说，享受基本公共服务是权利。政府文化职能并不意味着政府权力，而是意味着对公民、对社会、对国家的职责所在。这是现代公共行政越来越趋向于“服务”而非“掌舵”的例证，也就是在现代治理逻辑下，保障公民基本文化权利的公共文化服务供给成为政府不可推卸的责任，是政府文化职能的重要体现。

就我国文化权利保护实践而言，《中华人民共和国宪法》第二条规定：“人民依照法律规定，通过各种途径和形式，管理国家事务，管理经济和文化事业，管理社会事务。”这一条款阐述的我国公民所享有的基本权利中包括文化权利。1997 年 10 月 27 日，我国签署了《经济、社会和文化权利国际公约》，并于 2003 年首次向联合国提交了此公约的履约报告，全面介绍了中国在促进和保护公民经济、社会和文化权利方面所做出的努力。2005 年党的十六届五中全会提出“加快建立覆盖全社会的公共文化服务体系”，2006 年 9 月颁布的《“十一五”时期文化发展规划纲要》提出建立公共文化服务体系，要“以实现和保障公民基本文化权益、满足广大人民群众基本文化需求为目标”。此后，关于公共文化服务的政策性文本基本上转向从文化权利的逻辑展开论述[②]，旨在文化权利保护的公共文化服务体系建设成为各级政府的重要职责。

二 公共文化服务体系：政府文化职能的实现载体

政府文化职能的履行有赖于一系列文化政策。纵观我国公共文化政策，从群众文化、公益性文化事业到公共文化服务体系建设，这一

---

① 艺衡、任珺、杨立青：《文化权利：回溯与解读》，社会科学文献出版社 2005 年版。

② 关于文化权利与文化权益的区别，对于“文化权益这个专属概念乃是中国当代语境中的语词创建”，不少学者认为“文化权益”与“文化权利”是两个不同的概念，二者的“差别在于，文化权益不仅包括文化权利，同时也包括文化利益”，但也有学者认为，“文化权益”与“文化权利”两个概念并无实质性的区别，“权利”这个概念本身就包含“利益”。本书认同后一观点，将文化权益与文化权利视为同一个概念。

历程充分体现了政府文化职能的逐渐清晰定位与本质回归。对于我国公共文化服务体系实践，学界也主要是从公民文化权利进行政策论述的，文化权利被视为解释公共文化服务理所当然的概念。学界普遍认为，保障公民文化权利必须依托于公共文化服务，加强以基本公共文化服务为重心的公共文化服务体系建设，也正是政府履行文化职能的重要载体和必经途径。

（一）政府文化职能与公共文化服务体系建设

在文化事业领域，当前我国政府文化职能是以公共文化服务体系建设为主要抓手得以实现的。2005 年党的十六届五中全会首次提出“公共文化服务体系”，《国家公共文化服务体系示范区（项目）创建工作方案》（2011）指出：“公共文化服务体系建设是今后我国经济社会发展的一项长期战略任务，是各级政府的重要职责。”十八大以来，党和政府进一步将加快构建现代公共文化服务体系纳入“四个全面”战略布局。所谓“体系”，是指有关事物互相联系而构成的有系统的整体，公共文化服务体系是指以公共财政为支撑，以公益性文化单位为骨干，以全体人民为服务对象，以保障公民基本文化权益为主要内容，向社会提供的公共文化设施、产品、服务及制度体系的总称。课题组根据党的十七届六中全会关于公共文化服务体系的界定，认为其涵盖的各个基本子系统可以综合成三类：公共文化服务设施网络体系，公共文化产品、服务及活动供给体系，公共文化服务支撑体系（资金、人才、技术以及组织支撑和运行评估体系）。

之所以强调公共文化服务体系建设，主要是因为三个方面：首先，从文化权利保护来看，需要政府加强公共文化服务体系建设。斯塔温黑根在《文化权利：社会科学视角》中认为，文化权利包含三个层面的内容：第一个层面的含义是指作为资本的文化，等同于人类累积的物质遗产，如文化遗址和人工制品等，与此相对应的文化权利意味着“个人有获得这一累积文化资本的平等权利”；第二个层面的含义是指作为创造力的文化，指的是艺术和科学创作的一个过程，与此相对应的文化权利意味着“个人不受限制地自由创造自己的文化作品的权利，以及所有人享有自由利用这些创造品（博物馆、音乐会、剧院、图书馆等）的权利”；第三个层面的含义是指作为全部生活方式的文化，即“特定社会群体的物质和精神活动及其成果的总和”，与此相对应的文化权利指的是集体意义上的文化权利，即每一个文化群体都有权保留并且发展自己特有的文化，享有遵循或采纳自己选择的生活方式的权利。[①] 这三层文化权利实现的前提和途径是政府提供适用、便捷、优质、高效的公共文化服务。其次，从我国政府文化职能转变来看，加强公共文化服务体系建设是必然举措。中华人民共和国在成立后的很长一段时间里，一直把文化视为思想道德教育的手段和国家的意识形态，国家对文化实行的是计划经济管理体制下国有和国办文化的全面调控型政府管理模式，政府集文化所有者、举办者、管理者、经营者等多重角色于一身。[②] 由于受传统文化管理体制管办不分、政事不分等的影响，职能不清、机制不活、效益不高的问题突出，推进文化管理体制改革，转变政府职能，由主要办文化向管文化转变，通过政府主导、增加投入、转换机制、增强活力、改善服务、发展公益性文化事业。在这一进程中，加强公共文化服务体系建设有其重要性和必要性，具有良好机遇。最后，从构建服务型政府来看，加强公共文化服务体系建设是必然举措。构建基本公共服务体系是构建服务型政府的基本内容，基本公共文化服务是国家基本公共服务体系的重要组成部分之一。从国家基本公共服务总体均等化目标、国家治理体系和治理能力现代化的全局战略视野来看待和重视公共文化服务体系建设的意义，有助于预防基本公共文化服务保障经费在众多基本公共服务以及相关部门竞争中处于不利地位，以扭转文化式微和文化保障软约束状况。

此外，联系我国发展实际，在今天这样一个文化的功能未被充分挖掘、经济社会发展和人民群众越来越离不开文化的语境下，强调公共文化服务体系建设具有非常重大的意义。一方面，随着经济的发

---

① ［墨］斯塔温黑根：《文化权利：社会科学视角》，［挪］A. 艾德、C. 克洛斯、A. 罗萨斯主编：《经济、社会和文化权利教程》，中国人权研究会组织翻译，四川人民出版社 2004 年版。

② “文化事业单位改革研究”课题组：《文化体制改革背景下的政府职能转变与整合》，《中国行政管理》2010 年第 10 期。

展，精神文化的消费也越来越成为人们日常生活中不可或缺的组成部分，面对这一现实需求，提供基本公共文化服务、实现公民文化权利已成为政府治理的重要领域。另一方面，近至2020年全面建成小康社会，远至2050年全面建成社会主义现代化强国和实现中华民族伟大复兴中国梦，实现文化小康和文化强国都是战略目标的重要组成部分。这其中最为根本的环节在于：政府通过公共文化服务体系建设，不断满足广大人民群众的文化需求，为公民文化素养的提高创造必要的保障条件，充分实现其应有的文化权利。此外，从国际视域来看，在全球化加速的当今时代，有关文明、文化等的讨论日益成为全球各地最突出的共同话题，“软实力”概念的普遍流行，世界各国都已日益明确地把文明潜力和文化创造力置于发展战略的核心。21世纪的国际竞争取决于文化的竞争，真正的大国崛起，必然是一个文化大国的崛起，其中，提升文化软实力是必经之路，而公共文化服务能力是国家文化软实力的基础。

（二）公共文化服务体系与基本公共文化服务

当前我国公共文化服务体系建设的重心是提供基本公共文化服务，这是与社会经济发展水平相适应的适度性选择。2011年党的十七届六中全会第一次提出“到2020年……努力实现基本公共文化服务均等化”的奋斗目标，这一概念的提出是对政府文化职能定位清晰的例证，反映国家对公共文化事业更加重视，为公共文化服务提供了前所未有的最佳发展环境。根据前文关于公共文化服务体系的界定，下面根据《国家基本公共文化服务指导标准（2015—2020年）》就三大体系中的基本公共文化服务标准予以详细说明。

第一，公共文化服务设施网络体系，是推进基本公共文化服务标准化、均等化的基础条件和基本载体。公共文化服务设施是广大人民群众进行文化活动的场所，是开展文化宣传教育的阵地，是公共设施的重要组成部分。文化服务设施建设对我国文化建设乃至经济社会的发展都有着极其重要的作用。根据《国家基本公共文化服务指导标准（2015—2020）》，公共文化服务设施主要包括文化设施、广电设施、体育设施、流动设施、辅助设施五大类（见表2-2）。

表 2－2　　国家基本公共文化服务指导标准——硬件设施

项目	内容	标准
硬件设施	文化设施	县级以上（含县级，下同）在辖区内设立公共图书馆、文化馆，乡镇（街道）设置综合文化站，按照国家颁布的建设标准等进行规划建设 公共博物馆、公共美术馆依据国家有关标准进行规划建设 结合基层公共服务综合设施建设，整合闲置中小学校等资源，在村（社区）统筹建设综合文化服务中心，因地制宜配置文体器材
	广电设施	县级以上设立广播电视播出机构和广播电视发射（监测）台，按照广播电视工程建设标准等进行建设
	体育设施	县级以上设立公共体育场；乡镇（街道）和村（社区）配置群众体育活动器材设备，或纳入基层综合文化设施整合设置
	流动设施	根据基层实际，为每个县配备用于图书借阅、文艺演出、电影放映等服务的流动文化车，开展流动文化服务
	辅助设施	各级公共文化场所为残疾人配备无障碍设施，有条件的配备安全检查设备

第二，公共文化产品、服务及活动供给体系，是为城乡居民快速增长的文化需求而以政府为主导提供的一系列公共文化产品、服务和组织的公益性文化活动，是提升基本公共文化服务效能的着力点所在。目前，我国公共文化产品和服务以及公益性文化活动供给体系除了图书馆、文化馆、博物馆、美术馆的常规性产品和服务供给以外，还提供“送书下乡”“送戏下乡”等公益性文化活动。根据《国家基本公共文化服务指导标准（2015—2020 年）》，公共文化基本服务项目有读书看报、收听广播、观看电视、观赏电影、送地方戏、设施开放、文体活动七大类（见表 2－3）。

第三，公共文化服务建设和运行支撑体系，是从人才、技术、资金、管理等层面保障实施公共文化政策的制度安排。换言之，公共文化服务体系的建设离不开文化人才队伍（尤其是基层文化队伍）、现代科学技术、资金及管理组织的重要支撑，其良性运行离不开运行评

表 2－3　　国家基本公共文化服务指导标准——基本服务项目

项目	内容	标准
基本服务项目	读书看报	为公共图书馆（室）、文化馆（站）和村（社区）（指行政村，下同）综合文化服务中心（含农家书屋）等配备图书、报刊和电子书刊，并免费提供借阅服务 在城镇主要街道、公共场所、居民小区等人流密集地点设置阅报栏或电子阅报屏，提供时政、"三农"、科普、文化、生活等方面的信息服务
	收听广播	为全民提供突出事件应急广播服务。 通过直播卫星提供不少于 17 套广播节目，通过无线模拟提供不少于 6 套广播节目，通过数字音频提供不少于 15 套广播节目
	观看电视	通过卫星直播提供 25 套电视节目，通过地面数字电视提供不少于 15 套电视节目，未完成无线数字化转换的地区，提供不少于 5 套电视节目
	观赏电影	为农村群众提供数字电视放映服务，其中每年国产新片（脱线上影不超过 2 年）比例不少于 1/3 为中小学生每学期提供两部爱国主义教育影片
	送地方戏	根据群众实际需求，采取政府采购等方式，为农村乡镇每年提供送戏曲等文艺演出活动
	设施开放	公共图书馆、文化馆（站）、公共博物馆（非文物建筑及遗址类）、公共美术馆等公共文化设施免费开放，基本服务项目健全 未成年人、老年人、现役军人、残疾人和低收入人群参观文物建筑及遗址类博物馆实行门票减免，文化遗产日免费参观
	文体活动	城乡居民依托村（社区）综合文化服务中心、文体广场、公园、健身器材等公共设施就近方便参加各类文体活动 各级文化馆（站）等开展文化艺术和培训，培养群众健康向上的文艺爱好

估体系的监督和保障。《国家基本公共文化服务指导标准（2015—2020 年）》对人员配备提供了指导性标准（见表 2－4）。促进公共文化领域和科技融合发展，强化公共文化服务的技术支撑，充分利用现代科技进步成果，通过数字技术、网络技术、移动通信技术以及云计算、云存储技术，为广大民众获取优秀文化内容创造便利条件。任何一项活动都离不开资金的支撑，有赖于加强文化财政保障，健全公共文化服务体系建设财政保障机制。

表 2－4　　国家基本公共文化服务指导标准——人员配备

项目	内容	标准
人员配备	人员编制	县级以上公共文化机构按照职能和当地人力资源社会保障、编办等部门核准的编制数配齐工作人员 乡镇综合文化站每站配备编制人员 1—2 人，规模较大的乡镇适当增加；村（社区）公共服务中心设有政府购买的公益文化岗位
	业务培训	县级以上公共文化服务机构从业人员每年参加脱产培训时间不少于 15 天，乡镇（街道）和村（社区）文化专兼职人员每年参加集中培训时间不少于 5 天

第二节　公共物品理论与基本公共文化服务财政保障范围

保护公民文化权利是政府的一项重要职责，提供基本公共文化服务是政府不可推卸的责任，这一认识已得到学术界和政府的一致认同。从公共物品理论的视角来看，基本公共文化服务属于纯公共物品，具有消费的排他性和非竞争性、外部性等，必须由政府来提供，也就是说由公共财政来保障。认识和厘清公共文化服务体系建设财政保障责任，在前文明确公共文化服务体系建设内容的基础上，阐述公共文化服务体系建设财政保障的外部边界范围、内部组成结构以及政府间支出责任划分。

一　公共物品理论与基本公共文化服务

（一）公共物品理论

1954 年，萨缪尔森在其《公共支出的纯理论》一文中首次提出了关于公共物品经典的分析性定义——每个人对这种物品的消费不会造成任何其他人对该物品消费的减少，由此引发了经济学者关于公共物品概念和属性的广泛讨论，奠定了公共物品理论研究的现代基础。奥尔森认为，任何物品，如果一个集团 $X_1 \cdots X_i \cdots X_n$ 中的任何个人 X_i 都能够消费它，它就不能不被那一集团中的其他人消费，那么该物品就是公共物品。布坎南在《民主财政论》一书中指出，任何集团或社团因为任何原因通过集体组织提供的商品或服务，都被定义为公共物品。概括而言，公共物品的特性主要体现在如下方面。

其一，效用的不可分割性（non-divisibility）。私人产品可以被分割成许多可以买卖的单位，谁付款，谁受益。公共物品是不可分割的，以国防、外交、治安等最为典型。

私人物品：$X=\sum Xi$，即某种私人物品的总量（X）是 n 个消费者所拥有或消费该物品数量（Xi）的总和。

公共物品：$X=Xi$，即任何一个消费者所能消费和支配的公共物品的数量（Xi），即是该公共物品的总和。

其二，受益的非排他性（non-excludability）。私人物品只能是占有人才可消费，谁付款谁受益。然而，任何人消费公共物品，都不可能排除他人消费（从技术上加以排除几乎不可能或排除成本很高），因而不可避免地会出现“免费搭车”现象。

其三，消费的非竞争性（non-rivalness），即边际成本为零：在现有的公共物品供给水平上，新增消费者不需增加供给成本。任何人对公共物品的消费不会影响其他人同时享用该公共物品的数量和质量。

根据“非排他性”和“非竞争性”强弱程度的不同组合，公共物品可分为纯公共物品和非纯公共物品。纯公共物品就是指消费上具有非竞争性（non-rivalry）与非排他性（non-excludability）的商品。非竞争性是指每增加一个消费者的边际成本总是为零，这意味着它可以同时容纳任意多的消费者；非排他性是指阻止消费者搭便车行为的成本无限大。非纯公共物品又包括准公共物品和俱乐部产品，前者是指在一定范围内消费上具有非竞争性的商品，一旦超过某个临界点，消费开始具有竞争性，出现拥挤（congestion）现象，又称为混合公共物品。后者是指那些具有较强的排他性但不具备竞争性的公共物品。正是因为公共物品具有这些特性，不可避免地存在“搭便车”现象，可以选择不付成本而坐享他人之利。

（二）基本公共文化服务的内在属性：纯公共物品

基本公共文化服务属于纯公共物品，具有纯公共物品的共性特征——完全的非排他性和非竞争性以及外部性，涉及一国的文化主权、文化安全、核心价值体系构建、文化传承创新和社会稳定的文化

表2－5 布朗和杰克逊的公共物品分类

	排他性	非排他性
竞争性	纯私人物品 排他性成本较低；通过市场分配，由私人公司生产，通过销售收入融资	混合物品 产品利益由集体消费但受拥挤约束；由私人公司或直接由公共部门生产；由市场分配或直接由公共预算分配；对该服务使用权的收费或通过税收筹资等
非竞争性	俱乐部物品 含外在性的私人产品；通过含补贴或矫正税收的市场分配，通过销售收入融资	纯公共物品 很高的排他成本；直接由政府生产或与政府签约的私人企业生产；通过公共预算分配；通过强制性税收收入筹资

资料来源：［英］布朗·杰克逊《公共部门经济学》，中国人民大学出版社2000年版。

产品。笔者主张，以纯公共物品界定基本公共文化服务，强调基本公共文化服务是政府文化职能的集中体现，并以此作为判定和筛选国家基本公共文化服务的标准。关于“基本”的含义，笔者不能仅从保障水平的低层次来理解，认为仅仅体现在“底线保障”“最低覆盖”等保障的低水平方面。从国际经验来看，“基本”公共服务保障标准的设定也不意味着就是国家或地区组织范围内各辖区中的最低水平。如欧盟的区域经济社会发展收敛目标（即均等化目标）使用的是欧盟成员国经济发展平均水平的75%。而实际上，以一国范围内的最低水平作为均等化的目标和保障标准对于保障公民文化权益来说也是没有实际意义的。“基本”更重要的含义在于它是“纯度最高”的公共物品和服务。这决定了它在范围上只是文化服务、公共文化服务的一部分。正是基本公共文化服务的纯公共物品性质决定了提供基本公共文化服务是政府不可推卸的责任，必然由政府财政予以保障，也决定了其均等化的内在要求和操作上标准化保障的可行性。鉴于公共文化服务体系建设战略的实施一直遵循着“公益性”“基本性”“均等性”和“便利性”四大原则，笔者认为，两种提法在内涵上具有一致性，不存在显著差异，但“基本公共文化服务”的提出标志着对政府文化职能及其财政保障责任、范围及边界认识的进一步准确到位。

概言之，以纯公共物品及其特性来界定国家基本公共文化服务，一方面，有利于强化基本公共文化服务与财政保障责任在理论上的内在逻辑关联，凸显国家保障公共文化服务体系建设的重大战略意义；另一方面，在现阶段，有助于我们在国家公共文化服务示范区（项目）创建基础上查漏补缺、重新筛选，进一步甄别基本公共文化服务的内容和边界。

二　基本公共文化服务财政保障：边界与构成

对公共物品理论的分析提供了一个确定政府职能范围和方式、合理边界的分析框架，即它试图厘清哪些公共物品涉及普遍的公共利益和公民基本权利，应该由中央政府或地方政府来生产抑或提供，以实现政府的基本责任。其中，基本公共文化服务具有纯公共物品属性，因而完善公共文化服务财政保障机制，是充分履行政府文化职责、保护公民文化权利的基本任务。明确公共文化服务体系建设财政保障责任，须参照公共服务的做法，以公共物品概念为准，以市场失灵和政府干预为界限，并与公共财政支出的范围相吻合①，从而确定财政保障的外部边界范围、内部组成结构。

（一）基本公共文化服务的财政保障责任

政府与市场具有一定程度的可替代性，市场失灵的公共物品领域往往要求政府干预，即政府提供公共物品和公共服务。因而，市场失灵是公共财政作用的边界，弥补市场失灵是公共财政的活动范围。为解决纯公共物品供应所存在的市场失灵问题，需要政府直接承担起基本公共文化服务供给的职能，其中厘清财政保障责任是前提，保证足够、合理的财政投入是关键。从政府作为公共利益的代表而言，也决定了政府在公共物品供给过程中所扮演的角色与所承担的责任不可或缺。以萨缪尔森和马斯格雷夫为代表的新古典范式公共物品理论，强调物品和服务本身的特性——非排他性和非竞争性对人的行为的影响，并在此基础上得出具有强烈规范含义的逻辑推论“公共物品应当

① 张启春：《区域基本公共服务均等化与政府间转移支付》，《华中师范大学学报》（人文社会科学版）2009 年第 1 期。

公共提供”[①]。虽然基本公共文化服务等公共物品的融资方式主要有税收（财政）、金融借贷（债权）、捐赠、使用付费等，但如果考虑到捐赠本身在巨量的公共物品供给方面并非主导的融资方式，而金融借贷是最终需要偿还的，那么财政保障的主要手段就是税收融资和使用付费，但这并不意味着政府需要直接生产。生产仅是其供给过程中的一个环节/阶段，可以由多个不同主体承担。[②] 如果采取私人生产方式，也并不意味着政府从公共物品领域的退出和责任的让渡。公共物品有效供给的相关理论是本书关于基本公共文化服务财政保障方式探讨的理论基础，下文将用多中心治理理论进一步予以深入研究，这里将接着讨论财政保障责任的边界和构成。

（二）财政保障责任的外部边界

虽然财政保障基本公共文化服务供给已经成为共识，但不同文化背景下的政府对文化责任的承诺并不相同，各国政府文化责任的范围以及相应的文化预算规模相差较大，这取决于政府对公民应该享有的最基本的公共文化服务水平的认定和政府与市场在文化领域的分工。若政府期望公民享有较高水平的公共文化服务，则其会以较大的财政投入和较多的文化保障承诺来矫正“正外部性”所带来的公共文化服务提供水平的低下，政府将在文化领域中起主导作用。从国际范围来看，按照政府对文化保障责任的范围大小，可以粗略地将公共文化预算的外部边界划分为小文化模式、中文化模式和大文化模式。以美国为代表的北美模式中，政府财政对非商业性艺术活动和公益文化设施的投入仅占政府财政预算的极小比重，通常将这种政府文化保障责任较小的文化预算模式称为小文化模式。中等规模的政府文化责任比小文化模式所涵盖的内容更加广泛，不仅包括最基本的非商业性艺术活动和公益文化设施投入，通常还包括部分公共文化产品、服务和公益性文化活动，有时还延伸到教育等文化相关领域。这种中文化模式最典型的案例是东亚模式，如日本和韩国等。大规模的政府文化责任范围则更广，除包括公共文化服务、教育等内容外，一般还会涉及体

① 张琦：《公共物品理论的分歧与融合》，《经济学动态》2015 年第 11 期。

② ［美］理查德·马斯格雷夫：《财政制度》，董勤发译，上海人民出版社 1996 年版。

育和旅游等内容，这种大文化模式最典型的案例为北欧模式。大文化模式是将文化预算类目置于更大的预算类目范围里，以寻求与军事、卫生、社保等类目的平衡，但会导致大文化中狭义文化与艺术支出的预算紧缩，从而导致严格意义上的文化事业发展受阻。[①]

目前，我国基本公共文化服务被列于“文化体育与传媒（207）”类级预算科目之下，主要包括“文化（20701）”“文物（20702）”“体育（20703）”“广播影视（20704）”“新闻出版（20705）”“文化事业建设费安排的支出（20706）”“国家电影事业发展专项资金支出（20707）”和“其他文化体育与传媒支出（20799）”八个款级科目（见表2－6）。剔除体育科目外，大致为这里讨论的基本公共文化服务。其中，由文化部、国家广播电影电视总局、国家出版总署、国家文物总局等部门分别主管文化艺术、电影电视、报纸杂志和博物馆、文物等各类文化项目，中共中央宣传部则从政策层面引领文化导向。根据我国政府对公民应享有的基本公共文化服务水平的认定和目前的预算来看，我国政府承诺的公共文化除包括最基础的公共艺术和公共文化基础设施建设之外，还涵盖了各类群众文化活动和基本的广播、电视、出版等服务，这表明我国采取了“政府主导型”的文化模式。从预算的角度来看，我国公共文化预算类似于东亚模式，即推行“中文化预算”。这既避免了大文化模式中对狭义文化的财政预算紧缩，也避免了小文化模式下对公共文化服务的忽视，将公民应该享有的公共文化服务定位在较高水平上，有助于弘扬社会主义先进文化，比较符合中国的国情。尽管如此，我国基本公共文化服务的外部边界与同为“中文化预算”的韩国和日本又有所区别，在“中文化模式”下，何种具体的外部边界范围更具有合理性还有待进一步研究。

但是，目前我国文化预算科目并不能涵盖基本公共文化服务财政保障的所有内容。因为满足人们最基本需求的文化服务才属于公共文化服务的范畴，所以文化预算中的行政运行、一般行政管理事务、机关服务（项级科目基本编码为01、02、03）等预算并不属于公共文化服务预算，但其把提供公共文化服务所必需的财政支出列入文化预

① 王列生：《文化制度创新论稿》，中国电影出版社2011年版。

算无可厚非；还有部分公共文化服务资金，如部分公共文化基础设施建设资金等通过临时性和应急性的专项资金形式进行拨付，并没有列入目前的预算之中，这些均属于正常现象。但文化预算中与文化市场有关的支出，如非公益性的广播影视和新闻出版支出也被视为公共文化支出，这导致目前各种衡量公共文化服务规模的预算口径都存在偏差。因而，将公共文化预算与基本公共文化服务对接也是目前文化预算改革的重点。

表2－6　**文化体育与传媒预算科目编码**

科目编码		科目名称
类	款	
207		文化体育与传媒
	01	文化
	02	文物
	03	体育
	04	广播影视
	05	新闻出版
	06	文化事业建设费安排的支出
	07	国家电影事业发展专项资金支出
	99	其他文化体育与传媒支出

（三）财政保障责任的内部构成

对于基本公共文化服务财政保障的具体内部结构问题，学界并没有达成共识。本书从公共文化服务设施网络，公共文化产品、服务和公益性文化活动，公共文化服务体系建设支撑体系这三大财政保障内容着手，厘清基本公共文化服务财政保障的内部结构。首先，公共文化服务基础设施可以分为公益性文化设施和基层文化设施两类，主要包括公共图书馆、群艺馆、博物馆、文化馆（美术馆）、乡镇综合文化站和其他文化场馆等设施。除此之外，广播电视服务中的广播电视和无线发射台建设、农家书屋建设、文化信息资源共享工程中的基础设施建设等也属于公共文化服务设施网络建设的范畴。由政府统筹规划并委托建设各类公共文化基础设施已经成为学术界的共识。近年来，文化部、财政部联合实施了全国文化资源共享工程、国家数字图书馆推广工程、公共电子阅览室建设计划等重大数字文化工程。全国近5万所“四馆一站”实现免费开放，免费开放设施空间场地、免费提供基本服务和辅助性配套服务的目标在2011年底全部实现。目前我国基本实现了“县有图书馆、文化站，乡有综合文化站”的建设目标，覆盖城乡的公共文化服务设施网络基本建成。然而，由于起步晚，资金不足等原因，公共文化服务体系建设仍然存在设施不完善，部分地区特别是农村和不发达地区，文化基础设施建设滞后等问题。我国农村基础文化设施建设大多数是一次性基建投入，且都是从县开始，逐步向乡、村过渡。这种管“建设”而缺乏设施运行机制保障，严重影响了农村基础文化设施作用的发挥。[①] 因此，目前需要注重的是将公共文化服务设施网络的运行纳入政府责任范围，重视对设施运行的财政保障。

其次，公共文化产品、服务及活动供给领域，包括群众文化活动（如电影放映、送书送报送戏等公益性文化服务）、文化遗产保护、基本的广播电视服务、突发事件应急广播服务、民族文字出版和民族语言广播等。对于这类服务是否应纳入及在多大程度上纳入财政保障的范围还存在较大分歧。一部分学者认为，公共文化服务是公共产品，理应由政府或政府资助的公益性文化事业单位和机构来提供。也有部分学者认为，政府在提供公共服务和产品时，无法应对差异化的需求，且供给效率低下，公共文化产品供给应该走市场化道路，而不能将公共文化产品简单地纳入政府保障范围内。虽然这两种观点有其合理的一面，但都较为片面。因此有学者提出了比较折中的观点，即公共文化产品应该提倡政府供给与市场供给相结合，采用供给主体多元化的供给机制。这种观点既强调政府对公共文化产品的保障责任，又注重发挥市场的作用。笔者认为，由于公共文化产品、服务和公益性文化活动属于公共物品的范畴，在多元主体供给模式下，应该强调政府的财政保障责任，区分公共生产和公共提供，提倡公共提供、私人生产，同时注重发挥地方政府的作用，通过建立和完善公共文化服

---

① 王瑞涵：《农村公共文化服务体系建设中的财政责任》，《经济研究参考》2010年第16期。

务的需求反馈机制解决公共产品和服务的低效供给问题。

最后，公共文化服务体系建设离不开文化人才队伍（尤其是基层文化队伍）、现代科学技术、资金及管理组织的重要支撑，其良性运行也离不开运行评估体系的监督和保障。因此，这些支撑体系的建设也需要纳入政府财政保障范畴之内。

为实现基本公共文化服务具体内容与预算的对接，初步预设了基本公共文化服务的预算科目（见表2－7）。

表2－7 **分类式文化预算科目设计**

款	项	目
文化	公共文化服务基础设施网络	馆站设施、广播电视和无线发射台、农家书屋、文化信息资源共享等设施建设 馆站设施、广播电视和无线发射台、农家书屋、文化信息资源共享等设施运行
	公共文化产品、服务及活动	群众文化活动（送书、送报、送戏等活动） 文化遗产保护 基本广播电视服务 突发事件应急广播服务 民族文字出版和民族语言广播
	公共文化服务体系建设支撑体系	文化人才队伍 现代科学技术、资金及管理组织 评估体系

三 基本公共文化服务政府间支出责任的划分

按公共物品使用者的范围，可分为全国性公共物品和地方性（区域性）公共物品。全国性公共物品在主权范围内，非排他性和非竞争性作用的发挥不受地理空间限制，而地方性（区域性）公共物品受到地理空间的限制。全国性公共物品是供全体公民共同消费的，如国防、全国治安、国家级道路等。地方性（区域性）公共物品主要是为某一地区的公民集体使用，如城市街道、绿化、污水处理等。根据公共物品的使用者不同，还可进一步将公共物品分为城市公共物品和农村公共物品。这一分类涉及政府间事权与支出责任的划分，属于财政分权与公共物品间关系的研究范畴。在分级分税的财政管理体制下，政府的文化职能和财政保障责任必然要在政府层级范围内做纵向配置和划分。蒂博特最早研究了分权与公共物品供给的关系问题，他提出了“用脚投票”理论，认为地方政府提供公共物品更能够满足当地居民的偏好。[①] 以布坎南为代表的公共选择学派从限制政府征税的角度出发，认为地方政府的存在以及激励机制的设计，能够有效组织和生产辖区居民需求的公共物品，因此提议通过立宪规则的制定，实现政治权力以及财政权力的分权化，减少交易的信息成本和组织成本，提高公共物品的供给效率。[②] 奥茨则认为，无论是中央政府还是地方政府提供公共物品的成本都是相同的，相同区域享受的公共物品是公平的，但是从社会公共福利最大的角度来讲，地方政府比中央政府更能够提供满足居民需求的公共物品，因而更能够提升社会整体的福利水平。因为地方政府比中央政府更加了解居民需求的真实偏好，中央政府在理论上应该提供全国性公共物品，地方政府则应该提供地方性公共物品。[③]

对于基本公共文化服务的供给亦如此，各级政府的职能不应雷同，而应有所侧重，文化事权划分应充分考虑此项文化事权的受益范围、信息的复杂性和不对称性以及激励相容性。政府间基本公共文化服务责任的具体分摊比例应视基本公共文化服务外部效应的大小而定，基本公共文化服务外部性越大，中央政府就应当承担更多的责任。其中，全国性基本公共文化服务由中央政府提供，地方性基本公共文化服务由地方政府提供，跨区域、具有效用外溢的准全国性基本公共文化服务由中央政府为主提供，或者由地方政府提供、中央补助，交叉事权的全国性基本公共文化服务则由中央政府主导并视其效用外溢程度大小由中央与地方政府合理分担，从而实现基本公共文化服务的“有效供给”[④]。从目前我国各级政府文化责任的认定和具体

---

① C. M. Tiebout, “A Pure Theory of Public Expenditure,” *The Journal of Political Economy*, 1956, 64 (5): 416 - 424.

② J. M. Buchanan, “An Economic Theory of Clubs,” *Economics*, 1965, 32 (125): 1 - 14.

③ Wallace E. Gates, *Fiscal Federalism*, 1972, New York: Harcourt Brace Jovanovich, Inc., p. 35.

④ 傅才武、宋文玉：《创新我国文化领域事权与支出责任划分理论及政策研究》，《山东大学学报》（哲学社会科学版）2015 年第 6 期。

分摊比例来看，各级文化部门之间的事权与支出责任分配大体符合这一原则，但划分较为笼统，还有待进一步细化。本书预设了基本公共文化服务政府间支出责任划分清单（见表2-8）。

表2-8　　**政府间公共文化服务支出责任划分清单**

公共文化服务预算科目			支出责任主体		
项		目	中央	省	市县
文化	公共文化服务设施网络	馆站设施、广播电视和无线发射台、农家书屋、文化信息资源共享等设施建设	√	√	
		馆站设施、广播电视和无线发射台、农家书屋、文化信息资源共享等设施运行	√	√	√
	公共文化产品、服务及活动	群众文化活动（送书、送报、送戏等活动）		√	√
		文化遗产保护	√	√	√
		基本广播电视服务	√		
		突发事件应急广播服务	√		
		民族文字出版和民族语言广播	√		
	公共文化服务建设支撑体系	文化人才队伍			√
		现代科学技术、资金及管理组织	√	√	√
		评估体系		√	√

第三节　渐进预算理论与基本公共文化服务财政保障标准

明确财政保障公共文化服务的立场和范围之后，需要进一步解决财政应按照什么标准保障以及采取何种方式保障的问题。公共文化服务财政保障标准的确定问题，实际上就是政府文化预算规模的确定问题，必须从公共财政理论特别是预算理论方面寻找答案。渐进预算理论作为政府预算最具有影响力的分析性理论工具之一，是各国政府预算编制的主流理论和方法。渐进预算理论对政府预算的解释及实践操作要求，为公共文化服务财政保障渐进增长标准的制定提供了设计思路。

一　渐进预算理论与政府文化预算

预算资源配置领域有一个经典的“科依问题”：“应该在什么基础上决定将资金X分配给活动A而不是活动B?”依据对这一问题的不同回答而形成了不同的理论，其中影响最大的无疑当属渐进预算理论。1964年威尔达夫斯基提出“渐进预算理论”，引发了理论和实践者的广泛关注，且带动了众多研究者锲而不舍的后续研究，既涉及规范研究及描述性分析，也包括实证研究及量化分析，成为研究政府预算的典范理论。渐进预算理论在政府文化预算领域同样适用，由于人类的有限理性、多元主义的决策模式以及决策者渐进的学习特点，政府文化预算决策总体上也呈现出渐进性。

（一）渐进预算理论

渐进主义源自西蒙的有限理性决策模型，在林德布罗姆的开拓之下成为政策分析的主流模型。威尔达夫斯基则是在林德布罗姆建构的理论基础上，将此理念引入预算的设计当中。林德布罗姆认为，决策者在决策时往往遵循按部就班、积小变为大变、稳中求变的原则，在既有的合法政策基础上，采用渐进方式加以修改，通过一连串小小的改变，在社会稳定的前提下逐渐实现决策目标，这就是渐进决策。他将这一分析模型定义为“小心和完善地对所有可能的行动途径及这些途径的可能结果进行研究，并且用价值观对这些结果加以评估，在各种不同的行动途径中做出选择”，其特点是只做因时间差距而进行边际的选择，只考虑有限的政策方案和有限的行动后果，边执行边修正，“含混度过”，即决策过程中的“修修补补”。渐进主义常常在两种不同的意义上被采用：一是描述共同调整和谈判等决策制定过程（渐进主义的决策过程）；二是描绘这一过程带来的政策结果（渐进主义的决策结果）。可以说，作为一种决策思想和方法，渐进决策模型对学界产生了重大的影响。

林德布罗姆的学生阿伦·威尔达夫斯基在渐进决策理论基础上，将此理念引入政府预算的设计当中，认为预算结果是渐进性的，提出了“渐进预算”的概念。他也被视为渐进预算理论最具有代表性的人物，其著作《预算过程中的政治》被视为有关渐进预算的最完整和最有影响力的论著。威尔达夫斯基通过对 37 个政府部门为期 12 年的考察，发现其中 3/4 的部门的预算数额变化小于 30%，而高于此数额的也可以解释为一种周期行为。因此，他认为预算具有渐进性，对一个政府及其主要机构而言，预算过程的结果，也就是预算拨款一般是递增的，而那些例外的支出变化只是表现出预算体系具有“震动”的特征。渐进预算理论的基本命题是：“预算是渐进的，而不是全面的”，主要包含三点假设：第一，多元主义的决策模式是在竞争的预算要求者中分配资源的最优办法。第二，全面而又理性的预算，对于人类行为和政治而言是不可能实现的。第三，决策者是渐进的学习而不是在大幅度的信念上的跳跃。① 威尔达夫斯基指出，预算具有政治性，“预算过程是政治框架中的人类行为”。“预算处理的是行政人员、政治人员、利益集团领袖和公民，对于政府分配的‘谁得到什么和得到多少’的强烈关注。预算参与者运用其‘政治成分’作为对推测的支援。他们通过专注于预算中具政治可变的、相当小的一部分，彻底简化他们的任务。前一年的预算中大部分是由持续的计划和先前的承诺所构成的，前一年的预算被视为只需要就过去的提议加以小幅修正的基础。注意力通常会集中在小幅改变上，与已建立的历史基础相较所作的增减，都会引起机关的关注。总预算的一部分会给行政机关、拨款委员会、预算局的分支机构或其他特别关切的利益团体。预算的分支化日渐增加，因为所有的预算项目都是一起评估的，可是却由不同的参与者排出次序，因此任何时候参与者都只需要考虑一小部分的项目。”②

预算决策是通过政治过程做出的，包括宪法、利益集团的压力、政治党派的立场、公众意见等在内的政治因素都将会对预算决策产生影响。这个过程非常复杂，而人类的决策能力却非常有限，因而，当预算参与者面对预算决策中的复杂情形时，会运用一些相应的策略使其简化。按照威尔达夫斯基的描述，预算过程总是围绕着强化参与者

---

① 周学荣：《政府预算理论研究新进展》，《经济学动态》2009 年第 1 期。

② Aaron Wildavsky, Arthur Hsmmond, “Comprehensive versus Incremental Budgeting in the Department of Agriculture,” in Hyde and Shafritz, *Governmental Budgeting*, 236 – 251 at 237. 转引自戴维 · H. 罗森布鲁姆、罗伯特 · S. 克拉夫丘克等《公共行政学管理、政治和法律的途径》，中国人民大学出版社 2017 年版，第 326 页。

的角色和预期而建立的，某种“简单、非分析性策略”得以在预算过程中被普遍运用。而这种“简单、非分析性策略”的关键即所谓的“基数”。它实际上也可看作预算官员普遍持有的一种期望，期望某一项目能够继续支出，并且作为将要被执行的支出部分而免于严格审查。[①] 基于“预算基数”和“公平分享”，大部分政府部门的预算可以不用重新考虑，预算支出数额的变化将在各部门之间以共同的基础来分配。建立一个预算基数，然后逐渐将其扩大，当然只是一种温和的增长。因为他们预期到，过大的增量要求只会导致严厉的削减。同时，立法机构也会通过下属拨款委员会对各部门的预算申请进行渐进性削减，因为它们想当然地认为部门提出的申请总是比它们的真正需要多。但是，虽然预算过程基本上是渐进性的，但它也会对经济和社会的需求做出反应，在压力增大到一定程度之后，就会发生突然的变化。

早期的渐进预算理论主要侧重于对预算决策过程及其结果进行描述，即为描述型渐进主义，其中最重要的解释变量是预算基数，特别是上年的预算额度。通过运用回归方程等数学工具，渐进预算理论进一步发展为分析型渐进主义，戴维斯、戴姆普斯特和威尔达夫斯基建立的部门预算实证模型最具影响力。为了解释被“分析性渐进主义”所忽略的不规则的预算波动，通过运用计量经济学模型，渐进主义又扩展为一种预测性理论。虽然在这一发展过程中伴随着对分析方法、宽泛的渐进变化衡量标准等诸多层面的批判性研究，但应当看到，这些并未能否定渐进预算理论的成就。时至今日，渐进预算理论仍未退出公共预算研究的舞台，甚至在20世纪90年代中后期至21世纪第一个10年里，关于渐进预算理论的研究再度遍布公共预算研究领域，无论相关研究之目标是实证检验，还是批判性发展。[②] 如斯维因和哈特利认为，渐进预算理论仍能为未来公共预算研究的发展提供统一的视角、通用的词汇和一系列的研究问题，目前已经为未来的研究识别

---

① Aaron Wildavsky, *The Politics of thy Budgetary Process*, pp. 16 – 18.

② 於莉：《渐进预算理论50年：成就、论争与发展》，《武汉大学学报》（哲学社会科学版）2012年第6期。

确认了诸如增量、政治策略、个人或集团的偏好等一些重要变量。[①]

（二）渐进主义模式下的政府文化预算决策

渐进预算理论为研究政府预算提供了一个较为现实的框架，有助于对预算决策和预算程序进行更深入的理解。渐进主义模式下的预算决策制定者往往通过边际比较来处理价值问题，具有以下特征：第一，只考虑相关并有限的可选方案，而且这些方案与先前已采用的方案仅有渐进性差别；第二，仅分析可选方案间有差别的方面；第三，把政策选择看作连续性决策的一部分；第四，考虑各种社会目标的边际价值；第五，是评价与实证分析的一种混合，而不是针对独立确定的目标，对决策结果进行实证分析；第六，仅考虑所有相关的重要价值中的一小部分。[②] 由于人类决策能力的有限性，各机构寻求资金的愿望以及获得政治支持的需求等因素，使得在一定的政治环境中，预算策略的运用显得非常重要。部门预算的一个基本现象是，它几乎从来没有被作为一个整体而每年受到彻底审查，没有根据所有可能的选择方案重新分析现有项目的价值。相反，这些预算建立在上年预算的基础之上，只是特别关注有限范围内的增长或削减。[③] 因此，对政府预算的审核主要是比较去年预算与今年预算建议数的异同。威尔达夫斯基认为，预算参与者基于以往的经验会选择他们认为在不确定的条件下，最有可能获得成功的策略来实现各自的预算目标，其一就是采取暂时性策略，即政府部门对某个预算项目进行解释，从而说服国会对其进行拨款。通过这一策略，政府部门可以维持拨款水平，从而确保其预算基数；或是获得更多的拨款，从而增加其预算基数。[④] 通过对美国州与地方政府及美国国防部、其他国家或地区、国际组织的预算过程的描述和解释，获得了大量支持性的经验证据，渐进预算决策

---

① Soumaya M. Tohamy, Hashem Dezhbakhsh & Peter H. Aranson, "A New Theory of the Budgetary Process," *Economics and Politics*, 2006, 18 (1): 47 –68.

② 苟燕楠、董静：《公共预算决策：现代观点》，中国财政经济出版社 2004 年版，第 118 页。

③ 转引自 Lance T. LeLoup, "The Myth of Incrementalism: Analytic Choices in Budgetary Theory," In *Public Budgeting and Finance*, p. 5060。

④ 苟燕楠、董静：《公共预算决策：现代观点》，中国财政经济出版社 2004 年版，第 117 页。

在预算研究领域占据着主导地位。

政府文化预算是隶属于公共预算大系统中的子系统，其决策过程具有相似性。政府文化预算制度大致可以概括性地表述为含有三个基本义项的制度命题：以程序合法为体制核心的文化预算制度结构，以测值精准为技术核心的文化预算操作路线，以执行充分为绩效核心的文化预算评价方式[①]，唯有如此，才能成为有效支撑国家文化支出（含中央政府与地方政府）的功能化体制。获得预算正义的文化预算决策意味着政府总量预算中合理切分出公共文化责任承诺所必需的履约支出切块，即按照国民的公平性普遍意愿和国家支出结构的适配性原则，寻找到最佳文化支出比例和不同支出间的平衡点。渐进预算理论对此同样具有解释力。决策制定者往往通过边际比较来处理价值问题，做出决策，并不会考虑所有可能影响文化福利的要素，使文化预算目标具有模糊性，这种模糊性也被认为是多元化政治所特有的问题，而且似乎是预算决策达到一致所必须付出的代价。面对具体的决定，决策者又总会有知识和信息方面的不完备性，主要根据过去的实践经验做出，只在于调适目标，重新检查资料，做连续不断的补救性的分析评估及社会片段分析。可见，由于政府文化预算决策同样受到政治、技术和现行计划的制约，决策者不可能对每一个备选方案及其后果进行深入、透彻的了解，而必须在现有基础上做决策，来缓和可能存在的目标或价值冲突，采取渐进主义的决策模式，从而致使财政支出结果也呈现渐进性。

二 基本公共文化服务财政支出：渐进性与非渐进性

渐进预算理论学者从统计分析角度对预算结果进行了实证研究，虽然研究方法的精确性受到质疑，但毋庸置疑的是预算提议和预算拨款在总体上是渐进的，连渐进预算理论的批评者也倾向于此。公共财政年度文化支出的任何一项显形数据或者隐形数据关系，都是技术支撑下的计量结果，都是计量结果通过行政程序转化为制度功能的文化预算方案。根据马斯洛的需要层次理论，人们的文化需求位于需求

① 王列生：《论中国特色的规范化文化预算制度》，《甘肃社会科学》2011 年第 1 期。

的较高层次，在国家有限的财政能力条件下，国家财政首先要保吃饭、保国防外交（安全需要）、保教育科技（发展需要），其次才是保文化供给（自我实现需要）。根据马斯格雷夫和罗斯托的“经济发展阶段增长理论”，在不同经济发展时期，由于财政支出作用的不同，财政支出数量也会发生变化：在经济发展的早期阶段，预算支出中用于公共投资部分的比重很大；到经济发展的中期阶段，政府公共性投资变缓，用于教育、卫生和安全等方面的消费性预算支出会相应增加；而到经济发展的成熟阶段，随着人均收入进一步增长和人们对生活质量的更高要求，政府为满足人们的需求会加大人力投资。改革开放以来我国公共文化服务发展脉络，大体上符合这一理论逻辑。改革开放以来，我国从政府直接承担公共文化服务的全部职能和责任，即几乎所有的公共文化产品和服务都由政府财政支付的“大包大揽”阶段走向了市场化服务阶段。受当时经济领域普遍实行的“承包制”影响，公益性文化事业单位也实行了“经济承包责任制”“以文养文”“多业助文”政策。这直接导致了这一阶段公益性文化事业和文化产业的混淆、政府文化职能和财政保障责任的模糊，也导致了财政对公共文化的总体投入规模过小，增长缓慢，且财政文化支出依循传统投入方式，使得有限的财政资金不能发挥最大的效益。随着2002年党的十六大对公共文化服务与文化产业的区分，2005年十六届五中全会提出逐步形成覆盖全社会的比较完备的公共文化服务体系。我国新时期公共文化服务体系建设序幕的拉开，标志着政府公共文化服务体系主体地位的重新确立，保障公共文化服务体系的建设和运行，成为公共财政模式的内在要求之一。此后，基本公共文化服务财政支出预算决策与执行结果都呈现出总体渐进性，一方面，由于人类的有限理性和预算决策的复杂性，政府文化预算决策的渐进主义决定了财政支出结果的渐进主义。另一方面，由于政策导向，基本公共文化服务财政支出还可能存在间断增大的非渐进性，如创建国家级/省级公共文化服务体系示范区。但这种不规则的预算波动并不否定渐进预算理论的解释力，反而仍是渐进预算理论需有效应对的问题，从宏观来看，宽泛的渐进变化衡量标准可以将其纳入渐进趋势范围。

表2-9 关于基本公共文化服务财政保障标准的支出规定

序号	文件	对财政保障标准方面的规定	出台时间
1	《中共中央关于制定国民经济和社会发展第十一个五年规划的建议》	加大政府对文化事业的投入，逐步形成覆盖全社会的比较完备的公共文化服务体系	2005.10
2	《中共中央关于深化文化体制改革 推动社会主义文化大发展大繁荣若干重大问题的决定》	保证公共财政对文化建设投入的增长幅度高于财政经常性收入增长幅度，提高文化支出占财政支出的比例	2011.10
3	《文化部"十二五"时期公共文化服务体系建设实施纲要》	再次明确：保证公共财政对文化建设投入的增长幅度高于财政经常性收入增长幅度，提高文化支出占财政支出的比例。建立健全公共文化服务经费投入长效机制	2013.1
4	《关于加快构建现代公共文化服务体系的意见》	建立健全公共文化服务财政保障机制，按照基本公共文化服务标准，落实提供基本公共文化服务项目所必需的资金	2015.1
5	《关于做好政府向社会力量购买公共文化服务工作的意见》	将政府向社会力量购买公共文化服务所需资金列入财政预算。逐步加大现有财政资金向社会力量购买公共文化服务的投入力度	2015.5
6	《公共文化服务保障法》	第四十五条规定：国务院和地方各级人民政府应当根据公共文化服务的事权和支出责任，将公共文化服务经费纳入本级预算，安排公共文化服务所需资金	2017.3
7	《文化部"十三五"时期文化发展改革规划》	进一步健全文化财政保障机制，加大政府投入力度。按照基本公共文化服务标准，推动落实基层提供基本公共服务所必需的资金	2017.2

从表2-9可以发现，我国在对公共文化服务预算支出的政策规定中，"加大财政投入力度"是一再强调的重点，其中，党的十七届六中全会提出的"两个提高"也成为公共文化服务预算支出渐进增长的直接例证。我国现阶段具备推动基本公共文化服务财政支出规模持续渐进增长，以满足基本公共文化服务项目与内容、设施以及人员保障经费需要的良好的预算环境：第一，政府财力尤其是中央政府财力持续快速增长。改革开放以来中国经济持续快速增长，1994年以来国家财力尤其是中央财力前所未有的雄厚，为各部门的新增预算渐进和非渐进扩张提供了良好的预算环境。改革开放40年的经济增

长，带来了中国国力的持续快速大增，2010 年以来中国 GDP 已稳居世界第二。财政收入也随经济发展水平快速增长，尽管改革开放初期一度因为放权让利和分配秩序混乱而导致财政收入，尤其是中央财政收入比重的严重下滑，但自 1994 年分税制财政管理体制改革以来，财政收入占 GDP 的比重、中央财政收入占全国财政收入的比重得以大幅提高，为各部门改革和预算调整、为基本公共文化服务的渐进增长提供了充足的财力保障。

第二，政府有意识的政策推动和试点。首先体现在财政政策领域，表现为公共财政模式框架、现代财政制度的逐步建立。经济建设型财政模式向公共财政模式的转变，反映在预算支出上，是建设性支出的大幅下降和财政支出结构向公共化、民生化倾斜，包括基本公共文化服务在内的国家基本公共服务均等化目标的陆续提出，基本公共服务领域支出的大幅扩张、区域和城乡均等化目标的设置都是政府有意识的政策推动的。以公共服务均等化为政策导向的公共支出结构优化为文化预算扩张提供了前所未有的预算推动环境。《深化财税体制改革总体方案》的颁布实施，明确了 2020 年基本建立现代财政制度的目标，其中加快建立全面规范、公开透明的现代预算制度是三项重大任务之一。基本公共服务均等化目标的设置和预算制度的大幅改革势必会带来包括基本公共文化服务在内的各部门预算非渐进地、大幅度地调整、变更。建立跨年度预算平衡机制，实行中期财政规划管理的改革设想，以及再次重申要逐步提高一般性转移支付所占比重，清理、整合、规范专项转移支付，也将直接影响基本公共文化服务各项内容财政保障方式的选择，使得以公共财政预算保障替代文化专项资金的做法势在必行。其次具体到公共文化领域，自公共文化服务体系建设提出并上升为国家文化战略起，国家对公共文化服务体系建设的投入逐年快速增长，已经导致公共文化服务预算支出的渐进性和非渐进性加大，与改革开放初期的市场化改革、“以文养文”形成鲜明对比。总体而言，国家对公共文化的投入仍然严重不足，总量少、比重低，城乡、区域不平衡突出，实现基本公共文化服务均等化任务仍非常艰巨，国家宏观层面设定的 2020 年标准化、均等化政策目标也必然要求为文化预算支出在“十三五”规划期持续渐进增长。

三 基本公共文化服务财政保障标准的制定

标准化在简化决策方面尤为重要，因为它能详细说明在特定情况下如何选择所需考虑的因素和信息以减少备选方案。基本公共文化服务财政保障标准的制定过程正是其预算的决策过程。基于渐进预算理论，综合考虑我国发展的实际语境和公共文化服务对象的属性，设定财政保障目标及原则，以确保财政资金能够满足公共文化服务体系建设的基本需求，确保2020年实现基本公共文化服务均等化。

（一）制定依据

首先，传统渐进预算理论为公共文化服务财政保障渐进增长标准的制定提供了设计思路。从预算理论及各国的实践来看，传统的渐进预算理论以及与之相应的增量预算编制方法始终占据支配地位。对政府预算的审核，主要是比较去年预算与今年建议数的异同。今年建议数是在去年基数上小幅增加（“渐进”）而产生的，即“基数加增长”。由此而来的预算结果在很大程度上是稳定可预测的。预算规模的确定只与整体规模的渐进增长相关联，它主要关注的是预算整体规模的边际增长。由于渐进预算理论和增量预算关注的是比上年的增长幅度，在预算实践中，通常采用财政支出增长率、财政支出增长弹性系数和财政支出增长边际倾向等指标来反映和评价部门预算支出规模及变化趋势。① 渐进主义强调的是小幅的预算边际增量调整，因此，它能为预算的渐进增长提供合理解释，但无法解释大的、非渐进的预算调整和变更。

其次，改革渐进主义的预算理论探索为公共文化服务财政保障标准设计提供了非渐进增长的设计思路。作为对渐进主义理论的部

---

① 在公共部门经济研究中，作为经验性研究结论的著名的“瓦格纳法则”也与渐进主义预算理论形成呼应，为既定预算结构下的部门预算整体规模增长提供了合理解释。“瓦格纳法则”是对随着人均收入的提高，财政支出占GDP的比重也相应提高的经验事实的反映。这种经验结论建立在对19世纪欧洲多国加上美国和日本公共部门增长情况分析基础上。在关于“瓦格纳法则”的经济因素分析中，瓦格纳把对于教育、娱乐、文化、保健与福利服务的公共支出的增长归因于需求的收入弹性，即随着实际收入的上升，这些项目的公共支出的增长将会快于GDP的增长。

分修正，改革渐进主义的预算实践和理论探索为解释某一时期某些预算支出规模的迅速增大（非渐进增长）提供了依据。鉴于渐进主义的总括性特征和无法解释大幅、非渐进预算变更等缺陷，西方出现了在削减赤字导向下的改革渐进主义的预算实践和理论探索。力图打破渐进主义束缚的实践，先后包括规划—计划—预算制度（Planning Program Budgeting Systems，即 PPBS）、目标管理（Management by Objectives，即 MBO）和零基预算（Zero-Based Budgeting，即 ZBB）。可见，零基预算是作为改革渐进主义的预算实践而出现的，它是指计划财政年度的预算分项支出指标的确定只以对社会经济发展的预测和对当年各部门新增任务的审核为依据，不考虑以前财政年度各项支出的基数。从理论上看，零基预算是完全重新编制年度预算，有利于优化支出结构，提高预算效率，控制预算规模，但要求具备科学的预测、评估方法和统一的标准，否则可能会出现较大的谬误，而且并非如其名称所暗示的那样是以零为基数编制预算的，而是从某一支出水平出发编制预算的。西方改革渐进主义的理论探索涉及众多方面，其中最值得关注的是他们对预算环境和内部结构变化的重视，如间断—平衡理论。

此外，建立在政府职能以弥补市场失灵、提供公共产品基础上的公共支出理论认为：国内政策议题影响财政支出，政策左右预算，大的预算变更是政策调整的结果。政策导向的变更会带来某些类型的支出规模剧烈增大，因此，也被称为“以政策为基础”的公共预算理论。公共支出理论的核心是提供了一个有用的分析框架来解释政府选择某种产品和服务作为公共提供或者将它们列入公共预算的原因。换言之，公共预算的规模只取决于政府公共产品和服务的供给规模，事权决定支出权，而不管预算是呈现渐进还是非渐进增长趋势。因此，公共支出预算理论可用来说明某种预算支出比如现阶段基本公共文化服务支出发生迅速变化或者说在某一时期预算支出规模迅速增大的理由——政策导向的变更会带来某些类型的预算支出规模迅速增大。

基于以上理论观点，公共文化服务财政保障标准设计应遵循如下思路：引入中期财政规划管理思路，一方面，根据渐进预算理论和增量预算编制方法，估算“十三五”规划结束时基本公共文化服务财政保障标准的宏观区间值。将基本公共文化服务的财政保障标准和水平与人均 GDP、人均收入水平以及财政经常性收支的平均增速相比较，以体现基本公共文化服务的提供是人民群众享受文化权利、分享改革发展成果的重要方式。另一方面，根据 2020 年基本公共文化服务均等化、国家基本公共服务总体均等化目标基本实现，以及基本建立现代财政制度的政策目标要求，采用标准化建设中常用的目标—功能研究方法，估算从 2014 年到 2020 年实现上述目标所需财政总投入，然后将其分解到现有五个预算年度，预测出“十三五”规划结束时基本公共文化服务财政保障的总体标准和年度预算标准。

（二）基本路径

公共文化服务体系建设财政保障标准的制定应以党的十八大以来系列报告为指导思想，以建立标准化、规范化、制度化的财政保障机制为目标，立足文化大部门制改革及资源整合，坚持总体渐进、稳中求变、兜住底线的原则。

第一，以党的十八大以来系列报告为指导思想。这具体反映与落实在三个方面：（1）从纯公共文化产品特性和中国现阶段国情出发区分“基本公共文化服务”和“公共文化服务”，界定公共文化服务的内涵和外延边界。（2）将国家基本公共文化服务保障标准化建设放在构建现代公共文化服务体系大视野下探讨，既强调基本公共文化服务的均等化、标准化建设是构建现代公共文化服务体系的内在要求，也重视服务模式、服务手段的现代化、信息化对基本公共文化服务具体内容的要求和体现。（3）以基本公共文化服务标准化、均等化为中心，在二者内在逻辑关联问题上，主张“均等化”是目标和结果，“标准化”是手段和过程，基本公共文化服务保障标准的编制必须以均等化为核心目标和原则。

第二，以建立标准化、规范化、制度化的财政保障机制为目标。目标包含两个层面：首先，设立财政保障总体目标——实现 2020 年国家基本公共文化服务均等化目标，此后随着经济发展水平、财力水平增长而保持相应的动态性增长。其次，实现财政保障标准化——以法制化的、集中统一的大文化口径部门预算为载体，反映和呈现政府的文化职能，国家对基本公共文化服务的财政保障责任、范围和水平，以标准化的文化预算保障替代现行以众多专项拨款为主的临时性、应急性、非规范的“文化专项资金”保障。

第三，立足文化大部门制改革及资源整合，确定财政保障标准研究的大文化口径。以现行（2014 年）政府收支分类中“文化体育与传媒支出”（科目编码 207 类）为大文化预算口径，它反映的是在文化、文物、体育、广播影视、新闻出版五大方面的总体支出，包括行政运行、一般行政管理事务、机关服务等各级文化行政管理部门的行政运行经费。以文化体育与传媒支出扣除行政运行、一般行政管理事务、机关服务等各级文化行政管理部门的行政运行经费，则构成大文化预算口径下真实的“基本公共文化服务支出”。或者采取加法方式，以现行文化统计经常使用的文化事业费支出①加上基本公共文化服务设施建设（馆站和室外活动场所建设、数字服务和流动服务设施）基建拨款，以及文物、广播影视与新闻出版和体育系统提供的基本公共文化体育服务支出，也大体构成大文化口径下基本公共文化服务支出。相应地，从大部门文化预算出发，厘清“文化支出”“文化经费支出”“文化事业费支出”“基本服务项目经费”等一系列传统概念及其与“文化体育与传媒支出”“基本公共文化服务支出”的逻辑关系。

第四，坚持总体渐进、稳中求变、兜住底线的原则。根据渐进预算理论的观点以及实证检验，过去十多年的公共文化服务预算支出总体水平呈现渐进性，按照这一趋势，可以预测“十三五”期间公共文化服务预算支出仍具有渐进性。与此同时，随着各级政府对公共文化服务的重视以及中央层面一系列具体财政保障政策的出台，公共文化服务预算支出规模也可能会迅速增大，尤其体现在文化项目上。推进公共文化服务必须“补齐短板、兜住底线”，这就要求财政补齐因公共文化服务均等化而产生的财政经费增量。

---

① 文化事业费支出是指区域内各级财政对文化系统主办单位的经费投入总和。一般包括对艺术表演团体、公共图书馆、文化馆（站）等文化事业单位的财政拨款（不含基建拨款）及文化部门所属企业的财政补贴。根据现行统计口径，文化事业费不包括各级文化行政管理部门的行政运行经费。

第四节　多中心治理理论与基本公共文化服务财政保障方式

上一节从渐进预算理论的视角分析了公共文化服务财政保障标准制定的基本理论要点，本节将从多中心治理理论的视角对财政保障方式进行纯理论分析。多中心治理理论打破了以往学者所认为的只有国家或市场是解决公共事务治理之道的定式思维，认为在政府、市场两个中心之外还可引入社会，作为“第三个中心”，主张采用分级别、分层次、分阶段的多样性制度设置，加强政府、市场、社会之间的协同共治，被视为公共治理的“理想类型”。多中心治理下的公共文化服务不再是一个仅具有经济学分析意义的公共资源配置问题，而是包含其在内的公共价值重塑、财政保障责任再生产的政策建构，最终通过政府与市场、政府与社会、中央与地方等多主体制度安排构建一个基本公共文化服务有效供给机制。

一　多中心治理理论与公共物品供给

多中心治理是公共行政模式自反性认同中的一个基本趋势，是继传统管制型、管理型行政模式之后，伴随着新公共服务而生成的，其出发点在于解决公共物品供给问题。传统公共行政采用管理主义的以政府为唯一权威的单中心治理结构，传统的管制型政府基本上不承担公共服务的责任，管理型政府履行的只是公共服务的短缺性供给。随着公共物品需求规模的大幅增长，政府单一供给模式中所存在的资金短缺、效率缺失、供需失衡等诸多问题日益凸显，而多中心治理将公共行政的单一权威中心治理转换为多中心治理，全面提升公共物品的供给效能，已经成为全球性政府治理改革的共识。

（一）多中心治理理论

自新公共管理运动以来，公共物品生产的市场化以及投资主体的多元化，成为理论和实践发展的方向。公共物品的生产、提供由传统的政府独立承担演变为市场、社会介入与参与，政府不再是提供公共服务的唯一主体和唯一权威。正如彼得斯在其《变动环境中的治理》

一文中所讲，在公共服务领域内，曾经有效的纯粹的韦伯式的管理模式并不适用，公共组织的权力和权威有各种各样的来源，多中心治理成为这种权力来源多样性的应有之义。

“多中心”概念最初源自经济学理论，是从英国自由主义思想家迈克尔·波兰尼的资本主义经济管理学说中移植出来的。波兰尼认为，资本主义的利润获取是通过由生产、市场、消费等多个中心构成的体系实现的，遵从自生自发的市场秩序，由不同的管理者去管理各个“中心”的运行，资本就可以正常积累。他进而在《管理社会事务的可能性》中阐释道：管理社会事务只有局部的可能性，期望国家能完成“多中心”的剩余工作是一种“致命的自负”，至少“市场的缺陷并不是把问题交给政府处理的充分条件”。在公共领域讨论“多中心”问题并产生深刻影响的，是美国行政学家文森特·奥斯特罗姆及其同事，尤其体现在奥斯特罗姆夫妇关于公共服务领域的研究之中。他们的多中心治理理论表达和论证了自由人以相互建构起来的秩序处理公共事务的看法，意在构建由多中心秩序构成公共服务的体制。这种体制有别于“利维坦”下嵌入单一中心的秩序，也有别于私有化下的公地悲剧，而是一个在利维坦与无政府之间的制度权衡和安排、适度治理。詹姆斯·罗西瑙在《没有政府的治理》中也提到多中心秩序，即“多中心的服务体制”，认为“多中心意味着有许多在形式上互相独立的决策中心……它们在竞争性关系中签订合约，并从事合作性的活动，或者利用新机制来解决冲突”①。可见，多中心治理为公共行政寻找面向高绩效的公共服务供给开拓了思路。

关于多中心治理模式的框架，文森特·奥斯特罗姆曾在《多中心》中提到②：第一，多中心治理结构意味着在地方社会生活中，存在着民间的和公民的自治、自主管理的秩序与力量，这些力量分别作为独立的决策主体围绕着特定的公共问题，按照一定的规则，采取弹性的、灵活的、多样性的集体行动组合，寻求高绩效的公共问题解决

① 詹姆斯·罗西瑙：《没有政府的治理》，江西人民出版社 2001 年版，第 45—62 页。

② 文森特·奥斯特罗姆：《公益物品与公共选择》，迈克尔·麦金尼斯主编：《多中心体制与地方公共经济》，中国人民大学出版社 2003 年版，第 113—116 页。

途径。第二，多中心治理模式必然强烈要求公民参与和社群自治，将公民参与和自治作为基本的策略，因为只有这样，才能保证他们具备积极介入多中心治理的条件和作用，才能使多中心治理运转起来，并持续发展下去。培育、发展公民和社区“心灵的习性”就是对多中心治理秩序下积极公民资格的期待。第三，多元独立决策主体的利益同样是多元的，在治理行动中，多元利益经过冲突、对话、协商、妥协，达成平衡和整合。第四，多中心还表现为不同性质的公共物品和公共服务可以通过多种制度选择来提供，在多中心治理中政府治理策略和工具向适应治理模式要求的方向改变，“为公民提供机会组建许多个治理当局”。在多中心治理中，多元行动者通过制度化的合作机制，在合作博弈中相互调适目标，增进信任，提升利益。这是基于反思性的“复杂人”假设，行动者在不确定风险的社会里，不可能获得相关公共问题的所有信息，不可能拥有处理信息的完备能力，也不可能绝对理性地进行决策选择。行为主体有着复杂的动机，利己与利他共存，利益分歧和利益共享冲突交错。但行为者通过对话机制交流信息和共同学习的政策过程，能够克服有限理性的欠缺，通过合作和合约机制，将行动者锁定在利害相关的网络中，减少交易费用和抑制机会主义。多元主体通过对话协商，在各种集体选择的场域交流信息、谈判目标、共享资源、减少分歧、增进合意。① 综上所述，多中心治理实质上是构建政府、市场、社会共同参与的“多元共治”模式，是对历史与实践中的“中心—边缘”治理结构的扬弃，为公共服务有效供给提供了重要的理论引导。

（二）公共物品的有效供给

多中心治理理论的出发点在于解决公共物品供给问题，其理论核心就是，在私有化和国有化这两个极端之间，存在着其他多种可能的治理方式，由于各类主体在结构、功能、外部运行环境等方面的互补性，可以有效解决采用某种单一的供给方式无法解决的问题，从而实现公共物品供给的优化配置。正如奥斯特罗姆所指出的：“除了扩大

① 孔繁斌：《公共性的再生产：多中心治理的合作机制建构》，江苏人民出版社 2012 年版，第 31—32 页。

和完善官僚制结构之外，还可以有其他提供公益物品和服务的组织形式，特定的公益物品和服务可以超越特定政府管辖的限制，通过多个企业的协作行为来共同提供。”多中心治理实际上追求的目标就是有效地提供优质的公共物品和服务，也只有多中心治理模式才能与公共服务价值和要求相契合。前文关于公共物品理论的论述也已经提到："公共提供"并不等同于"公共生产"，"提供"和"生产"可以是两个不同的环节，生产只是供给过程中的一个阶段。这一思想对世界各国的公共服务提供产生了重大影响，特别是随着科技和金融工具的创新，私人部门和企业不愿或没有能力提供的公共物品和服务也有可能变成准公共物品或私人物品，政府供给和生产这两种行为可以进一步分离，这为私人部门和社会组织参与公共物品的生产提供了可能，这实质上也就是多中心治理理念。大体而言，公共物品供给的典型方式有：

其一，政府生产。解决公共物品问题，有两条可供选择的解决路径：一是当交易双方规模较小时，通过一般的交易过程实现帕累托最优；二是当交易双方规模较大时，通过政治过程的运转来达到最优状态。① 然而，政府提供公共物品往往并不遵循个人偏好和个人意愿，甚至是违背个人偏好而进行强制消费。完全垄断者一般不可能生产出最优水平的公共物品。

其二，合同外包（私人生产）。公共支出由政府执行，但一些公共活动却可由私人代理。一般是在政府资金支持下，在政府协助削减交易费用的条件下，通过成本分担的自由市场谈判方式来完成公共物品的供给。政府采购制度的建立与发展为社会资源介入其生产过程提供了可能。

其三，公私合作（私人融资）。公私合作的实质在于公共物品的交易机制。从私人供给角度出发，Demsetz 基于个人需求曲线的垂直加总特征，通过沉没成本的分析方法，认为如果给定私人生产者有能力排除非购买者，那么他就能有效地生产公共物品；在排他成本可以

① J. M. Buchanan. "Joint Supply, Externality and Optimality," *Economic*, Vol. 33, No. 132 (1966): 404 - 415.

忽略的情形下，公共物品的私人生产与私人物品的市场生产结构一致，均存在竞争均衡的格局。如果一些相应的排他成本可以被忽略的话，公共物品或准公共物品就可以转化为私人物品进行处理。① 近年来，实验经济学的发展也充分表明，公私间存在的合作供给方式是公共物品供给的有效途径。

其四，志愿供给。这是一个自主组织与自主治理的过程。个人出于经济利益、物质利益和精神利益等的考虑，可能会向志愿组织捐赠，现实生活中不乏志愿合作提供公共物品的情形，志愿供给公共物品的案例也不胜枚举。

一旦决定了集体地供给一种物品或服务，重难点在于从不同的生产组织中选择一种来实现这些供给，以实现效率最优。与其他可选的供给组织相比，集体供给的优势来自于物品或服务在不同的单个需求者之间的不可分性。需要强调的是，我们不应当把这种不可分性，即物品或服务消费或利用上的不可分性，与只产生于生产过程中更正统的不可分性混为一谈。后者是指物品生产过程中离散生产单位之间的生产不可分性。正是这第二种不可分性，可能会影响不同生产组织的相对效率。② 由政府直接组织生产公共物品，或者从国内私人企业购买，抑或从国外公共企业、私有企业购买，这取决于不同生产组织及方式的效率比较结果。

对于公共物品供给而言，多中心治理理论意味着公共物品和公共服务的供给是一个政府、市场和社会三维框架下的多元主体的合作、协同过程。多中心治理主张多个权力中心或服务中心并存，通过竞争和协作形成自发秩序，力求减少搭便车行为，提高服务的效能水平，从而克服公共事务治理的困境。同时，出于对“政府失败”和“市场失灵”的回应，由第三部门提供公共服务具有相对优势，如相对的灵活性和适应能力，更贴近民众，能切实有效地解决许多急迫的公共服务需求，从而能够实现公平与效率的良好契合。多元主体围绕特定

---

① R. J. Starf, “Privatization of Public Goods,” *Public Choice*, Vol. 41, No. 3 (1983): 435 - 440.

② ［美］詹姆斯·M. 布坎南：《公共物品的需求与供给》，马珺译，上海人民出版社2009年版，第171页。

的公共物品供给问题，通过一定的机制，建立多中心、多层次的治理公共问题的形态与结构，既充分保证了政府在保障公共性、公平性方面的优势，又利用了社会与市场回应性强、效率高的特点。

二　基本公共文化服务供给："多元共治"

基本公共文化服务是具有纯公共物品特征的存在，使得以利润最大化为目标的文化产品生产者和经营者不愿无偿提供，作为"理性经济人"的消费者普遍存在着"搭便车"动机，仅靠市场机制是不可能解决的，必须由政府介入。然而，正如斯蒂格利茨所指出的："不要忘记政府同私人市场一样是有缺陷的，政府并不是某种具有良好意愿的计算机，总能够作出对社会有益的无私决策。"那么基本公共文化服务的有效供给也应当用合作的模式代替政府单一中心的供给模式，在财政保障的范围内建立各级政府、市场与非政府组织之间的合作治理结构。换言之，财政保障基本公共文化服务并非都由政府直接生产抑或提供才是有效的，多元供给已经成为必然的选择。

多中心治理下的公共行政是一个由各种类型的组织纵横联结所构成的网络，包括政府组织、准政府组织、营利组织、非营利组织、志愿组织等。围绕不同公共物品的供给特性而确定组织形态，既有独立组织的实践形态，也有合作共治的网络形态。在涉及复杂和混合的公共物品、公共服务的情况下，采取全国治理、地方治理或社区治理等实践形态。当代地方治理不仅是一个表示地理区位的概念，还是一个考虑到公共服务面对和贴近公民群体和公民需要，考虑到公共政策制定和执行与本地公民的利益相关性、互动性及公民的可参与性和心理认同等公民生活、交往共同体的复合。[①] 文森特·奥斯特罗姆将政府供给公共物品的途径归纳如下：经营自己的生产单位；与私人公司签约；确立服务的标准，让每一个消费者选择私商，并购买服务；向家庭签发凭单，允许他们从任何授权提供者那里购买服务；与另一个政府单位签约；某些服务由自己生产，其他服务则从其他管辖单位或者

① 孔繁斌：《公共性的再生产：多中心治理的合作机制建构》，江苏人民出版社 2012 年版，第 36 页。

私人企业那里购买。① 这里不仅涉及政府与市场、政府与公民社会的关系，还涉及中央政府与地方政府、地方政府与地方政府之间的关系。在提供公共服务的过程中，其行为主体多元化的多中心特征决定了多中心治理必须以行为主体间的信任为基础，在相互尊重的基础上共同承担公共责任，在多中心结构下达成最优化的公共责任分担，政府或是非政府主体均不例外。

就基本公共文化服务而言，毫无疑问，政府是供给主体，然而，政府在基本公共文化服务供给过程中发挥作用的方式却可以是多元的。从角色定位上看，在政府主导型公共文化供给模式中，政府部门扮演着公共文化政策制定者、资金供应者以及生产安排者的角色。新公共管理学认为，政府是公共设施资金的完全供给者，然而并不一定是资金的唯一提供者。在不同的发展时期，政府根据经济形势和发展目标决定对公共文化的投入规模，保证公众基本文化权利的实现，并逐步加大对公共文化的投入，在一定时期里实施公共文化投入优先发展战略。这不仅涉及中央政府，还涉及各级地方政府，需要合理划分公共文化服务领域的政府间事权与支出责任。虽然政府主导型的公共文化服务供给模式是一种简单的管理方式，但它不是一种高效的管理方式。一方面，它会加重政府的财政负担，不管是政府系统内部的公共文化供给模式，还是 PPP、BOT 抑或是委托经营模式；另一方面，政府对基本公共文化服务供给的干预过多，以自上而下、单向度的方式输入，致使政府供给与公民需求之间存在一定的差距。对此，改革的趋势是创新财政保障方式，鼓励社会资本参与，形成政府、市场、社会三者多重复合安排的多元主体供给模式。在政府与社会资本合作共建模式中，政府部门不直接插手公共文化机构的管理和决策，而是与其保持一定的“距离”，这并不意味着政府放任不管。可见，在政府与社会之间寻求一个权力平衡点的公私合作模式，避免了政府既是“掌舵人”又是“划桨人”的身份尴尬，有效防止权力寻租和实现公共资源的有效利用，也为满足差异化的公共文化需求创造了条件。当

① 文森特·奥斯特罗姆：《公益物品与公共选择》，迈克尔·麦金尼斯主编：《多中心体制与地方公共经济》，中国人民大学出版社 2003 年版，第 113—116 页。

前，我国基本公共文化服务公私合作供给也逐渐成为主流模式。

表2-10　　**关于基本公共文化服务财政保障方式的政策规定**

类别	序号	文件	对财政保障方式的规定	出台时间
概括性规定	1	《中共中央关于深化文化体制改革推动社会主义文化大发展大繁荣若干重大问题的决定》	落实和完善文化经济政策，支持社会组织、机构、个人捐赠和兴办公益性文化事业，引导文化非营利机构提供公共文化产品和服务 采取政府采购、项目补贴、定向资助、贷款贴息、税收减免等政策措施鼓励各类文化企业参与公共文化服务	2011.10
	2	《文化部"十二五"时期公共文化服务体系建设实施纲要》	引导和鼓励社会资本进入公共文化服务领域。转变公共财政投入方式，通过政府购买服务、项目补贴、以奖代补等方式，鼓励和引导社会力量提供公共文化产品和服务	2013.1
	3	《关于加快构建现代公共文化服务体系的意见》	推广运用政府和社会资本合作等模式，促进公共文化服务提供主体和提供方式多元化 创新公共文化服务投入方式，采取政府购买、项目补贴、定向资助、贷款贴息等政策措施，支持包括文化企业在内的社会各类文化机构参与提供公共文化服务	2015.1
	4	《公共文化服务保障法》	第四十九条：国家采取政府购买服务等措施，支持公民、法人和其他组织参与提供公共文化服务 第五十条：国家鼓励通过捐赠等方式设立公共文化服务基金，专门用于公共文化服务	2017.3
	5	《文化部"十三五"时期文化发展改革规划》	加大政府性基金与一般公共预算的统筹力度，通过政府购买、项目补贴、定向资助、贷款贴息等多种手段引导和激励社会力量参与文化建设，建立政府、社会、市场共同参与的多元文化投入机制	2017.2

续表

类别	序号	文件	对财政保障方式的规定	出台时间
具体面向	6	《关于做好政府向社会力量购买公共文化服务工作的意见》	将政府向社会力量购买公共文化服务所需资金列入财政预算，从部门预算经费或经批准的专项资金等既有预算中统筹安排	2015.5
	7	《文化志愿服务管理办法》	鼓励以政府购买公共文化服务的方式吸引符合条件的文化志愿服务组织参与公共文化服务项目或活动	2016.7
	8	《关于做好文化类政府和社会资本合作示范项目申报工作的补充通知》	在文化领域推广PPP项目，有利于引导和鼓励社会力量、社会资本投入文化领域，拓宽文化领域建设资金来源，把政府的政策导向和民间资本的管理运营优势相结合，提高文化产品和服务的供给质量，满足人民群众多样化的文化需求	2017.7

从表2－10可以发现，在我国对公共文化服务保障方式的政策规定中，“多元共治”已经成为强调的焦点。从政策实践层面看，基本公共文化服务的多中心治理也存在可行性和必然性。首先，我国政府追求“善治”的行政改革经验和决心，为基本公共文化服务多中心治理提供了良好的政策环境和能力支持。从20世纪80年代初开始，我国政府就不断尝试进行自身改革，持续推动政府职能转变。改革开放特别是90年代中后期以来，我国逐渐形成了以经济增长为政府主要甚至首要职能的发展型政府。作为对发展型政府的反思和超越，服务型政府重视政府职能的全面履行，并突出强调了社会管理和公共服务职能的重要性，强调政府应提供普惠型的基本公共服务，确保全体人民共享改革开放的成果。[①] 二十多年来，我国服务型政府建设取得了显著进展，政府的公共服务和社会管理职能得到不断强化。与改革开放前国家提供福利服务的方式不同，政府不再是公共服务供给中的唯一主体，而是通过与市场、社会主体的紧密合作，形成了政府购买服务、外包和协同治理等多种形态的公私部门伙伴关系。党的十八大

① 郁建兴、高翔：《中国服务型政府建设的基本经验与未来》，《中国行政管理》2012年第8期。

以后，新一届领导集体多次表达了继续改革的决心和意向。十八届三中全会发布的《中共中央关于全面深化改革若干重大问题的决定》再次对政府改革做了论述：“必须切实转变政府职能，深化行政体制改革，创新行政管理方式，增强政府公信力和执行力，建设法治政府和服务型政府”，提出了包括明确央地政府分工、强化公共管理与服务、加大政府购买服务力度等要点的具体行动方向。其次，我国社会组织的快速、健康发展，为公共文化服务多中心治理提供了积极的实践环境和参与主体。几乎在所有的经典研究中，社会组织都是多中心治理结构中的重要一环。从我国社会组织发展的经验事实来看，党的十七大以来中央政府就开始不断释放积极发展社会组织的政策信号，党的十八大后国家更是将发展社会组织纳入社会治理创新的重要范畴。地方政府的制度创新步伐加快，北京、上海、广州、深圳等城市的地方政府自 2005 年以来就尝试使用宽松的“备案”制度帮助一些活跃于基层社区的社会组织获得合法性，并探索“公益招投标”等政府购买社会组织服务的新型制度。① 社会组织在公共服务领域具有明显优势，新公共服务理论将公众的积极参与、政府与公众间广泛的对话和协商看作有效公共服务外包的先决条件，通过政府与公民组织的密切合作以及强有力的回应来组织公共服务，能确保服务外包与公众需求之间的有效对接。最后，国家/省级公共文化服务体系示范区创建，为公共文化服务多中心治理提供了探索经验和改革的方向。在国家三批示范区创建以及十多个省开展的省级示范区创建中，涌现了许多关于公私合作供给公共文化服务的典型案例，政府采取诸如政府购买、项目补贴等形式逐步引导社会力量参与进来，产生了一定的治理效应。但从总体来看，基本公共文化服务财政保障方式相对单一，多中心治理机制并不健全，这还需进一步全面深化改革。

三　基本公共文化服务财政保障方式的选择

公共物品的供给是政府治理领域中的一项核心内容，有效的公共

---

① 黄晓春：《当代中国社会组织的制度环境与发展》，《中国社会科学》2015 年第 9 期。

物品供给往往被视为是“善治”的表现。公共物品的有效提供除了需要充足的财政投入外，还离不开有效的财政保障方式。多中心治理为财政保障方式改革创新提供了理论依据。基于公共提供区别于公共生产，政府、市场、社会三者多重复合安排的观点，有效的基本公共文化服务财政保障方式应当走向多元化、协同化、社会化，而这一路径具有可行性和必然性。

（一）选择依据

首先，多中心治理理论为公共文化服务财政投入方式多元化提供了设计思路。从多中心治理理论及各国实践来看，公共物品的生产提供由传统的政府独立承担演变为市场、社会参与及三者合作供给。多元主体围绕特定的公共物品供给问题，通过建立多中心、多层次的组织结构与治理机制，以及其结构、功能、外部运行环境的差异相互补充，实现了公共物品供给的最佳配置。在公共文化服务治理中，政府属于主导地位是毋庸置疑的，即在财政保障的前提下实现公共文化服务供给方式的多元化，引导企业、非营利机构、个人参与这一供给过程。这是由于相对于私人物品来说，公共物品的特点就在于其具有公共性，国家是体现公共性的最权威代表，政府正是履行这一职责的有形实体。若仅仅将政府的角色限定为可选择的、满足公共文化需求的几种主体之一，那么公共性将无从保证。换言之，这种多中心治理机制是以政府为主导的，并在此基础上发挥企业、社会组织、公民个人等主体的作用，但这并不意味着在政府这个轴心的周边围绕着几个不完全依附、部分自治的治理主体。相反，这正是在政府的制度选择与安排下，多元主体以平等的地位处理公共事务以及协调各主体之间的利益关系。作为多中心治理中的引导性主体，政府涉及角色塑造和建构，其一，政府需要在社会治理结构的变革中发挥引导功能，促进多元主体合作治理模式的建构；其二，政府在多元主体的合作治理过程中，着重于战略方向的把握，通过“元战略”的确立而实现对治理过程的总体引导。其表现形式有：政府与文化私营企业签约；政府确立基本公共文化服务的标准，让公民选择私人企业或社会组织，并购买服务；政府向公民签发凭单，允许他们从任何授权提供者那里购买基本公共文化服务等。

其次，多中心治理理论为公共文化服务财政分摊方式协同化提供了设计思路。多中心治理理论倡导建立基于自主供给的最佳供给规模和最优供给单位，强调从特定的公共物品种类出发，基于共同的特定偏好、以最佳供给规模为标准来确立最优的公共物品供给单位。协同理念强调不同政府部门间、不同行政层级间以及不同政策领域之间的横向与纵向协调。多中心治理、公共物品特性与地方自治管理相伴随。正如奥斯特罗姆和蒂伯特等人所总结的那样，公共事务的“地方自主治理假设公益物品能够成功地内部化……在任何自主治理体制中隐含的地方公共服务的选择，都预设公共组织的模式以及在一个大城市地区不同地方社群中提供的公益物品在实际上是多种多样的。地方自治的模式和自治规则构成了多中心体制的实质性承诺”①。基本公共文化服务供给的多中心模式也表明了在府际关系上地方自治模式的重要性，在较小的地方区域范围内，政府组织的回应性和反应能力明显增强，有助于把握辖区公众的效用和需求，达成资源配置的有效性等。这就是说，允许地方根据不同地区的差异化和特征，自主选择不同的治理模式，采用具有差异化的管理方式，是多中心治理的基本表现形式与实现途径。这就要求中央政府和地方政府在基本公共文化服务领域的事权与支出责任划分合理，财政支出分摊方式有效，在此前提下，中央政府可以与另一政府单位签约，协同提供公共文化服务。

此外，作为一种融资和项目管理模式，PPP 模式正被广泛应用到公共领域。其要旨在于让私人部门参与公共服务的供给，借助私人部门的创新意识与管理技术提高公共服务的质量与效率，同时作为融资工具，它是缓解财政支出压力的一种重要途径和措施。PPP 的不同模式适合于不同类型和特点的公共产品与服务项目，其中特许经营基于使用者付费，更适合于准公共品，而公共品属性更强的公共产品与服务，则适合于政府买单，采用政府购买服务模式。这些在基本公共文化服务供给领域均具有一定的可行空间，也为公共文化服务基础设施

① 文森特·奥斯特罗姆等：《大城市地区的政府组织》，迈克尔·麦金尼斯主编：《多中心体制与地方公共经济》，上海三联书店 2000 年版，第 54—55 页。

PPP 模式、政府购买公共文化服务提供了操作指南。

基于以上理论的指导，基本公共文化服务财政保障方式选择应遵循的思路如下：按照基本公共文化服务标准，政府提供基本公共文化服务所必需的资金，保障公共文化服务体系的建设和运行。在此前提下，引入多中心治理模式，探索创新财政保障方式，加大政府购买力度，合理划分政府间事权与支出责任，完善财政转移支付制度，拓宽公共文化服务体系建设投融资渠道。与此同时，建立健全财政资金绩效考核制度，进一步探索资金拨款与设施建设进度和质量挂钩的绩效评估方式，强化对文化资金管理使用情况的监督和审计，开展绩效评价，实施奖励与问责。通过公共财政保障制度和政府精明治理模式，到 2020 年，构建出体现时代发展趋势、适应中国国情、具有中国特色的现代公共文化服务体系。

（二）基本路径

公共文化服务体系建设财政保障方式的确立，同财政保障标准的制定一样，都应以党的十八大以来系列报告为指导思想，以建立标准化、规范化、制度化的财政保障机制为目标，立足文化大部门制改革及资源整合，在此前提下坚持财政保障方式的多元化、协同化、社会化。依据多中心治理理论，需要厘清的前提假设是在公共物品供给的过程中，物品的供应与生产是两个可以分离的不同环节。而在这两个环节中，尤其是在生产环节中，承担该职责的主体应该是多元化的，这种多元化保证了供给的有效性。公共物品的供给都是一个从无到有，再到利用的动态过程，涉及生产、流通、消费、分配等各个领域。由政府作为投资者所进行的生产被称作公共生产（public production），由非政府部门作为投资者所进行的生产则被称作私人生产（private production）。[①] 公共物品的生产仅是其供给过程中的一个环节/阶段，面临的问题是“由谁负责生产”“如何将投入转为产出”。换言之，“公共提供”并不等同于“公共生产”，“提供”和“生产”可以是两个不同的环节，生产只是供给过程中的一个阶段。“提供”意味着政府通过预算进行公共资金的投入，但不意味着这种产品必须

① 蒋洪：《财政学》，高等教育出版社 2000 年版，第 18—19 页。

由政府来进行生产，可以由多个不同主体进行承担。[①] 如果采取私人生产方式，也并不意味着政府从公共物品领域的退出和责任的让渡。正如布坎南所指出的："集体化或公共组织，是就物品的供给而言的，是指物品的融资及其在不同需求者中的分配是集体化的。所有这些讨论中，根本不曾意味着公共物品实际生产组织的集体化。"[②] 但是，采取私人生产方式，也并不意味着政府从公共物品领域的退出和责任的让渡。理性的制度安排和选择即是比较不同的生产组织的资质、消费者的回应性和生产效率，根据资源优化配置的经济合理性原则和交易成本最小化原则，让处于不同技术层次、实力地位、资源条件的政府、组织与个人充分发挥各自的比较优势，以保证公共物品的生产，提高民众集体福利。[③] 走向基本公共文化服务公共提供与私人生产的创新组合，鼓励社会组织、社会力量参与公共文化服务建设，也就是走向财政保障方式的多元化、协同化、社会化。

第五节　公共文化服务体系建设财政保障：分析框架

系统研究公共文化服务体系建设财政保障问题，构建科学、全面的分析框架至关重要。笔者围绕为什么、怎么做、结果如何的思维逻辑，构建一个内含财政保障责任、财政保障标准、财政保障方式与财政保障评估的四维分析框架。其中，怎么做——财政保障标准与财政保障方式，作为决定公共文化服务财政保障状况的关键，是本书研究的重心所在。公共文化服务财政保障模型应该采取以下形式：

财政保障状况$_{i,t}$ = f（保障标准$_{i,t}$，保障方式$_{i,t}$，其他因素$_{i,t}$）

第一，公共文化服务体系建设财政保障责任。从社会契约论的观点来看，公民权利的让渡是政府权力的来源，保障公民文化权利是政

① ［美］理查德·马斯格雷夫：《财政制度》，董勤发译，上海人民出版社 1996 年版，第 8 页。

② ［美］詹姆斯·M. 布坎南：《公共物品的需求与供给》，马珺译，上海人民出版社 2009 年版，第 170—171 页。

③ 闻媛：《我国公共品的公共生产与私人生产》，《学术界》2009 年第 6 期。

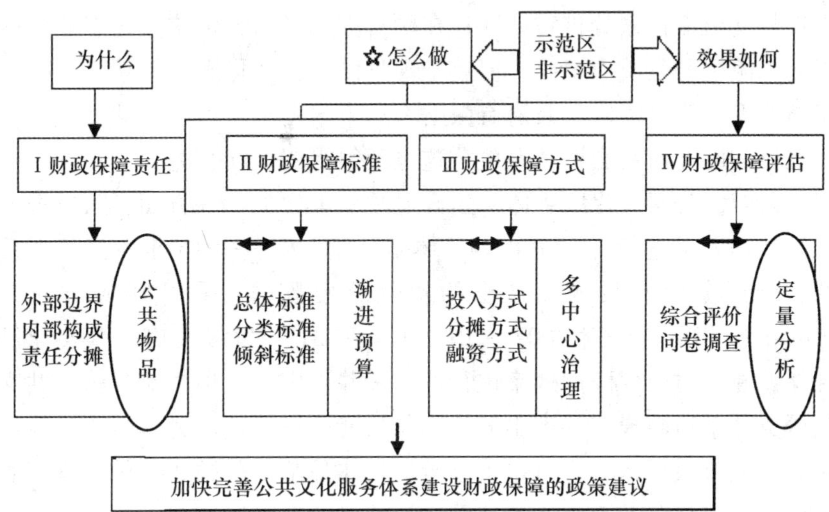

图 2－1　公共文化服务体系建设财政保障分析框架

府文化职能的出发点与归依所在。从公共物品理论来看，公共文化服务的非竞争性与非排他性这两大属性，决定了公共文化服务必须由政府提供。财政保障责任的外部边界应参考中文化预算模式，并以公共文化服务设施网络，公共文化产品、服务和活动，公共文化服务建设和运行支撑体系为三大保障类别。

第二，公共文化服务体系建设财政保障标准。从综合标准、分类标准及倾斜标准三大块对现行公共文化服务体系建设的财政保障标准进行研究。其中，综合标准主要涉及公共文化服务的相对规模，分类标准主要涉及公共文化服务设施网络建设体系、产品和服务以及活动供给体系、建设和运行支撑服务体系三大类及其具体服务内容的财政支出标准，倾斜标准的研究重点是在综合标准和分类标准基础上开展对农村、欠发达地区以及特殊群体公共文化服务体系建设和运行倾斜程度的研究。

第三，公共文化服务体系建设财政保障方式。从投入方式、分摊方式及融资方式三大块对现行公共文化服务体系建设的财政保障方式进行研究。其中，在财政投入方式层面，各级政府对任何领域的公共产品和服务的提供均通过预算安排，以财政支出的方式进行，对财政投入方式的创新进行探讨；在分摊方式层面，对公共文化服务政府间事权与支出责任划分进行研究；在融资方式层面，传统文化事业费的资金来源主要是政府税收，但鉴于现阶段公共文化服务体系建设战略实施的庞大资金需求与政府有限财力约束的突出矛盾，公共文化服务领域目前已经对社会资金开放，这也亟须受到高度关注。

第四，公共文化服务体系建设财政保障评估。一方面，从省级的统计数据入手进行计量分析。具体是基于2007—2016年我国基本公共文化服务财政投入和产出的省际面板数据，采用DEA方法和Malmquist指数方法对2007—2016年全国31个省级政府公共文化服务体系建设财政保障的效率进行评估，并采用泰尔指数对我国公共文化服务体系财政投入和产出的均等化状况进行评估。另一方面，从县市级的调查数据入手进行定量分析。具体是基于全国257份调查问卷的数据，围绕公共文化服务体系建设的财政保障标准和方式，通过示范区与非示范区，中、东、西地区的对比分析，评估当前市县级公共文化服务体系建设财政保障状况。进而探索公共文化服务体系建设财政保障状况的影响因素，建立回归模型，对数据进行相关性描述和回归分析。

第五，加快完善公共文化服务体系建设财政保障的政策建议。通过对公共文化服务体系建设财政保障标准和方式的现状分析以及定量评估，对症下药，提出从公共文化服务体系示范区均等化走向全国均等化的对策，并从中长期视角，制定出构建现代公共文化服务体系建设财政保障的政策建议。

综上所述，基本公共文化服务作为国家公共服务体系的重要组成部分，其发展水平直接关乎国家基本公共服务的总体均等化程度，提供基本公共文化服务构成政府在文化领域的重要职责。在公共财政框架下，探讨基本公共文化服务财政保障的责任范围、标准和方式，有助于进一步厘清社会主义市场经济体制下政府在文化领域的责任，完善文化预算管理体制，切实转变政府职能，推动政府部门由办文化向管文化转变，有助于充分发挥公共财政的资源配置职能和完善现代公共文化服务体系建设战略的顶层制度设计，确保基本公共文化服务的有效供给和2020年构建现代公共文化服务体系目标的实现。

第三章　现行公共文化服务体系建设的财政保障标准

财政保障标准的理论框架和技术性方案的确定，须从综合标准、分类标准以及倾斜标准等综合和分层面研究展开。综合标准主要涉及公共文化服务的相对规模，多层次分类标准主要涉及公共文化服务设施网络建设体系、产品和服务以及活动供给体系、建设和运行支撑服务体系三大类及其具体服务内容财政支出标准的测算核定，倾斜标准主要是针对农村、欠发达地区以及特殊群体财政支出的倾斜程度。本章通过梳理我国公共文化服务体系建设中的财政保障标准，并结合调研所得到的分类财政保障标准实际数额，分析既有财政保障标准是否能够保障公共文化服务体系建设及良好运行及其所存在的问题。

第一节　公共文化服务体系建设财政保障标准：总体性审视

我国政府对公共文化服务财政投入不足，无法满足人民日益增长的美好生活需要。公共文化服务的财政投入不足不仅表现在财政投入总量不足上，还表现在公共文化服务的财政投入结构的不均衡上。因此，笔者拟对我国公共文化服务的财政投入规模和财政投入结构等展开分析，以明确是否存在保障公共文化服务体系建设和运行的最优财政投入规模和结构。公共文化服务的财政投入规模和结构是否合适，可以通过公共文化服务的财政保障标准来反映。因此，通过明确当前我国公共文化服务的财政是否存在保障标准、保障标准是否合适等问题，可以为公共文化服务的财政保障标准制定综合性方案。

近些年来，尽管全国文化事业费总规模和人均文化事业费呈快速增长态势，但从相对规模来看，文化事业费占国家财政总支出的比重多年来一直维持在0.4%左右且不断回落，并未随着国家财力的快速增长而同步增长。与教育、医疗卫生等横向比较，这一比重也严重偏低。因此，公共文化服务的综合财政保障标准水平究竟如何，未来公共文化服务的综合财政保障标准应该保持在何种水平上理应成为研究的重点。因此，笔者将以纵向对比和横向对比两种方式，从全国和中央两个层面研究当前我国公共文化服务体系建设的综合财政保障标准，探讨当前我国公共文化服务体系建设的综合财政保障标准的水平，以及如何调整当前公共文化服务体系建设的综合财政保障标准。

《国家基本公共文化服务指导标准（2015—2020年）》将基本公共文化服务分为硬件设施、服务项目、人员配备三大类。因此，笔者也据此将公共文化服务体系分为公共文化服务设施网络体系、公共文化服务项目供给体系、公共文化服务支撑体系三大子系统，从这三个方面出发，以中央文化专项资金和省级文化专项资金为线索，分别探讨中央和省级的分类财政保障标准，并重点研究中央和省级是否具备了清晰的分类财政保障标准；如果已经形成了清晰的财政保障标准，那么，中央和省级的分类财政保障标准水平是否合适；如果不合适，如何调整分类财政保障标准等问题。

除了公共文化服务的保障标准外，公共文化服务财政保障结构也是当前公共文化服务体系建设和运行中需要重点研究的问题。从城乡结构来看，国家对文化的投入存在明显的“城市偏向”，农村地区的公共文化投入远远低于城市地区，中部地区农村的文化投入尤其不足。从区域结构来看，我国中、西部地区和边疆少数民族地区由于经济发展水平落后，导致这些地区的地方政府财力有限、财政用于公共文化服务和整体基本公共服务的投入远低于东部发达地区。虽然近年来中央政府不断扩大对中、西部地区的公共文化财政转移支付，但由于中、西部地区的文化设施基础较差，文化事业费基数较低，与东部地区相比，差距仍然很大。从弱势群体的角度来看，由于公共文化服务整体保障水平偏低，建设任务繁重，也由于弱势群体表达自身公共文化服务需求的意识和机制欠缺，以及城乡、本地外地等服务管理体制的隔离，保障农民工、妇女、未成年人、老年人、残疾人等特殊群体享受公共文化服务存在机制上的缺损。因此，在研究综合标准、分类标准的同时，有必要研究国家财政向农村地区、中西部和边疆少数民族欠发达地区和特殊群体倾斜的财政保障标准。因此，笔者将重点研究当前国家对公共文化服务体系建设和运行中的倾斜财政保障标准的方向，并分析倾斜标准的不足之处。

在对公共文化服务体系建设和运行的综合财政保障标准、分类财政保障标准和倾斜财政保障标准的现状及问题进行研究的基础上，笔者还将对这些财政保障标准进行总结，尝试明确如下议题：一是目前公共文化服务体系建设和运行的财政保障标准是否存在；二是既有财政保障标准是否能够保障公共文化服务体系建设及良好运行；三是当前公共文化服务财政保障标准存在的问题。

第二节　公共文化服务体系建设的综合财政保障标准

一　现行财政保障标准的纵向比较

为探索财政支持文化事业和文化产业的新途径、新办法，进一步增强文化投入的有效性、激励性和引导性，建立起与公共财政支持方向相适应、符合文化发展内在规律的、稳定的财政投入机制和管理模式，2011 年，《中共中央关于深化文化体制改革，推动社会主义文化大发展大繁荣若干重大问题的决定》明确提出了“保证公共财政对文化建设投入的增长幅度高于财政经常性收入增长幅度，提高文化支出占财政支出比例”的政策要求。然而，由于法定支出比重过大给财政支出带来了巨大的压力，十八届三中全会明确提出了“清理规范重点支出同财政收支增幅或生产总值挂钩事项，一般不采取挂钩方式”。也就是说，目前中央政府和省级政府都没有对公共文化服务体系建设和运行提出明确的综合性的投入标准。但随着经济发展水平的提高、财政收入规模的增长及文化需求水平的日益提高，为保障人们能享受最基本的公共文化服务，国家必须适当提高基本公共文化服务财政保障标准。到底公共文化服务体系建设和运行需要多少财政资金予以保障？公共文化服务体系建设和运行的财政投入应该与GDP、财政收支等重要经济数据保持何种联系才更为合适？为了研究这些问题，本课题组将以文化体育与传媒支出作为研究对象，从纵向上比较目前文化体育与传媒支出标准，以试图探索最优的综合财政保障标准。

为了研究目前公共文化服务体系建设的财政保障标准是否充足，本课题组将从公共文化服务体系建设资金的绝对规模和增长速度着手开始研究。由于2007年前后统计口径发生了变化，本课题组拟选取2007年到2016年的数据进行分析。

（一）全国公共文化服务体系建设的财政保障标准纵向比较

从全国的角度来看，本课题组选取全国文化体育与传媒支出这一指标度量公共文化服务体系建设资金。从绝对数据上看，这一数值从2007年的899亿元上升到2016年的3163亿元（见表3－1）。但是，从相对规模上看，公共文化服务体系建设资金占GDP的比重从2007年的0.33%上升到了2016年的0.43%，6年间提升0.1%。[①] 从全国文化体育与传媒支出[②]占GDP比重的总体变化趋势来看，除少数年份外，全国文化体育与传媒支出占GDP的比重变化总体上呈现不断上升的趋势，但是增长速度较为缓慢（见图3－1）。公共文化服务体系建设资金占全国公共财政预算支出的比重则从2007年的1.81%下降到了2016年的1.68%。公共文化服务体系建设资金占全国公共财政收入的比重从2007年的1.75%上升到2016年的1.98%（见表3－2）。但是，从公共文化服务体系建设资金占全国公共财政收入的比重趋势上看，这一比重并未呈现出稳定的上升态势，而是在波动中缓慢上升，且在2010年和2014年这一比重出现了明显下降。这说明，随着经济社会的发展，公共文化服务虽然从总体规模上得到了一定程度的提升，但是公共文化服务的发展仍然未能适应经济的快速发展。在公共财政支出总体规模增大的情况下，公共文化服务日渐式微（见图3－1）。

① 因为统计口径不同，文化体育与传媒支出的比较从2007年后进行。

② 文化体育与传媒支出代表的是大文化口径预算支出规模，实际上是国家基本公共文化服务财政保障总体规模标准。2007年以后的文化体育与传媒支出指公共财政预算中的文化体育与传媒支出，由于统计口径不同，2007年之前采用文化广播事业费代表文化体育与传媒支出。数据来源于中华人民共和国统计局及《中国财政年鉴（1999—2013）》。

表 3－1　　全国公共文化服务体系建设资金规模　　（亿元）

年份	2007	2008	2009	2010	2011	2012	2013	2014	2015	2016
全国文化体育与传媒支出	899	1096	1393	1543	1893	2268	2544	2691	3077	3163
中央文化体育与传媒支出	127	141	155	150	188	194	204	223	272	259
GDP	270232	319516	349081	413030	489300	540367	595244	643874	689052	743585
城镇居民人均可支配收入（元）	15781	17175	19109	21810	24565	26955	26467	28844	31195	33616
全国公共财政预算支出	49781	62592	76300	89874	109248	125952	140212	151786	175878	187755
全国公共财政预算收入	51322	61330	68518	83102	103874	117254	129210	140370	152269	159605
中央财政预算支出	11442	13344	15256	15990	16514	18765	20472	22570	25542	27355
中央财政预算收入	27749	32681	35916	42488	51327	56175	60198	64493	69267	72350

＊从 2013 年起，国家统计局开展了城乡一体化住户收支与生活状况调查，2013 年及以后的数据来源于此项调查。与 2013 年前分城镇和农村住户的调查范围、调查方法、指标口径有所不同。

数据来源：国家统计局网，http：//data. stats. gov. cn/easyquery. htm？cn = C01&zb = A080501&sj = 2015。

表 3－2　　全国公共文化服务体系建设资金占各经济指标的比重　　（%）

	2006	2007	2008	2009	2010	2011	2012	2013	2014	2015	2016
占 GDP 比重	0. 38	0. 33	0. 34	0. 40	0. 37	0. 39	0. 42	0. 43	0. 42	0. 45	0. 43
占全国财政支出比重	2. 08	1. 81	1. 75	1. 83	1. 72	1. 73	1. 80	1. 81	1. 77	1. 75	1. 68
占全国财政收入比重	2. 17	1. 75	1. 79	2. 03	1. 86	1. 82	1. 93	1. 97	1. 92	2. 02	1. 98

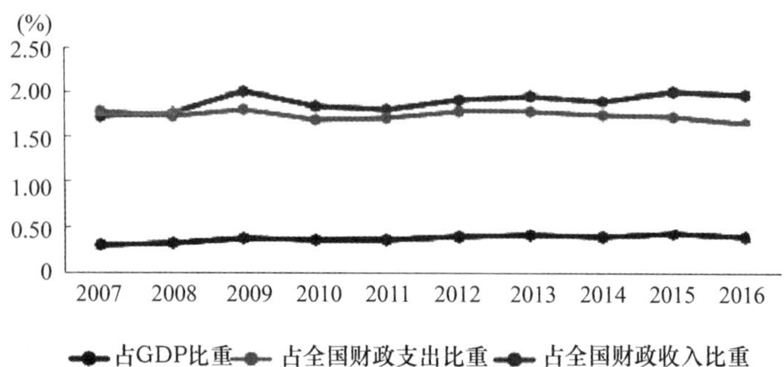

图 3-1　全国公共文化服务体系建设资金占主要经济指标的比重

从文化体育与传媒支出的平均增长率和经济水平、财政收支的平均增长速度比较来看，由表 3-3 可以看出，从 2008 年开始，名义 GDP 平均以 12% 的速度增长，城镇居民家庭人均可支配收入、全国公共财政预算支出、公共财政预算收入的平均增长率分别为 8.85%、16.05%、13.61%。全国文化体育与传媒支出平均增长率为 15.26%，高于 GDP、城镇居民家庭人均可支配收入及公共财政预算收入的平均增长速度。但值得注意的是，文化体育与传媒支出的平均增长率低于公共财政预算支出的平均增长速度。

从文化体育与传媒支出的增长弹性来考察，如表 3-4 所示，全国文化体育与传媒支出的 GDP 增长弹性①、人均收入增长弹性在多数年份都超过 1，其平均增长弹性系数大于 1。这符合瓦格纳关于随着实际收入的增长，教育、娱乐、文化、保健与福利服务等公共支出的增长由于需求的收入弹性，将会快于 GDP 增长的分析结论。但文化体育与传媒支出的公共财政预算支出增长弹性在多数年份均小于 1，这会导致文化体育与传媒支出占公共财政预算支出的比重不断下降。

（二）中央公共文化服务体系建设的财政保障标准纵向比较

从中央的角度来看，本课题组选取中央文化体育与传媒支出这一

① 增长弹性反映相对增长速度的大小，若文化体育与传媒支出的 GDP 增长弹性大于 1，则表示文化体育与传媒支出增长速度大于 GDP 增长速度；计算方法为：文化体育与传媒支出的 GDP 增长弹性 = 文化体育与传媒支出增长率/GDP 增长率。

表 3－3　　2008—2016 年全国各指标增长率　　（%）

指标	2008	2009	2010	2011	2012	2013	2014	2015	2016	平均
全国文化体育与传媒支出	21.91	27.10	10.77	22.68	19.81	12.17	5.78	14.34	2.79	15.26
中央文化体育与传媒支出	11.02	9.93	－3.23	25.33	3.19	5.15	9.31	21.97	－4.78	8.66
GDP	18.24	9.25	18.32	18.47	10.44	10.16	8.17	7.02	7.91	12.00
城镇居民人均可支配收入*	8.83	11.26	14.13	12.63	9.73	－1.81	8.98	8.15	7.76	8.85
全国公共财政预算支出	25.73	21.90	17.79	21.56	15.29	11.32	8.25	15.87	6.75	16.05
全国公共财政预算收入	19.50	11.72	21.28	25.00	12.88	10.20	8.64	8.48	4.82	13.61
中央财政预算支出	16.62	14.33	4.81	3.28	13.63	9.10	10.25	13.17	7.10	10.25
中央财政预算收入	17.77	9.90	18.30	20.80	9.45	7.16	7.13	7.40	4.45	11.37

*从 2013 年起，国家统计局开展了城乡一体化住户收支与生活状况调查，2013 年及以后的数据来源于此项调查。与 2013 年前的分城镇和农村住户的调查范围、调查方法、指标口径有所不同。

资料来源：中华人民共和国统计局网。

表 3－4　　全国文化体育与传媒支出的增长弹性

指标	2008	2009	2010	2011	2012	2013	2014	2015	2016
全国文化体育与传媒支出的 GDP 增长弹性	1.20	2.93	0.59	1.23	1.90	1.20	0.71	2.04	0.35
全国体育与传媒支出的城镇居民家庭人均可支配收入增长弹性	2.48	2.41	0.76	1.80	2.04	－6.72	0.64	1.76	0.36
全国文化体育与传媒支出的公共财政预算支出增长弹性	0.85	1.24	0.61	1.05	1.30	1.07	0.70	0.90	0.41

指标度量中央公共文化服务体系建设资金。从绝对数据上看，中央文化体育与传媒支出金额从2007年的127亿元上升到了2016年的259亿元（见表3－5）。

从相对规模来看，中央公共文化服务体系建设资金占GDP的比重较小，相对规模基本保持不变，中央文化体育与传媒支出占GDP的比重稳定在0.03%到0.04%的水平上（见表3－6）。中央公共文化服务体系建设资金占中央公共财政预算支出的比重则从2007年的1.11%下降到了2016年的0.95%。公共文化服务体系建设资金占中央公共财政收入的比重从2007年的0.46%下降到2016年的0.36%（见表3－6）。这说明，虽然从公共文化服务体系建设资金占各经济指标的总体趋势上看，公共文化服务体系建设资金占GDP、中央财政支出及中央财

表3－5　**中央公共文化服务体系建设资金规模**　（亿元）

年份	2007	2008	2009	2010	2011	2012	2013	2014	2015	2016
中央文化体育与传媒支出	127	141	155	150	188	194	204	223	272	259
中央财政预算支出	11442	13344	15256	15990	16514	18765	20472	22570	25542	27355
中央财政预算收入	27749	32681	35916	42488	51327	56175	60198	64493	69267	72350

资料来源：国家统计局网，http://data.stats.gov.cn/easyquery.htm? cn = C01&zb = A080501&sj = 2015。

表3－6　**中央公共文化服务体系建设资金占重要经济指标的比重**（%）

	2007	2008	2009	2010	2011	2012	2013	2014	2015	2016
占GDP比重	0.05	0.04	0.04	0.04	0.04	0.04	0.03	0.03	0.04	0.03
占中央财政支出比重	1.11	1.06	1.02	0.94	1.14	1.03	1.00	0.99	1.06	0.95
占中央财政收入比重	0.46	0.43	0.43	0.35	0.37	0.35	0.34	0.35	0.39	0.36

政收入的比重呈现出先下降后上升的趋势，即在2010年以前，公共文化服务体系建设资金占比呈下降趋势，而2010年以后则呈现出上升的趋势；2015年，这一比重提高明显（见图3-2）。笔者认为，这与我国推动国家公共文化服务体系示范区建设关系密切。

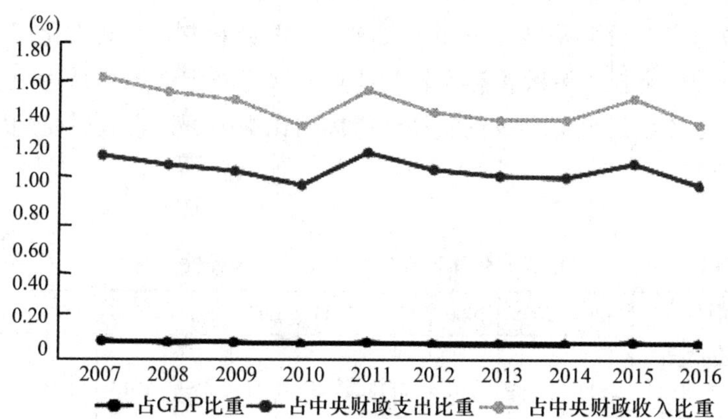

图3-2　中央公共文化服务体系建设资金占重要经济指标的比重

从文化体育与传媒支出的平均增长率和经济水平、财政收支的平均增长速度的比较来看，从2008年开始，名义GDP平均以12%的速度增长，中央财政预算支出、中央财政预算收入的平均增长率分别为10.25%、11.37%。中央文化体育与传媒支出平均增长率为8.66%（见表3-7）。结合前文分析，中央文化体育与传媒支出占中央财政预算收入和中央财政预算支出的比重在2007年到2016年呈现出下降的趋

表3-7　**2008—2016年中央各指标增长率**　（%）

指标	2008	2009	2010	2011	2012	2013	2014	2015	2016	平均
中央文化体育与传媒支出	11.02	9.93	-3.23	25.33	3.19	5.15	9.31	21.97	-4.78	8.66
中央财政预算支出	16.62	14.33	4.81	3.28	13.63	9.10	10.25	13.17	7.10	10.25
中央财政预算收入	17.77	9.90	18.30	20.80	9.45	7.16	7.13	7.40	4.45	11.37

资料来源：中华人民共和国统计局。

势。尽管中央文化体育与传媒支出在2007年、2011年和2015年三个年份出现高速增长，文化体育与传媒支出的平均增长率仍低于中央公共财政预算支出及公共财政预算收入的平均增长速度（见表3－7）。

从文化体育与传媒支出的增长弹性来考察，全国文化体育与传媒支出的GDP增长弹性①、人均收入增长弹性及公共财政预算支出增长弹性数值存在较大差异（见表3－8）。这说明中央对公共文化服务体系建设的资金投入受政策影响较为严重，缺乏稳定性，这从中央公共文化服务体系建设资金占重要经济指标的比重中可以直观感受到（见图3－2）。

表3－8　**中央文化体育与传媒支出的增长弹性**

指标	2007	2008	2009	2010	2011	2012	2013	2014	2015	2016
中央文化体育与传媒支出的GDP增长弹性	2.29	0.60	1.07	－0.18	1.37	0.31	0.51	1.14	3.13	－0.60
中央体育与传媒支出的城镇居民家庭人均可支配收入增长弹性	3.66	1.25	0.88	－0.23	2.01	0.33	－2.85	1.04	2.70	－0.62
中央文化体育与传媒支出的公共财政预算支出增长弹性	3.65	0.66	0.69	－0.67	7.73	0.23	0.57	0.91	1.67	－0.71

因此，通过纵向比较可知，无论是从全国层面还是中央层面考虑，我国公共文化服务体系建设财政保障标准都是偏低的，且中央公共文化服务体系建设财政支出标准缺乏稳定性。建议适当提高文化体育与传媒支出增长率，使其增长速度等于或高于公共财政预算支出及公共财政预算收入的增长比率，保证文化体育与传媒支出的公共财政

① 增长弹性反映相对增长速度的大小，若文化体育与传媒支出的GDP增长弹性大于1，则表示文化体育与传媒支出增长速度大于GDP增长速度；计算方法为：文化体育与传媒支出的GDP增长弹性＝文化体育与传媒支出增长率/GDP增长率。

预算支出弹性及公共财政预算收入弹性系数等于或大于1。

二　现行财政保障标准的横向比较

早在2011年，文化部前副部长赵少华就提出了公共文化支出可以比照教育、科学支出预算安排办法安排，在年初按高于经常性财政收入增幅安排文化支出预算，执行中如有超收，也要从超收收入中相应安排文化支出。这为公共文化服务预算安排提供了一种新的思路。笔者认为，公共文化服务的预算安排与教育、科技等支出虽然性质不同，但是其发展水平和预算安排方式却有共同之处。因此，笔者拟从横向上将公共文化服务的综合财政保障标准与教育、医疗的财政保障标准进行比较，将各项公共服务的增长率作为衡量各项公共服务发展水平的替代变量，研究公共文化服务的最低保障标准。

从横向来看，全国文化体育与传媒支出比教育支出及医疗卫生支出绝对规模要小很多。2016年，全国文化体育与传媒支出为3163亿元，而全国教育支出为28073亿元，全国医疗卫生支出为13159亿元，全国文化体育与传媒支出仅为全国教育支出的11.3%，仅为全国医疗卫生支出的24%。中央文化体育与传媒支出比中央教育支出要低，比中央医疗卫生支出要高。2016年，中央文化体育与传媒支出为259亿元，中央教育支出为1409亿元，中央医疗卫生支出为124亿元（见表3-9）。中央财政支出结构与全国财政支出结构的差异主要是由中央政府的事权及支出责任造成的。

从横向比较文化体育与传媒支出、教育支出及医疗卫生支出可知，无论是在全国层面还是在中央层面，文化体育与传媒支出的增长率都较低。全国文化体育与传媒支出、全国教育支出、全国医疗卫生支出、全国公共财政支出在2008年到2016年的平均增长率分别是15.26%、16.89%、23.88%和16.05%；中央文化体育与传媒支出、中央教育支出、中央医疗卫生支出和中央公共财政支出在2008年到2016年的平均增长率分别是8.66%、15.73%、16.83%和10.25%，文化体育与传媒支出的增长速度远比教育和医疗卫生支出的增长速度低。全国文化体育与传媒支出增长率明显低于全国公共财政支出增长

表 3－9 文化体育与传媒支出和公共财政预算支出、教育支出、医疗卫生支出规模 （亿元）

年份	2007	2008	2009	2010	2011	2012	2013	2014	2015	2016
全国文化体育与传媒支出	899	1096	1393	1543	1893	2268	2544	2691	3077	3163
中央文化体育与传媒支出	127	141	155	150	188	194	204	223	272	259
全国教育支出	7122	9010	10438	12550	16497	21242	22002	23042	26272	28073
全国医疗卫生支出	1990	2757	3994	4804	6430	7245	8280	10177	11953	13159
中央教育支出	395	492	568	721	999	1101	1107	1254	1358	1409
中央医疗卫生支出	34	47	64	74	71	74	77	90	85	124
全国公共财政预算支出	49781	62592	76300	89874	109248	125952	140212	151786	175878	187755
中央财政预算支出	11442	13344	15256	15990	16514	18765	20472	22570	25542	27355

率，中央文化体育与传媒支出增长率也明显低于中央财政支出增长率（见表 3－10）。

表 3－10 2008—2016 年各指标增长率 （%）

年份	2008	2009	2010	2011	2012	2013	2014	2015	2016	平均值
全国文化体育与传媒支出增长率	21.91	27.10	10.77	22.68	19.81	12.17	5.78	14.34	2.79	15.26
中央文化体育与传媒支出增长率	11.02	9.93	－3.23	25.33	3.19	5.15	9.31	21.97	－4.78	8.66
全国教育支出增长率	26.51	15.85	20.23	31.45	28.76	3.58	4.73	14.02	6.86	16.89
全国医疗卫生支出增长率	38.54	44.87	20.28	33.85	12.67	14.29	22.91	17.45	10.09	23.88
中央教育支出增长率	24.56	15.45	26.94	38.56	10.21	0.54	13.28	8.29	3.76	15.73
中央医疗卫生支出增长率	38.24	36.17	15.63	－4.05	4.23	4.05	16.88	－5.56	45.88	16.83
全国公共财政预算支出增长率	25.73	21.90	17.79	21.56	15.29	11.32	8.25	15.87	6.75	16.05
中央财政预算支出增长率	16.62	14.33	4.81	3.28	13.63	9.10	10.25	13.17	7.10	10.25

从以上分析可知，文化体育与传媒支出在绝对规模上与公共教育和公共医疗卫生差距较大。在财政支出规模本就不大的情况下，文化体育与传媒支出增长率也相对较低，这导致我国文化体育和传媒支出与教育和医疗卫生水平拉开更大的差距。从表 3 - 10 还可以看出，2014 年以后，文化体育与传媒支出增长率开始大幅度上升，这与国家对公共文化服务的重视密不可分。因此，如何使得文化体育与传媒支出标准稳定提升，以解决广大人民群众日益增长的美好生活需要和不平衡不充分发展之间的矛盾，将成为文化领域的主要研究课题。

第三节　公共文化服务体系建设的分类财政保障标准

《关于加快构建现代公共文化服务体系的意见》提出了《国家基本公共文化服务指导标准（2015—2020 年）》[①]，明确了包括读书看报、收听广播、观看电视、观赏电影、送地方戏、设施开放、文体活动等在内的基本服务项目标准，包括文化设施和广电设施在内的硬件设施标准及包括人员编制和业务培训在内的人员配备标准。自国家公共文化服务体系示范区创建以来，国家通过《国家公共文化服务体系示范区（项目）创建标准》明确了东、中、西三大地带的示范区创建标准，包括公共文化设施网络建设，公共文化服务供给，公共文化服务组织支撑及资金、人才、技术保障四个方面的内容。无论是从国家基本公共文化服务指导标准来看，还是从国家公共文化服务体系示范区来看，基本公共文化服务都可以大致划分为设施建设、服务提供和支撑体系三个方面。因此，笔者拟从这三个方面分析我国公共文化服务体系建设中的分类财政保障标准。

为了支持公共文化服务体系建设，中央政府和省级政府制定了一

---

① 《中共中央办公厅、国务院办公厅印发〈关于加快构建现代公共文化服务体系的意见〉》，http：//www. gov. cn/xinwen/2015—01/14/content_ 2804250. htm，2015 - 01 - 14。

系列专项转移支付管理办法。笔者通过对湖北省近年来的专项转移支付资金的研究，分别梳理出了中央层面和省级层面的主要文化专项转移支付资金。

从中央层面来看，文化专项转移支付主要包括地市级公共文化设施建设中央预算内投资计划，国家文化和自然遗产保护设施中央预算内投资计划，国家发改委中等职业教育基础能力建设中央预算内投资计划，三馆一站免费开放资金，博物馆纪念馆免费开放资金，国家重点文化保护专项补助资金，中央补助地方文化体育与传媒事业发展专项资金，中央补助地方公共文化体育设施维修改造与设备购置专项资金，中央城市社区文化中心设备透支专项资金，公共数字文化建设专项资金，流动图书车购置专项资金，国家非物质文化遗产保护专项资金，农村文化建设中央补助资金，中央“三区”人才支持计划文化工作者专项资金，中央补助地方公共文化服务体系建设绩效奖励资金，中央补助地方国家公共文化服务体系示范区，示范项目建设补助资金等。具体文件来源见表 3 - 11。其中，与公共文化设施网络建设有关的专项资金包括地市级公共文化设施建设中央预算内投资计划，国家文化和自然遗产保护设施中央预算内投资计划，国家发改委中等职业教育基础能力建设中央预算内投资计划，三馆一站免费开放资金，博物馆纪念馆免费开放资金，国家重点文化保护专项补助资金，中央补助地方文化体育与传媒事业发展专项资金，中央补助地方公共文化体育设施维修改造与设备购置专项资金，中央城市社区文化中心设备透支专项资金、公共数字文化建设专项资金，流动图书车购置专项资金；与公共文化产品，服务及公益性文化活动供给体系相关的专项资金包括国家非物质文化遗产保护专项资金，农村文化建设中央补助资金；与支撑体系相关的专项资金包括中央“三区”人才支持计划文化工作者专项资金，中央补助地方公共文化服务体系建设绩效奖励资金，中央补助地方国家公共文化服务体系示范区、示范项目建设补助资金等。

从省级层面来看，文化专项转移支付主要包括县级公共图书馆，文化馆建设补助经费，文化设施建设省预算内固定资产投资计划，文化设施维修补助经费，流动图书车购置经费，可移动文物普查工作经

表 3 - 11　　中央主要文化专项转移支付文件来源

	2014	2015
设施建设	省发展改革委转发国家发展改革委地市级公共文化设施建设 2014 年中央预算内投资计划的通知（鄂发改投资［2014］337 号）	省发改委关于转发国家发改委地市级公共文化设施建设 2015 年中央预算内投资计划的通知（鄂发改投资［2015］339 号）
	省发展改革委关于转发国家文化和自然遗产保护设施 2014 年中央预算内投资计划的通知（鄂发改投资［2014］336 号）	省发改委关于转发国家文化和自然遗产保护设施建设 2015 年中央预算内投资计划的通知（鄂发改投资［2015］338 号）
		省发改委关于转发国家发改委中等职业教育基础能力建设 2015 年中央预算内投资计划的通知（鄂发改投资［2015］312 号）
设施运转	2014 年三馆一站免费开放经费补充下达（含奖励资金）（鄂财教发［2014］187 号）	省财政厅关于下达 2015 年美术馆、公共图书馆、文化馆（站）免费开放资金的通知（鄂财教发［2015］14 号）
	提前下达 2014 年免费开放经费（鄂财教发［2013］148 号）	湖北省财政厅关于下达 2015 年博物馆纪念馆免费开放专项资金的通知（鄂财教发［2015］31 号）
		省财政厅关于下达 2015 年国家重点文物保护专项补助资金的通知（鄂财教发［2015］125 号）
设备购置	2014 年中央补助地方文化体育与传媒事业发展专项资金（鄂财教发［2014］93 号）	
		湖北省财政厅关于下达 2015 年中央补助地方公共文化体育设施维修改造与设备购置专项资金的通知（鄂财教发［2015］145 号）
	2014 年中央专项彩票公益金支持城市社区文化中心和文化活动室设备购置项目资金（鄂财教发［2014］132 号）	湖北省财政厅关于下达 2015 年中央城市社区文化中心（文化活动室）设备购置专项资金的通知（鄂财教发［2015］146 号）
	湖北省财政厅关于下达 2014 年公共数字文化建设专项资金的通知（鄂财教发［2014］142 号）	湖北省财政厅关于下达中央 2015 年公共数字文化建设专项资金的通知（鄂财教发［2015］158 号）
	流动图书车购置专项（中央）（财教［2014］80 号）	

续表

	2014	2015
活动经费	2014年国家级非物质文化遗产保护专项资金（鄂财教发［2014］166号）	湖北省财政厅关于下达2015年国家非物质文化遗产保护专项资金的通知（鄂财教发［2015］137号）
活动经费	2014年农村文化建设补助资金（中央）（鄂财教发［2014］135号）	湖北省财政厅关于下达2015年农村文化建设中央补助资金的通知（鄂财教发［2015］29号）
支撑体系	中央2014年"三区"文化工作者专项经费（鄂财教发［2014］186号）	湖北省财政厅关于下达2015年中央"三区"人才支持计划文化工作者专项资金的通知（鄂财教发［2015］147号）
支撑体系		湖北省财政厅关于下达2015年中央补助地方公共文化服务体系建设绩效奖励资金的通知（鄂财教发［2015］159号）
支撑体系		湖北省财政厅关于下达2015年中央补助地方国家公共文化服务体系示范区、示范项目建设补助资金的通知（鄂财教发［2015］157号）

费，省级重点文物保护补助经费，省级农村文化建设补助资金，挂省牌艺术院团补助资金，送戏下乡演出补贴经费，地方戏曲保护与发展专项经费，省级非物质文化遗产保护专项资金，省级"三区"文化工作者专项经费，省级公共文化服务体系示范区创建补助资金等。具体资金来源文件见表3－12。其中，与公共文化设施网络建设有关的专项资金包括县级公共图书馆、文化馆建设补助经费，文化设施建设省预算内固定资产投资计划，文化设施维修补助经费，流动图书车购置经费，可移动文物普查工作经费，省级重点文物保护补助经费；与公共文化产品、服务及公益性文化活动供给体系相关的专项资金包括省级农村文化建设补助资金、挂省牌艺术院团补助资金、送戏下乡演出补贴经费、地方戏曲保护与发展专项经费、省级非物质文化遗产保护专项资金；与支撑体系相关的专项资金包括省级"三区"文化工作者专项经费、省级公共文化服务体系示范区创建补助资金等。

表 3－12　　省级文化专项转移支付及其标准

	2014	2015
设施建设	湖北省财政厅关于下达 2014 年县级公共图书馆、文化馆建设补助经费的通知（鄂财教发［2014］75 号）	湖北省财政厅关于下达 2015 年县级公共图书馆、文化馆建设补助经费的通知（鄂财教发［2015］40 号）
	2014 年文化设施建设省预算内固定资产投资计划（鄂发改投资函［2014］322 号）	省发改委关于下达 2015 年湖北省固定资产投资计划的通知（鄂发改投资办［2015］78 号）
设备购置与维护	省财政厅下达 2014 年文化设施维修补助经费的通知（鄂财教发［2014］67 号）	湖北省财政厅关于下达 2015 年文化设施维修补助经费的通知（鄂财教发［2015］41 号）
	湖北省财政厅关于下达 2014 年流动图书车购置经费的通知（鄂财教发［2014］74 号）	湖北省财政厅关于下达 2015 年流动图书车购置经费（鄂财教发［2015］15 号）
		省财政厅关于下达 2015 年第一次可移动文物普查工作经费的通知（鄂财教发［2015］59 号）
		湖北省财政厅关于下达 2015 年度省级重点文物保护补助经费的通知（鄂财教发［2015］39 号）
活动经费	2014 年农村文化建设补助资金（省）（鄂财教发［2014］135 号）	
	省财政厅关于下达 2014 年挂省牌艺术院团补助资金的通知（鄂财教发［2014］52 号）	湖北省财政厅关于下达 2015 年挂省牌艺术院团补助资金的通知（鄂财教发［2015］43 号）
	省财政厅关于下达 2014 年送戏下乡演出补贴经费的通知（鄂财教发［2014］86 号）	湖北省财政厅关于下达 2015 年送戏下乡演出补贴经费的通知（鄂财教发［2015］42 号）
	湖北省财政厅关于下达 2014 年地方戏曲保护与发展专项经费的通知（鄂财教发［2014］79 号）	湖北省财政厅关于下达 2015 年地方戏曲保护与发展专项经费的通知（鄂财教发［2015］44 号）
	湖北省财政厅关于下达 2014 年省级非物质文化遗产保护专项资金的通知（鄂财教发［2014］81 号）	湖北省财政厅关于下达 2015 年省级非物质文化遗产保护专项资金的通知（鄂财教发［2015］47 号）
支撑体系	省级 2014 年“三区”文化工作者专项经费（鄂财教发［2014］186 号）	
	省财政厅关于下达第一批省级公共文化服务体系示范区创建补助经费的通知（鄂财教发［2014］53 号）	湖北省财政厅关于下达 2015 年省级公共文化服务体系示范区创建补助资金的通知（鄂财教发［2015］89 号）

在地方政府，特别是县级政府各文化主管单位及文化服务提供机构的预算内资金都仅仅是吃饭财政的背景下，预算内资金仅能维持文化单位人员工资和最低水平的机构运转。因此，这些专项资金对公共文化服务体系建设和运行的作用尤为重要，它们是公共文化服务体系建设和运行中财政保障标准化的重要体现。

一　公共文化服务基础设施建设财政保障标准

从公共文化服务设施网络建设来看，地市级三馆建设和国家文化与自然遗产保护设施建设的责任主体是地方政府，中央政府以地市级公共文化设施中央预算内投资[①]的形式对地市级三馆建设进行适当补助，以国家文化和自然遗产保护设施中央预算内投资的形式对国家文化和自然遗产进行适当补助。总体来看，目前地市级公共文化设施建设及国家文化和自然遗产保护设施建设的财政保障资金相对充足。

（一）地市级三馆建设：公共文化设施中央预算内投资

《全国地市级公共文化设施建设规划》明确指出，地市级三馆建设的责任主体是当地人民政府，中央视各地财力予以适当补助。中央安排专项投资，重点补助新建项目和中西部欠发达地区、少数民族地区建设项目。对西藏自治区、四省藏区和南疆三地州（含新疆生产建设兵团农三师、农十四师）项目，按核定总投资由中央投资全额安排。西部地区（含中部地区享受西部政策的区域）项目，新建项目中央按核定总投资的70%予以补助，改扩建项目按49%（相当于新建项目补助资金的70%）予以补助。中部地区（含东部地区享受中部政策的区域）项目及西部省会城市，新建项目中央按核定总投资的50%予以补助，改扩建项目按35%（相当于新建项目补助资金的70%）予以补助。综合调研情况发现，在中央政府补助和地方政府大力支持的背景下，地市级三馆建设资金相对充足。

（二）基层三馆建设：基层文化设施建设补助

以湖北省为例。湖北省设立了全省文物保护经费和基层文化建设

---

① 《〈全国地市级公共文化设施建设规划〉正式印发》，http://www.gov.cn/gzdt/2012-02/07/content_2060392.htm，2012-02-07。

专项经费等财政专项支持公共文化服务设施网络的建设。《湖北省“十二五”期间县级公共图书馆、文化馆建设实施办法》要求，省发改委、省财政厅“十二五”期间每年设立专项资金（平均每年4000万元，五年共计2亿元），对符合条件的县级“两馆”建设项目给予一次性补助，补助标准为每馆200万元，其中，建设场馆补助的200万元中有40万元由省发改委投入，这一投入计入固定资产投资计划。但是，从调研情况可知，县级政府每一个场馆的建设都需要千万元以上的资金，综合场馆建设项目资金甚至达到数亿元。上级政府补助的200万元远远不能满足县级“两馆”建设的资金需求，因此，大多数地方政府的场馆建设都采取了“土地置换”等PPP模式。实践也证明，只有以“土地置换”为模式的场馆建设PPP项目能取得较好的效果。因此，地方政府PPP模式的实施效果在很大程度上决定了地方政府公共文化服务设施网络建设的水平。公共投资决策是由具体的个人做出的，公共投资决策中自由裁量权的扩大会加剧投资决策过程中的滥用职权、暗箱操作、博弈与共谋、利益集团绑架及外包过程中的趋利行为等。[1] 当设施建设主要以“土地置换”模式展开时，政府部门所具有的自由裁量权极有可能诱发腐败，从而导致投资决策偏离政策初衷。因此，建立统一的PPP标准运作体系对公共文化服务设施建设水平至关重要。

（三）流动图书车购置经费

根据中央加强基层文化建设的有关精神，为了缓解基层群众看书难以及送书下基层运输难的问题，省政府安排专项资金实施“流动图书车”配送工程。实施“流动图书车”配送工程主要由省财政安排专项资金。由省财政厅和省文化厅实施政府采购，并统一配发到各地。根据申报条件，兼顾区域之间统筹平衡，以基层为重点，优先支持山区、贫困地区、边远地区县（市）。但是申报条件明确规定，市级图书馆列入本级财政预算的专项购书经费不少于20万元/年，“流动图书车”运转经费列入本级财政预算且不少于5万元/年，以街道文化服务中心（文化站）、社区文化活动室为主的馆外图书流通点不

---

① 丁肇勇：《中国公共投资运行体制改革研究》，博士学位论文，吉林大学，2004年。

少于20个，每个馆外图书流通点图书更换每月至少一次；县（市、区）公共图书馆列入本级财政预算的专项购书经费不少于5万元/年，“流动图书车”运转经费列入本级财政预算且不少于5万元/年，以乡镇综合文化站或街道文化服务中心（文化站）、社区文化活动室为主的馆外图书流通点的不少于20个，每个馆外图书流通点图书更换至少每两个月一次。[①] 流动图书车的资金由省级承担，但是市县财政投入和流通条件的限制加大了文化领域的非均等化水平，这种附带条件的专项转移支付不适应文化保基本的原则。

（四）乡镇综合文化站建设：中央和地方投资共建

根据调研得知，全国各地乡镇综合文化站建设资金有所差异，但一个符合国家标准的乡镇文化站大致需要30万元的资金投入。《全国“十一五”乡镇综合文化站建设规划》设定24万元为乡镇综合文化站的建设资金需求，明确将乡镇综合文化站建设的中央投资补助标准设定为每个国家级贫困县、西部非贫困县及中部享受西部待遇的县、中部地区县市、西藏自治区的乡镇综合文化站建设项目分别补助20万元、16万元、12万元和24万元。原则上，中央补助资金之外的款项由省级政府安排，但是有配套能力的地方政府也可以由市、县和乡镇政府自筹。

（五）（社区）文体活动室（文化广场）

《中央补助地方公共文化服务体系建设专项资金管理暂行办法》[②]规定，该专项资金主要用于支持和引导地方落实国家基本公共文化服务指导标准和地方基本公共文化服务实施标准，促进基本公共文化服务标准化、均等化，保障群众基本文化权益，分为补助资金和奖励资金，补助资金、奖励资金具体数额由财政部根据年度专项资金规模等确定。这项补助资金涵盖了公共文化服务体系建设中的各类经费，范

---

① 《湖北省财政厅/湖北省文化厅关于印发〈湖北省“流动图书车”实施管理办法（试行）〉的通知》，湖北省财政厅公众网，http：//www. ecz. gov. cn/wzlm/zwdt/bmgzdt/jk-wgl/21991. htm。

② 《中华人民共和国财政部关于印发〈中央补助地方公共文化服务体系建设专项资金管理暂行办法〉的通知》，http：//jkw. mof. gov. cn/zhengwuxinxi/zhengcefabu/201512/t20151231_ 1640141. html，2015－12－24。

围较广。具体来看，这些资金分为村文化活动室设备购置专项资金、送戏下乡专项资金、流动文化车专项资金、公告数字文化建设专项资金等。从专项补助资金标准来看，中央补助地方公共文化服务体系建设（村文化活动室设备购置）的标准是贫困地区每个文化活动室 2 万元①；《国家公共文化服务体系示范区（项目）创建标准》规定，要将每个文化活动室都建成全国文化信息资源共享工程基层服务点，在农村文化建设中央补助资金中安排了全国文化信息资源共享工程村级基层服务点每村每年 2000 元。

（六）农家书屋

农家书屋的建设一般需要约 5 万元，省市共建，以自建为主。财政拨款仅占农家书屋建设资金的很小一部分，大部分建设资金都来自于社会捐助。但是从调研情况看，当农村经济发展特别落后时，捐助资金往往不能满足农家书屋建设的需要。中央每年会通过农村文化建设中央补助资金的方式为农家书屋更新出版物，并要求地方配套资金。根据《中央补助地方农村文化建设专项资金管理暂行办法》，行政村文化设施维护和开展文化体育活动等支出基本补助标准为每个行政村每年 10000 元，其中就包含了农家书屋出版物补充及更新每村每年 2000 元。

（七）国家级文化和自然遗产保护设施建设：国家文化和自然遗产保护设施中央预算内投资

为深入贯彻落实习近平总书记关于文化、旅游的系列重要讲话精神，推动我国文化繁荣发展，旅游业提档升级，《十三五时期文化旅游提升工程实施方案》在公共文化服务设施建设、国家文化和自然遗产保护利用设施建设、旅游基础设施和公共服务设施建设方面制定了相应的政策，并明确了公共文化服务设施和国家文化与自然遗产保护利用设施建设项目的中央补助标准。② 根据国家文化和自然遗产类型

① 《安徽省财政厅关于提前下达 2017 年中央补助地方公共文化服务体系建设（重点项目）专项资金的通知》，http：//www.ahcz.gov.cn/portal/zwgk/cwyjs/zxzjfp/zjfpsy/1481661718686180.htm，2016－12－24。

② 《中华人民共和国国家发展和改革委员会关于印发〈“十三五”时期文化旅游提升工程实施方案〉的通知》，http：//www.ndrc.gov.cn/zcfb/zcfbtz/201703/t20170307_840582.html，2017－02－03。

的不同，国家文化和自然遗产保护利用设施建设经费分别对全国重点文物保护单位、国家历史文化名城、国家级非物质文化遗产和国家自然遗产设施建设进行补助，一般来说，东部地区、中部地区、西部地区和西藏、四川藏区、南疆四地州（含兵团）等分别按照最高中央补助限额占最高总投资额30%、60%、80%和100%的标准进行补助，具体补助标准见表3－13。

表3－13　**国家文化和自然遗产保护利用设施建设中央补助投资标准**

遗产类型		可申请中央补助的最高总投资（万元）	最高中央补助限额（万元）			
			东部	中部	西部	西藏、四川藏区、南疆四地州（含兵团）
全国重点文物保护单位	重点项目	1500	450	900	1200	1500
	一般项目	600	180	360	480	600
国家历史文化名城	国家历史文化名城的历史街区、中国历史文化街区	1000	300	600	800	1000
国家非物质文化遗产	表演类	1200	360	720	960	1200
	技艺类	800	240	480	640	800
	民俗类	400	120	240	320	400
国家自然遗产	国家级风景名胜区	1200	360	720	960	1200
	国家森林公园	1200	360	720	960	1200
	国家地质公园	1200	360	720	960	1200

一般来说，在中央补助完成后，地方会通过省级投资弥补投资总额的缺口。以西部某县博物馆扩建项目为例。① 该项目为全国重点文物保护单位重点项目，投资总额为900万元，中央通过预算内投资给予该项目675万元的补助，剩下的225万元则通过地方投资进行补充。

（八）免费开放资金

从公共文化设施网络的运行和维护来看，最重要的一项中央专项

① 《关于下达国家文化和自然遗产保护设施建设2015年中央预算内投资计划的通知》，http：//jw. ankang. gov. cn/Article/ShowArticle. asp？ArticleID＝3223，2015－07－14。

资金是免费开放资金，包括三馆一站免费开放资金和博物馆免费开放资金。

三馆一站免费开放资金①是一项需要地方配套的专项转移支付。补助标准为地市级美术馆、公共图书馆、文化馆每馆每年 50 万元；县级美术馆、公共图书馆、文化馆每馆每年 20 万元；乡镇综合文化站每站每年 5 万元。中央财政对东、中、西部地区分别按照基本补助标准的 20%、50% 和 80% 的比例安排补助资金，其余部分由地方财政负责安排。各地方可以根据实际情况提高补助标准，高于基本补助标准部分，所需资金由地方财政自行负担。一般来讲，地方负责部分由同级财政负担。以湖北省松滋市的乡镇综合文化站为例。2012 年中央按照免费开放资金总额 50% 的标准补助松滋市三馆一站免费开放资金 60 万元，其中，松滋市图书馆免费开放资金 10 万元，松滋市群艺馆免费开放资金 10 万元，松滋市 16 个乡镇综合文化站各 2.5 万元，松滋市地方政府则补足配套的 60 万元资金。

博物馆纪念馆免费开放专项资金②补助方案分为三种情况：一是 2008 年、2009 年纳入中宣部、财政部、文化部、国家文物局确定的免费开放名单的博物馆、纪念馆，门票收入减少部分由中央财政全额负担，运转经费增量部分由中央财政按照东部 20%、中部 60% 和西部 80% 的比例补助。具体金额由财政部核定。二是 2008 年以前立项建设、2010 年及以后年度建成并纳入中宣部、财政部、文化部、国家文物局确定的免费开放名单的博物馆、纪念馆，以及新增命名为全国爱国主义教育示范基地的博物馆、纪念馆，运转经费补助按照每年省级馆 500 万元/个，地市级馆 150 万元/个，县区级馆 50 万元/个的标准安排。三是 2008 年以后立项建设或者改扩建的博物馆、纪念馆，中央财政不新增安排运转经费补助。中央地方共建国家级博物馆陈列

① 《关于印发〈中央补助地方美术馆公共图书馆文化馆（站）免费开放专项资金管理暂行办法〉的通知》，http://jkw.mof.gov.cn/zhengwuxinxi/zhengcefabu/201306/t20130625_935116.html，2013-06-07。

② 《关于印发〈中央补助地方博物馆纪念馆免费开放专项资金管理暂行办法〉的通知》，http://jkw.mof.gov.cn/zhengwuxinxi/zhengcefabu/201306/t20130625_935115.html，2013-06-03。

布展经费通过中央地方共建博物馆补助通过考虑馆舍面积（占10%）、馆藏品数量（占15%）、地区因素（占15%）、经费保障水平（占15%）、陈列展览（占15%）、观众（占15%）、科研成果（占15%）等因素通过因素法安排。

通过调研数据可知，免费开放资金基本上能够满足馆站开放资金需求。但是，从目前资金的管理情况来看，免费开放资金已经成为常态化的专项转移支付，也应该纳入一般预算管理中，促进免费开放资金的规范化、常态化。

（九）其他公共文化服务设施网络体系建设的财政保障

还有一部分比较重要但并没有严格规定财政保障标准的公共文化服务设施网络建设和运行项目，如重点文物保护、非物质文化遗产保护、中等职业教育基础能力建设、文化体育与传媒事业发展专项、文化设施维修补助等，这些项目的财政保障标准主要是依据项目特点采取申报的方式获得。

国家重点文物保护专项资金主要用于全国重点文物保护单位保护、大遗址保护、世界文化遗产保护、考古发掘、可移动文物保护及财政部和国家文物局批准的其他项目。这一专项资金主要用于文物维修保护的工程支出，文物考古调查和发掘支持，文物安防、消防及防雷等保护性工程支出，文物技术保护支出、文物陈列布展支出、文物保护管理体系建设支出等。但这些专项资金并不能用于征地拆迁、基本建设、日常养护、应急抢险、超出文物本体保护范围的环境整治支出、文物征集以及中央与地方共建国家级重点博物馆的各项支出。根据《国家重点文物保护专项补助资金管理办法》，国家重点文物保护专项资金申报与审批实行项目库管理制度，项目库分为总项目库、备选项目库和实施项目库。原则上，总项目库中的文物保护工作是根据属地原则开展的，中央仅对总项目库中资金筹集确有困难的单位按照逐级申报的办法进行专项补助。专项资金控制数指标具体由中介机构或专家组进行评审，列入备选项目库的项目在此预算控制数下进行专项资金申报。在项目实施完毕后，中央有关部门、省级财政部门和文物行政部门将组织专家或委托第三方机构对项目进行财务验收。由于各地财力和重点文物保护项目不同，在申报国家重点文化保护专项资金时，各专项资金的差距相当大。仍以湖北省为例。2015 年，在获得国家重点文化保护专项资金的县市中，利川市得到了 3772 万元的补助资金，而松滋市仅获得 45 万元。

与国家级重点文物保护专项类似，根据《湖北省重点文物保护专项资金管理办法》的规定，符合申报范围和条件的项目经湖北省文物局评审列入下一年度省级重点文物保护项目预算中，预算经湖北省财政厅报湖北省人大审议批准，再报湖北省政府同意并予以公示后下达，并按财政支出项目管理要求对工程类项目实施设置了项目绩效目标。[①] 全省文物保护经费，主要用于省级以上重点文物保护单位保养维护、抢险加固、维修、安全防护等项目，从 2015 年开始，该专项资金逐年增加，从 2015 年的 4000 万元，增加到 2017 年的 5603 万元。从 2015 年湖北省公共文化服务示范区的重点文化保护专项资金的拨付情况来看，该专项资金每县市拨款从 15 万元到 60 万元不等，以 30 万元居多。综合调研情况可知，由于省级财力所限，目前省级重点文物保护补助经费虽然相比国家文化与自然遗产保护利用设施建设中央预算内补助投资范围更为广泛，但是资金数额却相对较少，资金投入效果有限。

国家非物质文化遗产保护专项资金[②]由中央财政设立，专项用于国家非物质文化遗产管理和保护，分为中央本级专项资金和中央对地方专项转移支付资金，按照开支范围分为组织管理费和保护补助费。中央本级专项资金包括文化部本级组织管理费和中央部门所属单位保护补助费，中央对地方专项转移支付资金为中央财政对各省（区、市）保护补助费，具体包括国家级非物质文化遗产代表性项目补助费、国家级代表性传承人补助费和国家级文化生态保护区补助费。国家级非物质文化遗产保护专项资金与国家物质文化遗产保护专项资金一样，也存在专项资金随意性和逆向均等化的特点。

省级非物质文化遗产保护专项资金保护补助费是指补助省级非物质文化遗产代表性项目、省级代表性传承人、省级文化生态保护区的

① 《湖北省重点文物保护专项资金管理办法》，http：//www. bwg. org. cn/2017/1208/607300. shtml，2017 - 12 - 08。

② 《关于印发〈国家非物质文化遗产保护专项资金管理办法〉的通知》，http：//jkw. mof. gov. cn/zhengwuxinxi/zhengcefabu/201205/t20120515_ 651355. html，2012 - 05 - 04。

保护性活动及组织管理工作奖励发生的支出，具体包括省级非物质文化遗产代表性项目补助费，主要补助省级非物质文化遗产代表性项目相关的抢救性记录和保存、传承活动、理论及技艺研究、展示推广、民俗活动支出等；省级代表性传承人补助费，用于补助省级代表性传承人开展传习活动的支出；省级文化生态保护区补助费，主要补助省级文化生态保护区相关的调查研究、规划编制、传习设施租借或修缮、普及教育、宣传支出等；组织管理工作奖励经费，主要用于对组织管理工作成绩突出单位给予适当奖励。省财政厅、省文化厅对项目执行情况进行跟踪管理，适时组织或委托有关机构进行监督检查和绩效评估。检查结果作为下一年度安排项目经费和改进管理的依据。①

2014 年，贯彻落实《国家中长期教育改革和发展规划纲要(2010—2020 年)》《国务院关于加快发展现代职业教育的决定》，加快发展现代职业教育，建设现代职业教育体系，服务实现全面建成小康社会目标，教育部、国家发改委、财政部、人力资源社会保障部、农业部、国务院扶贫办组织编制了《现代职业教育体系建设规划(2014—2020 年)》。2015 年，国家发改委中等职业教育基础能力建设中央预算内投资计划也被列入文化设施建设专项资金中，用于专项支持中等职业教育基础能力建设。

文化体育与传媒事业发展专项资金②的补助范围是县级及县级以上公益性文化、文物、体育、广播电视、新闻出版事业单位基础设施维修改造、设备购置等。专项资金对地方文化体育与传媒事业的支持均为一次性补助。这项资金主要是根据地方项目申请来安排的，如湖北省大冶市 2014 年获得了 30 万元的资金补助，公安县获得了 30 万元的资金补助，宜昌市西陵区获得了 30 万的资金补助，而当阳市和襄阳市均获得了 50 万元的资金补助。

2015 年全年湖北省文化设施维修补助经费总额为 400 万元。从分配的标准来看，该省有设施维修需求的单位基本补助标准大致为每单

---

① 《湖北省财政厅湖北省文化厅关于印发〈湖北省非物质文化遗产保护专项资金管理办法〉的通知》，http：//www. hbwh. gov. cn/xwdt/tzgg/5754. htm，2014 - 04 - 16。

② 《财政部下发〈中央补助地方文化体育与传媒事业发展专项资金管理暂行办法〉》，http：//www. gapp. gov. cn/news/1832/113625. shtml，2012 - 09 - 28。

位10万元。相较2014年来看，这一标准有了较大幅度的提升。总体来看，2014年有设施维修需求的单位基本补助标准大致为每个单位5万元。从这一变化可知，无论维修项目是什么，维修的状况如何，各单位的维修补助资金都没有反映出差别，不能体现出维修补助项目的特殊性，而更带有一种随意性。这主要是由于文化设施维修补助经费均无法满足设施维修的基本标准，大部分资金需要文化事业单位筹集，财政仅能给予最低标准的补贴。

从各项专项资金的管理办法来看，中央各项资金的申报非常严格，仅支持市级三馆建设及地区重大文化设施建设项目，因此，中央对基层公共文化服务设施网络的财政投入较为有限。相较而言，省级政府对公共文化服务设施建设的财政投入更具有“普惠”特征。

一方面，重点文物保护、非物质文化遗产保护、中等职业教育基础能力建设、文化体育与传媒事业发展专项、文化设施维修补助等项目的财政保障标准主要是依据项目特点采取申报的方式获得，导致这些专项资金，特别是国家重点文物保护专项资金在不同地区的差异巨大。项目经费投入是基于各地公共文化服务发展水平确定的。一般而言，国家对公共文化服务资源丰富但地方财政能力有限的地区会投入较多的财政资金，而这会进一步提升公共文化服务资源丰富地区的公共文化服务水平，从而在客观上进一步加剧区域内基本公共文化服务的非均等化现象。另一方面，在项目申报制度下，目前尚不完善的项目绩效评价机制也导致了中央项目资金分配的随意性，在一定程度上诱发了机会主义行为，导致“跑部钱进”现象的发生。因此，引入标准化绩效管理模式，将具有相同内容的项目纳入标准化项目库管理将是这些专项资金未来发展的方向。

二　公共文化活动经费财政保障标准

除了前文介绍的依托于公共文化设施的文化活动外，我国公共文化活动的供给主体主要可以分为两类：一类是地方性特色公共文化服务，另一类是全国性公共文化服务。

地方性特色公共文化服务的资金来源主要是本级政府。以湖北省为例。公共文化活动经费省级财政投入除了配套国家公共文化服务活动专项资金外，主要投入了地方特色活动方面，包括挂省牌艺术院团补助资金、地方戏曲保护与发展专项资金、省级非物质文化遗产保护专项资金等。其中，挂省牌艺术院团补助资金（公共文化服务体系建设专项资金）对湖北省5个优秀地方戏曲院团加挂省团牌子，省级财政每年分别给予150万元的资金支持，推动地方戏曲院团的提档升级。地方戏曲保护与发展专项经费主要用于支持地方戏曲剧目生产，包括优秀地方戏曲原创剧目和整理改编并有重大创新的剧目，整理改编本剧种的代表性经典传统剧目和移植改编剧目，具有鲜明剧种特色和时代性的原创小戏等；地方戏曲人才培养，包括全省性地方戏曲短期专业提升培训，与湖北艺术职业学院联合开办的地方戏曲定向培训班，与全省文化系统艺术学校合作的地方戏曲人才培养项目，团校合作、依托院团培养地方戏曲人才项目，选送地方戏曲人才到专业院校学习进修，地方戏曲师带徒学艺项目；地方戏曲剧种保护和研究，包括地方戏曲优秀剧本，经典唱腔的收集整理和出版，地方戏曲剧种史料挖掘、整理和研究，地方戏曲信息资源库建设，地方戏曲剧种知名老艺人绝技绝活等音像资料录制，地方戏曲理论及创新研究；地方戏曲专业艺术活动，包括湖北地方戏曲艺术节、湖北省楚剧艺术节、黄梅戏艺术节、荆州花鼓戏艺术节、汉剧艺术节等有全国性影响的剧种艺术节活动，全省性地方戏曲汇演、展演和专业比赛，少数有代表性、特色性地方戏曲专业艺术活动等。对于原创剧目、整理改编并有重大创新的剧目，补助标准为每个项目50万元；对于整理改编本剧种代表性经典传统剧目、移植改编剧日，补助标准为每个项目30万元；对于具有鲜明剧种特色和时代性的原创小戏，补助标准为10万元；对于湖北省楚剧艺术节、黄梅戏艺术节、荆州花鼓戏艺术节、汉剧艺术节等有全国性影响的剧种艺术节活动，各补助30万元；对于全省性地方戏曲汇演、展演和专业比赛，由主办单位于举办前一年提出经费申请，经省财政厅、省文化厅审核确认后，列入下一年度部门预算；对于少数有代表性、特色性的地方戏曲专业艺术活动，补助10万元；对于人才培养、剧种保护研究项目，根据项目预算总额进行匹配资助。①

① 《省财政厅省文化厅关于印发〈湖北省地方戏曲保护与发展专项资金管理办法〉的通知》，http：//www. hbwh. gov. cn/xwdt/tzgg/9488. htm，2015－05－20。

全国性公共文化活动主要包括全国文化信息资源共享工程、农家书屋出版物补充更新、农村电影公益放映、农村文化活动、农村体育活动、村文化活动室设备购置专项资金、送戏下乡专项资金、流动文化车专项资金、公共数字文化建设等。全国性公共文化活动的很大一部分资金来自于中央的农村文化建设专项资金和地方公共文化服务体系建设专项资金。

农村文化建设中央补助资金是公共文化活动经费中最重要的中央专项资金之一，这是一项指明了具体用途并要求配套的中央专项转移支付。中央补助地方农村文化建设专项资金包括补助资金和奖励资金，补助资金主要用于补助行政村文化设施维护和开展文化体育活动等支出①，包括全国文化信息资源共享工程村级基层服务点运行维护和开展宣传培训等支出、农家书屋出版物补充及更新支出、农村电影公益放映场次补贴支出和行政村组织开展各类文化体育活动支出。根据《中央补助地方农村文化建设专项资金管理暂行办法》，行政村文化设施维护和开展文化体育活动等支出基本补助标准为每个行政村每年10000元，其中，全国文化信息资源共享工程村级基层服务点每村每年2000元；农家书屋出版物补充及更新每村每年2000元；农村电影公益放映活动按照每村每年12场，每场平均200元的补助标准，每年2400元；农村文化活动每村每年2400元；农村体育活动每村每年1200元。严格来说，在这10000元中，仅有农家书屋出版物及补充算是设施建设资金，为2000元，其余四项包括信息共享工程、电影公益放映、文化活动、体育活动等合计8000元都为活动资金。中央财政对东部地区、中部地区、西部地区分别按照基本补助标准的20%、50%、80%安排补助资金，其余部分由地方统筹安排。地方统筹安排部分一般是省级财政补助建设资金，然而，根据调研情况，省级部门往往不能完全配套足够的资金。奖励资金主要用于鼓励地方开展农村特色文化体育活动，加强农村基层文化体育人才队伍建设，丰富农民群众文化体育生活。专项资金按照因素法分配，由省级财政部

① 《关于印发〈中央补助地方农村文化建设专项资金管理暂行办法〉的通知》，http：//jkw. mof. gov. cn/zhengwuxinxi/zhengcefabu/201304/t20130416_ 827253. html，2013－04－10。

门同省级相关主管部门根据本地农村文化建设情况统筹安排。

根据《中央补助地方公共文化服务体系建设专项资金管理暂行办法》[①] 的规定，该专项资金主要用于支持和引导地方落实国家基本公共文化服务指导标准和地方基本公共文化服务实施标准，促进基本公共文化服务标准化、均等化，保障群众基本文化权益，分为补助资金和奖励资金，补助资金、奖励资金具体数额由财政部根据年度专项资金规模等确定。这项补助资金涵盖了公共文化服务体系建设中的各类经费，范围较广。具体来看，这些资金分为村文化活动室设备购置专项资金、送戏下乡专项资金、流动文化车专项资金、公共数字文化建设专项资金等。从专项补助资金标准来看，中央补助地方公共文化服务体系建设（村文化活动室设备购置）的标准是贫困地区每个文化活动室 2 万元[②]；中央补助中西部地区地方公共文化服务体系建设（送戏下乡）专项资金则采用的是每个乡镇每年配送 6 场演出，每场补助 3000 元，共 1.8 万元的标准；中央补助地方公共文化服务体系建设（流动文化车）专项资金采取每个县/区文化馆 24 万元的标准，中央补助地方公共文化服务体系建设（流动舞台车）的标准为每台 40 万元的标准。中央补助地方公共文化服务体系建设（公共数字文化建设）专项资金的分配则主要是根据项目配置，中央广播电视节目无线覆盖运行维护费按现行标准核定，直播卫星设备购置按每户 100 元标准核定，广播器材配置按每村 2 万元标准核定；行政村农民体育健身工程按照每村 5 万元标准核定。

从安徽省的情况来看，2015 年这些资金在 1000 万元左右，市级每馆在 20 万—40 万元[③]。中央补助地方公共文化服务体系建设广播

① 《中华人民共和国财政部关于印发〈中央补助地方公共文化服务体系建设专项资金管理暂行办法〉的通知》，http://jkw.mof.gov.cn/zhengwuxinxi/zhengcefabu/201512/t20151231_1640141.html，2015-12-24。

② 《安徽省财政厅关于提前下达 2017 年中央补助地方公共文化服务体系建设（重点项目）专项资金的通知》，http://www.ahcz.gov.cn/portal/zwgk/cwyjs/zxzjfp/zjfpsy/1481661718686180.htm，2016-12-24。

③ 《安徽省财政厅关于提前下达 2017 年中央补助地方公共文化服务体系建设（公共数字文化建设）专项资金的通知》，http://www.ahcz.gov.cn/portal/zwgk/cwyjs/zxzjfp/zjfpsy/1485031443195953.htm，2017-01-23。

电视（数字）覆盖运维专项资金地面数字电视试点运行维护资金，省级地面数字电视试点运行维护改造项目每处（市，一般一市一处）15.6万元，新建中央电视节目无线数字化覆盖因频率不同，每市3万—12万元不等（平均约4万元），每县每处2万—4万元不等；2008年地面数字电视试点运行每市15.5万元。中央补助地方公共文化服务体系建设广播电视（模拟）覆盖运维专项资金也因频道频率、功率等不同而存在差异，每个电视台专项资金从3万元到50万元不等。中央补助地方公共文化服务体系建设"百县万村示范工程"广播器材配置资金则是按照示范村个数，每个示范村2万元。

从湖北省文化厅及湖北省新闻出版局2016年专项转移支付分县情况可以看出，湖北省地方戏曲保护与发展专项、非物质文化遗产保护工程、送戏下乡工程、省级剧团设备购置补助、省级广播电视无线覆盖专项资金运行维护经费、农村广播电视公共服务补助资金等是影响地方公共文化服务供给水平最主要的省级专项转移支付。

表3-14　**2016年湖北省文化厅专项转移支付分县情况**　（万元）

地区	预算数									
	人口	合计	湖北省文物保护经费	湖北地方戏曲保护与发展专项	非物质文化遗产保护工程	送戏下乡工程	省级剧团设备购置补助	公共文化服务体系示范区创建补助	湖北省文化设施维修	基层公共文化设施建设
湖北省	5851.5	12635	4347	1190	598	200	900	1000	400	4000
1. 武昌区	126.80									
2. 谷城县	52.35	134	70	10	10	4			10	30
3. 当阳市	46.86	45	20		5					20
4. 大冶市	90.54	68	10	30	5	3				20
5. 松滋市	77.46	124			5	4		100		15
6. 应城市	60.01	90	60	10	5					15
7. 京山县	62.73	154	120		10	4				20

续表

地区	预算数									
	人口	合计	湖北省文物保护经费	湖北地方戏曲保护与发展专项	非物质文化遗产保护工程	送戏下乡工程	省级剧团设备购置补助	公共文化服务体系示范区创建补助	湖北省文化设施维修	基层公共文化设施建设
8. 红安县	60.45	325	40	30	11	4			10	230
9. 来凤县	24.55	158	80	30	5	3			10	30
10. 潜江市	95.80	277	52	40	15		150			20
11. 洪山区	156.51									
12. 南漳县	54.05	469	90	30	5	4		100	10	230
13. 宜昌市西陵区	53.94									
14. 宜昌市夷陵区	52.41	283	250		10	3				20
15. 公安县	88.01	57	30		5	2				20
16. 竹溪县	31.15	318	140	30	5	3		100	10	30
17. 钟祥市	101.55	250	120		5			100	5	20
18. 崇阳县	40.14	229	80		5	4		100	10	30
19. 嘉鱼县	31.40	380	60					100		220
20. 利川市	66.20	228	80		5	3		100	10	30
21. 神农架林区	7.68	220	50	10	15			100	15	30

资料来源：《湖北省文化厅 2016 年部门预算》，http：//www.hbwh.gov.cn/gk/sgjb/13455.htm，2016－03－03。

从表3－14和表3－15可以看出，除基层文化设施建设和文物保护经费外，省级其他专项资金的投入都会直接影响基本公共文化服务活动的供给水平。因此将这些资金求和，并分别除以地区人口后，就可以得到湖北省公共文化服务示范区公共文化服务及公益性文化活动人均投入（见表3－16）。

表 3－15　　2016 年湖北省新闻出版局专项转移支付分县情况　　（万元）

地区	预算数						
	人口	合计	新闻出版广电行业发展引导专项	农村广播电视公共服务补助资金	“扫黄打非”专项资金	2016 年省级广播电视无线覆盖专项资金运行维护经费	2016 年中央补助地方公共文化服务体系建设专项资金
湖北省	5851.5	10954	745	6340	269	762	2838
1. 武昌区	126.80						
2. 谷城县	52.35	118		71		17	30
3. 当阳市	46.86	103		45		20	38
4. 大冶市	90.54	113		96			17
5. 松滋市	77.46	46		28		10	8
6. 应城市	60.01	118		97			21
7. 京山县	62.73	160	10	116	3		31
8. 红安县	60.45	244		186		9	49
9. 来凤县	24.55	168	20	96	3	9	40
10. 潜江市	95.80	90	15	35	9	15	16
11. 洪山区	156.51						
12. 南漳县	54.05	89		48	3	8	30
13. 宜昌市西陵区	53.94						
14. 宜昌市夷陵区	52.41						
15. 公安县	88.01	85	25	49	3		8
16. 竹溪县	31.15	224	25	154		4	41
17. 钟祥市	101.55	99		46		9	44
18. 崇阳县	40.14	207	44	73		30	60
19. 嘉鱼县	31.40	62	9	32			21
20. 利川市	66.20	326	28	272	3		23
21. 神农架林区	7.68	114	10	30	9	17	48

资料来源：《省新闻出版广电局 2016 年部门决算公开报告》，http：//www.hbnp.gov.cn/gk/czzj/yjs/25372.htm，2016－08－30。

表3－16 湖北省公共文化服务示范区公共文化服务及公益性文化活动人均投入 （元/人）

湖北省	武昌区	谷城县	当阳市	大冶市	松滋市	应城市	京山县	红安县	来凤县	潜江市	
2.60		2.90	2.30	1.67	2.00	2.22	2.77	4.95	8.80	3.08	
洪山区	南漳县	宜昌市西陵区	宜昌市夷陵区	公安县	竹溪县	钟祥市	崇阳县	嘉鱼县	利川市	神农架林区	均值
2.60	4.40			1.05	11.94	2.06	8.12	5.16	6.71	33.07	5.88

从湖北省的情况来看，公共文化服务及公益性文化活动省级专项资金投入的均值是2.60元/人，而从湖北省公共文化服务示范区的情况来看，公共文化服务及公益性文化活动的省级专项资金投入均值为5.88元/人。由于能够取得湖北省公共文化服务示范区创建资格的县市具有良好的公共文化服务基础，为了使得各县市都具备与公共文化服务示范区相当能力的公共文化服务供给能力，省级财政专项资金投入应达到5.88元/人这一中值，也即将5.88元/人作为具有标准公共文化服务供给能力“标准县”的省级专项财政资金投入水平。若湖北省要使得所有县市都达标，则公共文化服务的省级专项资金投入需要增加3.28元/人。以湖北省人口5852万核算，则要达到理想的标准，专项资金投入需要增加19195万元。

三 公共文化服务支撑体系财政保障标准

公共文化服务支撑体系的财政保障标准主要体现在对人员经费的保障及对体系建设的奖励两个方面。

从对人员经费的保障来看，《边远贫困地区、边疆民族地区和革命老区人才支持计划科技人员专项计划实施方案》[①] 明确指出，选派工作经费按照每人每年2万元标准补助，培养工作经费按照每人每天120元的标准补助，所需经费由中央地方财政按比例负担。中央财政

① 《关于印发〈边远贫困地区、边疆民族地区和革命老区人才支持计划科技人员专项计划实施方案〉的通知》，http：//www.most.gov.cn/mostinfo/xinxifenlei/fgzc/gfxwj/gfxwj2014/201405/t20140504_112982.htm，2014－04－23。

分别负担中部地区、西部地区的50%和100%，东部地区自行负担。中央财政对选派对象和受培人员的补助，统一以受援县所在省份划分。为保证选派、培养工作落到实处，中央财政应分担的经费采用计划内据实结算方式审核下达。选派工作经费主要用于支付选派对象到受援地的工作补助、交通差旅费用、保险和培训费用等。培养工作经费主要用于开展教育培训和补助受培人员食宿。省级财政、科技主管部门负责对财政专项经费的监督管理，按照国家有关财政政策，明确使用范围，严格拨付程序，强化审计监督，保证专款专用。这些经费通过“三区”文化工作者专项经费的方式予以保障。《边远贫困地区、边疆民族地区和革命老区人才支持计划科技人员专项计划实施方案》① 明确指出，选派工作经费按照每人每年2万元标准补助，培养工作经费按照每人每天120元的标准补助，所需经费由中央地方财政按比例负担。中央财政分别负担中部地区、西部地区的50%和100%，东部地区自行负担。以中部地区为例。选派工作地方负担部分为每人每年1万元，培养工作经费地方负担部分为每人每天60元。

从奖励资金方面来看，中央奖励资金主要是公共文化服务体系建设奖励资金，地方主要是公共文化服务体系示范区创建补助资金。根据《中央补助地方公共文化服务体系建设专项资金管理暂行办法》② 的规定，国家公共文化服务示范区按照东、中、西部每个分别奖励400万元、800万元、1200万元标准，示范项目以每个25万元、50万元、75万元标准核定。从总体标准来看，2016年中央补助湖北省公共文化服务体系建设专项资金补助合计45127万元，其中，一般项目22106万元，重点项目12481万元，绩效奖励资金10540万元。省级公共文化服务体系示范区创建补助资金仍以湖北省为例。2013年，湖北省开始了公共文化服务体系示范区试点工作。湖北省文化厅、省

---

① 《关于印发〈边远贫困地区、边疆民族地区和革命老区人才支持计划科技人员专项计划实施方案〉的通知》，http：//www. most. gov. cn/mostinfo/xinxifenlei/fgzc/gfxwj/gfxwj2014/201405/t20140504_ 112982. htm，2014-04-23。

② 《中华人民共和国财政部关于印发〈中央补助地方公共文化服务体系建设专项资金管理暂行办法〉的通知》，http：//jkw. mof. gov. cn/zhengwuxinxi/zhengcefabu/201512/t20151231_ 1640141. html，2015-12-24。

财政厅联合开展湖北省第一批公共文化服务体系示范区创建工作，武昌区、谷城县、当阳市、大冶市、松滋市、应城市、京山县、红安县、来凤县、潜江市10个县（市、区）通过评审取得创建资格，并将创建作为推动文化改革发展的重要抓手和创新发展方式的重大举措，推动了公共文化服务体系的跨越式发展，在全省起到了示范引领作用。2014年湖北省财政厅拨付第一批省级公共文化服务体系示范区创建补助经费每县（市、区）100万元，合计1000万元；2015年，湖北省启动了第二批省级公共文化服务体系示范区创建工作，确定武汉市洪山区、南漳县、宜昌市西陵区、宜昌市夷陵区、公安县、竹溪县、钟祥市、崇阳县、嘉鱼县、利川市和神农架林区11个县（市、区）为第二批湖北省公共文化服务体系示范区创建资格县（市、区）。[①] 2015年，湖北省财政厅拨付第二批补助资金100万元，合计1000万元。在2014和2015年两年期间，湖北省级财政投入的2000万元示范区创建补助资金撬动地方投入约25.66亿元。一个明显的例子是，大冶市自创建公共文化服务示范区以来，累计投入公共文化建设资金1.6亿元，占财政总支出的1.5%，年均增长约31%；京山县公共文化财政投入2014年、2015年增幅分别为28.15%和29.42%，大幅高于同期财政经常性收入16.69%和11.31%；当阳市公共文化财政投入连续三年突破20%，明显高于10%的财政经常性收入增幅，有效保障了公共文化服务体系建设。[②]

从公共文化服务和公益性文化活动省级专项资金的投入情况也可以看出，若将21个县（市、区）分为第一批公共文化服务体系示范区和第二批公共文化服务体系示范区来分析，可以得出，2016年第一批公共文化服务体系示范区创建工作已经结束，省级财政对第一批10个地区的财政投入相对减少，而第二批公共文化服务体系示范区则正处于省级财政的重点支持之下，其发展态势良好。虽然省级公共文化服务体系示范区创建补助资金具有较大的乘数效应，但是这种非

---

① 《省文化厅、省财政厅关于第二批湖北省公共文化服务体系示范区创建资格名单的公示》，http：//www.hbwh.gov.cn/xwdt/tzx/12788.htm，2016－10－12。

② 《省文化厅关于下达第一批省级公共文化服务体系示范区创建补助经费的通知》，http：//www.hbwh.gov.cn/gk/czzj/6506.htm，2014－06－13。

持续性的资金投入容易导致公共文化服务体系建设的非持续性发展。

第四节　公共文化服务体系建设的倾斜财政保障标准

《国家公共文化服务体系示范区（项目）创建工作方案》提出公共文化服务要面向基层、面向农村，实现重心下移、资源下移，让弱势群体和特殊人群的基本文化服务权益得到有效保障。这充分体现了国家在建设公共文化服务体系过程中，注重资源向贫困地区、向农村和向特定人群的倾斜，以实现不同区域、城乡和人群之间的均等化。从目前我国公共文化服务体系建设和运行的倾斜财政保障标准情况来看，国家已经实现了向落后地区和农村的财政倾斜。

我国公共文化服务体系建设对贫困落后地区的财政倾斜主要是通过财政补助标准的差异实现的。基本上在所有的中央专项转移支付的补助标准中，对西部地区、中部地区和东部地区都进行了区别对待，在同一项专项转移支付标准中，西部地区最高，中部地区次之，东部地区没有或仅有很少的补助。以《全国地市级公共文化设施建设规划》精神为例。该规划要求对西藏自治区、四川省藏区和南疆三地州项目，按核定总投资由中央投资全额安排；西部地区（含中部地区享受西部政策的区域）项目，对新建项目中央按核定总投资的70%予以补助，对改扩建项目按49%（相当于新建项目补助资金的70%）予以补助；中部地区（含东部地区享受中部政策的区域）项目及西部省会城市，对新建项目中央按核定总投资的50%予以补助，对改扩建项目按35%（相当于新建项目补助资金的70%）予以补助。

除此之外，我国也有专门针对落后地区的专项转移支付。如新闻出版设施建设中央投资专项就是主要面向贫困地区和少数民族地区的专项转移支付。贫困地区县级广播电视播出机构制播能力建设工程、广播电视无线发射台站基础设施建设工程两个项目可以申请中央投资。上述项目按比例安排中央补助投资，其中，国家级扶贫开发工作重点县、集中连片特殊困难县，按照80%的比例安排中央补助投资；其他地区，按照60%的比例安排中央补助投资，两个项目每个台站总投资均按200万元予以控制。除此之外，少数民族新闻出版东风工程也安排了中央投资补助，作为对少数民族的倾斜。

表 3 - 17　　新闻出版设施建设中央补助投资标准

<table>
<tr><th colspan="2" rowspan="2">建设项目</th><th rowspan="2">总投资（万元）</th><th colspan="3">最高中央补助限额（万元）</th></tr>
<tr><th>中部</th><th>西部</th><th>西藏、四川省藏区、南疆四地州和兵团</th></tr>
<tr><td colspan="2">贫困地区县级广播电视播出机构制播能力建设项目</td><td>200</td><td>120</td><td>160</td><td>200</td></tr>
<tr><td colspan="2">广播电视无线发射台站基础设施建设项目</td><td>200</td><td>120</td><td>160</td><td>200</td></tr>
<tr><td rowspan="6">少数民族新闻出版东风工程</td><td>自治区级民文出版单位数字化升级项目</td><td>500</td><td>300</td><td>400</td><td>500</td></tr>
<tr><td>自治州级民文出版单位数字化升级项目</td><td>300</td><td>180</td><td>240</td><td>300</td></tr>
<tr><td>自治区级民文印刷设备购置项目</td><td>800</td><td>480</td><td>640</td><td>800</td></tr>
<tr><td>自治州级民文印刷设备购置项目</td><td>200</td><td>120</td><td>160</td><td>200</td></tr>
<tr><td>县级新华书店改扩建项目</td><td>实际面积与标准面积的差额，单位造价 0.3 万元</td><td>总投资的 60%</td><td>总投资的 80%</td><td>总投资的 100%</td></tr>
<tr><td>县级新华书店流动售（送）书车</td><td>20</td><td>12</td><td>16</td><td>20</td></tr>
</table>

我国公共文化服务体系建设对农村的财政倾斜主要是通过设计面向农村的专项转移支付实现的。这主要体现在农村文化建设补助资金和农村广播电视公共服务补助等转移支付中。农村文化建设补助资金的补助对象是广大的农村，可分为农村文化建设中央专项补助资金和农村文化建设地方专项。以湖北省为例。根据《湖北省农村文化建设专项资金管理暂行办法》的规定，农村文化建设专项资金主要用于五个方面：一是农家书屋建设地方设施管理经费，重点用于全省各行政村建立的农家书屋出版物及设施设备管理等；二是农村电影放映配套经费，用于全省农村电影放映的专项补助经费，主要包括农村电影放映劳务费、放映设备折旧费和开展电影放映活动所需支付的交通费、

影片片租费、版权费等；三是村村通运行维护经费，用于全省广播电视村村通运行维护管理工作的专项补助经费，主要包括设备购置费、运行费、修缮费、材料费、农村特困家庭收视维护补助费和管理费等；四是基层文化建设专项主要用于补助全省县级公共图书馆、文化馆项目建设，重点用于支持符合国家相关建设标准的新建项目；五是流动图书车购置经费，主要是由省里统一组织实施政府采购，购置一批符合图书馆基本功能要求的专用车辆，为县级公共图书馆配备，用于缓解基层群众看书难和县级图书馆送书下基层运输难的问题；六是送戏下乡工程，为活跃基层群众特别是农民群众文化生活，切实解决好农民群众看戏难的问题，按照相关标准，用于补贴全省专业艺术院团到县级及以下地区开展文化惠民、送戏下乡活动；七是用于支持发展除上述六项之外的其他基层文化事业。农村文化建设补助资金每村补助 1 万元。其中，文化信息资源共享每村每年 2000 元；农家书屋每村每年 2000 元；文艺演出每村每年 2400 元；电影放映每村每年 2400 元（12 场 ×200）；农村体育活动 1200 元（6 场 ×200）。2011 年中央补助 50%，各地自行安排 50%；2012 年中央补助 50%，省级补助 25%，当地本级政府负担 25%。以中部地区为例，2012 年后，根据行政村的个数，中央每村补助 5000 元，湖北省省级每村补助 2500 元，县级政府每村补助 2500 元。

在省级层面，农村广播电视公共服务补助也是直接向农村倾斜的专项。2016 年，湖北省农村广播电视公共服务补助 6340 万元，该项目由“农村广播电视村村通日常运维”“广播电视老少边穷设备设施补助”“农村公益电影放映场次补贴”“农村智能广播网建设奖补资金”项目合并而成，主要用于全省村村通日常运行维护及老少边穷地区广电设备设施更新、农村公益电影放映场次补贴及农村智能广播网建设的奖补资金。

农村文化建设资金每村每年 1 万元，调研情况显示，行政村除了这些资金投入外，再没有任何其他的文化资金来源。中国行政村平均人口为 60346 万人，行政村个数约为 69. 2 万个，则农村人均文化投入约为 11 元，而根据《中华人民共和国文化部 2015 年文化发展统计公报》的统计，2015 年全国人均文化事业费为 49. 68 元，接近农村文化投入的5倍。因此，虽然目前中央将大量资金向农村和贫困地区倾斜，农村基本公共文化服务水平过低的情况仍然有待改善。

针对特殊群体，文化部、国务院农民工工作领导小组办公室、全国总工会印发了《关于进一步做好为农民工文化服务工作的意见》。

此外，从目前国家和省级的倾斜财政保障标准来看，中央和地方都注重对贫困地区、农村地区的补助，虽然文件也明确要求为老人、残疾人、儿童、妇女等弱势群体提供相应的基本公共文化服务，但是，这一要求并不能从中央政府和省级政府的财政保障标准中得到体现。因此，在未来一段时间里，中央和省级的倾斜保障标准还应更多地关注特殊群体的特殊需求，以缓解人们日益增长的美好生活需求同不平衡不充分发展之间的矛盾。

第五节　公共文化服务体系建设财政保障标准的问题分析

从前文对公共文化服务体系建设财政保障标准的分析，我们可以得出以下结论：

第一，公共文化服务体系建设缺乏综合财政保障标准，目前亟待制定综合财政保障标准以满足人民群众日益增长的美好生活需要。总体来看，《国家基本公共文化服务指导标准（2015—2020年）》明确了公共文化服务的基本服务项目标准、硬件设施标准和人员配备标准，《国家公共文化服务体系示范区（项目）创建标准》明确了东、中、西三大地带的公共文化服务示范区创建标准。尽管《中共中央关于深化文化体制改革，推动社会主义文化大发展大繁荣若干重大问题的决定》明确提出了“保证公共财政对文化建设投入的增长幅度高于财政经常性收入增长幅度，提高文化支出占财政支出比例”的政策要求，但由于各种达标升级的刚性支出和捉襟见肘的地方财力，地方政府是“上有政策，下有对策”，结果出现了部分领域财政投入和事业发展“两张皮”现象。因此，党的十八届三中全会提出，“清理规范重点支出同财政收支增幅或生产总值挂钩事项，一般不采取挂钩方式”。这使得目前不论是在国家层面还是在省级层面，公共文化服务体系建设和运行都缺乏综合财政保障标准。从前文分析可知，目前无论是从纵向上研究公共文化服务体系建设资金的绝对规模和增长速度，还是从横向上比较公共文化服务体系建设资金与其他公共服务财政资金投入；无论是从全国层面还是从中央层面考虑，本课题组均得出了公共文化服务体系建设资金的财政保障标准偏低的结论，且中央公共文化服务体系建设财政支出标准缺乏稳定性。因此，如何使得公共文化服务体系建设的财政保障标准稳定提升，以解决广大人民群众日益增长的美好生活需要和不平衡不充分发展之间的矛盾，将成为文化领域的主要研究课题。

第二，以申报方式管理的公共文化服务体系设施网络建设财政保障标准的缺失加大了地区公共文化服务差距。从公共文化服务体系建设和运行的分类财政保障标准来看，目前“三馆一站”的建设和运行财政保障标准较为明确，而重点文物保护、非物质文化遗产保护、中等职业教育基础能力建设、文化体育与传媒事业发展、文化设施维修补助等项目的财政保障标准主要是依据项目特点采取申报的方式获得，导致这些专项资金，特别是国家重点文物保护专项资金在不同地区的差异巨大。由于项目经费投入是基于各地公共文化服务发展水平确定的，一般而言，一方面，国家对公共文化服务资源丰富但地方财政能力有限的地区会投入较多的财政资金，而这会进一步提升公共文化服务资源丰富地区的公共文化服务水平，从而在客观上进一步加剧区域内基本公共文化服务的非均等化现象。另一方面，在项目申报制度下，目前尚不完善的项目绩效评价机制也导致了中央项目资金分配的随意性，也在一定程度上诱发了机会主义行为，导致“跑部钱进”现象的发生。由于中央专项资金的申报非常严格，仅支持市级三馆建设及地区重大文化设施建设项目，中央对基层公共文化服务设施网络的财政投入较为有限。

第三，在现有财政保障标准下，“三馆一站”建设发展迅速，但由于保障标准偏低，县级公共文化服务设施建设财政保障资金缺口庞大。相较而言，地方政府对公共文化服务设施建设的财政投入更具有“普惠”特征。然而，目前地方财政普遍较困难，由地方财政“普惠”地对公共文化服务设施建设进行投入必然会存在财政保障标准偏低的现象。从目前公共文化服务设施建设的情况来看，县级以上公共文化服务设施建设成本相当庞大，但是市级公共文化服务设施由于有国家的大力支持，市级政府往往也能为公共文化服务设施建设筹集一部分资金，因此资金缺口较小；县级以下政府公共文化服务设施建设成本相对较小，因此，通过捐赠、上级拨款等方式也能较好地解决建设资金问题。然而，县级公共文化服务设施投资金额巨大，却缺乏相应的财政支持，在当前中国县级政府仅能维持吃饭财政的情况下，县级公共文化服务设施建设举步维艰。调研显示，地方政府 PPP 模式的实施效果在很大程度上决定了地方政府公共文化服务设施网络建设的水平。但是，目前 PPP 模式还极不规范，存在诸多风险点。

第四，公共文化服务体系建设缺乏对特殊人群的倾斜财政保障标准。目前公共文化服务财政资金更多地体现为向落后地区和农村地区的倾斜，而较少向特殊人群倾斜。国家在建设公共文化服务体系过程中，注重资源向贫困地区、向农村和向特定人群的倾斜，以实现不同区域、城乡和人群之间的均等化。从区域层面来看，《国家公共文化服务体系示范区（项目）创建标准》明确了东、中、西三大地带的示范区创建标准。从创建标准来看，国家对西部地区的创建标准要求明显低于东部地区。从倾斜保障标准来看，中央对西部地区、中部地区和东部地区的公共文化服务财政保障标准有所不同，西部地区一般采用全额保障或大部分保障，中部地区一般按照总额的 50% 进行保障，而东部地区一般不予保障。这种对中、西部地区财政保障标准的倾斜几乎体现在所有的中央专项资金上。从城乡层面来看，中央专门设置了农村文化建设补助资金、农村广播电视公共服务补助等转移支付，专门支持农村公共文化服务体系建设，这些资金全部流向农村。然而，尽管中央文件多次提到要实现公共文化服务向特殊群体的倾斜，也存在对特殊人群制定的公共文化服务保障标准，要求将为农民工提供文化服务的工作经费纳入城镇财政预算，但目前仍然缺乏针对特殊人群制定的公共文化服务财政保障标准。

第五，示范区建设加速了示范区公共文化服务体系发展，但也加剧了公共文化服务财政保障标准的不平衡性和不可持续性。随着国家级和省级公共文化服务示范区和示范项目的建立，公共文化服务的财

政资金更多地开始向示范区和示范项目流动，这极大地激发了地方建设公共文化服务的积极性。示范区基础设施建设推进有力，公共文化创新活力得到提升，文化特色活动有序开展，群众参与公共文化服务的热情大增。但是，应该注意到，示范区原本就是公共文化服务体系建设领先的地区，财政资金的流入会进一步加大示范区和非示范区的公共文化服务水平差距。就国家级公共文化服务体系示范区创建而言，其申报条件为：文化工作基础较好；地方政府积极性高；公共文化服务体系建设取得突出成绩；制度设计研究取得一定成果；在全国产生较大影响，具有较强的综合示范带动作用。结果，最终中标的地区多是省会城市，或者是本省、区、直辖市之内文化建设做得比较好的地区，其公共文化服务发展原本就比较完善或者具有一定的特色和亮点。这种思路实际上是把有限的文化资源分配到少数几个基础较好的地区，其结果是强者愈强，弱者恒弱。此外，需要警惕的是，虽然中央补助地方公共文化服务体系建设奖励资金和省级公共文化服务体系示范区创建补助资金发挥了极大的乘数效应，促进了地区公共文化服务的快速发展，但是，这些资金均为一次性奖励，不具有可持续性，这种非可持续性的资金投入容易导致公共文化服务体系建设的非可持续性发展。

第四章　现行公共文化服务体系建设的财政保障方式

在过去 20 年里，关于政府行动、私人行动以及不同层级的政府解决公共需求的相对有效性的争议已经席卷世界各地。面对公民公共文化需求，我国在公共文化服务供给领域开展了公共文化服务体系建设的战略行动，这一行动包含政府主导提供、多个级别政府的合作以及政府与私人机构的合作，通过财政拨款、政府购买、PPP 模式等途径得以实现。本章从公共文化服务体系建设的三大领域出发，聚焦于投入方式、分摊方式以及融资方式三个维度，分别讨论公共文化服务基础设施、服务供给以及人才队伍的现行财政保障方式，进而分析各领域所取得的成效和存在的问题。

第一节　公共文化服务体系建设财政保障方式：总体性审视

依据公共物品理论和现代治理理论，“公共物品应当公共提供”，政府在文化领域中不可推卸的责任集中体现在基本公共文化服务的有效供给上，这不仅意味着基本公共文化服务应当纳入财政保障范围，还要求政府采取多元化、协同化、社会化的财政保障方式来实现公平、高效的供给目标。本节首先厘清保障方式与财政保障方式、公共提供与公共生产等概念之间的关联与区别，进而对当前公共文化服务体系建设财政保障方式进行一个总体性审视，为接下来从具体问题上展开讨论做好思路铺垫。

公共文化服务体系建设保障方式是一个较为宏观的概念，包括经费保障、人员保障、制度保障、组织保障等诸多方面，而财政保障方式是从政府作为供给主体、担负文化支出责任的视角界定的，涉及财政如何投入、政府间如何分摊、财政如何发挥作用等微观问题。准确地说，经费保障、人员保障乃至组织保障，从本质上都可以归纳到财政保障的范畴。从政府主导这一角色定位上看，公共文化服务体系建设的相关政策制定、资金供应以及生产安排等都应由政府部门承担。政府是基本公共文化服务的提供者，但并不一定是唯一的生产者。公共提供不等于公共生产，作为供给过程中的一个环节或者一个阶段，“生产”实际上可以由多个不同主体承担。如果采取私人生产方式，这就是公私合作的最通俗解释，但这也不意味着政府从基本公共文化服务供给领域的退出和责任的让渡。从财政学视角看，“公共提供”解决“谁为之买单”的问题，“公共生产”解决“谁为之服务”的问题。公共提供可以采取由公益性文化单位生产的方式，也可以采取交由私人部门或者非政府部门生产的方式。此外，政府是基本公共文化服务供给资金的提供者，但并不一定是唯一提供者，还会涉及社会捐赠、PPP 项目社会资金融资等。

关于财政保障基本公共文化服务供给已经成为共识，但各国文化财政投入方式、政府间文化支出责任的范围及划分以及融资方式等财政保障方式区别甚大。就我国公共文化服务体系建设财政保障方式而言，计划经济时期政府直接承担公共文化服务的全部职能责任，几乎所有公共文化产品和服务都由政府财政支出“大包大揽”。改革开放初期走向了市场化服务，但过度市场化直接导致了这一阶段公益性文化事业和文化产业的混淆、政府文化职能和财政保障责任的模糊，也导致财政对公共文化的总体投入规模过小。重新认识和定位社会主义市场经济体制下政府和市场在文化领域的分工、政府的文化职能与财政的保障责任始于 2002 年党的十六大，随着公共文化服务体系建设、基本公共文化服务等概念的逐步引入，政府的文化职能、财政的保障责任由此形成并逐渐明朗清晰，财政保障方式趋向多元化、协同化与社会化。总体而言，当前公共文化服务体系建设由中央政府和地方各级政府等公共部门、文化类 NGO、文化企业、公民个人等多元主体参与，这些主体通过政府购买、PPP 模式等各式各样的政府工具、结构、平台实现了协同化操作，将政府的资助行为与公共文化服务的提供切分开来，以更具有创造性的方式融合多元主体共同推动公共文化服务社会化发展。这一趋势无疑是符合现代发展理念和公共财政理念的，但是，在这一进程中却也不可避免地存在着一系列问题。在这种背景下，针对我国现行公共文化服务体系建设财政保障方式，尤其是针对三批国家级示范区和以湖北为主的省级示范区进行研究，总结其财政保障方式现状及创新举措、所取得的成效和存在的问题，进而提出针对性的改进政策建议，是从示范区基本公共文化服务标准化、均等化走向全国范围内基本公共文化服务标准化、均等化的必经之路。

关于公共文化服务体系建设财政保障方式的探讨，首先，财政保障方式涉及各级政府财政投入方式。从中央或省市县本级财政支出来看，图书馆、文化馆等都属于财政全额拨款，基本支出是单位为保障其机构正常、完成日常工作任务的支出，包括人员经费和日常公用经费两部分，项目支出是单位为完成特定的工作任务或事业发展目标，除基本预算支出以外财政预算专项专款安排的支出，而专项支出是指由财政部门、上级单位和其他单位拨入的、有专门的指定项目或用途、用于完成专项工作的专项资金支出，专项支出不一定是项目支出，但项目支出一般都是专项支出。此外，还有一些诸如专用设备购置、大型修缮、信息网及软件购置更新等其他资本性支出，一般为专项支出，但不一定是项目支出。从财政投入的角度来看，就体现出“公共提供、公共生产”和“公共提供、私人生产”两大途径。从目前公共文化服务体系建设，特别是国家级、省级示范区建设实践来看，我国大体上已经走出了传统意义上通过国家文化行政系统进行配置、以直接拨款的形式配置财政资金的财政投入方式，“公共提供、私人生产”的范畴正在不断拓宽，社会力量参与力度正在不断加大，公私合作供给也逐渐成为主流模式，尤其体现在政府购买公共文化产品、服务以及公益性文化活动等，项目补贴、定向资助、贷款贴息等政策层面。如《关于加快构建现代公共文化服务体系的意见》（2015）明确提出，将“政府购买公共文化服务资金纳入财政预算”。《关于做好政府向社会力量购买公共文化服务工作的意见》（2015）进一步指出，政府购买公共文化服务工作的资金“从部门预算经费或经批准的专项资金等既有预算中统筹安排”。

其次，在财政分权管理体制下，财政保障方式必然涉及中央与地方财政事权和支出责任的划分，即分摊方式。一般认为，需要综合考虑该事权的受益范围、激励相容和管理效率三大要素，遵循有利于调动中央与地方两个积极性的原则来划分基本公共文化服务具体财政事权，进而规定各级政府相应的支出责任。全国性公共文化服务由中央政府负责，区域性公共文化服务由地方负责，交叉事权大多数应归入中央与地方共有事权，由中央与地方共同提供，如果地方财力不足以保障，须由中央转移支付。从现阶段公共文化服务体系建设来看，我国基本上采用的是中央和地方共担的财政保障方式，这是在我国幅员辽阔、人口众多、公共文化服务历史欠账过多等现实国情下的必然选择，也基本上符合财政联邦理论的一般原理要求。在具体分摊方式上，当前无论是公共图书馆、文化馆、博物馆、文化云等基础设施建设，还是大型群体性文化活动、农村节庆文化活动等公共文化产品和服务的提供，都是以地方财政为主，中央财政予以补助或奖励，财政事权与支出责任下移，地方政府财力有限，转移支付制度不健全，在一定程度上制约了公共文化服务的发展。

最后，财政保障方式还要考虑筹资方式。一方面，公共文化服务体系建设的融资方式主要有税收、金融借贷（债权）、捐赠、使用付费等，但如果考虑到捐赠本身在巨量的公共物品供给方面并非主导的融资方式，而金融借贷最终是需要偿还的，因而财政保障的主要手段是税收融资和使用付费。对于具有纯公共物品属性的基本公共文化服务的提供，应当全额纳入财政保障范围，在普遍意义上不存在使用付费的状况。那么，财政保障方式就限定在以税收收入为主要来源纳入预算安排的公共资金方面，从财政内部筹资来看，这就涉及非税收入的整合、政府预算的统筹等。当前不少地方政府已经将开展国债资金、土地出让金、国有文化企业的分红、福利彩票收益等用于公共文化服务体系建设。另一方面，超越财政系统，从发挥财政作用来看，在公共文化领域，主要是大型基础设施建设领域，推广运用政府和社会资本合作模式（PPP 模式），促进公共文化服务提供主体和提供方式多元化，已成为财政保障方式改革创新的重要方向。这是鉴于现阶段公共文化服务体系建设战略实施的庞大资金需求与政府有限财力约束的突出矛盾，考虑到公共文化服务领域对社会资金开放需要的必然选择。

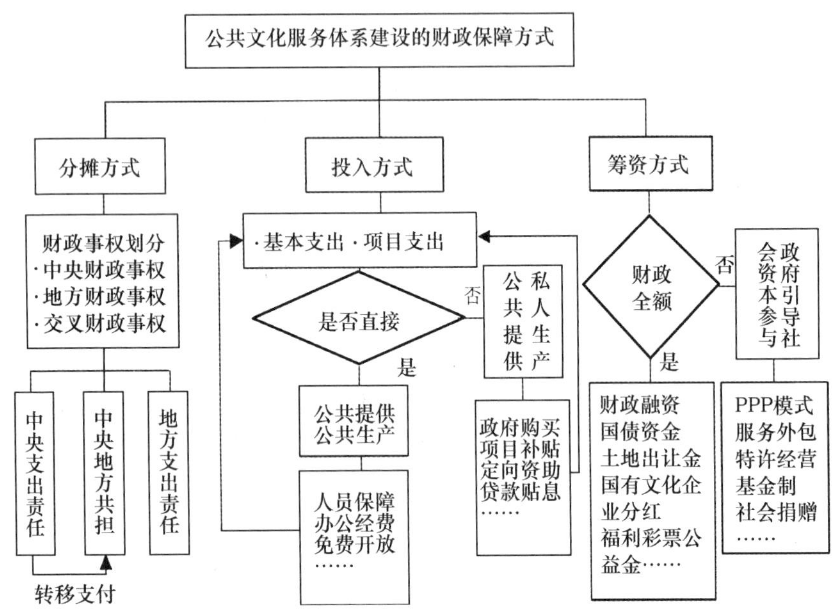

图 4－1　公共文化服务体系建设的财政保障方式

第二节　公共文化服务基础设施建设的财政保障方式

公共文化服务基础设施是指用于提供公共文化服务的建筑物、场地和设备，主要包括图书馆、博物馆、文化馆（站）、体育场馆、基层综合性文化服务中心、农家书屋、公共阅报栏（屏）、公共数字文化服务点等。根据《公共文化服务保障法》的规定，县级以上地方人民政府应当将公共文化设施建设纳入本级城乡规划中，根据国家基本公共文化服务指导标准、省级基本公共文化服务实施标准，落实公共文化设施网络建设。除了中央和地方政府财政保障外，国家鼓励和支持公民、法人和其他组织兴建、捐建或者与政府部门合作建设公共文化设施和依法参与公共文化设施的运营和管理。

一　大型公共文化设施“三馆”建设的财政保障方式

图书馆、文化馆及博物馆（简称“三馆”）是公共文化服务的主要载体，是发挥公共文化服务功能作用的重要依托。作为大型公共文化设施建设项目，无论是地市级“三馆”建设，还是县区级“三馆”建设，都耗资巨大，施工时间长，需要足够的财力支撑。一般而言，采取的融资模式无非就是财政全额保障模式，抑或公私合作（PPP）保障模式，财政系统内部融资涉及中央、省级、市/县（区）各级政府不同程度的分摊比例，而 PPP 模式主要采取 BOT 模式和 BT 模式。

（一）中央与省级转移支付

中央层面主要通过转移支付、项目申报的形式对东、中、西部地区“三馆”建设所需部分经费进行不同程度的保障。《全国地市级公共文化设施建设规划》明确指出，中央安排专项投资重点补助新建项目和中西部欠发达地区、少数民族地区建设项目。对西藏自治区、四川省藏区和南疆三地州项目，按核定总投资由中央投资全额安排。西部地区（含中部地区享受西部政策的区域）项目，新建项目中央按核定总投资的 70% 予以补助，改扩建项目按 49% 予以补助。中部地区（含东部地区享受中部政策的区域）项目及西部省会城市，新建项目中央按核定总投资的 50% 予以补助，改扩建项目按 35% 予以补助。具体而言，中央通过设立项目储备库，由各地提出资金申请，在相关部门进行评估后，对专项资金的安排进行动态调整，倾斜保障文化建设积极、效果突出的地区，对中、西部地区的文化基础设施建设资金进行保障；对东部地区则以“以奖代补”的形式进行奖励。但是，考虑到地方“三馆”建设受益范围主要集中于场馆所在区域且由地方政府承担建设任务效率较高，在事权划分方面形成了“以本级政府为主，中央为辅”的模式，总体上中央专项资金补助在基础设施建设财政支出中所占比重较低。以湖北省潜江市群众艺术馆为例，新建群艺馆所需建设经费共计 4944.8 万元，争取到的中央财政补助资金为 1200 万元，仅占总体所需经费的 24%。

省级层面同样通过转移支付的形式，下拨专项资金，对地方“三馆”建设工程款项进行部分补助。以湖北省为例，2015 年，设立县级“两馆”（公共图书馆、文化馆）建设专项资金 4400 万元，专款专用，对县级“两馆”建设中的 22 个项目进行了补助。其中，湖北省发改委对两个项目各安排补助资金 200 万元，对其余 20 个项目各安排补助资金 40 万元；省财政厅则对 20 个项目各安排补助资金 160 万元。这些补助在一定程度上有效补充并带动了地方政府对“三馆”建设的资金投入。

场馆建设完成后，中央和省级政府还将补助公共文化场馆内部设备及图书购置所需经费。在中央层面，国家设立中央补助地方公共文化服务体系建设专项资金，用于公共图书馆、文化馆等配备图书、报刊以及购买相关设备。在省级层面，以湖北省为例，湖北省分别在 2015 年和 2016 年设立“湖北省图书馆大发展大繁荣”专项资金，分别下拨图书购置经费 4800 万元、5000 万元用于文献的扩充。

（二）本级政府财政融资

作为支出责任主体的市、县（区）本级政府，在公共财政直接投入方面，根据自身财力的强弱，将“三馆”建设所需经费部分或全部纳入本级财政预算。政府财力雄厚的省份，如广东省广州市番禺区，将图书馆建设所需 5 亿元经费全部纳入本级预算盘子，进行全额保障。但由于“三馆”建设所需经费数庞大，一般政府难以通过本级财政直接保障，所以大多数地区都积极探索拓展筹融资方式，大体上可以分为两类：财政系统内融资和 PPP 项目融资。政府财政系统内融资主要涉及政府负债、土地置换和预算统筹。负债主要包括两种形式：一种为发放债券，另一种为政府向银行贷款融资。孝感市文化中心建设项目就采取贷款融资的形式，其建设资金是由市政府向中国进出口银行湖北省分行贷款保障的，总资金额达到 10 亿元。此外，公安县图书馆也计划通过政府向银行贷款融资的方式建设。但是负债方式会面临两方面问题：一是会使市县级政府财政背负沉重的债务负担；二是由于“三馆”的公益性，大多数融资机构并不愿向政府放贷。基于此种情况，各地积极拓展其他方式筹集资金。在早期修建“三馆”时，土地置换是一种较为常见的保障方式，地方政府通过充分运用级差地租，解决场馆的新建和运营问题。此外，部分地方政府通过从房地产开发中征收一部分经费，纳入本级预算，并最终用于公共文化设施建设。作为成功申报国家第二批公共文化示范区的襄阳市，为破解场馆建设资金筹集难的问题，于2014年出台《襄阳市社区公共文化设施建设费征收管理实施办法》，规定从房地产开发中征收1%的费用，由宣传文化部门主管并纳入预算，主要用于社区公共文化设施建设开发。在设施建成之后，地方政府一般通过公开招标、协议供货、定点服务、单一来源采购等方式向市场采购相应设备以及纸质报刊、图书等资源，同时将采购经费纳入本级预算中进行保障。

（三）PPP项目融资

PPP模式（Public-Private-Partnership），即公私合作模式，是公共基础设施中的一种项目融资与实施模式，是一种以私营企业、民营资本与政府等各参与方的“双赢”或“多赢”为合作理念的现代融资模式。在大型公共文化场馆建设领域，采取PPP模式具有一定的优势及可行性。一方面，近些年来，我国制定了一系列政策措施，鼓励民间资本投入公共文化设施建设，同时又对引进社会资本进入公共文化服务领域做出了明确规定。《关于做好文化类政府和社会资本合作示范项目申报工作的补充通知》指出：“在文化领域推广PPP项目，有利于引导和鼓励社会力量、社会资本投入文化领域，拓宽文化领域建设资金来源，把政府的政策导向和民间资本的管理运营优势相结合，提高文化产品和服务的供给质量。”另一方面，由于政府财政资金有限，我国公共文化服务缺乏有力的财政支撑和保障，特别是在当前经济新常态背景下，地方财政收入进入中低速增长区间，收支矛盾日趋突出，地方政府主要依靠本级财政对“三馆”建设进行投入的模式难以为继，引入PPP模式能够拓宽公共文化设施融资渠道，减轻政府财政负担，同时可以在一定程度上规避某些政府主导投资或直接投资项目中的“非理性”，同时刺激民营企业、民间资本进一步深入文化事业，提高财政资金的使用效率。正因为如此，目前在“三馆”建设领域，PPP模式的运用日益广泛，并呈现出密集型增长态势。在由财政部推介的第一批PPP示范项目中，共有“三馆”PPP建设项目3个，分别为延安大剧院、青铜峡市图书馆综合楼建设项目、青铜峡市博物馆建设项目；第三批则增至10个，且多为文化场馆综合建设项目。2015

年，在国家发展改革委员会、国家财政部推出的PPP项目中，公共文化项目共有19个，金额达107亿元，占到PPP项目总规模的2%。

一般而言，大型公共文化设施PPP模式架构主要有两类：一是“BOT+土地使用权等附加权益+公民参与”。在这种模式中，项目发起人首先需要委托咨询公司对公开招标项目设计出最佳方案。在招标环节鼓励民众参与，形成民众投票选择与专家评审相结合的评选机制，赋予双方权重，选择得分最高的设计方案。颁布特许意向，招标项目合作公司与项目合作公司签订特许协议，组建项目公司负责项目的建设运营。作为补偿，给予项目合作公司土地使用权，用于建设购物广场和美食广场等，并给予一定期限的经营权，经营期内项目合作公司负责公共文化设施的管理运营，经营期满一并交予政府。如松滋市才知文化商业广场、孝感市文化中心。二是“BT+政府回购+公民参与”。政府首先要对项目建设进行可行性研究，通过城市规划部门调查规划同时征求民意。然后颁布政府采购意向，招标项目总承包商并签订采购合同，由总承包商负责文化设施的设计和建设。建设期

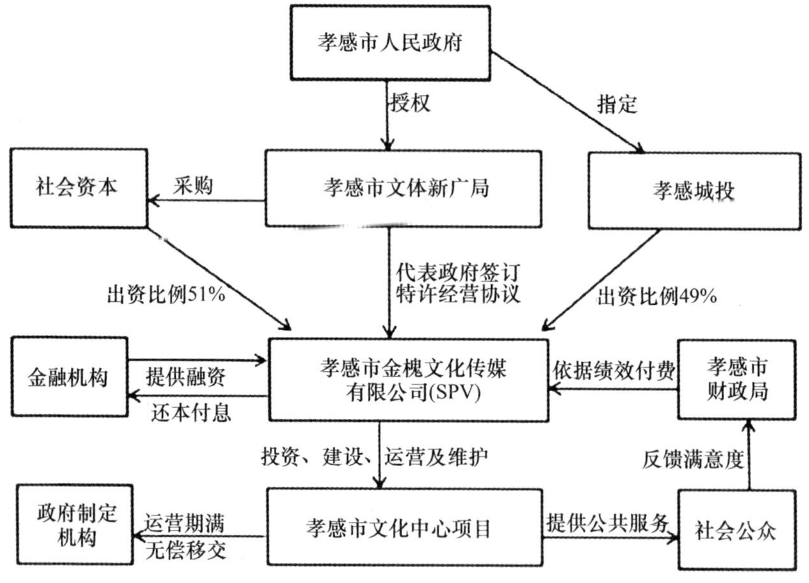

图4-2　孝感市文化中心项目PPP模式结构

内总承包商负责项目的融资，公共文化设施建成完工后，政府负责质量验收并通过分期付款回购设施，政府负责公共文化设施建成后的运营管理工作。如来凤县龙凤文化中心。

PPP 模式之所以能够得到政府的广泛重视并采用，归根结底，是该模式可以平滑政府年度财政支出，减轻支出压力，并且能够在后续吸引更多的市场资金注入。如在福建海峡文化艺术中心 PPP 项目中，由于采用了 BOT 模式进行场馆的建设及运营，建设及运营的周期拉长为 10 年，这样，在结算时，政府每年需要支付的金额为 3.5 亿元，远少于政府直接建设每年所需投入的经费。同时，引入市场参与的模式也能够使有限的财政资金在项目建成后的运营期，撬动更多的项目进行投资。但是，当前大型公共文化设施建设领域运用 PPP 模式在制度与技术层面还不够成熟，落地比较困难，实践效果并不理想。由于 PPP 项目建设周期较长，具有较高的政策性风险，利润的有限性和不确定性，对承包方融资能力、信誉、技术等的严格考量，公私合作参与各方存在利益冲突以及组织文化差异等因素的存在，使得大多数民营企业进入 PPP 缺乏源动力。与垃圾处理场、高速公路等可以获得固定收益的基础设施相比，公共文化设施的回报率对社会机构来说吸引力不够，因而参与到 PPP 模式中的企业（中标）方主要以国有企业为主，民营企业较少。

案例一：福州海峡文化艺术中心 PPP 项目

福州海峡文化艺术中心，建筑总面积约为 15.8 万平方米，主体场馆由艺术博物馆、歌剧院、音乐厅及影视中心等五朵花瓣式建筑组成，同时，江畔另设了三座花瓣形观景台与主场馆连通，形制优美，气韵非凡。该项目由当地财政部门于 2013 年筹划，由于开发资金量大及受土地政策限制等因素，2014 年转成 PPP 模式。项目总投资 35.33 亿元，包括建设成本 27 亿元、融资补贴 5.65 亿元、运营补贴 2.68 亿元，于 2017 年 12 月进行了主体建筑结构封顶工程，2018 年对外开放。项目建设运营均交给社会机构，合作总周期包括 3 年建设期和 7 年运营期。福州海峡文化艺术中心的建设由项目公司委托中标方进行施工总承包，项目公司可获特许权运营包括影视中心、艺术博物馆、中央文化大厅及其他配套服务区的 A 部分，对于专业化较强的

B 部分如歌剧院、音乐厅和多功能戏剧厅等，则由项目公司面向社会选择专业运营商。由于是公益性项目，利润空间难以确定，加之福州财政局对建设成本近乎严苛的控制，使民营企业望而却步。经过两次流标，最终，中国建筑集团下属的中建海峡建设发展有限公司（简称“中建海峡”）中标，成为项目的社会资本合作方。建设工程由中建海峡公司完成，项目的运营则由当地平台马尾新城建设发展有限公司与中建海峡共同注册成立的海峡文体中心承担。时任福州财政局副局长的金晖辉表示：“相比于政府直接投资，虽然 PPP 模式的成本更高，但是建设运营期的拉长，能够平滑政府每年的财政支出，减轻本级政府压力，用有限的财政资金撬动更多的项目投入。”

图 4－3　福建海峡文化艺术中心概念图

案例二：来凤县龙凤民族文化中心

龙凤民族文化中心建设，占地面积约 5.7 万平方米，建筑面积约 2.58 万平方米，由图书馆、文化馆、民族博物馆、摆手舞广场及演艺中心等构成。该中心将地方特色的摆手舞堂元素运用于主体建筑设计中，将民族特色显现得淋漓尽致，主要用于民俗文化展出、文物展出、展览活动、文化演出、影视放映等，是广大群众开展文艺活动最重要的场所，也是来凤县一道亮丽的风景线。该中心建设资金约 3.1 亿元，采取 BT 模式，由喳西泰旅游公司承建。建设资金主要来源于上级财政拨款及来凤县县政府的财政投入。上级财政从 2011 年开始投入，为期三年，共拨款 1320 万元用于民族文化中心建设，仅占整个工程建设投资的约4.26%，作用甚微，其余资金则由来凤县政府承担。但来凤县是典型的财政自给困难县，以2013年为例，来凤县财政总收入为8.09亿元，而该年财政支出为16.54亿元，收入与支出严重失衡。在财政压力巨大、资金周转调度困难的情况下，来凤县政府无法及时完成对场馆的回购。为此，来凤县政府一是通过将土地出让收益金部分用于该项目的方法，逐步补齐建设所需资金；二是通过与喳西泰公司建设长期合作共赢关系，将财政负担分散化。该项目对来凤县成功创建湖北省公共文化服务体系示范区起到了关键作用。

图4-4　来凤县龙凤民族文化中心建成效果图

二　基层综合性公共文化设施建设的财政保障方式

基层特别是农村，是公共文化服务的重点和薄弱环节。2015年国务院办公厅印发了《关于推进基层综合性文化服务中心建设的指导意见》，提出到2020年，全国范围的乡镇（街道）和村（社区）普遍建成集多功能于一体，资源充足、设备齐全、服务规范、保障有力、群众满意度较高的基层综合性公共文化设施和场所。乡镇（街道）和村级（社区）公共文化服务设施建设成本相对较小，通过上级拨款、社会捐赠等方式基本上能够较好地解决建设资金问题。

（一）乡镇综合文化站建设的财政保障方式

乡镇综合文化站是丰富农民生活的基层场所，同时也是文化传播的基础阵地和乡镇精神文化建设的重要窗口。作为一项“惠民工程”，各级高度重视对乡镇综合文化站的建设工作，在资金投入方面，总体上形成以“中央专项资金补助，省级财政补充，地方政府财政拨款”三大块为主的保障方式。作为支出责任主体的地方政府，特别是公共文化服务体系示范区政府，积极拓展筹资渠道，优化资源配置，通过创建、改建、扩建、租赁等形式实现乡镇综合文化站建设目标。就中央层面而言，中央政府于“十一五”期间安排专项资金近40亿元，补助各地乡镇文化站的新修与改建工作所需经费的一部分。该笔资金一般为一次性项目补助，并依据一定的比例，倾斜帮扶“老、少、边、穷”地区。剩余建设经费原则上由省级政府财政进行补充，有能力的市县也可自行筹集。除了“中央补助，省级财政补充”外，也有部分地区将乡镇文化站建设所需资金纳入预算，由县乡本级财政进行保障。例如，湖北省第一批示范区来凤县，将乡镇综合文化站建设所需经费纳入本级财政，由县级财政一次性拨款23万元，用于漫水乡综合文化站综合楼建设。

在乡镇综合文化站网络建设取得显著成效的情况下，2015年国务院办公厅发布了《关于推进基层综合性文化服务中心建设的指导意见》。该指导意见进一步指出，对于现有基层文化资源不搞大拆大建，在科学规划、合理布局的前提下，采取盘活存量、调整置换、集中利用的方式。各地积极响应，盘活现有资产，进行重组再利用，湖北省公安县就是盘活“存量”，并使之转化为“增量”的典型代表。2016年10月，由公安县文体新闻出版广电局牵头，县国资办、财政局、国税局、未达标文化站所属乡镇、未达标文化站参与，共同协商讨论了关于通过资源整合，闲置资产调配方式给未达标文化站配备办公场所的问题，采用国有资产划拨、原有剧场翻修的方式完善未达标文化站乡镇（南平镇、黄山头镇、藕池镇、麻豪口镇、章田寺镇）的基础建设，通过县级政府协调，相关部门配合，将原闲置的农经站办公楼、地税办公楼、教育组办公楼、广播电视站办公楼由县国资办划拨给所属乡镇文化站。比如，将原国有资产农经站楼房划拨给麻豪口镇综合文化站使用，该建筑为三层楼房，共有四间房，建筑面积529平方米，符合乡镇综合文化站中型站建设标准。

（二）村级文化活动中心建设的财政保障方式

村文化活动中心作为更加基层的文化传播阵地，是广大农民获取精神文化生活的“最后一公里”，直接关乎着农民的切身利益，是实现公共文化服务均等化的重要一环。从现阶段调研结果来看，村文化活动中心建设形成了以“财政保障”“社会捐赠”为主的保障方式。在县级财政保障方面，以湖北省公安县狮子口镇为例。通过镇文化中心牵头，县级财政统一拨付款项，狮子口镇各村建立起一批规格统一、功能齐全的文化活动中心。截至 2015 年底，全镇 21 个村实现了村村有农家书屋，80% 的村有文体活动广场，4 个村有文化活动中心的基础设施规模。社会捐赠则主要以个人捐赠为主，其中“乡贤”在乡村文化中心的建设中发挥了重要作用。“乡贤”自己出资，对乡村文化活动中心进行新修、重建、扩建，在很大程度上减轻了县乡政府的财政负担，并形成了对政府财政的有益补充。作为湖北省第二批省级示范区的嘉鱼县就充分发挥了“乡贤”的引领带头作用，他们捐资创建了一批设施设备齐全的乡村文化活动中心。此外，公安县麻豪口镇联盟村的文化活动中心建设也以社会捐赠为主，社会捐赠资金占总投入经费的 1/3。

案例三：“乡贤”引领乡村文化阵地建设

潘家湾镇四邑村和官桥八组是湖北省咸宁市嘉鱼县著名的乡村名片，也是名扬四海的美丽乡村样板村。在整洁宽阔的马路、一步一景的公园式街道、整齐划一的乡村别墅映衬下，“园林式、现代化”的两村进入眼帘。不仅是两村的经济建设走在前列，两村的文化建设也是名列前茅。两村文化建设如此大踏步的发展得益于村中“乡贤”周明炎、周宝生的牵头带动作用。周明炎是土生土长的四邑村人，他同时也是湖北联乐床具集团有限公司总裁。他创办的联乐集团经过 25 年的发展，固定资产达到 10 亿元，职工达到 1200 多人，成为村中最大的企业。富起来的周明炎仍心系家乡父老，身体力行支持乡村建设，特别是注重农村社区化档次的提高以及文化活动的丰富。由他个人出资，新建了老年文化活动中心、村图书室以及儿童乐园等设施，丰富了村民的文化生活，形成了农村新风尚。

为丰富农民的精神文化生活，培育村民牢固树立社会主义核心价值观，实现“文化兴村”的目标，周宝生领导的田野集团在官桥八组投入上千万元，用于文化中心建设。如今，在官桥八组新农村中央区，一栋欧式建筑格外醒目，这正是由田野集团投资修建的“农民文化活动中心”。该中心设施设备齐全，包括健身房、棋牌室、图书室、台球室、音乐厅。不仅如此，文化中心还成立了农民党校和文明夜校，在丰富广大村民文化活动的同时还起到了文化培训的作用。作为首席乡贤，周宝生并不满足于此，他说："下一步，要继续坚持改革创新，进一步丰富农民精神文化生活，建设文明和谐的社会主义新农村。"

图 4－5　官桥八组"文化中心"夜景图

三　流动文化设施的财政保障方式

在流动设施的财政保障方式上，中央和省级政府一般都采用安排专项资金的方式对其进行保障。原则上，中央与省级政府不进行重复保障，由中央通过专项资金进行保障的地区，省级政府将不再安排专项资金。政府一般并不将专项资金直接下拨至地区，而是采取"统一采购、统一配送"的方式，由中央或省级政府向社会企业统一采购车辆，并统一配置至各个地区。在中央层面，以流动舞台车工程为例。中央政府从 2005 年到 2010 年，共由财政部安排专项资金 3 亿元，用于流动舞台车配送工作。并且，截至 2008 年，已安排专项资金 2 亿元，共计采购 639 辆流动舞台车，配送至 24 个省、自治区、直辖市。在省级层面，以湖北省流动图书车配送工程为例。该工程于 2011 年开始实施，截至 2014 年，湖北省财政已投入资金 800 万元用于流动图书车的购买，并已向全省 83 个市、县的图书馆配送了流动图书车辆。

除中央和省级政府划拨专项资金，以政府购买的形式对流动设备进行财政保障外，社会力量也积极参与其中。社会企业捐赠特别是民营企业对流动文化车辆的捐赠有力地弥补了财政对于流动文化设施补助的相对不足。例如，2016 年 12 月，广鹏矿业公司向陕西省渭南市潼关县秦腔剧团捐赠一辆价值 50 万元的演出车，该车为剧团做好下乡演出，丰富广大农民的文化生活提供了硬件基础。2017 年，东益国际控股集团向吕剧发源地东营区牛庄镇捐赠一辆文化演出车，助力吕剧艺术的传承与发展。

四　公共数字文化设施建设的财政保障方式

由于公共数字文化设施建设难度大，资金投入需求量高，受益范围虽以设施所在辖区为主，但由于其外溢性，受益范围可辐射至全国，现阶段公共数字文化设施建设的事权由中央和地方共同承担。根据事权与支出责任相匹配的原则，支出责任也由中央与地方政府共担，中央和地方政府按照分级负责的原则承担相关责任。就中央政府而言，主要通过转移支付的形式，下拨专项资金，用于大型数字文化设施的修建。省级政府也同样采用设置专项资金的形式，对数字文化建设资金的不足部分进行补助。市、县（区）级政府则通过将一部分资金纳入本级财政预算的方式进行保障。以 1998 年实施的广播电视“村村通”工程为例。中央财政负责“村村通”卫星平台搭建所需经费，并对贫困地区的工程建设进行适当补助；省、市、县级政府则分别负责保障无线发射转播设备、机房的更新与建设资金。而后陆续实施的“全国文化信息资源共享工程”“数字图书馆推广工程”“公共电子阅览室建设计划”等也都采用中央与地方政府共同保障的方式，中央政府以转移支付的形式，着重对中部和西部的建设工程进行落实，对东部则一般不采用直接补助的方式，以奖励为主。省级政府一般也通过设置专项资金的形式对不足资金进行补充，保障数字文化设施建设的顺利进行。以湖北省文化信息资源共享工程为例。湖北省政府于 2008 年设立文化信息资源共享工程专项资金，全额配套辖区内 29 个国家级和省级贫困县工程建设所需经费（扣除中央补助后剩余的部分），同时按照省、市、区 2∶5∶3 的比例对 26 个城区所需经费进行配套，其他县（市、区）由省级财政配套补助经费的 60%，其余由县级政府自行筹集的方式进行补充。

在数字文化建设领域，市、县、区政府除了部分由本级政府财政出资直接保障外，其余部分则寻求与市场合作，形成以政府购买为代表的保障方式。将数字文化设施及平台建设列入政府购买的范畴，通过公开招标、委托运营等方式，将具备资质、符合条件的企业纳入考查范围，科学选定承接主体（具体模式见表4－1）。如重庆市北碚区政府2014年安排首批资金280万元，用于数字文化平台的建设，并计划日后每年都安排一定的资金用于数字文化设备及资源的维护与购买。除此之外，政府还积极创新保障方式，通过运用有限的财政资金，撬动更多的社会力量，如高科技企业、公益性组织、学校等机构，通过捐赠设备、提供技术等形式参与到公共数字文化建设中来，形成“政府搭台，社会唱戏”的公共数字文化建设财政保障格局。如佛山市，作为第三批国家公共文化服务体系示范区，积极探索智能图书馆建设与发展的多元化保障方式，在市政府设置专项建设资金的前提下，努力寻求政府与社会合作的方式，拓展合作对象的范围，形成“政府＋民营企业”“政府＋社区大学”“政府＋学校”等多种模式。这些合作机构或提供资金，或提供场地，或提供设备，在很大程

表4－1　　　　政府购买公共数字文化设施的运行模式

合作双方	合作时间	购买主体	承接主体	购买内容	购买机制	资金保障机制
利川市文化馆恩施州泉涌科技有限公司	2017.11.16	利川市文化馆	恩施州泉涌科技有限公司	公共文化体系建设远程教育直播系统	公开招标	政府购买资金
当阳市文化馆宜昌市银河琴行有限公司	2016.07.29	当阳市文化馆	宜昌市银河琴行有限公司	文化馆电脑等设备采购	询价采购	政府购买专项资金
潜江市图书馆上海阿法迪智能标签系统有限公司	2017.12.21	潜江市图书馆	上海阿法迪智能标签系统有限公司	潜江市图书馆各分馆RFID资助借还系统	公开招标（二次招标）	政府购买资金
襄阳市图书馆武汉世纪歌德科技文化有限公司	2016.07.05	襄阳市图书馆	武汉世纪歌德科技文化有限公司	地方文献数字化加工项目	竞争性谈判	政府购买资金

度上弥补了政府财政投入的不足，同时也为公共数字文化服务社会化提供了资金和技术支持。

第三节　公共文化产品、服务及活动供给的财政保障方式

根据《国家基本公共文化服务指导标准（2015—2020年）》，公共文化基本服务项目由读书看报、收听广播、观看电视、观赏电影、送地方戏、设施开放、文体活动共七大类组成，即本书所界定的体系范围，大体上可以分为场馆文化服务、流动文化服务与数字文化服务。公共文化产品、服务及活动供给是提升基本公共文化服务效能的着力点所在，是由政府主导提供、公共财政保障实现的，具体保障方式有“公共提供，公共生产”和“公共提供，私人生产”两大途径，主要体现在政府购买、项目补贴、定向资助、贷款贴息等形式上。

一　场馆文化服务活动的财政保障方式

场馆文化服务主要是指公共文化设施所提供的系列公共文化产品和文化活动，具体包括图书馆、博物馆、文化馆以及乡镇综合文化站等场馆免费开放服务、各种文艺演出、陈列展览、电影放映、广播电视节目收听收看、阅读服务、艺术培训等公共文化服务。在现阶段，场馆文化服务的经费来源主要以中央财政补助和地方财政拨款为主，兼有社会力量多元化参与。

就免费开放服务供给而言，2015年以前，中央政府通过设立“三馆一站”免费开放专项资金，对文化主管部门归口管理的地市级和县级场馆开展服务所需经费进行定额补助。2015年之后，中央政府则通过一般性转移支付安排“三馆一站”免费开放的运行经费。省级财政则一般通过设立专项资金的形式，定额补助场馆服务所需经费。自2012年起，湖北省每年拨付近5000万元专项资金，用于“三馆一站”的免费开放服务。山东省也早在2011年就开始设置省级“三馆一站”免费开放“以奖代补”专项资金，截至2016年，结合中央补助专项资金，山东省已累计投入资金5.46亿元，用于各馆向

社会提供图书借阅、公益性培训、辅导培训等服务。

同时，地方政府积极探索社会化运作方式，形成政府购买、项目外包、企业赞助等多种合作形式。首先，政府购买是现阶段运用频率较高、保障效果较好的一种社会化运作方式，并逐步呈现出以“群众点单，市场供应，政府买单”为特点的运营模式。各地政府积极编制、完善政府购买目录，将购买免费开放服务的相关经费纳入预算中进行保障。政府购买的形式较为多样，主要以竞争性谈判、询价采购、单一来源采购为主。如武汉市洪山区文化馆将公共文化课程培训项目通过竞争性谈判方式，委托给武汉市洪山区七拍艺术培训学校；京山县博物馆也将展馆陈列内容设计项目通过询价采购方式，委托给武汉威格广告展览工程公司。其次，项目外包也是较为常见的一种政府与社会合作的方式，该方式是将原本应由文化机构提供的服务项目交由社会机构运营，“巧借外力”，提高公共文化服务的供给质量，并满足群众多样化、广泛化、个性化的文化需求。湖北省应城市为提高公共文化服务水平，积极探索图书馆、文化馆等场馆服务项目的社会化运营模式，将公益性讲座和艺术普及培训等服务项目外包给第三方机构，调动社会力量，提高服务水准。此外，近年来，企业冠名或赞助博物馆展览以及图书馆、文化馆活动的例子屡见不鲜，该方式成为盘活、丰富、发展场馆文化服务的新兴趋势，同时也为弥补财政经费的不足做出了巨大贡献。

案例四：深圳“戏聚星期六”

深圳大型公益活动项目“戏聚星期六”于2009年4月诞生，是市民免费看戏、学戏、听戏、唱戏的大舞台。该项目以“政府买单，企业运作”的保障方式运行，由深圳市委宣传部、深圳市文体旅游局主办，深圳市宣传文化事业发展专项基金支持，深圳市骏辰影视制作有限公司、深圳大剧院承办。其中，资助方——深圳市宣传文化事业发展专项基金，具有丰富的项目资助经验，为“戏聚星期六”的成功开展提供了强大的资金支持。市场化主体——深圳市骏辰影视制作有限公司，在戏曲界拥有丰富的资源，也具有较强的策划能力，这与“戏聚星期六”项目的需求相契合，能够结合项目特点制定针对性强

的策划方案并形成良好的宣传效应。充裕的资金保障以及社会企业的成熟策划、运作成为“戏聚星期六”能够繁荣发展至今的基础条件。

“戏聚星期六”以“弘扬戏曲文化，传承国粹经典”为目标，以戏曲讲解、教学、表演为主要内容，汇集各路名家，各派戏种，让观众在欣赏戏曲表演的同时学习戏曲知识，从而加深对戏曲文化的了解和印象。该项活动并不仅仅着眼于丰富本地观众的文化生活，更放眼全国文化界，先后在台湾、北京等地演出并进行戏曲交流，声名大噪。如今，“戏聚星期六”已发展到第九个年头，但它仍然保持着良好的发展态势，并吸引着更多的大众加入戏曲文化大军中来。

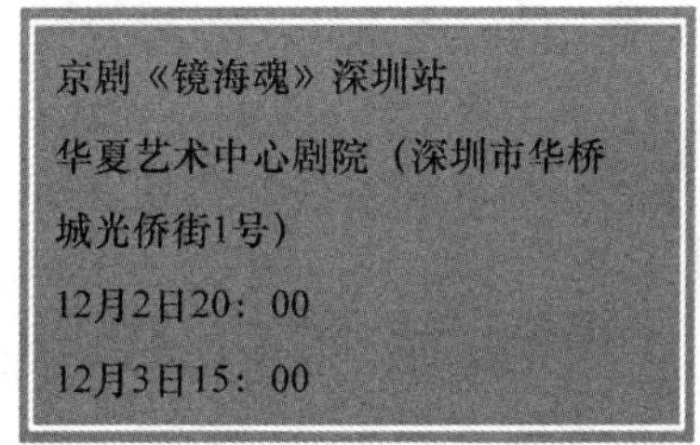

图4－6 深圳“戏聚星期六”演出图

此外，图书馆、文化馆总分馆制的建立与推广，推动了县域公共文化资源共建共享和服务效能的提升，在一定程度上缓解了县级政府及县以下政府在场馆服务方面的财政压力。我国总分馆制兴起于图书馆领域，并在其演进过程中形成了三种财政保障模式。第一种是以“上海中心图书馆”及“北京公共图书馆”为代表的“多元投入”模式。该模式仅实现了不同图书馆基层资源的相互往来，但在财政方面仍保持相互独立。第二种是以“禅城区联合图书馆”为代表的“多方投入、统筹管理”模式。在该模式下人事、资源、财政等方面均由总馆进行统筹，所需经费则由区财政主导，同时融合街道、社区及社会资本等多方力量。第三种是以“嘉兴市城乡一体化总分馆”为代表的“多级投入”模式。该模式由市一级政府牵头，并提供部分分馆建设所需经费，形成市、乡镇、村三级共同投入的模式。在业务方面则由总馆统一负责资源的购买与分配，部分负责人事的调动与管理。这三种模式都在不同程度上缓解了基层财政公共文化投入短缺的问题，促进公共文化服务的质量和城乡公共文化服务的均等化水平的稳步提升。当前，上述模式中的第三种成为总分馆制建设的主流，即建立以市级图书馆、文化馆为中心馆，县/区级图书馆、文化馆为总馆，镇（街道）综合文化站为分馆，村（社区）综合性文化服务中心（文化活动室）为服务点的总分馆体系，实现村（社区）农家书屋与镇（街道）综合文化站、区级图书馆的资源整合和互联互通。推进各级图书馆、文化馆（站、室）、农家书屋基础设施标准化、文化资源共享化、服务系统网络化、管理运行一体化，实现资源统一调配、人员统一培训、服务统一规范、绩效统一考评。图书馆、文化馆总馆通过管理平台统一调度分馆和服务点的业务工作，指导开展县域图书借阅、阅读推广以及群众性文化活动等，统一标识，如图书馆（文化馆）××区××镇（街道）分馆，××村（社区）服务点等。其中，图书馆总馆负责所属分馆图书文献的采购、编目、分类、标引、加工和定期配送，负责组织对分馆人员进行业务培训、指导业务活动开展和读者服务工作，分馆负责配送图书的登记、上架、借阅和分馆的日常管理维护、读者借阅、文献服务、阅读推广活动的开展，以及服务点人员的业务培训和图书配送等工作。文化馆总馆负责组织和指导各分馆之间资源配送，组织文化骨干培训、活动及服务，统筹设施设备及资金保障，定期下派业务骨干到分馆进行指导和辅导；分馆在履行原有基本职能的同时在总馆的指导下开展延伸服务及相关工作，开展文体协管员培训工作。服务点在履行原有基本职能的基础上，开展延伸服务及相关工作。

当前总分馆制从国家层面得到了认可和大力推广，中央层面于2015年颁布了《关于加快构建现代公共文化服务体系的意见》，确立了以政府为总分馆建设的责任主体和主导力量，以县级图书馆和文化馆为重点的发展原则。同时提出了在财政保障方式方法上形成以县级财政为主体，社会力量广泛参与的模式。2016年底，文化部等多部门联合印发了《关于推进县级文化馆图书馆总分馆制建设的指导意见》。该指导意见提出如下目标：到2020年，全国具备条件的地区因

地制宜建立上下联通、服务优质、有效覆盖的县级文化馆、图书馆总分馆制，广大基层群众享受的基本公共文化服务内容更加丰富，途径更加便捷，质量显著提升，均等化水平稳步提高。总体而言，总分馆制有效突破了城乡二元结构，为实现城乡公共文化服务均等化摸索出了一条有效出路。苏州市吴江区是总分馆制深入乡村的典型代表，从2010年起，吴江区开始推行这一模式。苏州市将农家书屋、乡村图书室、文化共享工程基层服务点、党员现代远程教育中心四大基层场所进行整合，将资金统一下发至市图书总馆，由总馆统一分配。此外，图书馆总分馆制的建设经验还被逐步迁移、运用至文化馆领域，进一步扩充了总分馆制在公共文化领域内的财政“减负”效应。嘉兴市是较早进行文化馆总分制建设尝试的，通过按照服务的半径以及人口布局分馆设施网点，总馆和分馆之间形成一套服务标准体系，对不同层级的文化馆资源进行统筹，协调不同场馆之间文化服务活动的互动与交流。这一体系的建立解决了嘉兴市文化场馆相对孤立的局面，也加快了财政经费的使用效率，使资源能够在各级文化馆内进行流转，节省了重新购置的费用。

案例五：嘉兴市文化总分馆

嘉兴市文化馆于2014年正式启动文化总分馆建设计划，由嘉兴市文化馆联合全市五县两区共7个图书馆，乡镇综合文化站、村文化中心，打造嘉兴市总分馆项目。在文化馆总体系上，形成了图4-7所示的中心馆—总馆—分馆—支馆的“四级场馆”模式。其中，嘉兴市文化馆为中心馆，中心馆主要负责制定评估标准，并对全市文化总馆进行评估；县区图书馆为总馆，主要负责制定统一的服务标准与规范，并对资源和业务进行统一采购、统一配送、统一管理；作为分馆和支馆的乡镇综合文化站及村文化活动中心则与中心馆和总馆之间形成资源的相互流转。在管理方法上，嘉兴市文化总分馆探索出一套极具特色的“五个一”模式，即建立统一的设施网点、服务标准、数字服务、评价标准以及统一的下派上挂式人员模式。

在总分馆经费的保障方面，嘉兴市政府设立了文化馆总分馆项目资金，并将其纳入政府财政预算。这部分资金用于中心馆对总馆以及总馆对分馆的整体化运行和资源的调配。嘉兴市文化总分馆的建立有效统筹了各个场馆的文化资源，有效促进了文化场馆服务的均衡发展。现如今，“嘉兴模式”已成为一张名片，得到了文化部领导以及专家的充分肯定，并指出“嘉兴模式”是一种可借鉴、可推广、可复制的公共文化领域建设模型。

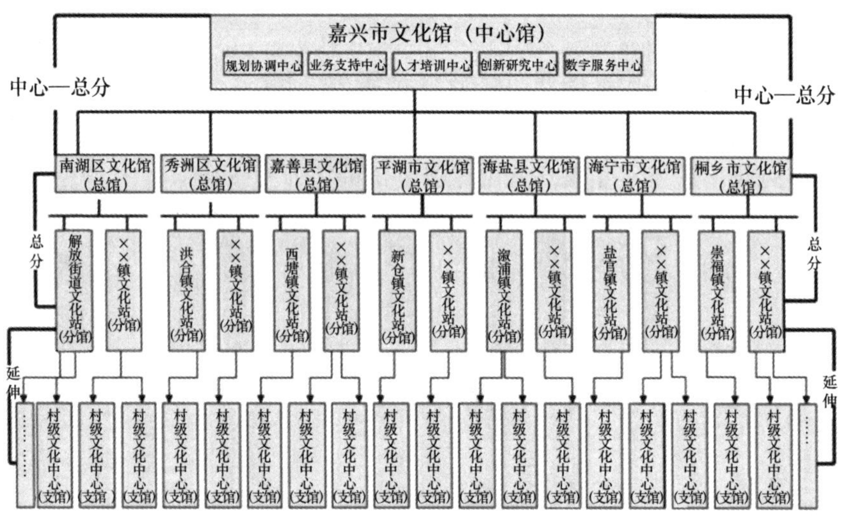

图 4－7 嘉兴市文化总分馆体系架构图

二 流动文化服务的财政保障方式

流动文化服务作为公共文化服务体系建设的重要组成部分，是对公共文化服务的拓展和延伸，是对传统文化服务方式和固定文化服务方式的必要补充，它以健全基层流动文化服务设施网点为基础，以各级公共图书馆、文化馆、博物馆和数字文化服务机构为骨干，以城乡基层特别是老少边穷地区群众为服务对象，通过送文化下基层、区域文化交流以及公共数字文化服务等多种形式，实现公共文化服务项目、活动、人才和信息等各项资源的综合利用和共建共享。主要表现形式有“三下乡”“四进社区”“文化五进”“送欢乐下基层”等文化惠民活动。就财政保障方式而言，现阶段主要以财政投入为主，兼有社会资金补充。

表4－2 **中央“三馆一站”免费开放专项资金下拨情况**

文件	中央下拨专项补助标准	所涉及的场馆服务项目	支出责任划分	依据原则
《中央补助地方文化体育与传媒事业发展专项资金管理暂行办法》（2007年实施，2015年废止）	一次性补助	地方特色博物馆改善馆藏条件以及文物陈列、布展	中央专项补助地方财政保障	符合专项资金分配原则和补助范围
《中央补助地方美术馆、公共图书馆、文化馆（站）免费开放专项资金管理暂行办法》（2013年实施，2015年废止）	1. 东部：20%；中部：50%；西部：80% 2. 地级市三馆：50万元（个/年） 县级三馆：20万元（个/年） 乡镇综合文化站：5万元（站/年）	“三馆一站”的免费开放	中央专项补助地方财政保障	基本补助标准可以根据文化事业发展需要和财力实行动态调整
《中央补助地方博物馆纪念馆免费开放专项资金管理暂行办法》（2013年实施，2015年废止）	1. 门票：中央财政全额负担 运转增加经费：东20%；中部50%；西部80% 2. 运转经费补助：县级馆500万元/个； 地市级馆150万元/个； 县区级馆50万元/个	免费开放增加的门票经费 场馆的运转经费	中央专项补助地方财政保障	因素加项目分配方法
《中央补助地方公共文化服务体系建设专项资金管理暂行办法》（2015年实施）	中央财政一般转移支付安排	免费借阅文化馆等艺术知识普及和培训	中央专项补助地方财政保障	因素法＋项目管理

注：以上博物馆需在中宣部、财政部、文化部、国家文物局确定的免费开放名单中。

就中央政府层面而言，中央一般通过设立专项资金的形式，补贴文化活动所需经费。表4－3为公共流动文化服务领域中央专项资金下拨情况。从表4－3中可以看出，中央一般通过转移支付的方式，按照一定比例，下拨专项资金，补助或奖励地方流动文化服务的发展。省级政府同样通过设立专项资金的形式，补助各地区文化活动所需经费。以湖北省为例。湖北省2014年共下拨专项资金39.2万元用于补贴“送戏下乡”演出经费，2015年则下拨“送戏下乡”演出补贴专项经费36万元。

市县本级政府在充分发挥财政主导作用的同时，积极鼓励市场进入流动文化服务领域，形成“本级财政补助一部分，社会企业或团体资助一部分”的保障模式。具体来说，现阶段在该领域形成了以政府购买、基金扶持、企业赞助、社会团体志愿服务为代表的多元化保障模式。以湖北省襄阳市为例。在创建国家公共文化服务体系示范区的实践中，襄阳市注重激活供给机制，鼓励社会力量投入公共文化建设，通过向社会购买文化服务的方式将文化活动推向市场，同时引入竞争机制，改变供给方式的“固化”形态，先后在“欢乐襄阳”文化惠民演出、“好戏大家看”、优秀剧目展演、端午节龙舟赛等活动中采取政府购买方式。2015年，襄阳市政府用75万元文化惠民资金，购买了150场“欢乐襄阳”文化惠民演出，吸引了52个社团组织参与竞争，6个项目承接主体又成功动员35家企业参与到“欢乐襄阳”文化惠民演出中来，成功撬动社会资金180万元，提升了惠民演出水平，增加了老百姓的文化幸福指数。在公共文化领域广泛使用基金的模式借鉴了国外先进经验，是在国内文化类基金会日益增多背景下出现的，能够为公共领域文化艺术表演活动的开展提供持续、专业性的资助。以国家艺术基金为例。2014—2016年，国家艺术基金共支持文化馆项目55个，博物馆项目4个，图书馆项目3个，形成了对财政支持的有益补充。企业冠名赞助是减轻艺术院团等单位组织文化体育活动所需经费压力的重要途径，是组织文化体育活动普遍运用的方法之一。在一般情况下，位于经济发达地区的企业的经济实力雄厚、理念先进，特别关注公益性活动领域，因此企业赞助形式在这些区域的使用较为普遍。但是对于经济发展较为落后的地区，企业大多规模较小，营利能力有限，这制约了企业参与公共文化服务的积极性。对于此种状态，陕西渭南市对企业冠名的周期做出适当调整，将“一年一冠名”的模式改为“一季（十场演出）一冠名”的模式，减轻了企业的“一次性”赞助负担，改变了从前企业赞助稀少的状况，使文艺演出经费得到保障，广大群众得以从中受益。

表 4-3　　中央补助公共流动文化服务专项资金项目

专项资金项目	补助标准	支出责任划分（所占比重）	
		中央政府	地方政府
《农村电影公益放映场次补贴专项资金管理暂行办法》（2015 年废止）	100 元/场	西部：80% 中部：50% 东部："以奖代补"	西部：20% 中部：50% 东部：地方自筹
《中央补助地方农村文化建设专项资金管理暂行办法》（2015 年废止）	1. 农村文化活动：2400 元/村/年 2. 农村体育活动：1200 元/村/年	西部：80% 中部：50% 东部：20%	西部：20% 中部：50% 东部：80%
《中央补助地方公共文化服务体系建设专项资金管理暂行办法》		中央引导	地方统筹

案例六：鄞州流动文化服务

鄞州近几年来投入千余万元探索搭建了公共文化服务新平台"流动文化设施"，陆续推出文化直通车、汽车图书馆、漂流书库、流动电影院、流动文艺讲师团等新举措，有效促进了城区公共文化服务资源向基层的延伸，打通了公共文化服务范畴的最后一公里。

1. "流动大舞台"

2006 年 4 月，鄞州区政府出资 100 余万元在甘州鄞州市推出首辆"文化直通车"，建立了有 200 多个常规节目的节目库，每年下乡搭台演出 250 场以上。2009 年启动"天天演"文化惠民工程，政府每年出资 800 余万元委托专业文化公司搭建演艺产品供需信息、集中采购、统一配送三大平台，并确保每年 800 多场、20 余类高质量演出 95% 免费送到基层，每村至少 1—2 场。2012 年 10 月，鄞州区文艺中心小剧场开辟了"周末戏曲群星大舞台"，小剧场每个无演出安排的双休日，区内优秀业余戏曲团队通过自愿申报、相关审核，即可登上群星大舞台展演各自优秀剧目，百姓免费观看。

2. "流动文化馆"

区文化馆专门组建了一支"流动文艺讲师团"，根据基层需求申报或预约，主动将公益文化服务（含各类群众文艺项目培训、广场演出指导、基层文化活动策划与辅导及流动展览等）送到乡镇（街道）、村（社区）、工业园区。仅 2012 年"流动文艺讲师团"就下基层举办各类培训64期，上门提供辅导159次，送展览进基层4期。

3. “流动图书馆”

2008年11月，鄞州区政府出资30万元购置的全市首辆“汽车图书馆”投入使用，可装载书籍近2000册，配有电脑、打卡机、无线上网设备及空调、投影仪等，可提供咨询、办证、图书借还和电影放映等多项服务。2011年，鄞州又添一个“汽车图书馆”，目前已建立“汽车图书馆”服务点63个。区图书馆还将品牌讲座“明州大讲堂”的主讲阵地从原来主要集中在区图书馆转移到基层，在2012年共举办的47场讲座中有29场送入基层。

4. “流动电影院”

2005年，鄞州开始开展数字电影“五进”公益放映活动，区电影公司利用其所拥有的23套带有GPS监控功能的先进数字放映设备，和一支由35名数字电影放映专员组成的“流动电影放映队”，开展“农村电影放映工程”“爱教电影进校园”“建筑工地周末影院”“百场电影进企业、进社区”等系列活动。2011年，鄞州启动“天天乐”农村文化娱乐工程项目，通过政府统一向符合条件的行政村文化中心配送成套音响设备和影片光盘的定期配送流通，实现了从“送电影下乡”到“送影院下乡”的跨越式转变。

图4-8　全民共享博物馆文化·流动博物馆基层服务活动现场

5. “流动博物馆”

鄞州区通过出台政策，对民办博物馆增添“流动博物馆”设施设备给予最高不超过 5 万元的补助，以鼓励各博物馆积极开展“流动博物馆基层行”活动。

三　数字文化服务的财政保障方式

数字文化服务主要包括公共文化相关网站信息门户的更新、数字资源的丰富、数字文化活动的开展（数字公开课、辅导、培训等）以及虚拟展示服务等。现阶段，公共数字文化服务的经费保障是由政府主导的，以中央和地方财政下拨的专项资金为主，同时也有部分社会资本参与其中。

从中央层面来看，中央主要通过设置专项资金，对公共数字文化服务项目进行补助。从 2002 年开始，国家先后实施了三大公共数字文化惠民工程——“全国文化信息资源共享工程”、数字图书馆工程、电子阅览室工程。在工程实施过程中，中央政府通过设置专项资金，对各个工程所需建设经费予以补助。此后，根据 2016 年中央补助地方公共数字文化建设专项资金项目申报说明，中央财政对 15 家数字文化馆建设试点单位给予补助资金 3000 万元，用于试点单位信息发布、网上培训，对网上活动进行提档升级。此外，该申报说明还指出，中央财政拟对每个市/县基层公共数字文化服务推广活动提供补助资金 50 万元。为了进一步加强公共数字文化建设，推进公共文化服务体系现代化，搭建数字文化新阵地，与中央政府保障模式相同，省级政府也通过设立专项资金，专款专用于公共数字文化服务项目。以数字化发展较快的江苏省为例。2016 年，江苏省政府设立公共数字文化建设专项经费 1080 万元，用于补助省级公共数字文化服务平台以及省文化数字化管理服务平台两个项目的建设。

为提升数字文化服务供给质量，顺应“数字化”建设潮流，各地政府纷纷将数字文化服务纳入地方财政，同时积极吸引、鼓励社会力量参与其中，形成以政府采购、委托管理、捐赠、合作研发为代表的新型“共建共享”保障模式。第一，财政保障。湖北省嘉鱼县在省级公共文化服务体系示范区创建过程中，积极促成科技与公共文化服务的融合，成为湖北省首家推行县级公共数字文化服务平台的示范点。嘉鱼县公共数字文化服务平台——“嘉鱼文化云”，通过整合全县图书馆、博物馆、文化馆、体育馆的相关资源，搭建统一的网站、微信公众号以及手机 APP 等，为公众提供“一站式”文化服务体验，使大众可以足不出户地知晓公共文化新动向。“嘉鱼文化云”创建初期由县政府牵头，县财政进行保障，整合资金百万余元，以保证嘉鱼公共数字文化云服务的顺利建成。第二，政府采购。主要集中于网站信息、公开课、数字图书、影像资源更新等项目上，采购的相关经费则由财政进行保障。襄阳市图书馆就通过竞争性谈判向北京文景华信科技有限公司购置了网站公开信息 0.8 万条以及图书馆公开课 40 节。第三，企业捐赠和项目委托。佛山市图书馆在数字文化建设方面积极寻求与市场的合作，先后通过社会企业捐赠和部分项目委托运营的方式让市场参与其中。高明织梦电脑有限公司在与佛山市合作的三年期间，投入资金 6 万余元用于自助图书馆的运营工作。此外，佛山市图书馆还将创意产业园自助图书馆项目委托给力豆童书馆，借助其专业化实力，引进更多少儿阅读数字资源，扩展自助图书馆的服务半径。

第四节　人才队伍建设的保障方式

人才队伍的优化是推动公共文化服务体系建设日臻完善、公共文化服务均等化目标得以实现的关键。现行公共文化服务领域的人才支撑体系主要有三大分支：编制内的文化工作者、体制外的聘用人员及以基层群众为核心的志愿者队伍。一支优秀的人才队伍主要由三要素构成：充足的数量、合理的配置结构以及良好的素质。而这三要素的完善就需要有充足的资金作为后盾。

在文化系统内，在编人员的工资以及其他福利待遇一般都被全额纳入政府财政预算，由政府财政进行保障。在一般情况下，编制内人员工资收入较稳定，工作积极性较高。场馆总分馆制的提出，在一定程度上减轻了县级以下政府在人才保障方面的财政支出压力。总分馆制实施后，形成以人员为基础的纽带，将上级图书馆聘用的人才下放至县乡文化站或社区文化中心，形成“市聘、县用”“县聘、镇用”

和“镇聘、乡用”的模式。该模式使地方政府既能够扩充专业人才的数量，又能够减轻本级政府通过自身聘用所带来的财政负担。同时，上级聘用的人员素质相对较高，能够形成对基层文化系统人员的有益补充。但是，随着场馆的新建、扩建、改建，编制体系内的人才数量与场馆服务的需求量不匹配，在这种情况下，各地政府积极探索，通过合并、撤销乡镇的“七站八所”，更好地整合现有体制内的文化人员，使人才保障经费得到更好地利用。以湖北省为例。为解决乡镇综合文化站人才短缺的问题，湖北省先后在各地区试行了“以钱养事”的政策。该政策在一定程度上提高了财政经费的利用效率，在人员使用方面形成了因事设岗、因岗定酬、全员竞争的模式，充分调动了各级员工的工作积极性和责任意识。湖北省当阳市为解决市歌舞剧团人员老化、短缺及运行困难等问题，设立“以钱养事”岗位 30 个，市级财政每年安排资金 30 万元，用于该岗位的建设及补助。

对于体制外人才的财政保障主要呈现出两种形式：第一种为政府购买公益性岗位，购买经费纳入本级财政预算，保证各个岗位都有人可用。以湖北省为例。在公共文化服务体系建设示范区的创建过程中，湖北省襄阳市为加快公共文化服务体系建设步伐，充实乡镇文化人才，由市级财政进行保障，通过政府购买公益性岗位的方式解决了文化人才不足的问题。同时襄阳市还探索了公益性岗位的“县聘镇用”模式。为完成乡镇综合文化站要求具备 3 名以上工作人员和村 1 名以上工作人员这一标准要求，襄阳市通过签订聘用合同，实行县聘镇用，人员的待遇则纳入县级财政预算进行保障。江西省新余市为补充公共文化服务体系人员的不足，结合岗位的具体需求，由市政府牵头，向市残联购买了 300 个公益性岗位，使能够胜任文化工作的残疾人士参与到公共文化服务中来。购买公益性岗位的经费由市级政府财政承担，保障标准为每人每年 3600 元。第二种为市县本级政府设立专项资金，注重高层次文体人才的引进。高层次人才的引进对于高效整合、利用现有公共文化资源，创新文化服务供给方式，牵头带动文化体育事业发展大有裨益。多地积极引进高层次人才助力地区公共文化服务的发展。深圳福田区也从福田区宣传文化体育事业发展专项资金中列支专门资金用于补助引进文化名人的差旅费用、劳务津贴、住房租金补贴及市内交通补贴、项目资助、场地支持以及荣誉支持等相关事项。

对于群众广泛参与下的志愿者服务队伍，地方政府主要通过“以奖代补”的形式，下拨一定数额的补助或奖励经费，保证志愿者队伍活动和培训的顺利开展。文化志愿者主要由一些具有文艺专长或知识的业余骨干或者热心文化事业的个体或者家庭自愿组成。志愿服务内容一般包括从事一些基层公共文化服务事务，如承担社区文化场馆和文化活动满意度调查，搜集群众文化满意度反馈，组织文化活动和辅导，参与文化管理监督，提供艺术培训和文化讲座等。为使志愿者服务更加专业化，各地政府积极开展对志愿者的培训工作，培训经费由本级政府财政进行保障。同时，为鼓励志愿者更加积极地投入文化服务中，各地区形成了以“以奖代补”为主的志愿者服务奖励机制。此外，多地政府还积极探索从顶层设计层面完善志愿者相关管理机制，在保障志愿者权益的前提下，规范化、系统化文化志愿者服务事项。例如，襄阳市政府将文化志愿者队伍纳入市委、市政府指导范围。同时建立文化志愿者服务认证体系、服务档案记录体系、服务考评体系、服务激励体系、服务信息共享体系和服务保障体系等。天津河西区制定了《河西区文化志愿者招募与管理办法》，规范化地处理文化志愿者登记注册，志愿者培训教育、管理、维权以及服务项目标准化等问题。志愿者参与下的公共文化服务模式有助于弥补公众文化需求日益增多与文化专职人员不足的矛盾，同时能够增加公共文化活动的组织数量，丰富广大群众的业余生活，更加贴近基层群众，对公共文化活动供给不足和单一情况提供了有益补充。

第五节　公共文化服务体系建设财政保障方式的问题分析

从前文对公共文化服务体系建设财政保障方式的分析，我们可以得出以下结论：

第一，公共文化服务体系建设中专项转移支付保障的弊端凸显，急需转向以预算和预算管理体制为依托的公共文化服务财政支出和规范化的转移支付。在我国的转移支付制度体系中以及在公共文化服务体系建设中专项转移支付的规模庞大，占据着举足轻重的地位。通过对现阶段调研结果的分析，专项资金的撬动作用显著。一方面表现为中央专项资金对地方财政投入的撬动作用；另一方面表现为省级财政资金对社会资本的撬动作用。以湖北省为例。湖北省在省级公共文化服务体系示范区创建过程中，省级财政共下拨示范区建设经费2000万元，拉动市县级地方政府财政投入25.66亿元，是省级专项经费的128倍，撬动作用明显。可见，专项转移支付专款专用的形式使得各级政府把专项资金用于特定领域的投入上，保障了该领域公共文化服务的良性发展，在一定程度上促进了县域公共文化服务体系建设，但不可否认的是，专项资金确实存在一系列问题。专项转移支付涉及领域过宽，从项目立项、资金拨付到项目绩效评估，随意性太大，分配使用不够科学；在一些项目上行政审批色彩较重，与简政放权改革的要求不符，削弱了地方财政预算的完整性和严肃性；地方配套资金压力较大，财政统筹能力较弱，最终导致地方政府要么挤占民生财政支出，要么变相举债；转移支付管理漏洞较多，信息不够公开透明等，“跑部钱进”现象难以遏止。上述这些问题，不仅不利于财政资金使用效益的提高，影响了财政的可持续发展，而且不利于市场机制的正常运行，影响了政府职能的履行。在公共文化服务领域，公共文化产品、服务和活动等的事权主要由地方政府承担，地方政府自身在公共文化服务建设领域的短板以及急需资金补助的领域较为明晰。而中央专项资金是在评估全国文化建设需求的基础上制定策略并发放的，并不具备针对性，各地公共文化服务领域内资金的需求与专项资金补助的领域并不一定完全契合，这在一定程度上造成专项资金的使用效率不高。此外，在国家级示范区和省级示范区创建过程中，中央和省级政府都支付了数额不等的专项资金，对示范区的创建予以补助和奖励。截至目前，中央共设立了三批、90个（第一批28个）公共文化服务体系示范区，涉及66个市、19个城区、3个自治州以及两个县。补助标准按照东、中、西部每个示范区分别奖励400万元、800万元、1200万元。相比已经纳入文化示范区建设的地区，未被纳入的地区仍占大多数，如果都参照示范区的模式进行公共文化建设，中央政府势必需要下拨巨额专项资金来支持地方文化事业的发展，这将给中央财政造成很大的负担。相同地，湖北省在省级示范区创建过程中，对每个示范区给予200万元的资金补助，截至目前，共对两批20个省级示范区下拨示范区建设专项资金4000万元，这对省级财政来说同样是一笔不小的开支。所以探索出一条既能将公共文化服务体系示范区建设这块蛋糕做大，又不对政府财政造成过分负担的途径，是今后探寻的重点。

第二，政府间财政事权与支出责任划分不合理，地方政府尤其是县级政府财政压力巨大，难以落实基本公共文化服务实施标准。虽然在公共文化服务领域基本形成了中央政府与地方政府共担的财政保障体系，各地政府也出台了相关政策鼓励社会资本参与，但是各地区经济社会文化发展差异较大，难以实现制度层面的标准化。地方政府，特别是县级政府财政的压力主要来自于两个方面：文化场馆建设经费投入的压力以及数字文化设施建设经费投入的压力。在文化场馆建设方面，县级政府财力与支出责任不匹配，财力缺口大。根据“三馆”建设的支出责任一般由中央政府和地方政府共担的规定，中央政府虽然按照一定比例对中西部地区“三馆”建设予以专项资金补助，但是场馆建设所需资金动辄上千万元，即使中央和省级政府通过转移支付的形式，定额补助一部分，县级政府的财政负担仍然较重。对于经济发展较为落后的地区，县级政府处于两难境地。首先，县级财政财力缺口大，财政自给率低，大多数偏远地区的县乡镇政府财政属于“吃饭财政”，无法匀出经费投入场馆建设中。以湖北省H县为例。2013年H县包含税收在内的财政总收入为6.09亿元，而当年的财政支出为16.53亿元，财政自给率为0.36，处于偏低水平。且大众对于公共文化服务设施建设的需求是柔性的，很难对县级政府形成刚性化资金投入要求。这两方面因素导致经济较为落后的中西部县无意识也无力承担“三馆”设施建设所需经费。在数字文化设施建设方面，由于数字设施网络、平台搭建的技术难度大，资金需求多，地方政府既无充裕的资金，又无技术，也无资源，很难整合资金、资源、人才投入公共数字文化建设中。

第三，虽然“政府主导，社会参与”的模式已经在公共文化服务建设领域普遍推行，但仍存在发展不成熟、标准不统一、规范化不足等问题。尽管公共文化服务财政投入改革创新的具体实践已取得较大进展，但由于起步晚、起点低，目前仍处于初步发展阶段，体现为社会力量参与程度不足，参与范围局限性很大。当前实践中较多的社会捐赠式参与、志愿者服务参与均是一种较为浅层次的参与模式，而较为深入的自建共享式参与、合资参股式参与如民间主体以捐建场馆、资助项目等形式参与的实践案例尚不多见。目前的政策文件主要以鼓励社会力量参与基础文化设施和场馆建设领域为主，较少涉及公共文化产品供给侧的生产领域，最为普遍的政府购买式参与在范围上也基本局限于演出服务领域，同时面临着大量的体制、机制与技术等方面的现实困境，普遍存在着“供给方缺陷”和“需求方缺陷”。在公共文化基础设施建设领域，PPP 模式发展仍不成熟，项目落地仍存在困难，2015 年发展改革委推介的第三批共 9 个文化类 PPP 项目中，目前确定落地的项目为 7 个，有部分项目落地一波三折。例如，江西省瑞金市文化艺术中心综合开发建设项目，经历了三次招标，方才达成投资意向。在文化领域中，PPP 模式在制度层面和操作层面仍存在诸多不成熟因素。在制度层面，对 PPP 模式没有统一的概念界定，容易产生歧义。发展改革委和财政部“双头”主导，有关 PPP 法规模糊，各地自行定制标准，使得 PPP 模式发展“无法可依”。对于 PPP 相关法规的制定还处于初期探索阶段，部门化、地方化现象严重。此外，地方政府分别设置 PPP 合作标准不利于形成统一的 PPP 项目效果衡量和评估标准。操作层面存在着选取合作伙伴不当现象与风险控制责任划分困难两大问题。在选取合作伙伴层面，政府倾向于选择融资能力强的企业，而忽视其运营管理能力，导致合作后期营利困难，企业难以获得相应回报。在风险划分方面，因为存在双方各自独立承担风险和共担风险的划分，易导致双方无法达成统一的风险划分意见，使双方合作困难重重。此外，地方政府分别设置 PPP 合作标准不利于形成统一的 PPP 项目效果衡量和评估标准。政府与民营部门往往存在一种博弈的关系，大多数民营企业认为，公益性文化领域 PPP 项目的投资回报不确定，投资积极性不高，使得 PPP 项目的落地十分困难。

表 4-4　　**发展改革委第三批 PPP 推介项目落地情况**

所属省/市	项目名称	项目总投资（万元）	项目实施机构	实施情况	建设情况
内蒙古自治区	松北新城综合场馆	**19500**	赤峰市松山区北城建设指挥部办公室	落地	**2017** 年 **4** 月动工
宁波市	宁海县文化综合体 PPP 项目	**77000**	宁海县发展和改革局	落地	潘天寿艺术中心：**2016** 年动工；宁海大剧院：**2019** 年动工
安徽省	临泉县市政道路和市民中心工程 PPP 项目	**51300**	临泉县住房和城乡建设局	落地	**2016** 年动工
福建省	福建省平潭综合实验区平潭科技文化中心 PPP 项目	**158153**	平潭综合实验区社会事业局	—	—
福建省	福建省泉州市公共文化中心 PPP 项目	**345200**	泉州市住房和城乡建设局	落地	**2016** 年动工
江西省	瑞金市文化艺术中心综合开发建设项目	**40067**	瑞金市城乡规划建设局	落地	**2017** 年签约
山东省	山东省潍坊高密市月亮湾文化园区项目	**48168**	高密市文化产业管理委员会	落地	**2016** 年动工 **2017** 年竣工
湖北省	荆门剧院	**20950**	荆门市机关事务管理局	落地	**2016** 年动工 **2017** 年竣工
湖北省	湖北省荆州市监利县文化体育中心 PPP 项目	**74092**	监利县文化旅游局	—	—

第四，公共文化服务体系示范区创建完成后，新建场馆的运营、维修等所需经费如何实现长效可持续供给成为摆在各地政府面前的一道难题。国家以及省级公共文化服务体系示范区创建周期一般为两年，两年间通过中央和省级专项资金的撬动，各个示范区积极整合各

方资源，开辟筹资渠道，新建起一批规模较大、数量众多、覆盖城乡的文化基础设施。相对于建设周期经费的短期大量投入，运营周期的经费则需要长期持续供给。但是，从调研情况来看，文化基础设施的运营情况并不乐观，大多因为缺乏运营经费而导致文化基础设施闲置率高，形同虚设。以深圳福田区为例（见表**4－5**）。一般市级场馆运行经费在百万元左右，而县级图书馆的运行经费也需几十万元，这对本级财政来说是一笔不小的开支。虽然国家对“三馆一站”的免费开放有所补助，但是仍显不足。以湖北省为例，**2014**年中央政府共向湖北省下拨“三馆一站”免费开放专项资金**147**万元，最多的为潜江市**11**万元，最低的为洪山区**1**万元，这与场馆免费开放所需经费相去甚远，运行经费仍主要由地方政府财政承担。但是很多基层政府对公共文化服务重视不足，加之经费短缺、人才不足等，严重制约着“三馆一站”的运营。因此，如果不探索、建立场馆运营经费的长效保障机制，日后场馆利用率低，无展览、无陈列等现象仍会进一步恶化。

表**4－5**　　2017年福田区图书馆与湖南辰溪县图书馆运营支出预算

场馆	运营所需资金（万元）	支出项目细分
福田区图书馆	629.91	一般管理事务费，包括水电费、大厦维护费
辰溪县图书馆	33.6	一般运行经费

第五，由于财政保障尚不规范，公共文化人才队伍建设存在结构上、制度上以及地域上的差异。首先，政府下拨的培训经费有限，人员缺乏对新兴公共文化系统建设了解的机会，人员知识体系无法适应文化发展的需要，并且基层文化人员普遍年龄偏大，知识系统老化，严重影响人才建设的发展。其次，在文化系统中，特别是乡镇综合文化站等基层文化服务岗位编制人员少，无编制人员占大多数，在乡镇综合条件无法吸引人才的大背景下，制度上又不能保障人才基本权益，使得基层具有文化专长的管理人员流失严重。但是，设置更多的编制就意味着更多的资金需求，怎样保障这部分资金足量足额下发，

成为人才队伍建设的关键。最后，人才建设资金不足，人才资源地域上的差异，造成人才队伍建设的失衡，最终影响公共文化服务均等化目标的实现。偏远地区由于其环境条件艰苦，本身就很难吸引、引进具备文化专业知识的人员，虽然中央政府通过划拨专项资金对边疆少数民族地区的人才队伍建设进行补助，但由于资金有限，带动效果并不明显，偏远地区人才队伍的建设一直落后于其他地区。

第五章　公共文化服务体系建设财政保障状况评估

——基于2007—2016年省级面板数据的分析

本章旨在对我国省级公共文化服务体系建设的财政保障状况进行评估。从“投入—产出”两个维度构建各省（市、自治区）公共文化服务体系建设财政保障绩效评价指标体系，具体包含6个二级指标和60个四级指标，首先采用“纵横向”拉开档次综合评价方法对2007—2016年全国31个省级政府的公共文化服务体系财政投入和产出的发展进程进行评估，然后采用DEA方法和Malmquist指数方法对财政保障效率进行评估，最后采用泰尔指数对我国省级公共文化服务体系财政投入均等化状况进行评估。

第一节　我国公共文化服务体系建设财政保障的综合评价

一　指标体系的构建

笔者从“投入—产出”两个维度构建公共文化服务体系建设财政保障绩效评估指标体系，投入类指标用来考察政府对公共文化服务的财政支持，产出类指标主要反映财政资金投入所产生的基本公共文化服务的供给能力以及公共文化文物机构的分布密度。根据《国家基本公共文化服务指导标准（2015—2020年）》，基本公共文化服务主要涵盖公共图书馆服务、群众文化机构（文化馆、文化站）服务、文经物业服务、广播电视电影领域。但广播电视电影领域目前已经基本全覆盖，因此在具体的指标设计中，我们选取主要的公共文化文物机构［公共图书馆、群艺馆（文化馆）、博物馆、文化站］的相关内容作为指标。所构建的公共文化服务体系建设财政保障绩效评价指标体系具体如表5－1所示。

表5－1　公共文化服务体系建设财政保障绩效评价指标体系

一级指标	二级指标	三级指标	四级指标
财政投入	1. 规模	1. 绝对规模	1. 人均文化（文物）机构财政拨款
		2. 相对规模	2. 文化（文物）机构拨款占财政支出比重 3. 文化（文物）机构拨款占国内生产总值（GDP）的比重
	2. 结构	3. 图书馆财政投入	4. 公共图书馆财政拨款占文化（文物）机构财政拨款比重 5. 公共图书馆购书专项经费占文化（文物）机构财政拨款比重
		4. 群艺馆（文化馆）	6. 群艺馆（文化馆）占文化（文物）机构财政拨款比重 7. 群艺馆（文化馆）业务活动专项经费占文化（文物）机构财政拨款比重
		5. 乡镇文化站财政投入	8. 乡镇文化站财政拨款占文化（文物）机构财政拨款比重 9. 乡镇文化站业务活动专项经费占文化（文物）机构财政拨款比重
		6. 博物馆财政投入	10. 博物馆财政拨款（各地区博物馆基本情况）占文化（文物）机构财政拨款比重
产出	3. 公共图书馆	7. 基础设施建设	11. 公共图书馆机构数 12. 每万人拥有公共图书馆实际使用公用房屋建筑面积 13. 平均每馆计算机数量 14. 平均每馆电子阅览室终端数
		8. 产品、服务及活动供给	15. 人均拥有公共图书馆藏书量 16. 平均每馆总流通人数 17. 平均每馆外借册次 18. 平均每馆组织各类讲座次数 19. 平均每馆参加讲座人次 20. 平均每馆举办展览次数 21. 平均每馆参加展览人次 22. 平均每馆举办培训班次数 23. 平均每馆参加培训人次 24. 平均每馆流动服务书刊借阅册次
		9. 人才队伍	25. 平均每馆从业人员人数 26. 公共图书馆高级职称人员占从业人员人数比重

续表

一级指标	二级指标	三级指标	四级指标
产出	4. 群艺馆（文化馆）	10. 基础设施建设	27. 群艺馆（文化馆）机构数 28. 每万人拥有群艺馆（文化馆）实际使用房屋建筑面积 29. 平均每馆计算机数量
		11. 产品、服务及活动供给	30. 人均藏书数量 31. 平均每馆组织文艺活动次数 32. 平均每馆文艺活动参加人次 33. 平均每馆举办训练班班次 34. 平均每馆培训人次 35. 平均每馆举办展览场数 36. 平均每馆展览参加人次 37. 平均每馆组织公益性讲座次数 38. 平均每馆公益性讲座参加人次
		12. 人才队伍	39. 平均每馆从业人员人数 40. 群艺馆（文化站）高级职称人员占从业人员人数比重
	5. 乡镇文化站	13. 基础设施建设	41. 人均乡镇文化站机构数 42. 每万人拥有乡镇文化站实际使用房屋建筑面积 43. 平均每馆计算机数量
		14. 产品、服务及活动供给	44. 人均藏书数量 45. 平均每馆组织文艺活动次数 46. 平均每馆文艺活动参加人次 47. 平均每馆举办训练班班次 48. 平均每馆培训班参加人次 49. 平均每馆举办展览个数 50. 平均每馆展览参加人次
		15. 人才队伍	51. 平均每馆从业人员人数 52. 乡镇文化站高级职称人员占从业人员人数比重
	6. 博物馆	16. 基础设施建设	53. 人均博物馆机构数 54. 每万人拥有博物馆实际使用房屋建筑面积 55. 平均每馆基本陈列
		17. 产品、服务及活动供给	56. 人均拥有藏品数 57. 平均每馆举办展览次数 58. 平均每馆参观人次
		18. 人才队伍	59. 平均每馆从业人员人数 60. 博物馆高级职称人员占从业人员人数比重

二 研究方法和数据来源

（一）研究方法

本书采用“纵横向”拉开档次评价法，对2007—2016年中国31个省级政府公共文化服务体系建设财政保障绩效进行评估和分析，该评价方法的优势是可以保证各地区在各时刻的评价都具有直接可比性，由于其引入的权重系数虽然不包含时间，但与时间有着隐含的联系，能对不同地区在不同时刻的综合发展情况做出动态比较，可解决动态的多指标综合评价问题。假设有 m 个样本，n 个指标，这些样本与指标构成原始矩阵 $A = \{x_{ij}\}$，其中 x_{ij} 代表第 i 个样本第 j 项指标的数值。主要数据处理步骤如下：

1. 指标数据预处理

为保证处理后的指标值 x_{ij}^* 大于零，首先采用线性比例法对原始数据进行无量纲正向化处理，即 $x_{ij}^* = x_{ij}/\max(x_{ij})$ 且 $\max\{x_{ij}\} > 0$，由此得到指标数据的标准化矩阵 $A_k = \{x_{ij}^*(t_k)\}_{m \times n}$（式中 $k = 1, 2, \cdots$，k 代表年份；$i = 1, 2, \cdots$，m 代表样本序数；$j = 1, 2, \cdots$，n 代表指标序数；对本研究而言，$K = 10$，$m = 31$，$n = 60$）。

2. 指标评价权重系数计算

指标评价权重系数值 $\{w_j\}$ 选取为 H 矩阵最大特征值所对应的归一化特征向量（其中 $H_k = A_k^T \times A_k, H = \sum_{k=1}^{K} H_k$，上标 T 代表矩阵的转置运算）。

2. 样本评价函数值计算

定义在 t_k 时刻的函数值 $y_i(t_k) = \sum_{j=1}^{n} w_j x_{ij}^*(t_k)$，作为评价函数值。

（二）数据来源

考虑到数据的滞后性、可得性和连续性，笔者将考察时间段定为2007—2016年10年，选取全国31个省（市、区）的数据资料。数据资料主要源自《中国统计年鉴》（2008—2017）、《中国文化文物统计年鉴》（2008—2017）、《文化发展统计分析报告》以及各省（市、区）历年的文化统计公报等。对个别指标在个别省份以及个别年份的数据缺失情况，采用线性拟合方式加以补全。

三 实证研究结果（Ⅰ）：投入

结合所构建的公共文化服务体系建设财政保障指标体系，采用“纵横向”拉开档次评价法，对中国 31 个省（市、区）2007—2016 年公共文化服务体系建设财政投入数据进行处理，得到各省（市、区）各年度财政投入绩效状况。

（一）财政投入整体状况

我国公共文化服务体系建设财政投入绩效存在较为显著的省际差异，各省（市、区）10 年间的财政投入变动相对平稳。首先，从省际差异来看，图 5－1 中 2007—2016 年各年度的绩效变化曲线显示，东部地区的财政投入绩效值明显高于中、西部地区，西部地区略高于中部地区。10 年间财政投入绩效平均值排名前五位的分别是上海、广东、浙江、江苏和重庆，排在后面的五个省分别是河北、河南、江西、湖南和黑龙江。其中上海最高，为 0.147，而排在后面的五个省之一的河北省绩效值仅为 0.074，财政投入绩效差达到 0.073。西部地区获得较多的中央财政转移支付，财政投入绩效较高，如西藏在 10 年间财政投入绩效平均值达到 0.971，高于天津、山东、北京等东部地区。其次，从财政投入年度变化来看，31 个省（市、区）2007—2016 年的公共文化服务体系建设财政投入绩效得分逐年变化情况见图 5－1 所示，可以发现各省（市、区）10 年间财政投入绩效存在一定程度的起伏，总体变化幅度不大，这也表明东、中、西部地区的公共文化服务体系建设财政投入之间的差异并没有得到明显的改善。其中，上海在 10 年里的财政投入绩效值稳居第一，平均增长率为 0.9%，年增长率在 ±14% 范围内变动，而西藏财政投入绩效变化最大，平均增长率为 6.0%，2010 年增速最高，达到 35.8%，随后的 2010 年增长率降为 －2.7%，财政投入相对较不稳定。

（二）财政投入具体状况

笔者用人均文化文物机构财政拨款，文化文物拨款占财政支出、GDP 的比重来衡量公共文化服务体系建设财政投入规模，运用“纵横向”拉开档次评价法计算发现，公共文化服务体系财政投入规模同

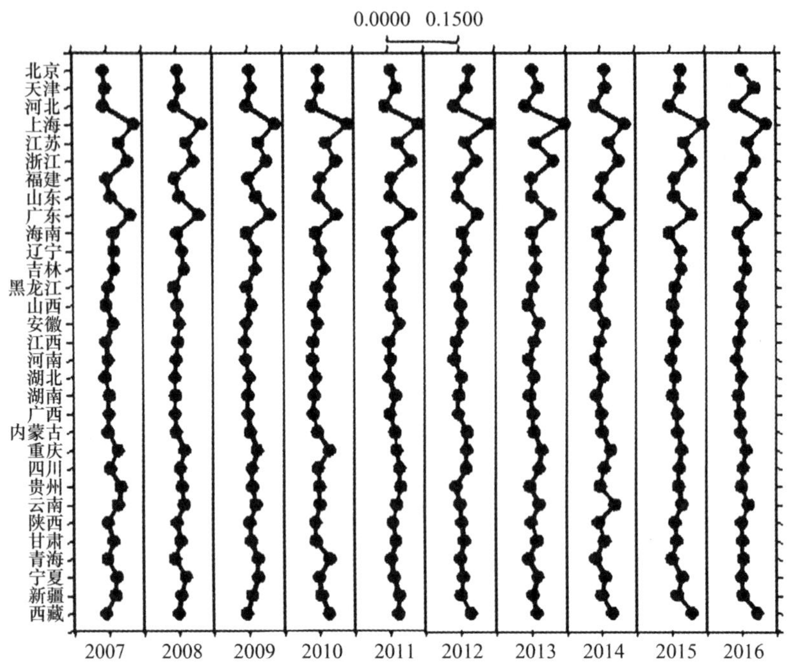

图 5－1　2007—2016 年中国 31 个省（市、区）公共文化服务体系建设财政投入绩效值

样存在较为显著的省际差异，各省（市、区）2007—2016 年的绩效值有升有降，总体略有增长。首先，从省际差异来看，图 5－2 中每条绩效变化曲线显示，东部地区的财政投入规模绩效值略高丁西部，明显高于中部。平均绩效值较高的除西藏（0.044）之外，均在东部地区，依次为北京（0.045）、浙江（0.040）、上海（0.034），西部地区的陕西、宁夏的平均绩效值也均在 0.03 以上，而中部地区除山西（0.033）之外，平均绩效值均在 0.015—0.022，安徽平均财政投入规模绩效值最低，为 0.015，与北京相差 0.030。其次，从年度变化来看，财政投入规模绩效得分的逐年变化见图 5－2 所示，可见各省（市、区）10 年间财政投入规模绩效存在一定程度的起伏。计算平均年增长率结果显示，除北京、天津、上海、浙江以及新疆的值为负数即增长率整体处于下降趋势外，其他各省（市、区）市的财政投入规模绩效值整体上处于增长

趋势，平均年增长率最高的为辽宁（9.4%），最慢的为广东（0.1%）。中部地区在财政投入规模基数较低的情况下，为实现国家公共文化服务体系建设任务必定需要加大财政投入力度，平均年增长率相对较高。尽管如此，从财政投入规模绩效值来看，仍处于落后状态，这意味着财政投入仍具有提升的空间。

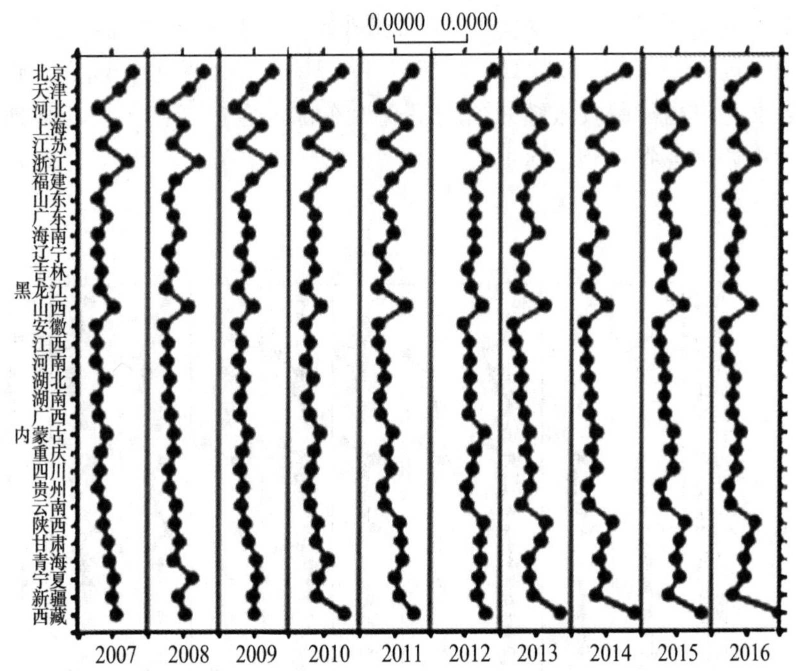

图5－2 2007—2016年中国31个省（市、区）公共文化服务体系财政投入规模绩效值

随后，笔者用“三馆一站”的财政投入来衡量公共文化服务体系建设财政投入结构，运用“纵横向”拉开档次评价法计算发现，公共文化服务体系建设财政投入结构的省际差异在东部地区之间较为明显，中、西部之间不明显，各省（市、区）2007—2016年的绩效值有升有降，总体略有增长。首先，从省际差异来看，图5－3中每条绩效变化曲线显示，东部地区公共文化服务体系建设财政投入结构的绩效值省际差异较大，其中上海、广东的绩效值最为突出，分别为

0.112、0.104，远高于其他省（市、区），而北京的绩效值在全国范围内最低，仅为0.044。中部地区财政投入结构绩效值基本上集中在0.05—0.07，省际差异不大，西部地区也是如此。其次，从年度变化来看，财政投入结构绩效得分的逐年变化见图5－3所示，可见各省（市、区）10年间财政投入规模绩效存在着并不明显的起伏，全国平均年增长率为1.6%，其中，平均年增长率最高的为天津（10.9%），最低的为海南（－3.9%）。除湖北外，中部地区的平均年增长率普遍较高，如安徽（5.4%）、河南（4.7%）、山西（4.6%）。此外，各文化机构财政投入绩效值均呈现出东部地区远远高于中西部地区，而中西部各省（市、区）之间的绩效差异不显著，有待进一步提高。

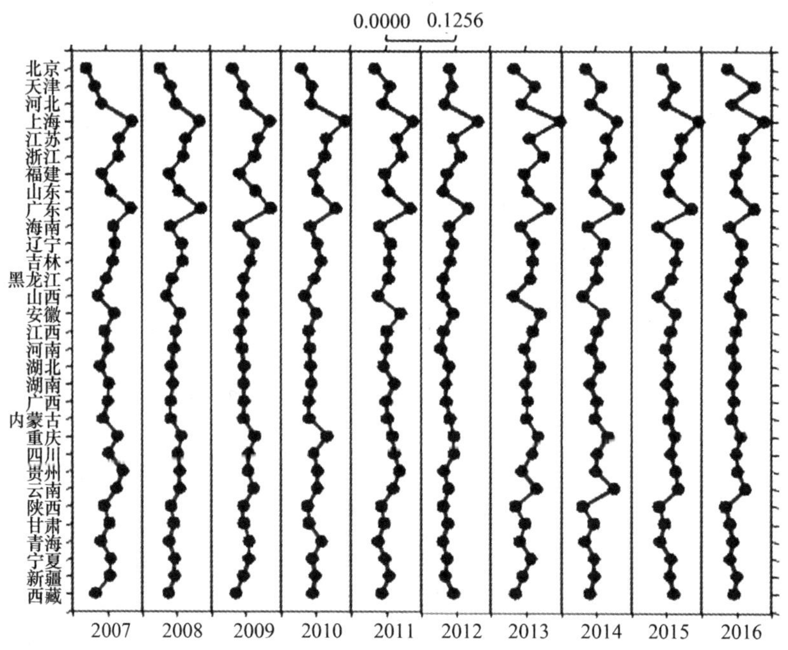

图5－3　2007—2016年中国31个省（市、区）公共文化服务体系财政投入结构绩效值

四　实证研究结果（Ⅱ）：产出

结合构建的公共文化服务体系建设财政保障指标体系，采用“纵横向”拉开档次评价法，对中国31个省（市、区）2007—2016年10年里公共文化服务体系建设财政保障产出绩效数据进行处理，得到各省（市、区）各年度的产出绩效状况。

（一）产出整体状况

我国公共文化服务体系建设产出存在较为显著的区域差异，东部地区省际差异最大，西部次之，中部地区最小，各省（市、区）10年间发展速度较不均衡，西部地区整体上不断提高，东、中部地区整体上处于稳定状态。首先，从省际差异来看，图5－4中2007—2016各年度的绩效变化曲线显示，东部地区的公共文化服务产出绩效值明显高于中、西部地区，上海最高，为0.589。其后依次为浙江（0.388）、北京（0.380）、江苏（0.340）、广东（0.328）。海南公共文化服务产出绩效值全国最低，仅为0.161，与上海的绩效差达到0.428。中部八省之间的绩效值相对集中，在

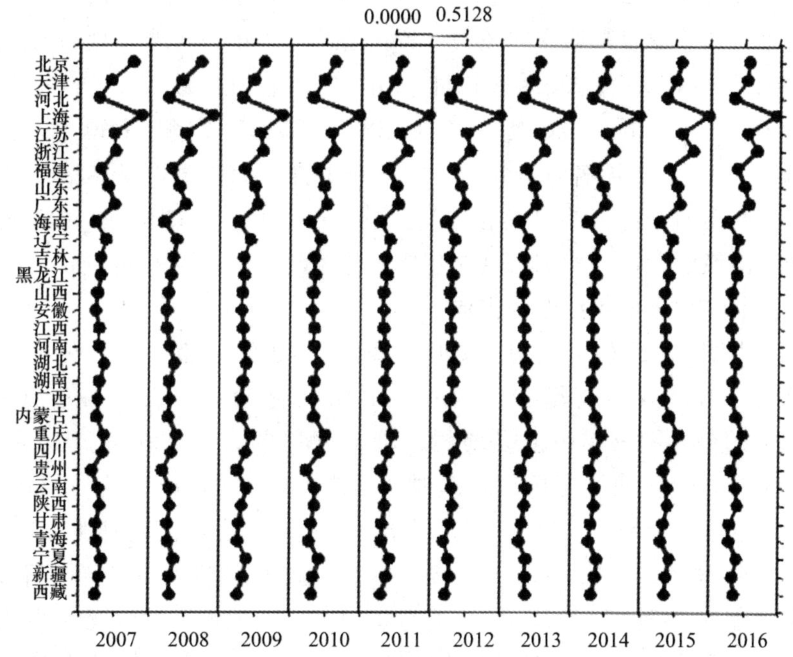

图5－4　2007—2016年中国31个省（市、区）公共文化服务体系产出绩效值

0.196—0.234，平均值为0.211，西部地区产出绩效平均值为0.209，重庆最高，达到0.283。其次，从财政投入年度变化来看，31个省（市、区）2007—2016年公共文化服务体系建设产出绩效得分的逐年变化情况见图5-4，可以发现，各省（市、区）10年间产出绩效值有升有降，存在一定程度的起伏，西部地区公共文化服务体系建设产出绩效的平均年增长速度最为明显，中、东部地区相对平缓。其中，贵州的平均年增长率最高，为7.5%，2009年、2015年的增长率分别为33.8%、15.3%。上海的平均年增长率最低，为0.7%，年增长率在-0.01—0.33，这充分体现出资金投入边际效益的递减规律。

（二）文化机构产出状况

这里具体考察“三馆一站”公共图书馆、群艺馆（文化馆）、乡镇文化站、博物馆的产出状况。从产出内部结构来看，公共图书馆产出绩效值最高（0.920），乡镇文化站最低（0.354），博物馆平均年增长率最高（12.9%），公共图书馆最低（8.3%）这与我国公共文化服务体系建设政策导向较为一致。公共图书馆在综合绩效得分中所占比重最高，为23.54%，群艺馆（文化馆）次之，占比约为16.68%，接下来依次为博物馆（12.92%）和乡镇文化站（12.29%），表明各省（市、区）在公共图书馆方面的基本公共文化服务产出高于群艺馆（文化馆）、乡镇文化站、博物馆，乡镇文化站的产出最低，这与我国公共文化服务体系建设的状况基本符合，即基层公共文化服务供给较为薄弱。

由图5-5（a）可知，2007—2016年各省（市、区）公共图书馆的产出绩效略有增强，但曲线形状变化较小，表明各省（市、区）的公共图书馆事业是缓慢、稳步发展的。由2007—2016年间每条绩效变化曲线可见，东部地区对应幅值整体明显高于西部，上海、北京、浙江、广东、江苏产出绩效得分最高，分别为2.166、1.586、1.517、1.406、1.245。中部地区各省绩效得分差异不大，集中在0.713-0.922，平均值为0.791，公共图书馆状况相当，整体落后于东部地区。而西部地区各省（市、区）产出绩效得分差异相对较大，最高的为重庆（1.108），西藏的产出绩效值最低

(0.551)，相差0.557，变化趋势相比于中东部地区较为明显，平均年增长率较高。

由图5-5（b）可知，2007—2016年间各省（市、区）群艺馆（文化馆）的产出绩效整体上有所提升，但增幅不大，曲线形状变化不明显，东部、中部和西部地区绩效得分存在差异。东部地区产出绩效平均值最大，为0.689，平均年增长率为1.5%。上海群艺馆（文化馆）的产出绩效最高，达到1.586。海南最低，为0.300，两地的产出绩效相差1.286，可见非均等化程度之高。西部地区产出绩效平均值次之，为0.428，平均年增长率最高，为4.4%，表明西部地区群艺馆（文化馆）的状况正在不断改善，其中，中央对西部地区的财政转移支付较多，按照粘蝇纸效应，地方政府会提供更多的基本公共文化服务。中部地区的产出绩效值整体较低，八省10年间的平均值仅为0.411，平均年增长率为2.2%，可见群艺馆（文化馆）产出状况并不理想，虽整体上呈现增长趋势，但增长速度缓慢。

由图5-5（c）可知，2007—2016年各省（市、区）乡镇文化站的产出绩效值整体有所提升，但增幅不大，曲线形状变化较小，表明各省（市、区）乡镇文化站同样是缓慢、稳步前进的。由2007—2016年每条绩效变化曲线可见，东部地区对应幅值整体明显高于中、西部地区。东部地区上海、浙江、北京、江苏、广东得分最高，分别为1.157、0.638、0.582、0.521、0.485，乡镇文化站提供的公共文化服务情况较好。中部地区的各省（市、区）绩效得分差异不大，集中在0.238—0.304，平均值为0.273，乡镇文化站产出状况相当，平均年增长率为3.8%，乡镇文化站产出绩效整体上呈增长趋势。西部地区乡镇文化站产出绩效值省际差异较大，平均值为0.297，低于东部，略高于中部，其中，新疆的产出绩效值为0.378，而内蒙古为2.440，乡镇文化站状况相差较大。西部地区平均年增长率达到7.1%，增速高于中、东部地区，可见，西部地区乡镇文化站的产出正在不断提升。

由图5-5（d）可知，2007—2016年各省（市、区）博物馆的产出绩效值整体同样有所提升，省际差异不明显，曲线形状有一些变

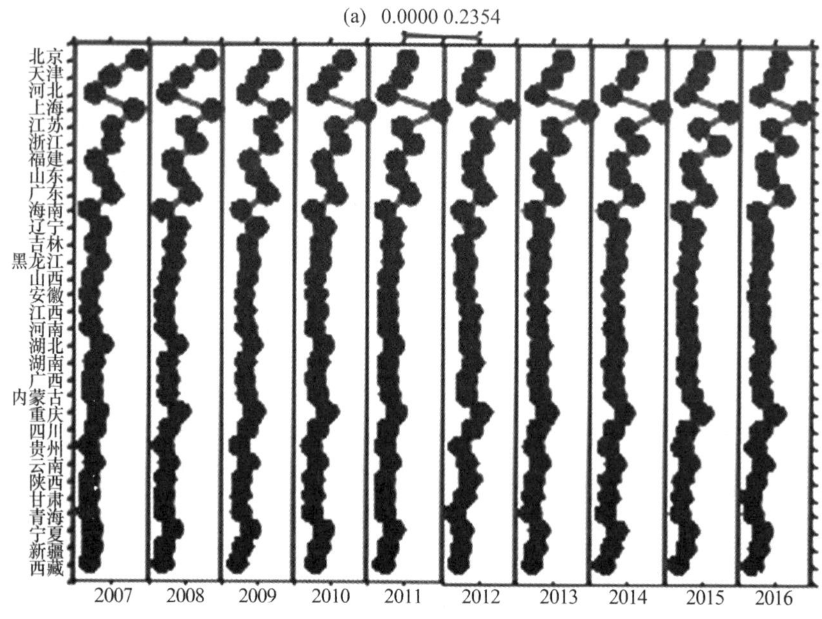
(a) 0.0000 0.2354
北京
天津
河北
上海
江苏
浙江
福建
山东
广东
海南
辽宁
吉林
黑龙江
山西
安徽
江西
河南
湖北
湖南
广西
内蒙古
重庆
四川
贵州
云南
陕西
甘肃
青海
宁夏
新疆
西藏
2007
2008
2009
2010
2011
2012
2013
2014
2015
2016

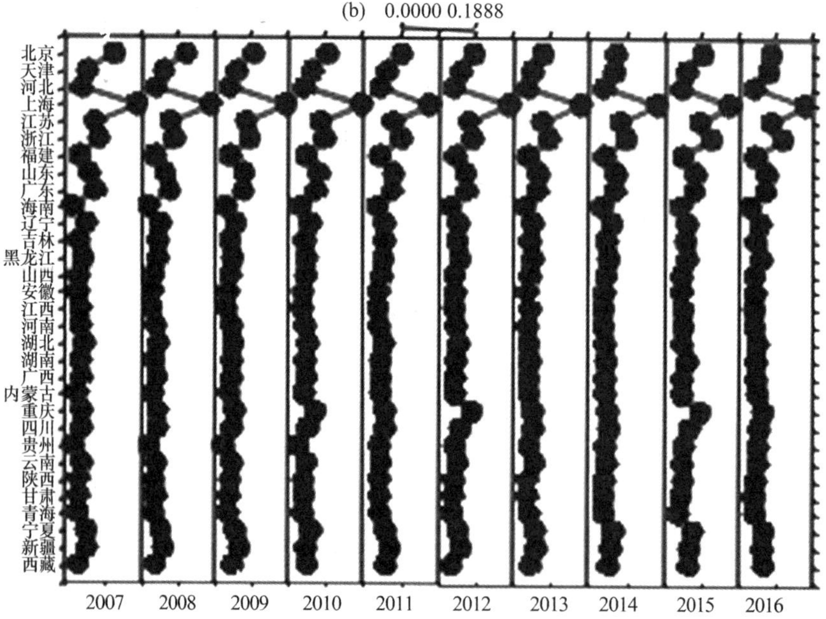
(b) 0.0000 0.1888
北京
天津
河北
上海
江苏
浙江
福建
山东
广东
海南
辽宁
吉林
黑龙江
山西
安徽
江西
河南
湖北
湖南
广西
内蒙古
重庆
四川
贵州
云南
陕西
甘肃
青海
宁夏
新疆
西藏
2007
2008
2009
2010
2011
2012
2013
2014
2015
2016

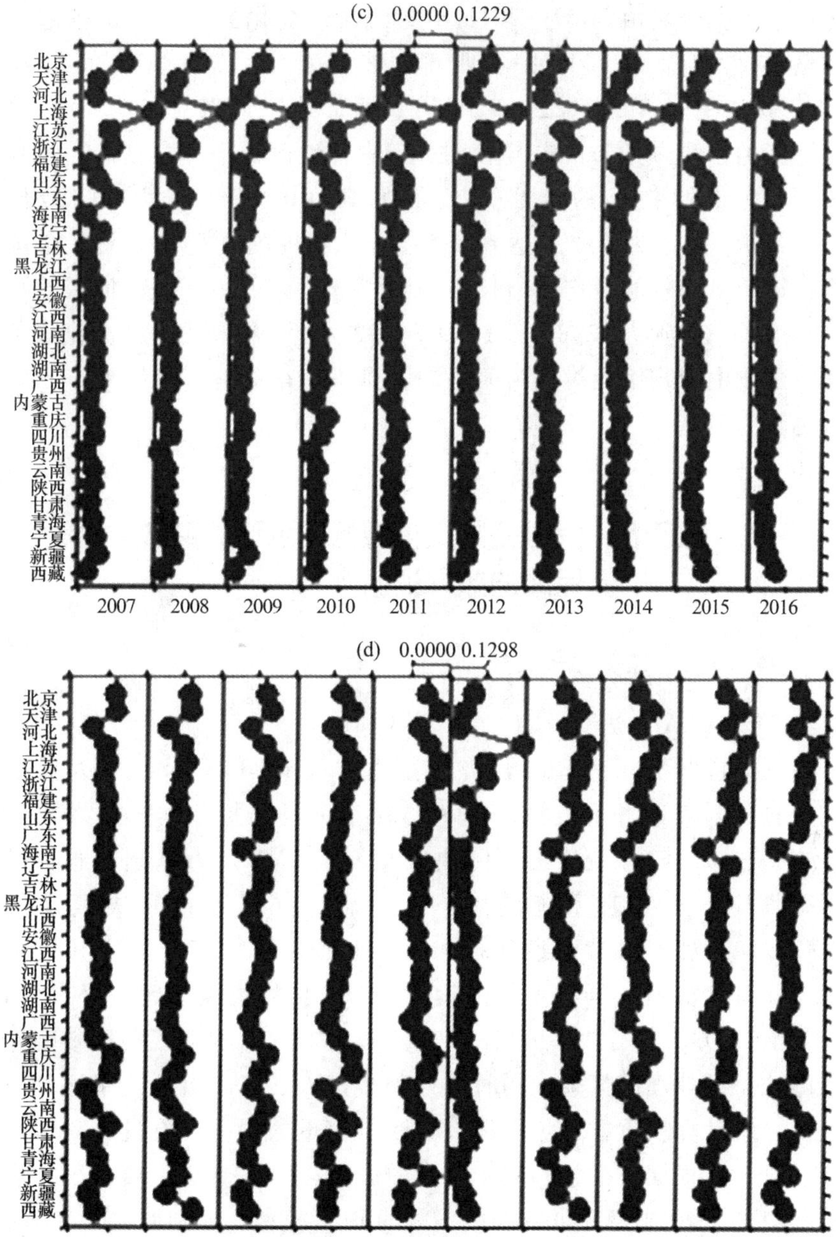

(c) 0.0000 0.1229

北京 天津 河北 上海 江苏 浙江 福建 山东 广东 海南 辽宁 吉林 黑龙江 山西 安徽 江西 河南 湖北 湖南 广西 内蒙古 重庆 四川 贵州 云南 陕西 甘肃 青海 宁夏 新疆 西藏

2007 2008 2009 2010 2011 2012 2013 2014 2015 2016

(d) 0.0000 0.1298

北京 天津 河北 上海 江苏 浙江 福建 山东 广东 海南 辽宁 吉林 黑龙江 山西 安徽 江西 河南 湖北 湖南 广西 内蒙古 重庆 四川 贵州 云南 陕西 甘肃 青海 宁夏 新疆 西藏

2007 2008 2009 2010 2011 2012 2013 2014 2015 2016

图 5－5　2007—2016 年中国 31 个省（市、区）“三馆一站”产出绩效值

说明：（a）为公共图书馆；（b）为群艺馆；（c）为乡镇文化站；（d）为博物馆。

化，但不显著。由 2007—2016 年每条绩效变化曲线可见，东部地区整体产出绩效高于中、西部，东部地区平均绩效值最高(0.770)，中部地区次之（0.632），西部地区最低（0.629）。西部地区的产出绩效省际差异较明显，中部地区几乎不存在差异。其中，上海市博物馆的产出绩效值最高（0.977），贵州的最低(0.462)，两地的绩效差达到 0.515。从年度变化趋势来看，全国博物馆产出绩效的平均年增长率为 12.9%，东、中、西部地区的平均年增长率分别为 12.8%、11.9%、13.4%，在我国公共文化服务体系建设中博物馆相对较为薄弱的背景下，东部地区的绩效产出增长也较为明显。

第二节　我国公共文化服务体系建设财政保障的效率评估

一　研究方法介绍

（一）DEA 方法

数据包络分析（DEA）方法是由 Charnes 和 Cooper 等人提出的一种相对效率评价方法。DEA 方法是一种面板数据的非参数估计方法，以生产系统中的实际决策单元（DMU）为基础，通过线性规划技术建立起系统的效率前沿面，并通过计算决策单元（DMU）相对于前沿面最佳投入—产出的相对距离来确定其效率水平，评价具有相同类型的多投入、多产出的决策单元是否有效。采用 DEA 方法进行效率分析不需预设函数模型，摒弃了传统效率评价方法量纲处理的繁杂，同时可处理多投入、多产出的效率评价问题并自动计算权重，避免主观人为赋予权重的误差，更具有科学性和合理性。根据规模报酬是否可变的假设，DEA 方法主要有固定规模报酬的 CCR 模型和可变规模报酬的 BCC 模型，分别如式（5-1）和式（5-2）所示。

假设有 n 个决策单元，每个决策单元 DMU_j 有 m 个投入和 s 个产出数据，代表第 j 个决策单元的投入和产出。

$$\begin{cases} \min_{\theta\lambda}\theta_j \\ s.\,t.\ \sum_{j=1}^{n} x_j\lambda_j + s_j^- = \theta_j x_j \\ \sum_{j=1}^{n} y_j\lambda_j - s_j^- = y_j \\ \lambda_j \geqslant 0, s_j^+ \geqslant 0, s_j^- \geqslant 0, \end{cases} \tag{5-1}$$

$$\begin{cases} \min_{\theta,\lambda}\delta_j \\ s.\,t.\ \sum_{j=1}^{n} x_j\lambda_j + s_j^- = \delta_j x_j \\ \sum_{j=1}^{n} y_j\lambda_j - s_j^+ = y_j \\ \sum_{j=1}^{n} \lambda_j = 1 \\ \lambda_j \geqslant 0, s_j^+ \geqslant 0, s_j^- \geqslant 0 \end{cases} \tag{5-2}$$

其中 θ 是第 j 个决策单元的效率，$0\leqslant\theta\leqslant1$，可以对每个决策单元的有效性进行判断及不同决策单元的效率进行比较分析。如果 $\theta=1$，说明该点位于效率前沿面上，决策单元为 DEA 有效；如果 $\theta<1$，说明该点没有位于效率前沿面上，决策单元为 DEA 无效。BCC 模型可以将每个决策单元的综合效率、纯技术效率和规模效率区分开来。综合效率是实现投入既定下产出最大或者产出既定下投入最小的能力，表示决策单元的总体效率水平。规模效率表示与规模有效点相比规模经济性的发挥程度。纯技术效率反映在规模一定的情况下决策单元的管理效率。

综合效率 = 纯技术效率 × 规模效率。

（二）Malmquist 指数法

Malmquist 指数法是由瑞典经济学家 Sten Malmquist 于 1953 年提出的，运用面板数据，辅之以距离函数的概念，求出一个可以作为垂直比较分析的生产率指数，从而可弥补静态 CCR 模型和 BCC 模型只能就同一期间的信息做水平分析，并不能探讨无效率决策单元不同期间技术效率变动的缺点，让分析更为完整。Malmquist 指数既能测度决策单元的效率变化，又能分析决策单元的技术变化，且将效率变化分解为规模效率变化和纯技术效率变化，从而能得到更为细致的动态分析结果。它可以用来分析公共部门或非营利组织效率的动态变化情况。

Malmquist 指数法可以通过投入距离函数和产出距离函数来定义。本书采用产出距离函数来定义 Malmquist 指数。假设向量 x 表示投入量，$x=(x_1, x_2, \cdots, x_m)$；向量 y 表示产出量，$y=(y_1, y_2, \cdots, y_n)$；$p(x)$ 代表使用投入向量 x 所能生产的所有产出向量的集合。即产出距离函数可表示为：

$$D_y=(y, x)=\min\{\varphi:(y/\varphi)\epsilon p(x)\}$$

以时期 t 的技术 T 为参照，基于产出角度的 Malmquist 指数可表示为：

$$M(x^t,y^t,x^{t+1},y^{t+1})=\frac{D_v^t(x^{t+1},y^{t+1})}{D_v^t(x^t,y^t)}$$

以时期 $t+1$ 的技术 $T+1$ 为参照，基于产出角度的 Malmquist 指数可表示为：

$$M(x^{t+1},y^{t+1}x^t,y^t)=\frac{D_v^{t+1}(x^{t+1},y^{t+1})}{D_v^{t+1}(x^t,y^t)}$$

本书选用变动规模收益下的距离函数，度量从 t 到 $t+1$ 时期全要素生产率增长的 Malmquist 指数可以分解为不变规模报酬假定下的技术效率变动指数（Effch）和技术进步指数（Techch），其中技术效率变动指数还可进一步分解为纯技术效率指数（Pech）和规模效率指数（Sech）。Malmquist 指数计算式和分解过程可表示为：

$$\begin{aligned}M(x^t,y^t,x^{t+1},y^{t+1})&=\frac{D_v^{t+1}(x^{t+1},y^{t+1})}{D_v^t(x^t,y^t)}\\&\times\sqrt{\frac{D_v^t(x^t,y^t)}{D_v^{t+1}(x^t,y^t)}\frac{D_v^t(x^{t+1},y^{t+1})}{D_v^{t+1}(x^{t+1},y^{t+1})}}\\&\times\sqrt{\frac{D_c^t(x^{t+1},y^{t+1})/D_v^t(x^{t+1},y^{t+1})}{D_c^t(x^t,y^t)/D_v^t(x^t,y^t)}\cdot\frac{D_c^{t+1}(x^{t+1},y^{t+1})/D_v^{t+1}(x^{t+1},y^{t+1})}{D_c^{t+1}(x^t,y^t)/D_v^{t+1}(x^t,y^t)}}\\&=\text{Effch}\times\text{Techch}=\text{Techch}\times(\text{Pech}\times\text{Sech})\end{aligned}\tag{5-3}$$

式（5-3）中，(x^t, y^t) 和 (x^{t+1}, y^{t+1}) 分别表示时期 t 和时期 $t+1$ 的投入产出量，D_V^t 和 D_V^{t+1} 分别表示以时期 t 的技术 T 为参照时期 t 和时期 $t+1$ 的距离函数。式中 $M(x^t, y^t, x^{t+1}, y^{t+1})>1$ 表

示综合生产率水平提高，反之则相反。技术进步指数（Techch）表示从 t 时期到 $t+1$ 时期技术生产边界的推移程度，又称为“前沿面移动效应”，反映生产前沿面的移动对生产率变动的贡献程度，Techch > 1 表示技术进步，反之则相反。技术效率变动指数（Effch）表示从 t 时期到 $t+1$ 时期的相对技术效率的变动程度，又可称为“追赶效应”，且Effch > 1 表示 DMU 在 $t+1$ 期与 $t+1$ 期前沿面的距离相对于 t 期与 t 期的前沿面的距离较近，相对效率提高，反之则相反。纯技术效率指数（Pech）是指在变动规模报酬假定下的技术效率变化，Pech > 1，意味着管理的改善使效率发生了改进，反之则相反。Sech > 1，表示 DMU 从长期来看会向最优规模靠近，反之则相反。如果构成全要素生产率变动指数的某一变化比率大于 1，则表明它是综合生产率水平提高的根源；反之，则表明它导致了综合生产率水平的降低。

二　指标选取和数据来源

在设计我国公共文化服务体系建设财政保障效率评价指标体系时，本节选取上文我国公共文化服务体系建设财政保障效率评价指标体系二级指标中的财政投入总量和财政投入结构作为输入变量，并选取其中的公共图书馆、群艺馆（文化馆）、博物馆、乡镇文化站的产出作为输出变量，具体指标体系见表 5－2 所示。所采用的 2007—2016 年中国 31 个省、自治区和直辖市的投入和产出指标数据，来源于上文使用综合指标体系分析方法计算所得到的指标体系中二级指标数据结果。选择的评价模型为以产出输出为导向的 BCC 模型。

表 5－2　　**公共文化服务体系建设财政保障效率评价指标**

投入指标	公共文化财政投入规模
	公共文化服务财政投入结构
产出指标	公共图书馆
	群艺馆（文化馆）
	乡镇文化站
	博物馆

三 基于DEA的静态效率结果分析

根据前述分析，利用Deap 2.1软件对我国2007—2016年31个省级政府基本公共服务体系财政保障效率水平进行测算，得出全国、各地区、各省公共文化服务体系建设财政保障综合效率、纯技术效率和规模效率的情况。

（一）财政保障效率整体状况

对全国31个省级政府在各年的公共文化服务体系建设财政保障效率值进行累加平均，作为全国当年的地方政府公共文化服务体系建设财政保障效率值。总体来看，2007—2016年，全国公共文化服务体系建设财政保障平均综合效率小于1，即非DEA有效。对于非DEA有效的公共文化服务体系建设财政保障效率可以分别考察其技术有效性和规模有效性。从图5-6可以得到，2007—2016年全国公共文化服务体系建设财政保障纯技术效率和规模效率均小于1，即非技术有效，也非规模有效。这说明全国公共文化服务财政保障效率不理想，需进一步提高。

由图5-6可知，2007—2016年全国公共文化服务体系建设财政保障效率呈现出以下特征：

第一，综合效率不高，公共文化资源供给能力存在着较大的提升空间。全国10年的平均综合效率值为0.832，存在着7.8%的投入浪费。虽然我国公共文化服务体系财政支出规模逐年增加，但整体来看，其财政保障综合技术效率不高，公共文化资源没有较好地发挥作用。在2007—2016年这10年里，我国公共文化服务体系建设财政保障的平均综合效率整体上存在轻微的上升趋势，在具体年份中存在一定程度的起伏，其中2007年和2012年的值最低，为0.798。

第二，纯技术效率上下波动，公共文化服务体系建设财政保障能力缺乏稳定性。总体来看，全国公共文化服务体系建设财政保障纯技术效率的变化趋势与综合效率的变化趋势基本同步。纯技术效率衡量的是财政主体对公共文化服务体系资金技术层面的管理使用效率。在2007—2016年这10年里，随着经济的快速发展、技术的不断进步，公共文化资金使用、管理部门的硬件设施水平逐步提高，促进了公共

文化服务体系建设财政保障纯技术效率的提升。同时财权与事权相匹配的财政运行机制，提高了部门的资金管理水平，也助推了基本公共文化服务财政保障纯技术效率的提高。但整体而言，全国公共文化服务体系建设财政保障的纯技术效率仍偏低，文化服务能力也有待进一步提升。

第三，规模效率较稳定，但公共文化服务体系建设财政保障能力仍未达到最优规模。在2007—2016年这10年间，我国公共文化服务体系建设财政保障的平均规模效率整体上较为稳定，除2008年出现略微小幅上升外，均为非DEA有效，规模经济优势没有得到充分体现，要素投入配置结构处于不合理状况。全国公共文化服务体系财政投入规模不足，文化体育与传媒支出占财政支出的比重基本上维持在1.8%左右的水平①，并且整体上呈下滑趋势。这主要是由于全国公共文化服务体系财政资金多元筹资机制尚不完善，财政投资结构不尽合理。全国公共文化服务体系财政支出规模滞后于经济发展方式、扩大内需的需求。

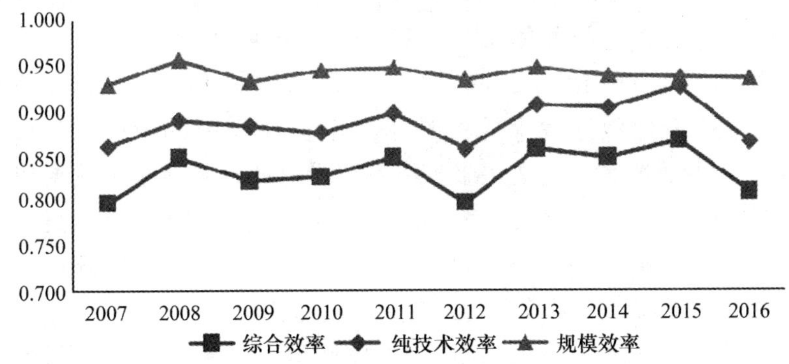

图5－6　2007—2016年全国公共文化服务体系建设财政保障效率值变化趋势

（二）财政保障效率区域间状况

对东、中、西部地区31个省级政府在各年的公共文化服务体系

① 文化体育与传媒支出占财政支出比重的具体原始数据来源于第3章表3－3中的数据。

建设财政保障综合效率值、纯技术效率值和规模效率值分别进行累加平均，将其作为各地区当年的公共文化服务体系建设财政保障综合效率值、纯技术效率值和规模效率值，进一步得到2007—2016年东、中、西部地区公共文化服务体系建设财政保障综合效率值、纯技术效率值和规模效率值（见表5-3）。

从综合效率值的角度来看，东、中、西部地区公共文化服务体系建设财政保障综合效率具有地域差异但整体上差异逐年变小。在2007—2016年这10年间，东部地区公共文化服务体系建设财政保障综合效率值均高于中、西部地区；中部地区除2016年以外公共文化服务体系建设财政保障综合绩效值略高于西部地区。东、中、西部地区公共文化服务体系建设财政保障综合效率值在2007—2016年间阶段性变化较为明显，并呈现出基本一致的变化趋势，2007—2008年先上升，2008—2010年呈现出下降趋势，2010年之后呈现出上下波动的趋势。

从纯技术效率值的角度来看，东、中、西部地区公共文化服务体系建设财政保障纯技术效率值具有地域差异但整体上逐年变小。西部地区公共文化服务体系建设财政保障纯技术效率值在2007—2016年这10年间均处于最低水平；在2012年之前，东部地区公共文化服务体系建设财政保障纯技术效率值高于中部地区，2012—2014年，中部地区公共文化服务体系建设财政保障纯技术效率值高于东部地区，2014年之后，东部地区公共文化服务体系建设财政保障纯技术效率值又高于西部地区。2007—2016年，东、西部地区公共文化服务体系建设财政保障纯技术效率值阶段变化较为明显，呈现出上下波动的趋势，中部地区公共文化服务体系建设财政保障纯技术效率值阶段性变化不太明显。

从规模效率值的角度来看，东、中、西部地区公共文化服务体系建设财政保障规模效率值具有地域差异，且东、中、西部地区之间的差距始终处于波动状况。在2007—2016年这10年间，中部地区公共文化服务体系建设财政保障规模效率值在大部分年份中处于最低水平；东部地区公共文化服务体系建设财政保障规模效率值均大于西部地区。东部地区公共文化服务体系建设财政保障规模效率值在

2007—2012 年呈现出小幅的上下波动趋势，2013 年后呈现出逐年下降的趋势；中部地区公共文化服务体系建设财政保障规模效率值 2007—2009 年呈现出上升趋势，在 2010—2016 年呈现出大幅的上下波动趋势；西部地区公共文化服务体系建设财政保障规模效率值在 2007—2016 年呈现出小幅的上下波动趋势。

表 5-3　　2007—2016 年东、中、西部地区公共文化服务体系建设财政保障效率值

年份	综合效率			纯技术效率			规模效率		
	东部	中部	西部	东部	中部	西部	东部	中部	西部
2007	0.902	0.812	0.693	0.952	0.913	0.740	0.945	0.894	0.937
2008	0.916	0.872	0.771	0.942	0.925	0.816	0.972	0.946	0.949
2009	0.895	0.864	0.727	0.964	0.906	0.795	0.928	0.954	0.921
2010	0.895	0.854	0.748	0.932	0.921	0.795	0.961	0.929	0.939
2011	0.931	0.862	0.766	0.971	0.912	0.819	0.957	0.949	0.938
2012	0.869	0.816	0.721	0.908	0.919	0.773	0.961	0.890	0.940
2013	0.911	0.872	0.798	0.928	0.940	0.863	0.981	0.930	0.928
2014	0.903	0.858	0.793	0.927	0.950	0.853	0.971	0.907	0.932
2015	0.945	0.856	0.800	0.987	0.938	0.863	0.959	0.917	0.931
2016	0.893	0.764	0.764	0.934	0.848	0.813	0.951	0.913	0.937
平均值	0.906	0.843	0.758	0.944	0.917	0.813	0.959	0.923	0.935

基于 2006—2017 年各省（市、区）的公共文化服务体系建设财政保障综合效率值、纯技术效率值和规模效率值，得出这 10 年间东、中、西部地区以及全国公共文化服务体系建设财政保障综合效率、纯技术效率和规模效率值变异系数①的变化趋势，分别如图 5-7、图 5-8 和图 5-9 所示。

首先，在 2013 年之前，西部地区公共文化服务体系建设财政保

① 变异系数这一指标的具体计算公式为 $CV_i = SD_i/E_i$。其中，CV_i 代表第 i 年的变异系数，SD_i 与 E_i 分别代表第 i 年各地区地方政府基本公共文化服务财政支出效率的标准差和均值。

障综合效率的变异系数值最大，中部地区次之，东部地区最小，表明西部地区各省（市、区）之间的公共文化服务体系建设财政保障综合效率的变异系数最大，中部地区次之，东部地区最小。2013 年和 2014 年，东部地区公共文化服务体系建设财政保障综合效率的变异系数最大，西部地区次之，中部地区最小，表明东部地区各省（市、区）之间的基本公共文化服务财政保障综合效率变异系数最大，西部地区次之，中部地区最小。在 2015 年和 2016 年，西部地区公共文化服务体系建设财政保障综合效率变异系数最大，东部地区次之，中部地区最小，表明西部地区各省（市、区）之间的基本公共文化服务财政保障综合效率变异最大，东部地区次之，中部地区最小。总体而言，在 2007—2016 年这 10 年间基本上西部地区各省（市、区）之间公共文化服务体系建设财政保障综合效率变异系数最大，且东、中、西部地区公共文化服务体系建设财政保障的综合效率变异性显著，并未呈现出明显的东、中、西部地区聚类效应。其次，从东、中、西部三个地区内部来看，中、西部地区公共文化服务体系建设财政保障综合效率的变化趋势大体相同，2007—2011 年总体上呈现出 σ 收敛。除 2010 年外，2012 年开始扩大，呈现出 σ 发散状态，2012—2014 年又开始缩小，表现出 σ 收敛，2014—2016 年，西部地区呈现出 σ 发散状态，中部地区呈现出先 σ 发散再 σ 收敛状态，东部地区在 2007—

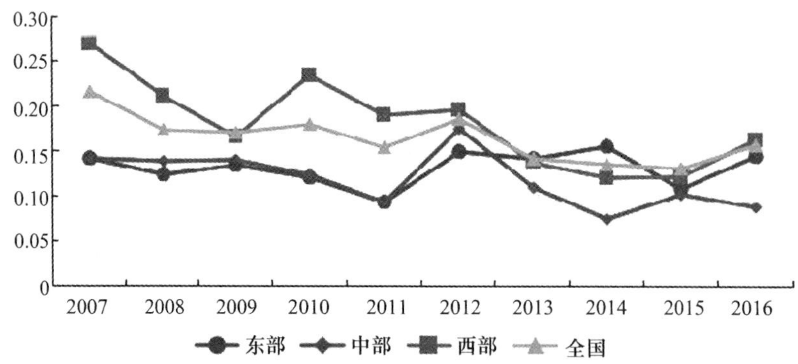

图 5－7　各地区及全国公共文化服务体系建设财政保障综合效率值变异系数的变化趋势

2016 年整个期间公共文化服务体系建设财政保障综合效率的变动比较大，呈现出 σ 发散和 σ 收敛交替状态。东、中、西部地区公共文化服务财政保障综合效率不均衡状态改善不明显。

在图 5-8 中，首先，基于纯技术效率的东、中、西部三个地区间的变异系数，在 2011 年之前，东部地区较低，中部地区次之，西部地区最高，说明东部地区各省（市）之间公共文化服务体系建设财政保障的纯技术效率差异最小，中部地区次之，西部地区最大；2012 年，中部地区较低，东部地区次之，西部地区最高，说明中部地区各省之间公共文化服务体系建设财政保障的纯技术效率差异最小，东部地区次之，西部地区最大；2013 年和 2014 年，中部地区最低，西部地区次之，东部地区最高，说明中部地区各省之间公共文化服务体系建设财政保障的纯技术效率差异最小，西部地区次之，东部地区最大；2015 年和 2016 年，东部地区最低，其中 2015 年西部地区高于东、中部地区，2016 年中部地区高于东、西部地区。总体而言，在 2007—2016 年大部分年份里，西部地区各省（市、区）公共文化服务体系建设财政保障的纯技术效率差异最大，东部地区各省（市）公共文化服务体系建设财政保障的纯技术效率差异最小，且东、中、西部地区公共文化服务体系建设财政保障的纯技术效率差异性显著，并未呈现出明显的东、中、西部地区聚类效应。其次，从东、中、西

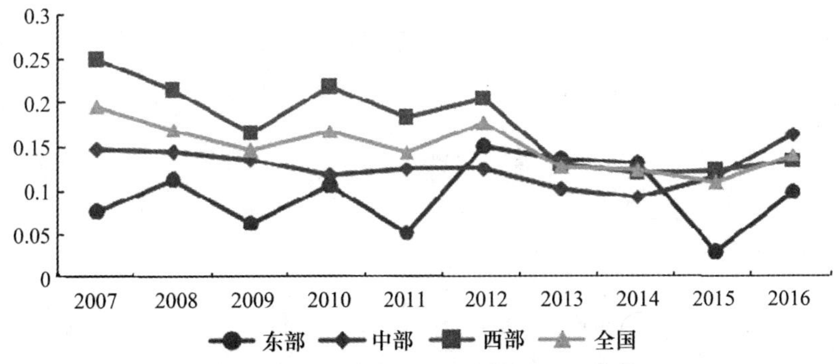

图 5-8　各地区及全国公共文化服务体系建设财政保障纯技术效率变异系数的变化趋势

部三个地区内部来看，东部和西部地区在2007—2016年整个期间公共文化服务体系建设财政保障纯技术效率的变动比较大，呈现出σ发散和σ收敛交替状态。中部地区在2007—2014年公共文化服务体系建设财政保障纯技术效率的总体变动较平稳，大体上呈现出σ收敛状态，2014年开始扩大，呈现出σ发散状态。东、中、西部地区公共文化服务体系建设财政保障的纯技术效率的不均衡状态改善不明显。

在图5-9中，首先，基于规模效率的东、中、西部三个地区的变异系数，在2011年以前除2007年、2008年以外，中部地区最低，说明中部地区各省之间公共文化服务体系建设财政保障的规模效率差异最小；在2011年以后，除2015年外，东部地区最低，说明东部地区各省（市）之间公共文化服务体系建设财政保障的规模效率差异最小。总体而言，在2007—2016年大部分年份里，西部地区公共文化服务体系建设财政保障的规模效率差异最大，且东、中、西部地区公共文化服务体系建设财政保障的纯技术效率差异性显著，并未呈现出明显的东、中、西部地区聚类效应。其次，从东、中、西部三个地区内部来看，东、中、西部地区在2007—2016年整个期间基本公共文化服务财政保障规模效率的变动比较大，呈现出σ发散和σ收敛交替状态。东、中、西部地区公共文化服务体系建设财政保障规模效率的不均衡状态没有得到明显改善。

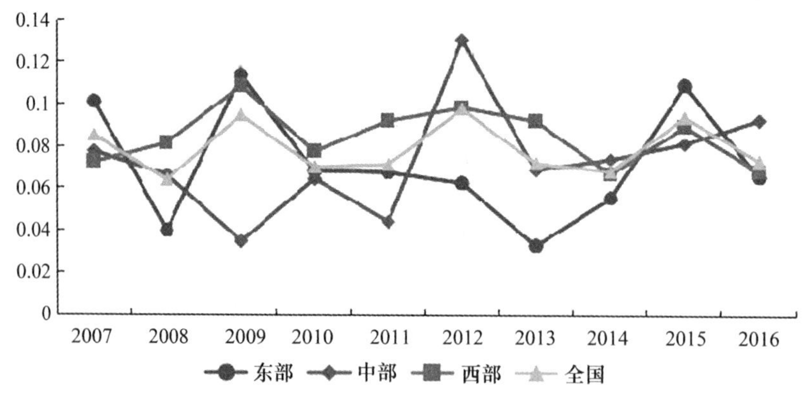

图5-9　各地区及全国公共文化服务体系建设财政保障规模效率的变异系数变化趋势

综上所述可知，公共文化服务体系建设财政保障的综合效率、纯技术效率和规模效率的不均衡性并没有随时间的变化而得到改善，并且西部地区各省（市、区）之间的公共文化服务体系建设财政保障的综合效率、纯技术效率和规模效率差异较大部分年份的东、中部地区各省（市）之间要大。

（三）财政保障效率省际状况

分别对31个省级政府在2007—2016年的公共文化服务体系建设财政保障综合效率值进行累加平均，作为各省级地方政府公共文化服务体系建设财政保障综合效率均值（结果见图5－10）。由图5－10可知，中国各省（市、区）公共文化服务体系建设财政保障综合效率差异明显，存在着不均衡现象。在效率值排在前十位的省（市）中，北京、上海、山东、江苏、天津、辽宁、广东来自东部地区；江西来自中部地区；陕西和重庆来自西部地区。经济发展水平较高及具有地区文化特色的地方政府基本公共文化财政支出效率值大多也更高。公共文化服务财政保障效率与经济发展呈现出高度相关性。

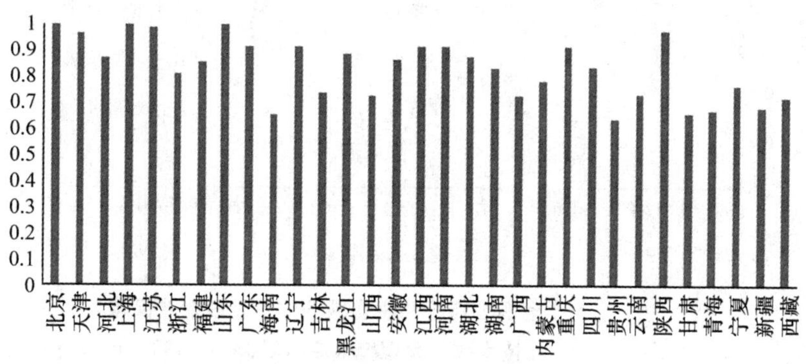

图5－10　31个省级政府公共文化服务体系建设财政保障综合效率（2006—2017）

公共文化服务体系建设财政保障综合效率是由纯技术效率和规模效率决定的，两者均可能导致综合效率低下。为了进一步考察不同省（市、区）的分解效率，将31个省（市、区）按照纯技术效率和规模效率得分进行分布，并根据研究需要，将全国平均纯技术效率和规模效率（0.886，0.940）作为纯技术效率和规模效率的临界点，得到图5－11。由图5－11可知，除北京和上海两市外，其他省（市、区）的纯技术效率和规模效率都是无效的。在纯技术效率和规模效率无效的省（市、区）中，除河北、浙江、山东、安徽、河南、湖南和重庆7个省（市）外，其他省（市、区）的纯技术效率均小于规模效率。其中，东部地区规模效率与纯技术效率两者之间差额为0.015，中部地区规模效率与纯技术效率两者之间的差额为0.006，西部地区规模效率与纯技术效率两者之间的差额为0.122。这说明导致大部分省（市、区）公共文化服务体系建设财政保障效率低下的原因主要是纯技术效率低下。

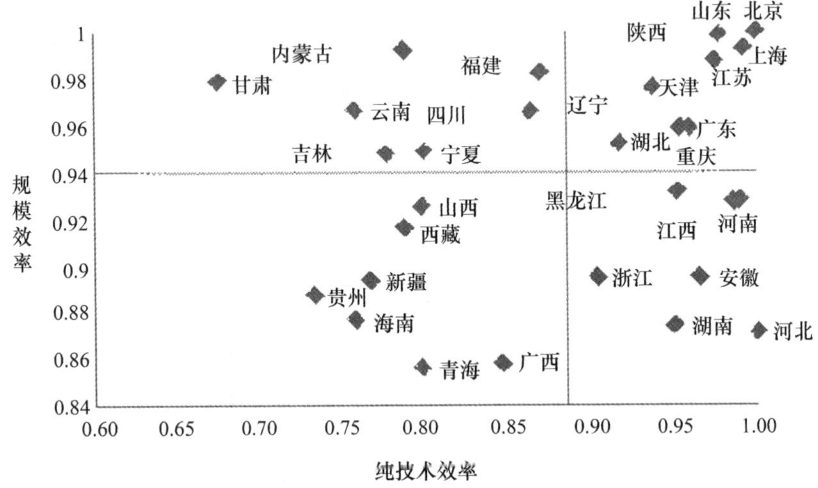

图5－11　31个省级政府公共文化服务体系建设财政保障纯技术效率和规模效率（2006—2017）

我国各省（市、区）公共文化服务体系建设财政保障投入产出效率有很大的不同：位于图5－11右上角第Ⅰ象限的省（市），其纯技术效率和规模效率均很高，有北京、上海、江苏、天津、广东、山东、辽宁、湖北、重庆、陕西，共10个省（市），占全部省（市、区）的32.2%，其中东部地区有6个；位于图5－11左上角第Ⅱ象限的省（区），其规模效率较高，但是纯技术效率低下，一共有7个

省（区），占全部省（市、区）的22.6%；位于图5－11右下角第Ⅳ象限的省，其纯技术效率较高，但规模效率较低，一共有7个省，占全部省（市、区）的22.6%；位于图5－11左下角第Ⅲ象限的省（市、区）的纯技术效率和规模效率均有待提高，一共有7个省（市、区），占全部省（市、区）的22.6%。由此可见，我国31个省（市、区）中有超过一半省（区）的纯技术效率和规模效率有待提高，且大部分中、西部省（区）的纯技术效率和规模效率小于东部地区，提高中、西部地区公共文化服务体系建设财政保障的效率任重而道远。

四　基于Malmquist的动态效率结果分析

根据前述分析，利用Deap 2.1软件对我国2007—2016年31个省级政府基本公共服务体系财政保障效率水平进行Malmquist生产率指数分析，得出全国、各地区、各省（市、区）公共文化服务体系建设财政保障全要素生产指数及其分解的计算结果。

（一）财政保障效率的动态演变及时序特征

根据我国公共文化服务体系发展情况，将公共文化服务体系建设财政保障效率分为两个时期来考察，分别为2007—2010年、2011—2016年（见表5－4）。可以发现，在2007—2010年“十一五”规划期间，全要素生产率均值为1.079，大于1，意味着公共文化服务体系建设财政保障效率得到了一定的改善。进一步研究发现，全要素生产率上升的一个主要原因是技术变化大于1，平均为1.064。另一主要原因是效率变化的提高，平均效率变化为1.014，纯效率变化和规模变化同时又促进了效率变化的提高，两者分别为1.008和1.006。“十一五”期间覆盖城乡的基本公共文化服务设施网络基本形成，政府公共文化服务职能得以逐渐明确，地方政府对基本公共文化的重视程度不断提高，财政支出增加明显，财政资金管理逐渐趋于完善，资金逐步得到有效利用，同时加强文化创新，更好地将现代技术融入公共文化领域，提高公共文化服务质量，从而使得公共文化服务体系建设财政保障全要素生产率提高明显，效率变化、技术变化都呈上升趋势，发展态势良好。

2011—2016年，我国基本公共文化建设进入由“点、线”向“点、线、面”并重转变的新阶段，全要素生产率和技术变化呈现出上升趋势，相较于上一期有所改善，但其增长率相较于2007—2010年有所下降，且全要素生产率的增长率小于技术变化的增长率，反映了政府对公共文化服务体系财政支出总量逐年增加，但公共文化财政支出占财政支出的比重却逐年减少，同时受到资金落实情况、居民受教育程度等其他因素的影响，公共文化服务体系建设财政保障的产出水平未能随着公共文化服务体系财政支出的增长而相应地成比例增加。而且效率变化低于1，出现衰退趋势，从效率变化的构成来看，纯技术效率和规模效率分别下降了1%和0.7%，表明效率变化是由纯技术效率和规模效率共同拉动的，同时表明2011—2016年公共文化服务体系财政投入资金规模不够高，仍偏离最适的投入规模，且资金未得到有效利用，财政资金管理不完善和财政投入方式有待改变。在今后的公共文化服务体系建设过程中，需继续加强文化创新和财政资金管理、配置，同时加大财政资金投入规模，提高基本公共文化服务质量，从而提高公共文化服务体系建设财政保障全要素生产率。

从变化趋势上看，2007—2010年我国公共文化服务体系建设财政保障效率变化呈现出增长趋势，技术变化与全要素生产率均呈现出增长趋势。2011—2016年，我国公共文化服务体系建设财政保障技术效率呈现出下降趋势，而技术变化和全要素生产率均呈现出增长趋势，表明技术变化是全要素生产率变动的源泉，而技术效率对全要素生产率影响不大。

表5-4　　**公共文化服务体系建设财政保障动态效率**

年份	效率变化	技术变化	纯效率变化	规模效率变化	Malmquist 指数
2007—2010	1.014	1.064	1.008	1.006	1.079
2011—2016	0.99	1.014	0.993	0.997	1.004

（二）财政保障全要素生产率的省际和区域差异

由表5-5可知，2006—2017年，我国31个省（市、区）公共文化服务体系建设财政保障的全要素生产率存在明显的差异。同时，在这10年里，除了北京、上海、海南、吉林和青海以外，其他省（市、区）的公共文化服务体系建设财政保障全要素生产率均大于1，出现了正的增长率，云南的增长率最高，为8.4%，说明我国大部分省（市、区）公共文化服务体系建设财政保障的效率得到改善。大部分省（市、区）的公共文化服务体系建设财政保障技术变化指数值大于1，除了北京、浙江、贵州、青海等7个省（市）外，我国大部分省（市、区）2006—2017年公共文化服务体系建设财政保障的生产技术“前沿面移动效应”显著，重视公共文化服务体系的发展，加强文化创新，并将现代技术融入公共文化领域。2006—2017年，31个省（市、区）的公共文化服务体系建设财政保障效率变化分别呈幅度不大的上升或者下降趋势，主要是由纯技术效率和规模效率的增速低，甚至出现负增长所造成的，说明大部分省（市、区）存在文化方面的财政资金未得到充分利用，省（市、区）政府的预算管理水平较低以及公共文化资源配置不合理等问题，同时，全国公共文化服务体系建设财政保障整体规模发展欠合理，个别省（市、区）强调做强做大等思维限制了公共文化服务体系建设财政保障整体效率的提高。其中，除了浙江、吉林和贵州这三个省之外，全要素生产率的变化趋势与技术的变化趋势基本一致，即大部分省（市、区）的基本公共文化服务财政保障全要素生产率的增长主要是依赖技术进步驱动的，技术的进步有助于我国各省（市、区）公共文化服务体系建设财政保障效率的提高。此外，生产率的变化对我国公共文化服务体系建设财政保障效率提高的作用不明显，在一定程度上还起到了制约作用。

表5-5　2006—2017年31个省（市、区）公共文化服务体系建设财政保障Malmquist指数及其分解

地区	效率变化	技术变化	纯技术变化	规模效率变化	Malmquist指数
北京	1	0.926	1	1	0.926
天津	0.998	1.038	1	0.998	1.036
河北	1.028	1.025	1	1.028	1.054
上海	1	0.999	1	1	0.999
江苏	0.987	1.017	0.992	0.995	1.004

续表

地区	效率变化	技术变化	纯技术变化	规模效率变化	Malmquist 指数
浙江	1.041	0.997	1.019	1.022	1.038
福建	0.994	1.030	0.995	0.998	1.023
山东	1	1.038	1	1	1.038
广东	1.015	1.022	1.01	1.004	1.036
海南	0.952	1.012	0.977	0.974	0.964
辽宁	0.975	1.043	0.981	0.994	1.017
吉林	0.962	1.036	0.96	1.003	0.996
黑龙江	0.998	1.019	0.988	1.01	1.018
山西	1.009	1.008	1.011	0.998	1.018
安徽	1.023	1.027	1.019	1.004	1.05
江西	0.982	1.054	1	0.982	1.034
河南	0.99	1.052	1	0.99	1.041
湖北	0.99	1.040	0.975	1.015	1.030
湖南	0.999	1.029	0.982	1.017	1.028
广西	1	1.021	0.99	1.01	1.021
内蒙古	1.03	1.033	1.03	1	1.064
重庆	0.995	1.030	0.993	1.002	1.025
四川	0.978	1.033	0.983	0.995	1.010
贵州	1.03	0.997	1.043	0.987	1.027
云南	1.034	1.048	1.025	1.009	1.084
陕西	1	1.055	1	1	1.055
甘肃	1.032	1.025	1.026	1.006	1.057
青海	0.98	0.997	0.989	0.991	0.977
宁夏	1.025	1.019	1.02	1.004	1.044
新疆	1.022	0.984	1.048	0.975	1.006
西藏	1.032	0.992	1.012	1.02	1.024
平均值	1.003	1.021	1.002	1.001	1.024

第三节　我国公共文化服务体系建设财政投入的均等化评估

一　研究方法介绍

目前主要采用差异系数、基尼系数、洛伦兹曲线、泰尔指数等方法来测算各地区之间的差异程度。在分析地区之间差距产生的原因时采用泰尔指数更好，因为泰尔指数不但能够分解不同地区之间的差距，而且可以分解地区内部的差距。相反地，若采用差异系数、基尼系数、洛伦兹曲线进行衡量和分析区域差距，那么区域资源配置公平假象的出现，会掩盖区域内地区间不公平的真实状况，进而区域间的差距也不能得到正确分析。为更好地说明我国公共文化服务体系建设财政保障的均等化程度问题，本节利用泰尔指数来计算我国区域间公共文化服务体系财政投入的公平性。具体而言，分别采用人口权重对公共文化服务体系财政投入的泰尔指数进行测算。计算过程如下：

在测算以人口为权重的基本公共文化服务财政投入的泰尔指数的情况下，用 I 代表总的泰尔指数，Ie、Im、Iw 分别代表东部、中部、西部地区基本公共文化服务财政投入的泰尔指数，Ib 表示区域间泰尔指数，Ii 表示区域内的泰尔指数；Fe、Fm、Fw 分别为东部、中部、西部地区公共文化服务体系财政投入占全国公共文化服务体系财政投入的比重，Fi 表示第 i 省公共文化服务体系财政投入占全国公共文化服务体系财政投入的比重；Pe、Pm、Pw 分别表示东部、中部、西部地区人口总额占全国总人口的比重，Pi 表示第 i 省人口占全国总人口的比重。相应的计算公式为：

$$\begin{cases} Ie = \sum (Pi/Pe) \cdot Ln[(Pi \cdot Fe)/(Pe \cdot Fi)] \\ Ib = Pe \cdot Ln(Pe/Fe) + Pm \cdot Ln(Pm/Fm) + Pw \cdot Ln(Pw/Fw) \\ Ii = Pe \cdot Ie + Pm \cdot Im + Pw \cdot Iw \\ I = Ib + Ii \end{cases}$$

二　基于泰尔指数的财政投入均等化程度分析

测度我国公共文化服务体系建设财政投入的均等化程度，主要从整体公共文化服务体系建设财政投入和主要的公共文化文物机构财政投入情况进行分析。为此，本节选取上文关于公共文化服务体系财政保障体系中所得到的一级指标财政投入和三级指标公共图书馆财政投入、群艺馆财政投入、乡镇文化站财政投入、博物馆财政投入，以人口为权重测算整体公共文化服务体系建设和主要的公共文化文物机构财政投入的泰尔指数，从而得到我国公共文化服务体系建设财政投入的均等化程度，以更好地说明我国公共文化服务体系建设财政投入的公平性问题。

（一）财政投入均等化整体状况

在前述泰尔指数测算公式的基础上，结合上文所得到的我国公共文化服务体系建设财政保障指标体系一级指标财政投入的函数值和全国各年的人口，分别测算出东、中、西部地区及区域内和区域间泰尔指数（见表5－6）。首先，从公共文化服务体系建设财政投入均等化的变化趋势来看，2008—2010年总的泰尔指数逐年上升，2011—2013年泰尔指数呈现上下波动，2013—2016年泰尔指数又逐年上升，2016年与2007年相比，泰尔指数上升了0.019，且在2007—2016年的大多数年份里泰尔指数均处于上升趋势，可见，各省（市、区）公共文化服务体系财政投入并不公平，均等化水平整体处于下降趋势，均等化程度并没有得到改善。区域内泰尔指数2007—2013年经历了不断上下波动的过程，区域间泰尔指数2007—2016年较为稳定，变动幅度不大，2007—2016年区域内泰尔指数明显高于区域间泰尔指数。其次，从东、中、西部地区的公共文化服务体系建设财政投入均等化水平来看，中部地区均等化水平最高，西部地区均等化水平最低。东部地区的泰尔指数在2007—2016年，其平均值为0.225，2016年与2007年相比上升了0.023，中部地区的平均值为0.087，泰尔指数2016年与2007年相比上升了0.019，西部地区的泰尔指数平均值为0.255，2016年与2007年相比上升了0.015。可见，中部地区各省之间的公共文化服务体系建设财政投入差异最小，西部地区各省（市、区）之间的公共文化服务体系建设财政投入差异最大。无论是东部地区还是中部、西部地区，其财政投入的公平性并没有得到改善，还出现

了变差的趋势。

（二）主要文化机构财政投入均等化程度

在前述泰尔指数测算公式的基础上，结合上文所得到的我国公共文化服务体系建设财政保障指标体系三级指标公共图书馆财政投入、群艺馆财政投入、乡镇文化站财政投入以及博物馆财政投入的函数值和全国各年的人口，分别测算出东、中、西部地区及区域内和区域间泰尔指数（具体结果见表5－7）。

首先，公共图书馆财政投入在2007—2016年大多数年份里的泰尔指数均处于下降趋势，区域内泰尔指数变动趋势与总的泰尔指数的变动趋势基本相同，区域间泰尔指数2007—2016年呈现出上下波动的状态。从中、东、西部地区来看，2007—2016年东部地区财政投入规模的泰尔指数的平均值为0.259，中部地区为0.118，西部地区为0.227，可见，中部地区各省之间公共图书馆财政投入差异最小，东部地区各省（市）之间的公共图书馆财政投入差异最大。

表5－6　　**以人口为权重测量的财政投入泰尔指数**

年份	东部地区泰尔指数	中部地区泰尔指数	西部地区泰尔指数	区域间泰尔指数	区域内泰尔指数	总的泰尔指数
2007	0.217	0.077	0.248	0.030	0.181	0.211
2008	0.215	0.087	0.253	0.027	0.185	0.211
2009	0.199	0.096	0.265	0.031	0.184	0.215
2010	0.223	0.096	0.302	0.034	0.204	0.239
2011	0.222	0.070	0.233	0.031	0.177	0.208
2012	0.255	0.084	0.258	0.031	0.202	0.233
2013	0.238	0.084	0.227	0.028	0.186	0.214
2014	0.221	0.085	0.243	0.033	0.184	0.217
2015	0.220	0.090	0.254	0.032	0.188	0.221
2016	0.240	0.096	0.263	0.029	0.201	0.230
平均值	0.225	0.087	0.255	0.031	0.189	0.220

其次，群艺馆（文化馆）财政投入总的泰尔指数和区域间2007—2016年均出现上下波动的趋势，其中总的泰尔指数2016年与2007年相比上升了0.011，区域内泰尔指数的变动趋势与总的泰尔指数的变动趋势相同，群艺馆（文化馆）财政投入的均等化程度并未随时间的变化而得到改善。从中、东、西部地区来看，2007—2016年东部地区群艺馆（文化馆）财政投入的泰尔指数的平均值为0.158，中部地区为0.102，西部地区为0.265，可见，中部地区各省之间群艺馆（文化馆）财政投入差异最小，西部地区各省（市、区）之间群艺馆（文化馆）财政投入差异最大。

再次，乡镇文化站财政投入总的泰尔指数呈现出上下波动的趋势，2016年与2007年相比上升了0.019，乡镇文化站财政投入的均等化水平并未得到明显改善。区域内泰尔指数的变动趋势与总的泰尔指数的变动趋势相同，区域间泰尔指数呈上下波动状态，2007—2016年区域内的泰尔指数明显高于区域间的泰尔指数。从中、东、西部地区来看，2007—2016年东部地区乡镇文化站财政投入的泰尔指数的平均值为0.217，中部地区为0.072，西部地区为0.176，可见，同群艺馆一样，中部地区各省之间乡镇文化站财政投入差异最小，西部地区各省（市、区）之间差异最大。

最后，博物馆财政投入总的泰尔指数2007—2015年出现上下波动，2015—2016年出现上升趋势，2016年与2007年相比上升了0.090，区域内泰尔指数的变动趋势与总的泰尔指数的变动趋势基本相同，明显高于区域间的泰尔指数。从中、东、西部地区来看，2007—2016年东部地区博物馆财政投入的泰尔指数的平均值为0.320，中部地区为0.160，西部地区为0.652，由此可见，中部地区各省之间博物馆财政投入差异最小，西部地区各省（市、区）之间差异最大。

总体来看，2007—2016年公共图书馆财政投入总的泰尔指数的平均值为0.224，群艺馆为0.213，乡镇文化站为0.204，博物馆为0.480，可见，各省（市、区）乡镇文化站财政投入之间的差异最小，而各省（市、区）博物馆财政投入之间的差异最大。

表5－7　以人口为权重测量的文化机构财政投入的泰尔指数平均值（2007—2016）

文化机构	东部地区泰尔指数平均值	中部地区泰尔指数平均值	西部地区泰尔指数平均值	区域间泰尔指数平均值	区域内泰尔指数平均值	总的泰尔指数平均值
公共图书馆	0.259	0.118	0.227	0.019	0.206	0.224
群艺馆（文化馆）	0.158	0.102	0.265	0.038	0.175	0.213
乡镇文化站	0.217	0.072	0.176	0.040	0.164	0.204
博物馆	0.320	0.160	0.652	0.130	0.351	0.480

（三）主要文化机构财政投入均等化程度

在前述泰尔指数测算公式的基础上，结合上文所得到的我国公共文化服务体系建设财政保障指标体系三级指标公共图书馆财政投入、群艺馆财政投入、乡镇文化站财政投入以及博物馆财政投入的函数值和全国各年的人口，分别测算出东、中、西部地区及区域内和区域间泰尔指数（见表5－8、表5－9、表5－10和表5－11）。

由表5－8可以看出我国公共图书馆财政投入总的泰尔指数2007—2009年是逐年上升的，说明公共图书馆财政投入均等化水平逐年下降，政府对各省（市、区）公共图书馆的财政投入越来越不公平，2009—2011年又逐年下降，说明公共图书馆财政投入均等化水平逐年上升，政府对各省（市、区）公共图书馆的财政投入越来越公平，2012年泰尔指数出现较大幅度的上升，2012年到2014年又出现逐年下降，2014—2016年经历了先下降再上升，2016年与2007年相比，泰尔指数下降了0.005，且在2007—2016年大多数年份的泰尔指数处于下降趋势，表明各省（市、区）之间公共图书馆财政投入均等化水平随着时间的变化而有所改善。从表5－8中还可以看出，公共图书馆财政投入区域内泰尔指数变动趋势与总的泰尔指数的变动趋势基本相同；公共图书馆财政投入区域间泰尔指数2007—2009年经历了先下降再上升，2010年出现一定幅度的下降，2010—2012年逐年上升，2013—2016年泰尔指数不变，除2015年外，2007—2016年区域内的泰尔指数明显高于区域间的泰尔指数。

我国东部地区公共图书馆财政投入均等化水平并未随着时间的变化而有所改善，但中、西部地区公共图书馆财政投入均等化水平随着时间的变化有所改善，中部地区均等化水平最高，东部地区均等化水平最低。具体考察东、中、西部三个地区的泰尔指数可以看出：东部地区的公共图书馆财政投入泰尔指数2007—2010年逐年上升，2010—2012年先下降再上升，2012—2014年逐年下降，2015年又出现小幅上升，2016年与2015年相同，2016年与2007年相比，泰尔指数上升了0.024，表明东部地区各省（市）之间的公共图书馆财政投入差异加大，均等化水平并未得到改善；中部地区的公共图书馆财政投入泰尔指数2007—2009年逐年下降，2009—2012年逐年上升，2012—2014年先下降再上升，2014—2016年又出现逐年下降趋势，2016年与2007年相比，泰尔指数下降了0.003，表明中部地区的公共图书馆财政投入的均等化水平随着时间的变化而有所改善；西部地区的公共图书馆财政投入规模泰尔指数2007—2009年逐年上升，2009—2011年逐年下降，2012年出现大幅上升趋势，2013—2015年又逐年上升，2015—2016年出现下降趋势，2016年与2007年相比，泰尔指数下降了0.014，表明西部地区公共图书馆财政投入的均等化水平随着时间的变化而有所改善。2007—2016年，东部地区财政投入规模的泰尔指数的平均值为0.259，中部地区泰尔指数的平均值为0.118，西部地区泰尔指数平均值为0.227，由此可见，中部地区各省之间公共图书馆财政投入差异最小，东部地区各省（市）之间公共图书馆财政投入差异最大。

表5-8　**以人口为权重测量的公共图书馆财政投入泰尔指数**

年份	东部地区泰尔指数	中部地区泰尔指数	西部地区泰尔指数	区域间泰尔指数	区域内泰尔指数	总的泰尔指数
2007	0.233	0.116	0.216	0.023	0.190	0.213
2008	0.247	0.110	0.219	0.020	0.196	0.215
2009	0.269	0.089	0.227	0.026	0.200	0.226
2010	0.277	0.101	0.208	0.019	0.202	0.221
2011	0.233	0.102	0.177	0.021	0.176	0.198

续表

年份	东部地区泰尔指数	中部地区泰尔指数	西部地区泰尔指数	区域间泰尔指数	区域内泰尔指数	总的泰尔指数
2012	0.318	0.139	0.352	0.040	0.271	0.310
2013	0.267	0.133	0.211	0.009	0.210	0.219
2014	0.236	0.151	0.219	0.009	0.205	0.214
2015	0.257	0.125	0.235	0.011	0.210	0.221
2016	0.257	0.113	0.202	0.009	0.197	0.206
平均值	0.259	0.118	0.227	0.019	0.206	0.224

由表 5－9 可以看出，群艺馆财政投入总的泰尔指数 2007—2009 年先下降再上升，2009—2011 年先上升再下降，2012—2015 年逐年下降，2015—2016 年出现上升趋势，2016 年与 2007 年相比，上升了 0.011，表明各省（市、区）群艺馆财政投入的均等化程度并未随时间的变化而得到改善。从表 5－9 还可以看出，群艺馆财政投入区域内泰尔指数的变动趋势与总的泰尔指数的变动趋势相同；群艺馆财政投入区域间泰尔指数 2007—2009 年先下降再上升，2009—2011 年先上升再下降，2011—2013 年先下降再上升，2013—2015 年先上升再下降，2015—2016 年出现上升趋势；2007—2016 年，区域内泰尔指数明显高于区域间泰尔指数。

我国东、中部地区的群艺馆财政投入均等化水平并没有随着时间的变化而得到改善，但西部地区群艺馆财政投入均等化水平随着时间的变化而有所改善，中部地区均等化水平最高，西部地区均等化水平最低。具体考察东、中、西部三个地区的泰尔指数，可以看出：东部地区群艺馆财政投入泰尔指数 2007—2009 年逐年下降，2009—2013 年逐年上升，2013—2015 年经历了先下降再上升，2015—2016 年出现上升趋势，2016 年与 2007 年相比上升了 0.014，表明东部地区群艺馆财政投入的均等化水平有变差的趋势；中部地区群艺馆财政投入泰尔指数 2007—2009 年逐年上升，2009—2011 年逐年下降，2012 年出现小幅上升，2012—2014 年又逐年下降，2014—2016 年又逐年上升，2016 年与 2007 年相比，泰尔指数上升了 0.022，表明中部地区群艺馆财政投入的均等化水平并未随着时间的变化而得到改善；西部地区的财政投入规模泰尔指数2007—2010年逐年上升，2010—2014年出现上下波动，2014—2016年逐年下降，2016年与2007年相比，泰尔指数下降了0.014，表明西部地区群艺馆财政投入的均等化水平随着时间的变化而有所改善。2007—2016年，东部地区群艺馆财政投入泰尔指数的平均值为0.158，中部地区群艺馆泰尔指数的平均值为0.102，西部地区群艺馆泰尔指数的平均值为0.265，由此可见，中部地区各省之间群艺馆财政投入差异最小，西部地区各省（市、区）之间群艺馆财政投入差异最大。

由表5-10可以看出乡镇文化站财政投入总的泰尔指数2007—2009年逐年下降，2009—2011年经历了先上升再下降，2011年到2013年逐年上升，2013年到2015年先下降再上升，2015—2016年出现上升趋势，2016年与2007年相比上升了0.019，表明各省（市、区）之间乡镇文化站财政投入的均等化水平并未得到明显改善。从表5-10还可以看出，乡镇文化站财政投入区域内泰尔指数的变动趋势与总的泰尔指数的变动趋势相同；乡镇文化站财政投入区域间泰尔指数2007—2009年先下降再上升，2009—2011年逐年下降，2011—2013年先上升再下降，2013—2015年逐年上升，2015—2016年出现下降趋势；2007—2016年区域内泰尔指数明显高于区域间泰尔指数。

表5-9　**以人口为权重测量的群艺馆财政投入的泰尔指数**

年份	东部地区泰尔指数	中部地区泰尔指数	西部地区泰尔指数	区域间泰尔指数	区域内泰尔指数	总的泰尔指数
2007	0.170	0.084	0.254	0.038	0.166	0.204
2008	0.128	0.087	0.260	0.035	0.151	0.186
2009	0.114	0.111	0.267	0.044	0.155	0.199
2010	0.128	0.105	0.323	0.045	0.173	0.218
2011	0.177	0.075	0.253	0.038	0.166	0.204
2012	0.178	0.138	0.311	0.018	0.255	0.273
2013	0.182	0.115	0.249	0.033	0.179	0.212

续表

年份	东部地区泰尔指数	中部地区泰尔指数	西部地区泰尔指数	区域间泰尔指数	区域内泰尔指数	总的泰尔指数
2014	0.151	0.096	0.251	0.049	0.161	0.210
2015	0.172	0.102	0.242	0.039	0.169	0.208
2016	0.184	0.106	0.240	0.041	0.175	0.215
平均值	0.158	0.102	0.265	0.038	0.175	0.213

我国东部地区乡镇文化站财政投入均等化水平随着时间的变化得到一定程度的改善，但中、西部地区乡镇文化站财政投入均等化水平并未随着时间的变化而得到改善，中部地区均等化水平最高，西部地区均等化水平最低。具体考察东、中、西部三个地区的泰尔指数，可以看出：东部地区乡镇文化站财政投入泰尔指数2007—2009年逐年下降，2009—2013年逐年上升，2013—2014年先下降再上升，2015—2016年出现上升趋势，2016年与2007年相比，泰尔指数下降了0.059，表明东部地区乡镇文化站财政投入均等化水平随着时间的变化有了较大的改善；中部地区乡镇文化站财政投入泰尔指数2007—2011年逐年上升，2011—2014年逐年下降，2014—2016年先上升再下降，2016年与2007年上升了0.023，表明中部地区乡镇文化站财政投入的均等化水平随着时间的变化出现了变差的趋势；西部地区乡镇文化站财政投入规模泰尔指数2007—2009年先下降再上升，2009—2011年先上升再下降，2011—2015年逐年上升，2015—2016年出现下降趋势，2016年与2007年相比上升了0.032，表明西部地区均等化水平随着时间的变化出现了变差的趋势。2007—2016年东部地区乡镇文化站财政投入泰尔指数的平均值为0.217，中部地区乡镇文化站泰尔指数的平均值为0.072，西部地区乡镇文化站泰尔指数的平均值为0.176，由此可见，中部地区各省之间乡镇文化站财政投入差异最小，西部地区各省（市、区）之间乡镇文化站财政投入差异最大。

表 5 - 10　　以人口为权重测量的乡镇文化站财政投入的泰尔指数

年份	东部地区泰尔指数	中部地区泰尔指数	西部地区泰尔指数	区域间泰尔指数	区域内泰尔指数	总的泰尔指数
2007	0.269	0.033	0.184	0.057	0.170	0.227
2008	0.213	0.079	0.160	0.049	0.155	0.204
2009	0.117	0.082	0.205	0.057	0.130	0.187
2010	0.220	0.095	0.299	0.040	0.202	0.242
2011	0.234	0.131	0.076	0.020	0.159	0.178
2012	0.245	0.087	0.099	0.029	0.155	0.184
2013	0.282	0.055	0.132	0.019	0.170	0.189
2014	0.182	0.046	0.160	0.042	0.133	0.175
2015	0.196	0.058	0.226	0.045	0.161	0.206
2016	0.210	0.056	0.216	0.041	0.205	0.246
平均值	0.217	0.072	0.176	0.040	0.164	0.204

由表 5 - 11 可以看出博物馆财政投入总的泰尔指数 2007—2015 年出现上下波动，2015—2016 年出现上升趋势，2016 年与 2007 年相比上升了 0.09，表明各省（市、区）博物馆财政投入之间的差异并未随着时间的变化而变小。从表 5 - 11 还可以看出，博物馆财政投入区域内泰尔指数的变动趋势与总的泰尔指数的变动趋势基本相同；博物馆财政投入区域间泰尔指数 2007—2016 年出现上下波动，但变动幅度不大；2007—2016 年区域内泰尔指数明显高于区域间泰尔指数。

我国东、中、西部地区的博物馆财政投入均等化水平并未随着时间的变化而得到改善，中部地区均等化水平最高，西部地区均等化水平最低。具体考察东、中、西部三个地区的泰尔指数，可以看出：东部地区博物馆财政投入泰尔指数 2007—2011 年出现上下波动，2011—2013 年逐年上升，2013—2016 年又出现上下波动，2016 年与 2007 年相比上升了 0.117，表明东部地区博物馆财政投入的均等化水平随着时间的变动有变差的趋势；中部地区博物馆财政投入泰尔指数 2007—2009 年先上升再下降，2009—2013 年逐年上升，2013—2015 年先下降再上升，2015—2016 年出现上升趋势，2016 年与 2007 年相比上升了 0.187，表明中部地区博物馆财政投入的均等化水平随着时间的变动有变差的趋势；西部地区博物馆财政投入泰尔指数 2007—2008 年出现上升趋势，2008—2010 年逐年下降，2010—2016 年出现上下波动，2016 年与 2007 年相比上升了 0.044，表明西部地区博物馆财政投入均等化水平并未随着时间的变化而得到改善。2007—2016 年东部地区博物馆财政投入的泰尔指数的平均值为 0.320，中部地区博物馆泰尔指数的平均值为 0.160，西部地区博物馆泰尔指数的平均值为 0.652，由此可见，中部地区各省之间博物馆财政投入差异最小，西部地区各省（市、区）之间博物馆财政投入差异最大。

表 5－11　　**以人口为权重测量的博物馆财政投入的泰尔指数**

年份	东部地区泰尔指数	中部地区泰尔指数	西部地区泰尔指数	区域间泰尔指数	区域内泰尔指数	总的泰尔指数
2007	0.233	0.122	0.681	0.127	0.322	0.449
2008	0.336	0.176	0.697	0.165	0.305	0.470
2009	0.295	0.098	0.611	0.156	0.312	0.468
2010	0.360	0.146	0.610	0.104	0.360	0.464
2011	0.304	0.158	0.718	0.126	0.370	0.496
2012	0.306	0.166	0.660	0.126	0.354	0.480
2013	0.361	0.182	0.674	0.122	0.389	0.512
2014	0.306	0.118	0.629	0.126	0.334	0.460
2015	0.351	0.123	0.606	0.119	0.348	0.467
2016	0.350	0.309	0.637	0.124	0.415	0.539
平均值	0.320	0.160	0.652	0.130	0.351	0.480

此外，由表 5－8、表 5－9、表 5－10 和表 5－11 可知，2007—2016 年公共图书馆财政投入总的泰尔指数的平均值为 0.224，群艺馆财政投入总的泰尔指数的平均值为 0.213，乡镇文化站财政投入总的

泰尔指数的平均值为0.204，博物馆财政投入总的泰尔指数的平均值为0.480，由此可得知在公共图书馆、群艺馆、乡镇文化站、博物馆这四个主要公共文化文物机构中，各省（市、区）乡镇文化站财政投入之间的差异最小，各省（市、区）博物馆财政投入之间的差异最大。

第六章　公共文化服务体系建设财政保障状况评估

——基于257份市县级调查问卷的分析

本章旨在对我国县市级公共文化服务体系建设的财政保障绩效进行评估。通过开展针对公共文化服务体系建设财政保障状况的问卷调查获取一手调查数据，紧紧围绕公共文化服务体系建设的三大领域，即基础设施建设、产品服务及活动供给、人才队伍的财政保障标准和方式，对示范区与非示范区，对中、东、西部地区进行比较分析和相关分析，尤其关注示范区创建专项资金的影响。最后通过多元回归分析来探索影响财政保障状况的因素所在。

第一节　问卷设计与调研概况

一　问卷设计

问卷调查是用来帮助研究者对理论概念进行测量的一种实证方法，在国内外学界均得以广泛运用。此部分所涉及的内容是关于文化系统和财政系统工作人员对公共文化服务体系建设财政保障评价和认知、态度等问题，所需要的实证数据无法从公开的统计年鉴中获取，因此对数据的搜集采用问卷调查的方式。遵循问卷设计的规范步骤，本课题组通过大量阅读并梳理与公共文化服务体系建设财政保障相关的研究分析，识别研究变量，确定问卷测量内容和主旨，反复斟酌问卷题项的设置、用语、词义、顺序等，规范调查用语，设计出公共文化服务体系建设财政保障状况调查问卷。此后，一方面邀请文化系统工作人员来检验问题是否合理、题量是否适量以及表述方式是否清晰等，另一方面邀请公共文化研究、财政研究领域的学者针对问卷中关键术语的转化、测量因素的提取等方面提出意见和建议，形成初始调查问卷。接着，本课题组充分利用首席专家是湖北省公共文化服务体系建设专家库专家这一有利条件，利用与武汉市、松滋市、公安县等文化系统的良好合作关系，开展预调研，并与部分专家、文化工作人员进行深度访谈，对题项内容与形式的合理性和可行性进行讨论。经过多方多次深入的探讨和交流，对问卷框架与内容进行修改与调整，从而形成正式问卷。

本调查问卷主要围绕公共文化服务体系建设财政保障现状与评价来设计，要求问卷信息能够为理论研究提供可靠和充分的数据。问卷包括两大部分：背景资料和问卷主题，其中背景资料主要确定样本区域、是否示范区等内容，问卷主题部分分别从公共文化服务基础设施建设、产品服务及活动供给、基层文化管理人员保障三大领域的财政保障标准和方式、受访者认知和建议展开（见表6－1）。

表6－1　**调查问卷结构**

维度	对应题项	备注
背景资料	第1、2、3、4题	—
基础设施建设财政保障	第5、6、7、8题为财政保障现状 第9题为示范区创建影响 第10题为总体评价	对应正文第六章 第二节内容
产品、服务与活动供给财政保障	第11、12、13、14、15题为财政保障现状 第16题为示范区创建影响 第17题为总体评价	对应正文第六章 第三节内容
基层文化管理人员财政保障	第18、19题为财政保障现状 第20题为总体评价	对应正文第六章 第四节内容
财政保障影响因素	第21题	补充正文第六章 第五节内容
意见和建议	第22、23题	开放题

二　调研概况

由于调查内容限定于县市级公共文化服务体系建设财政保障这一特定专业性领域，本调研要求调查对象必须是县市级文化系统、财政系统的工作人员，且某一地区收集1—2份有效数据即可达到调研目标，无须过多。为了确保搜集数据的质量，本课题组首先在武汉市、松滋市、公安县三地进行了小规模的预调研，发放问卷10份，全部有效收回，通过分析发现问题并予以修正，在此基础上开展大规模的正式调查。综合考虑调研实施难度、调研成本、人力物力等因素，本次调查采取立意抽样方法，即判断抽样，根据本课题组成员的主观经验从总体样本中选择那些被判断为最能代表总体的单位做样本，既考虑东、中、西部地区分布，又考虑国家级示范区、省级示范区与分示范区的分布。其中，东部地区以山东省为主，中部地区以湖北省为主，西部地区以贵州省为主，同时还涉及浙江、河南、宁夏等其他14个省、3个直辖市。问卷调查采取以发送电子邮件远程、电话指导和面对面指导填写纸质问卷的方式为主，以委托在创意企业中工作的同学和朋友代为发放和回收问卷为补充。结合实际，本项调查共发放问卷300份，实际收回问卷263份，回收率为87.7%，其中有效问卷257份，有效率达97.7%。在调查实施中，采用了调查员自查、调查指导员复查、课题组再次核查三级质量控制方法，之后通过数据校验等方法，对数据质量进行最终检验，通过反复检查与测量较好地控制了误差的发生，保证了调查数据的信效度。从样本分布情况来看，本次调查对象的统计学指标与研究主题相吻合，样本具有一定的代表性。

表6-2　**总体样本的基本情况**

	特征	数量	比例（%）
地区	东部地区	74	28.8
	中部地区	70	27.2
	西部地区	113	44.0

续表

	特征	数量	比例（%）
是否示范区	国家级示范区	78	30.4
	省级示范区	54	21
	非示范区	125	48.6
建设模式	财政保障	74	28.8
	政府主导，社会参与	181	70.4
	市场主导	2	0.8
满意状况	非常满意	60	23.3
	比较满意	126	49.0
	一般	66	25.7
	不太满意	5	1.9

第二节　公共文化服务基础设施建设财政保障状况评估

目前我国公共文化服务基础设施建设财政保障均以县市本级财政拨款为主、中央和省级财政补助为辅、项目支出的方式予以保障的，不同地方各级政府财政保障标准也有差异，但财政保障方式大体相同，且逐步呈现出多元化趋势。本次调查的公共文化服务基础设施主要涉及县市级“三馆”（图书馆、文化馆与博物馆，下同）、乡镇综合文化站、村级文化活动中心及流动文化设备。本节首先依次分析其建设财政保障的标准与方式，然后分析示范区创建专项资金对基础设施建设的影响，最后对基础设施建设财政保障状况做总体评价。

一　基础设施建设的财政保障标准与方式

本调研中新建与部分新建场馆“三馆”的样本占50.2%，新建场馆的融资渠道虽有拓宽，但仍然以本级政府财政拨款为主，中央和省级补助标准不一，PPP模式运用潜力尚需发掘。虽然早些年就已经提到“乡乡有综合文化站”这一建设目标，但本次调查样本中乡镇

综合文化站覆盖率仅达到74.3%，以中央与省级补助为主的财政保障范围尚待拓宽。村级文化活动中心建设资金来源多元，地方财政资金占主导地位，但资金需求仍较大。流动文化设备供给主要依靠中央与省级统一配送，本级政府投入力度相对较小。

（一）“三馆”建设资金以本级财政拨款为主，融资渠道有所拓宽

在本调研样本中，新建“三馆”总体占比为26.8%，其中示范区（32.8%）新建“三馆”比非示范区（20.3%）高12.5%，而部分新建中示范区与非示范区占比相差11%，可以看出示范区新建“三馆”占比要比非示范区高。就东、中、西部地区而言，东部地区新建“三馆”占比为17.5%、部分新建占比为14.9%，中部地区新建占比为26.1%、部分新建占比最高（39.1%），西部地区新建“三馆”占比33.3%、部分新建占比为20.7%。原场馆中东部地区占比最高，与原场馆占比最低的中部地区相差了近33 %。下面以新建“三馆”为研究对象，分析县、市级“三馆”设施建设的财政标准与方式状况。

首先，“三馆”建设中本级政府承担最重的财政支出责任。在新建（含部分新建）的资金来源保障标准调查中，“三馆”资金来源中本级政府承担得最多，在中央补助（13.4%）、省级补助（24.2%）、市/县本级拨款（33.1%）、PPP项目融资占比最小（7.0%）、土地置换（12.1%）以及其他（10.2%）等的资金来源中，各种资金来源均占有一定的比例，政府资金保障标准呈现出从地方政府到省级政府再到中央政府的梯度递减，地方负担“三馆”的资金保障标准的占比最大，成为建设财政资金的最主要供给主体。就地区类别而言，通过对表6－3分析可知，在东部、中部、西部三个地区中，西部地区的资金来源方式占比差距较大，市/县本级拨款占比最高，本级政府承担责任最为明显，PPP项目融资与土地置换方式占比最低，两者差距达到33.3%。在土地置换中，呈现出由东部地区向西部地区递减的态势；在省级补助与市/县本级拨款中，东部和中部地区基本持平，而西部地区的省级补助最低，市/县本级拨款最高；在中央补助中，中部占比最高，东部最低。此外，示范区中各种资金来源内部占

比差距明显，而非示范区各种资金来源占比较为均匀，示范区与非示范区中来自市/县级拨款占比最高，这说明在“三馆”建设中，市/县财政资金保障的占比是最高的。另外，中央补助、省级补助、市/县本级补助三者的比例之和均占了63%以上，三者之和最高者为74.7%，表明目前政府在“三馆”建设中占有主导地位。

表6－3　**“三馆”建设资金来源情况分析**　(%)

	总体	区域			类别	
		东部	中部	西部	示范区	非示范区
中央补助	13.4	7.8	16.8	13.3	12.6	14.5
省级补助	24.2	26.3	27.0	20.0	25.3	22.6
市/县本级拨款	33.1	29.0	28.7	40	36.8	27.5
PPP项目融资	7.0	5.3	8.3	6.7	5.3	9.6
土地置换	12.1	18.4	13.4	6.7	12.6	11.3
其他	10.2	13.2	5.8	13.3	7.4	14.5
合计	100.0	100.0	100.0	100.0	100.0	100.0

其次，“三馆”建设中上级补助标准不一，资金分配均衡性差。《全国地市级公共文化设施建设规划》指出，“三馆”建设的责任主体是当地人民政府，中央予以适当补助，对少数民族地区、西部地区、中部地区按照新建或者改建方式进行不同地区不同比例的专项补助，促进“三馆”建设与公共文化设施的均衡发展。调查发现，一是东部、中部、西部的中央补助标准不一样，资金分配存在地区性差异。在各地区中央补助资金占比中（见表6－3），中部地区占比最高（16.8%），西部次之（13.3%），东部最低（7.8%）；在部分地区的实际补助金额（见表6－4）中，重点扶持的贫困地区新疆奎屯市中央补助800万元，中部地区湖北省襄阳市谷城县2400万元，西部地区贵州省黔东南州锦屏县60万元，中央补助资金地区差异大，导致地区之间均衡性差。二是相同地区内部存在资金补助差异（见表6－4），西部重点扶持的地区新疆奎屯市中央补

助资金800万元，新疆北屯市、哈密市伊州区完全依靠援疆资金建设“三馆”；同属于西部地区的贵州省黔东南州锦屏县中央补助60万元、黔西南州普安县中央补助100万元。因而从中部、西部地区中央补助比例及各个地区实际补助资金的不同来看，地方政府存在争相游说争取更多的中央补助资源，而让本级政府承担更少的“三馆”建设资金的现象，从而导致出现“跑部钱进”问题。如湖北松滋市作为第一批省级示范区，在创建过程中向中央申请补助200万元。

表6-4　**部分地区新建或改建“三馆”资金来源情况分析**　（万元）

地区	是否参加国家级或省级示范区	中央补助	省级补助	市/县本级拨款	PPP项目融资	土地置换	其他
新疆奎屯市第七师	未参加	800	/	300	/	/	/
新疆北屯市	未参加	/	/	/	/	/	援疆资金
新疆哈密市伊州区	未参加	/	/	/	/	/	援疆资金
湖北松滋市	省级	200	/	/	/	√	/
湖北襄阳市谷城县	国家级	2400	1500	600	/	√	/
贵州黔东南州锦屏县	未参加	60	/	/	/	/	/
贵州黔西南州普安县	未参加	100	/	240	/	/	与其他项目合建
贵州遵义市正安县	国家级	200	/	1100	/	/	/

最后，PPP模式采用率低，其运用潜力有待发掘。PPP为创新财政投入方式，更好地发挥财政资金撬动作用开辟了新的通道，能够有效推动公共文化设施，尤其是大型文化场馆建设。湖北省的来凤县、公安县、襄阳市分别通过PPP项目融资4.16亿元、5.5亿元、3亿元，新疆阿拉尔市、贵州遵义市分别通过PPP项目融资2

亿元、0.7亿元，这些地区是运用PPP项目融资方式推动“三馆”建设，也是运用PPP模式的典型地区。但在调查中发现，PPP项目融资在总体数据中占比最低（见表6-3），占比均在10%以下，说明PPP项目融资方式在“新三馆”建设中的采用率较低，潜力有待发掘。其采用率低下，与公共文化基础设施的特殊性以及它在我国的政策环境、本身的技术难度、发展不成熟等有关。加快推进“三馆”建设不仅要继续加大中央和省级财政补助，加强市县本级政府拨款，还需大力推广PPP模式。

（二）乡镇综合文化站距离全覆盖目标尚有差距，以中央与省级财政补助为主的保障标准有待提高

尽管早在“十一五”规划期间，中央就提出了到2010年实现“乡乡有综合文化站”的目标，但调查发现，表示本市县内仍存在乡镇综合文化站“无站所”的样本占比达到约26%，西部情况更为严峻，仍存在“无站所”的比例达到30%。就近些年来乡镇综合文化站建设状况来说，采取新建（31.7%）与改建（30.0%）方式的居多，而采取租赁（12.5%）、闲置资产划拨（15.0%）与其他（10.8%）方式的也超过1/3。以新建的乡镇综合文化站为分析对象，研究其资金来源与保障方式，发现省级政府与中央的补助占比最大（见表6-5）。从总体上看，资金来源于保障标准中各级政府的补助占比较为均匀，差距在13%—26%范围内。问卷调查结果显示，东部地区中央补助最低（15.8%），西部地区中央补助最高（28.1%），但东部地区的省级补助（26.3%）相对中部地区（13.3%）而言较多，中部地区市/县本级拨款占比最高（46.7%）。东部地区的经济发展水平较高，因而市/县本级拨款占比相对要高。同时可以看出，相对来说，经济欠发达地区的中央政府投入越多，省级与地方本级政府财政投入就越少。中部地区市/县本级拨款占比最高，反映了我国在公共文化服务体系建设方面绝大多数地方政府的情况，地方政府长期以来存在着事权与财权不匹配的体制问题，越是底层这种情况就越明显，因而以中央与省级补助为主的乡镇文化站的资金保障标准需要提高。此外，在示范区中市/县级本级拨款（41.9%）最高，明显比非示范区（26.1%）高。示范区为了达到示范区创建目标的要求，

即乡镇文化站全覆盖，市/县本级政府必然会增大财政投入力度。

表6-5 **乡镇综合文化站“新建”资金来源与保障情况分析** （%）

	总体	区域			类别	
		东部	中部	西部	示范区	非示范区
中央补助	22.7	15.8	20.0	28.1	23.2	21.7
省级补助	25.8	26.3	13.3	31.3	25.6	26.1
市/县本级拨款	36.3	36.8	46.7	31.3	41.9	26.1
其他	15.2	21.1	20.0	9.3	9.3	26.1
合计	100.0	100.0	100.0	100.0	100.0	100.0

（三）村级文化活动中心建设资金来源多元化

在村级文化活动中心建设中，各种资金来源均有涉及，包括各级政府拨款、对口扶贫、村级“一事一议”、村民自筹、社会捐赠和其他等，但是资金来源主要靠各级政府拨款，而其他方式的资金来源占比较小，作用不明显。调查发现，中央补助、省级补助、市/县本级拨款占主导地位（见表6-6），占据较重要的位置，各级政府补助累计占比68.8%（中央补助17.4%、省级补助22.2%、市/县本级拨款29.2%），成为村级文化活动中心建设资金的主要来源，而市/县本级政府拨款在三级政府中的占比最高，成为村级社区文化活动中心建设资金的最主要来源渠道。其他建设资金来源的累计百分比为31.1%（对口帮扶9.2%、村级“一事一议”7.2%、村民自筹4.9%、社会捐赠7.0%、其他2.8%），接近1/3，而对口帮扶所占比例最高。特别是对经济发展落后的地区而言，依托对口扶贫加强公共文化服务体系建设也成为重要选择。例如，位于西部的广西隆林县者徕村那利屯属于地理位置较为封闭、经济较为落后的地区，帮扶单位先后两次共计捐赠帮扶资金41.5万元，依托对口帮扶基金建设村级文化活动中心。类似依靠扶贫资金建设村级文化活动中心的还有四川省雅安县，通过扶贫资金建立村级文化活动中心145个；位于中部地区的湖北省阳新县在建设村级文化活动中心时所颁布的政府文件中要求县直单位开展驻村对口帮扶文化室建设工作，帮助村级文化活动中心的建设。此外，东部与中部地区的社会捐赠占比明显比西部地区高，在东部、中部地区依托社会捐赠建设村级文化活动中心的例子也屡见不鲜。调研发现，湖北省公安县部分乡村是依靠社会捐赠建设村级文化活动中心的典型。公安县麻豪口镇联盟村在建设公共文化服务体系示范村时，该村的三位热心人士捐赠了 18 万元用于建设村级文化活动中心，捐赠资金占了该村公共文化示范村建设资金的 1/3；类似情况还有夹竹园镇黄金口村，约有 50 万元的社会捐赠资金被用来建设村级文化活动中心；南平镇拖船埠村用社会捐赠的 65 万元，完善了村级活动中心的建设。

表 6－6　**村级（社区）文化活动中心建设资金来源**　（%）

	总体	区域			类型	
		东部	中部	西部	示范区	非示范区
中央补助	17.4	10.6	12.1	24.9	16.0	19.0
省级补助	22.2	23.4	20.3	22.6	25.0	19.0
市/县本级拨款	29.2	31.9	28.6	27.9	28.1	30.5
对口扶贫	9.2	6.9	12.6	8.6	9.0	9.5
村级“一事一议”	7.2	5.3	8.8	7.3	7.6	6.7
村民自筹	4.9	6.4	5.5	3.7	4.2	5.7
社会捐赠	7.0	11.7	7.7	3.7	8.4	5.4
其他	2.8	3.7	4.4	1.3	1.7	4.1

（四）流动文化设备以中央与省级统一配送为主

在流动文化设备的数据分析中，将中央统一配送与省级统一配送归为“统一配送”类型，将中央未配送与省级未配送纳入“未配送”类型。经分析可知，无论是在示范区与非示范区，还是在东、中、西部地区，以配送方式支持流动文化设施建设都占据着大多数，有 40%—70% 的地区流动文化设施配置资金来源属于“统一配送”。西部地区中央统一配送占 36.8%，省级统一配送占 33.3%（见表 6－

7）。调查发现，市/县本级拨款支持流动文化设施建设占比为18.0%，远远小于省级统一配送（35.2%）与中央统一配送（22.2%），在非示范区市/县本级拨款占比为11.2%，而示范区占比为24.0%。相对于非示范区，示范区的本级政府对于流动文化设施建设与完善具有一定的推动作用。东部、中部、西部地区在市/县本级拨款中呈现出由东部向西部递减的趋势，有明显的地区差异，东部地区的市/县本级拨款最高（33.7%），西部地区的市/县本级拨款最低（6.2%），与东部地区相差很大。

表6－7　流动舞台车、文化车、图书车等流动设备的资金来源　（%）

	总体	区域			类型	
		东部	中部	西部	示范区	非示范区
中央统一配送	22.2	10.1	14.8	36.8	14.7	30.6
省级统一配送	35.2	29.2	44.4	33.3	40.7	29.1
中央未配送	3.9	4.5	5.0	2.6	2.7	5.2
省级未配送	5.6	5.6	6.2	5.3	9.3	1.5
市/县本级拨款	18.0	33.7	17.3	6.2	24.0	11.2
其他	15.2	16.9	12.4	15.8	8.7	22.4
总计	100.0	100.0	100.0	100.0	100.0	100.0

二　示范区创建专项资金对基础设施建设的影响

示范区创建专项资金除了用于基础设施建设外，还可用于公共文化产品服务供给、人员保障等方面，对于动辄就需上千万元的新建“三馆”经费来说可谓杯水车薪。示范区创建一般都需要改善基础设施建设以达到示范区创建标准，不达标的基础设施会成为示范区创建的“短板”，若要补齐短板，就需改建或者新建一些基础设施，例如“三馆”、乡镇综合文化站、村级文化活动中心等。在示范区中有63%的“三馆”和70.1%的乡镇综合文化站需要新建或者改建，对于需要新建或者改建场馆的示范区而言，基础设施建设资金需求量很大。本调查结果也显示，有29.2%的地区表示专项资金不能满足公共文化基础设施建设的需要。

（一）示范区创建专项资金基本满足基础设施建设的需要

公共文化服务体系示范区创建专项资金作为撬动公共文化基础设施建设的重要资金来源，对于完善基础设施网络体系建设具有重要意义。调查显示，有9%的调查对象认为，示范区专项资金对于当地公共文化基础设施建设是完全满足的，有61.8%调查对象认为基本满足，发挥了重要作用，有17.4%的人认为一般，作用不明显，还有11.8%的调查对象认为资金太少，无法满足（见表6－8）。再将“完全满足”与“基本满足，发挥了重要作用”作为“满足”类别，那么就有70.8%的地区的示范区创建专项资金对于当地公共文化基础设施建设是满足的。可见，绝大部分示范区创建专项资金能满足基础设施建设的要求，也存在部分无法满足的情况。在调查中发现西部地区贵州的毕节市、贵阳市专项资金过少，致使公共文化基础设施建设滞后。

表6－8　示范区创建专项资金对当地公共文化基础设施建设的满足程度（%）

		百分比	有效百分比	累计百分比
有效	完全满足	5.1	9.0	9.0
	基本满足，发挥了重要作用	34.6	61.8	70.8
	一般，作用不明显	9.7	17.4	88.2
	资金太少，无法满足	6.6	11.8	100.0
	合计	56.0	100.0	
缺失	88份	44.0		
合计		100.0		

（二）中部地区国家级示范区创建专项资金保障不足

国家级示范区专项资金作用的发挥存在明显的地区差异性（见表6－9）。在东部地区，有90.9%的调查对象认为专项资金能够满足当地的公共文化基础设施建设的需要，但在中部地区与西部地区，情况则不如东部地区那么乐观。中部地区的专项资金无法满足的情况占比接近36%，西部地区情况比中部地区略好，但也有接近1/3的示范区

专项资金是属于“不满足”状态的。东部地区的经济发展水平比中部、西部地区都高，可以依靠省级补助与本级财政来支持示范区的公共文化基础设施建设；西部地区经济发展水平最低，但是中央转移支付补助多，公共文化基础设施建设资金不满足情况不会很严峻；中部地区经济发展水平处于中等，既无经济发展做支撑，又无过多的中央转移支付做补充，呈现出示范区基础设施建设资金保障不足的情况。例如河南郑州市与湖北襄阳市，都认为国家专项资金补助过少，解决不了实际问题。

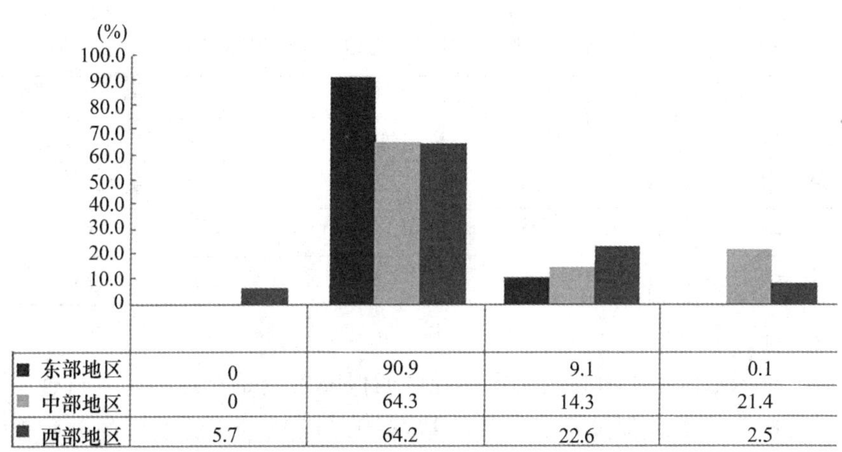

图 6－1　国家级示范区创建专项资金对当地公共文化基础设施建设的满足程度

三　基础设施建设财政保障状况评价

东、中、西部地区示范区与非示范区基础设施建设中具体情况不一样，各地对财政保障资金的需求有差异。调查发现，财政保障资金总体相对欠缺，具有财政保障资金东部地区基本满足、中部地区偏紧、西部地区短缺的特点。此外，受访者普遍反映各级政府公共文化基础设施建设中支出责任划分不够明确，有 36.2% 的受访示范区认为省级政府应该加强支出责任。

（一）基础设施建设财政保障总体良好，部分地区稍有欠缺

第一，财政保障资金情况总体良好，但是部分地区仍有资金缺

口，示范区与非示范区、省级国家级示范区差异明显。调查结果显示，认为公共文化基础设施建设的财政保障资金是充足的比例为21%；超过一半地区的财政保障资金处于一般状态；短缺情况占比为30%。若将“充足”与“一般”合并为“基本满足”，那么就有72.7%的地区公共文化基础设施建设的财政保障资金处于基本满足状态，占绝大多数。虽然小部分地区仍处于不充足状态，但这种不充足状态在省级、国家级示范区、全体示范区与非示范区中也有明显的区别与表现（见表6－9）。

表6－9　**示范区公共文化服务基础设施建设财政保障状况**　（%）

	总体	示范区		类型	
		国家级示范区	省级示范区	示范区	非示范区
充足	20.6	30.8	25.9	28.8	12.0
一般	52.1	44.9	64.8	53.0	51.2
短缺	27.2	24.4	9.3	18.2	36.8

在示范区中，有接近1/3的地区的保障资金是充足的；有超过一半的地区的财政保障资金处于一般状态；有18.2%的地区的财政保障资金是短缺的。在非示范区中，财政保障资金基本上不能满足当地公共文化基础设施建设的需要，资金缺口相对较大，有超过1/3的地区处于短缺状态，在东、中、西部地区的非示范区调查中均有由于资金不足而导致公共文化设施老化但无法更新的现象存在。从示范区与非示范区的对比中可以看出，示范区的财政保障资金对于当地的公共文化基础设施建设基本上发挥了作用，非示范区的公共文化基础设施建设则缺少有效的保障资金，因而示范区的财政保障资金对于公共文化基础设施建设是具有促进作用的。在国家级与省级示范区的对比中发现，一般与短缺情况差异非常明显，在国家级示范区中短缺情况（24.4%）比省级示范区短缺情况（9.3%）更严重。总的来说，不管是示范区还是非示范区、省级或者国家级示范区的基础设施建设财政保障状况都有短缺的情况出现，而短缺情况在不同的地区划分中程

度不同。

第二，财政保障资金呈现出东部基本满足、中部偏紧、西部存在资金缺口的状态。东部、中部、西部地区的公共文化基础设施建设的财政保障资金（见表6－10）呈现出规律性明显的地区差异性。经分析可知，在财政保障资金充足的地区中，东部地区占比最高，中部与西部地区占比接近；在财政保障资金一般的地区中，东部与中部地区的占比最高，均超过50%，而西部地区只接近40%；在财政保障资金短缺的地区，西部地区占比最高，约为41%，最为紧缺，东部地区短缺度占比最低，约为10%，从东部到西部的紧缺程度逐渐变高。所以总的来看，东部地区公共文化基础设施建设的财政保障资金基本上处于满足状态，中部地区处于偏紧状态，西部地区财政保障资金基本上不能得到满足。

表6－10　**中、东、西部地区公共文化服务基础设施建设的财政保障状况**　（%）

	国家级示范区			总体		
	东部	中部	西部	东部	中部	西部
充足	63.6	21.4	26.4	32.4	14.3	16.8
一般	36.4	42.9	47.2	58.1	61.4	42.5
短缺	0	35.7	26.4	9.5	24.3	40.7
合计	100.0	100.0	100.0	100.0	100.0	100.0

第三，国家级示范区中财政保障资金西部不足、中部陷入短缺困局。国家级示范区中公共文化基础设施建设的财政保障资金基本上形成了财政优先保障西部地区的格局，强化对贫困落后的西部地区的扶持力度。虽然中央资金保障向西部倾斜，但是依然改变不了西部保障资金不足的局面。调查显示，国家示范区中西部有26.4%的公共文化基础设施建设财政保障资金是短缺的，占比接近1/3。另外，由于国家政策着力倾斜西部地区，而忽略了对中部地区国家示范区的资金保障，出现中部地区短缺情况比西部地区更严重的现象，国家级示范

区中部地区公共文化基础设施建设短缺的地区占比超过了1/3（35.7%），占比最高。

（二）中央和省级政府支出责任有待加强

在公共文化基础设施建设支出责任中，受访者认为，中央政府应加强支出责任的占比为32%，认为省级政府应加强支出责任的占比为37%，认为市/县级政府应加强支出责任的有31%。在示范区与非示范区的对比分析中，均表示需要省级政府进一步加强支出责任的占比最高，但相对于非示范区而言，示范区认为加强市县本级政府支出责任的占比更大，而非示范区认为应该加强中央政府的支出责任。省级示范区普遍认为公共文化服务基础设施建设应由省级和市县级政府进一步强化支出责任，而国家级示范区则认为中央政府亟须进一步加强支出责任。从中、东、西部地区划分来看，西部地区的各级政府支出责任呈现出由中央政府到省级政府再到市/县级政府递减的状态，并且三级政府支出责任的差距最大；东部与中部地区的支出责任均为省级政府占比最高，中央政府支出责任占比最低，并且各级政府之间的支出责任差别不大（见表6-11）。更进一步从国家级示范区的东、中、西部地区划分来看，东部地区示范区认为应当由市/县政府加强支出责任，中部地区的示范区认为应当由省级政府加强支出责任，西部地区的示范区认为应当由中央政府加强支出责任。一般而言，经济发展越落后的地区中央政府支出的责任就越大。发达地区的公共文化服务体系示范区建设能够有较多的融资渠道，发掘社会力量参与示范区公共文化基础设施建设，因而地方的主体责任发挥得较好。

表6-11　关于加强公共文化服务基础设施建设支出责任的建议　（%）

	国家级示范区			国家级	省级	示范区	非示范区
	东部	中部	西部				
中央	19.0	28.6	44.3	35.9	19.5	28.7	35.2
省级	38.1	38.1	29.5	33.0	40.2	36.2	37.7
市/县	42.9	33.3	26.2	31.1	40.2	35.1	27.0

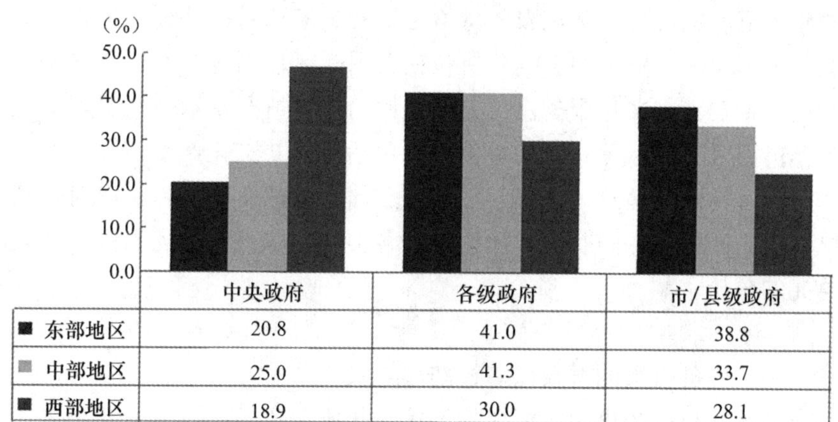

	中央政府	各级政府	市/县级政府
■ 东部地区	20.8	41.0	38.8
■ 中部地区	25.0	41.3	33.7
■ 西部地区	18.9	30.0	28.1

图6－2　东、中、西部地区各级政府加强公共文化基础设施建设的支出责任建议

通过以上的分析可以看出，目前我国公共文化服务基础设施建设财政保障均以市/县本级财政拨款为主、中央和省级财政补助为辅、项目支出的方式予以保障的，不同地方各级政府财政保障标准也各有差异，但财政保障方式大体相同，且逐步呈现出多元化趋势。具体说来，公共文化服务基础设施建设财政保障状况有以下特点：第一，基础设施建设财政保障状况总体保障情况良好，部分地区财政保障资金稍有欠缺，且相对来说，示范区保障情况比非示范区好；第二，在示范区创建专项资金保障中，公共文化基础设施建设中资金投入显得杯水车薪，出现因资金投入不足而导致公共文化基础设施建设滞后的情况；第三，在公共文化设施建设中各级政府责任划分仍不够合理。

第三节　公共文化产品、服务与活动供给财政保障状况

本节对公共文化产品、服务与活动供给（以下简称“服务供给”）财政保障状况的分析，主要是从服务供给的财政保障标准与方式、示范区创建专项资金的影响和财政保障状况的评价三个方面进行的，其中对服务供给的财政保障标准与方式的分析包括对各类公共文

化服务在供给过程中主要资金来源情况的分析，对地区之间、示范区和非示范区之间公共文化服务供给主要资金来源对比情况的分析；对示范区创建专项资金的影响分析包括对示范区在创建过程中所获得的专项资金在公共文化服务供给方面发挥的效果情况及示范区保障情况的分析；对财政保障状况的评价分析包括对公共文化产品、服务及活动的财政保障资金总体情况、示范区和非示范区财政保障状况对比情况、地区间财政保障状况对比情况和各类文化服务供给支出责任建议情况的分析。

一 服务供给的财政保障标准与方式

公共文化服务供给主要包括场馆文化服务供给、流动文化服务供给、数字文化服务供给和公益性文化活动供给，通过分析这四项服务的资金来源调查数据发现，各级政府成为各类服务供给的主要资金来源，并且东、中、西部地区之间以及示范区和非示范区之间资金来源结构存在差异。

（一）场馆文化服务供给资金来源以各级政府资金补助为主

场馆文化服务供给主要依托于公共图书馆、文化馆和博物馆（简称“三馆”）以及乡镇文化站，下面将分别对“三馆”和乡镇文化站服务供给财政保障现状进行描述。“三馆”基本运行所需资金主要来源情况如表6－12所示。调查数据显示，选择市/县级拨款为“三馆”主要资金来源的地区占比为38.1%，选择中央补助拨款作为“三馆”主要资金来源的地区占比为22.6%，选择省级补助拨款作为“三馆”主要资金来源的地区占比为24.8%，选择事业收入作为“三馆”主要资金来源的地区占比为6.0%，选择经营收入作为“三馆”主要资金来源的地区占比为5.7%，拥有其他渠道资金作为“三馆”主要资金来源的地区占比为2.6%。从总体来看，“三馆”运行经费来源渠道主要是各级政府的资金补助，其中大部分地区的市县级政府承担了一定的支出责任，只有很少部分地区拥有事业收入、经营收入和其他的资金收入渠道，政府以外的资金来源较少。由此可见，绝大部分地区“三馆”运行的资金来源于各级政府的补助，拥有政府外资金渠道的地区为少数。在地区间“三馆”运行资金主要来源中，东部地区“三馆”资金来源结构同中、西部地区存在差异。调查数据显示，东部地区中央补助的占比为8.9%，远低于中部地区的21.1%和西部地区的31.9%，而东部地区的事业收入占比为25.0%，要高于中部地区的6.3%和西部地区的1.8%。经对比分析发现，东部地区拥有中央补助的“三馆”要少于中部和西部地区，并且呈现东、中、西部依次递增的趋势，而东部地区拥有事业收入的“三馆”要多于中、西部地区。可见，东部地区受政策和经济发展的影响，在“三馆”运行资金来源方面比中、西部地区更加多样。对比示范区和非示范区的样本数据发现，在“三馆”运行经费来源方面，无论是示范区还是非示范区，大部分地区“三馆”运行的资金来源于各级政府的资金补助，拥有政府外资金渠道的地区为少数。

表6－12　**“三馆”基本运行所需资金主要来源情况**　（%）

	总体	区域			类型	
		东部	中部	西部	示范区	非示范区
市/县本级拨款	38.1	31.7	38.9	38.4	36.8	39.7
中央补助	22.6	8.9	21.1	31.9	21.6	23.9
省级补助	24.8	20.5	26.3	24.4	26.7	22.6
事业收入	6.0	25.0	6.3	1.8	7.5	4.4
经营收入	5.7	9.4	5.7	2.2	6.6	4.7
其他	2.6	4.5	1.7	1.4	0.9	4.7

“三馆”运行上级免费开放专项资金补助的占比情况见表6－13所示。问卷调查数据显示，认为补助资金占比很大的样本占41.8%，认为补助资金占比一般的样本占41.4%，认为补助资金占比很小的样本占16.8%。总体来看，大部分地区的“三馆”在运行过程中，上级补助的专项资金占了较大的比例，并且有大部分地区“三馆”的上级补助资金占比一般，仅有极少数样本认为，当地“三馆”所获得的专项资金在资金占比中很小。可见，绝大部分“三馆”在运行过程中，依赖上级补助的免费开放专项资金。在区域间免费开放的

专项资金方面，西部地区同东、中部地区存在差异，西部地区数据显示，认为补助资金占比很大的样本占58.0%，认为补助资金占比一般的样本占27.7%，认为补助资金占比很小的样本占14.3%，可见，上级补助的专项资金在西部大部分“三馆”运行过程中占了很大的比例，相比于东、中部地区，专项资金在西部地区占了更加重要的地位。分析示范区和非示范区的数据发现，在示范区中，认为专项资金占比很大的样本占44.3%，占比最高，可见，专项资金在示范区“三馆”运行中占据了重要地位。在非示范区中，认为专项资金占比一般的样本占42.4%，占比最高，而认为专项资金占比很大的样本次之，为39.2%，可见非示范区中专项资金在“三馆”运行过程中的作用并不显著。对比示范区和非示范区的数据发现，示范区中的“三馆”运行更加依赖上级专项资金的补助。

表6－13　**“三馆”运行上级补助免费开放专项资金占比情况**　（%）

	总体	区域			类别	
		东部	中部	西部	示范区	非示范区
很大	41.8	27.0	31.4	58.0	44.3	39.2
一般	41.4	55.4	48.6	27.7	40.5	42.4
很小	16.8	17.6	20.0	14.3	15.3	18.4

乡镇文化站服务供给资金主要来源情况见表6－14所示。调查数据显示，选择市/县本级拨款为资金主要来源的样本占38.4%，选择上级免费开放专项资金为主要来源的样本占37.3%，选择上级其他补助为主要来源的样本占19.4%，选择其他资金来源的样本占4.9%。总体来看，大部分地区的乡镇文化站服务供给资金的主要来源是市/县本级拨款和上级免费开放专项资金，拥有上级其他补助和其他渠道的资金来源的地区占少数，来自政府外的其他资金补助的渠道更少，支持主体较为单一。其次，当前绝大部分地区的乡镇文化站提供公共服务的资金依赖基层政府的拨款和上级的专项资金，基层政府承担了较大的支出责任，且专项资金在文化站运行方面发挥了重要

作用。对比区域间乡镇文化站资金来源情况发现，东部和中部地区的资金来源结构相似，都是以市/县本级拨款为资金主要来源，而西部地区则是以上级免费开放专项资金为资金主要来源，可见，东部和中部地区乡镇文化站更加依赖基层政府的资金支持，而西部地区乡镇文化站则更加依赖上级免费开放专项资金。对比示范区和非示范区的数据发现，在乡镇文化站公共服务活动的资金来源方面，两者来源构成相似，无论是示范区还是非示范区，其乡镇文化站资金都主要依赖市/县本级政府拨款和上级专项资金补助。

表6－14　　乡镇文化站服务供给资金主要来源情况　　（%）

	总体	区域			类别	
		东部	中部	西部	示范区	非示范区
市/县本级拨款	38.4	39.5	40.5	36.4	39.1	37.6
上级免费开放专项资金	37.3	29.9	37.3	42.4	37.5	37.1
上级其他补助	19.4	26.5	15.1	17.1	19.2	19.7
其他	4.9	4.1	7.1	4.1	4.2	5.7

（二）流动文化服务资金来源以市/县本级拨款为主，上级补助为辅

流动文化服务是公共文化服务供给的重要组成部分，良好的财政保障有利于流动文化服务的有效供给，对于构建完善的公共文化产品、服务和活动供给体系非常重要。就流动文化服务资金来源而言（见表6－15），调查数据显示，资金主要来源选择市/县本级拨款的样本占38.9%，选择中央补助的样本占27.5%，选择省级补助的样本占29.6%，选择其他的样本占4.1%。总体来看，大部分地区的流动文化服务资金主要来源于市/县本级拨款，拥有省级补助和中央补助的地区比例次之，且二者比例差距不大，符合国家“地方政府负责，中央财政适当补助”的政策要求。就地区间而言，西部地区同东、中部地区存在差异。分析数据发现，东、中部地区资

金来源情况都是选择市/县本级拨款的样本占比最高，选择省级补助的样本占比次之，再次是选择中央补助的样本占比，最后是选择其他资金来源的样本占比。而西部地区选择市/县本级拨款的样本占比为38.1%，比例最高，选择中央补助的样本占比为33.9%，比例次之，选择省级补助的样本占比为24.8%，比例较少，选择其他的样本占比为3.2%，比例最少。可见西部地区流动文化服务资金来源仍是以市/县本级拨款为主，但相较于东、中部地区，中央补助占据了更加重要的地位。对比示范区和非示范区数据发现，两者的流动文化服务都是以市/县本级拨款为主要资金来源，但在示范区中，拥有省级补助的地区占比要高于拥有中央补助的地区占比，在非示范区中，拥有省级补助的地区占比要低于拥有中央补助的地区占比。可见，除市/县本级政府拨款外，示范区中省级补助为更加重要的资金来源，而对于非示范区来说中央补助是更加重要的资金来源。

表6-15 **流动文化服务资金来源情况** (%)

	总体	区域			类别	
		东部	中部	西部	示范区	非示范区
市/县本级拨款	38.9	39.7	39.2	38.1	39.6	38.1
中央补助	27.5	21.2	24.5	33.9	26.4	28.6
省级补助	29.6	35.3	30.8	24.8	31.7	27.4
其他	4.1	3.8	5.6	3.2	2.3	6.0

（三）数字文化服务供给资金主要依赖于各级政府财政分担

问卷调查数据显示，在数字文化服务资金主要来源方面，选择市/县本级拨款的样本占33.8%，选择中央补助的样本占30.3%，选择省级补助的样本占33.3%，选择其他的样本占2.6%。总体来看，数字文化服务供给的资金来源以政府拨款为主，其中市/县本级拨款和省级补助是资金的主要来源，其次是中央补助，拥有其他渠道资金来源的地区占比极少。由此可见，绝大部分地区的资金来源于三级政府的资金补助，且拥有中央、省和市县三级政府资金地区的占比差距不大，三级政府在数字文化服务方面都很重视，并都给予了一定的支持。从区域间的纵向对比来看，东部地区市/县本级拨款和省级补助占比较高，而中央补助占比较低，中部地区则是三级政府资金占比相近且差距不大，西部地区则是中央补助占比最高，省级补助和市/县本级拨款较少，可见，东部地区资金主要来源于基层政府补助，中部地区则是三级政府共同承担资金责任，西部地区则主要来源于中央政府。从资金来源的横向对比看，以中央补助为资金主要来源的地区占比自东、中、西部地区依次递增，而以省级补助或市/县本级拨款为主要资金来源的地区占比则依次递减，西部地区数字文化服务更依赖中央资金的支持，东部地区则主要依靠基层政府的资金支持，而中部地区受政策和经济发展水平的影响，资金来源结构并无突出特点。

表6－16　　**数字文化服务资金来源情况**　　（%）

	总体	区域		
		东部	中部	西部
市/县本级拨款	33.8	39.0	33.8	29.8
中央补助	30.3	20.7	29.6	37.0
省级补助	33.3	36.0	34.5	30.3
其他	2.6	4.3	2.1	2.9
合计	100.0	100.0	100.0	100.0

（四）公益性文化活动资金来源多元化，呈现出“政府主导，社会参与”的特征

问卷调查统计数据显示，在公益性文化活动供给中选择上级政府补助的样本占比为22.8%，选择市/县本级拨款样本的占比为35.4%，选择企业冠名资助的样本占比为25.3%，选择社会捐赠的样本占比为13.2%，选择其他的样本占比为3.2%。总体来看，公益性文化活动资金主要来源于市/县本级拨款，其次是企业冠名资助，再次是上级政府补助，来自社会捐赠和其他渠道的资金相对较

少。由此可见，首先，公益性文化活动的资金大部分来自各级政府的拨款，政府资金依旧占据主导地位。其次，除政府资金外，企业冠名资助和社会捐赠等社会资金也占据了一定的比例。在公益性文化活动方面，社会资金的参与增加了资金来源的多样性，并且形成了“政府主导，社会参与”的资金来源构成结构，使引入社会资金存在可能性。最后，相对于其他方面的公共文化服务供给资金来源，从公益性文化活动资金来源非政府资金的高比例中可以看出，公益性文化服务活动在吸纳外部资金方面更加具有优势。对区域间数据进行对比分析发现，东、中、西部地区同样都是以市/县本级拨款为公益性文化活动主要资金来源，但东部地区社会捐赠和企业冠名赞助的占比之和为 41.4%，要高于中部地区的 39.3% 和西部地区的 35.9%，可见，东部地区公益性文化活动资金来源多元化趋势明显，西部地区公益性文化资金来源以政府为主导的特征较为明显。对比示范区和非示范区的调查数据发现，无论是示范区还是非示范区，公益性文化活动资金的主要来源都是市/县本级拨款，但在资金来源的构成方面，示范区中企业冠名资助的比例为 27.1%，仅次于市/县本级拨款比例，并且高于上级政府补助 21.5% 的比例，而在非示范区中则不是这样，可见示范区在吸纳外部资金方面更加具有优势。

表 6－17 **公益性文化活动的资金来源情况** （%）

	总体	区域			类别	
		东部	中部	西部	示范区	非示范区
上级政府补助	22.8	24.2	19.6	23.9	21.5	24.3
市/县本级拨款	35.4	30.6	36.9	37.8	34.3	36.6
企业冠名资助	25.3	23.7	26.2	25.9	27.1	23.3
社会捐赠	13.2	17.7	13.1	10.0	15.0	11.3
其他	3.2	3.8	4.2	2.3	2.2	4.5

二　示范区创建专项资金对服务供给的影响

通过对调查数据的分析可以发现，上级补助专项资金在“三馆”运行过程中占据了很高的比例，而且示范区和非示范区间的数据差距明显，可见示范区创建专项资金的存在对于公共文化产品、服务与活动的供给产生了一定的影响，考虑到国家级示范区和省级示范区创建专项资金额度的不同，且东、中、西部地区间也存在差异，因此除分析总体状况外，还将从这两个方面分析专项资金对服务供给的影响。

（一）示范区创建专项资金基本能够满足产品、服务及活动供给的需求

问卷调查数据显示，认为专项资金“完全满足”的样本占比为6.1%，认为资金“基本满足，发挥了重要作用”的样本占比为60.6%，认为“一般作用不明显”的样本占比为25.0%，认为“资金太少，无法满足”的样本占比为8.3%。从示范区总体状况来看，大部分示范区的专项资金保障状况较好，能够满足公共文化产品、服务与活动供给的需求，且使用效果较好，并发挥了重要作用，虽然有少部分示范区的资金状况一般，作用不明显，且有极少部分示范区的资金太少，无法满足需求，但总体来看，在示范区创建专项资金供给方面，大部分地区的专项资金充足，并且落实到位，对示范区的公共文化产品、服务与活动的供给起到了促进作用。

在示范区创建专项资金满足的情况下，东、中、西部地区国家级示范区对比情况见表6－18所示。东部地区认为绝大部分示范区创建专项资金“基本满足，发挥了重要作用”的样本比例高达90.9%；中部地区认为资金状况“完全满足”的样本占比为7.1%，认为“基本满足，发挥了重要作用”的样本占比为35.7%，认为状况“一般，作用不明显”的样本占比为42.9%，认为“资金太少，无法满足”的样本占比为14.3%；西部地区认为资金状况“完全满足”的样本占比为7.5%，认为“基本满足，发挥了重要作用”的样本占比为58.5%，认为状况“一般，作用不明显”的样本占比为24.5%，认为“资金太少，无法满足”的样本占比为9.5%。调查结果显示，东部地区绝大部分示范区的专项资金满足了服务供给的需求；中部地区大部分示范区的专项资金状况一般，作用不明显，并且资金短缺的示范区占比较高；西部地

区大部分示范区的专项资金能够基本满足服务供给需求，并发挥了重要作用。由此可见，在满足公共文化产品、服务与活动供给方面，东、中、西部地区国家级示范区之间存在差异，东部地区满足情况最好，西部地区次之，中部地区最差。

表6－18　　示范区创建专项资金满足情况　　（%）

	示范区总体	区域		
		东部	中部	西部
完全满足	6.1	0.0	7.1	7.5
基本满足，发挥了重要作用	60.6	90.9	35.7	58.5
一般，作用不明显	25.0	9.1	42.9	24.5
资金太少，无法满足	8.3	0.0	14.3	9.5
合计	100.0	100.0	100.0	100.0

（二）示范区创建专项资金在服务供给中的占比较高，地区之间存在差异

问卷调查数据显示，认为示范区创建专项资金占比很大的样本为37.1%，认为资金占比一般的样本为41.7%，认为资金占比很小的样本为21.2%。调查结果显示，创建专项资金占比状况一般的示范区的比例最高，创建专项资金占比很大的示范区的比例次之，且比例差距不大，创建专项资金占比状况很小的示范区的比例最低。由此可见，创建专项资金占比状况一般和很大的示范区的比例很高，大部分示范区的创建专项资金在公共文化产品、服务与活动供给中的占比较高，总体来看，示范区创建专项资金在公共文化产品、服务与活动的供给中发挥了重要作用。

关于示范区创建专项资金占比情况东、中、西部地区国家级示范区对比见表6－19所示。问卷调查数据显示，东部和西部地区示范区创建专项资金占比状况相似，都认为资金占比很大的示范区样本最多，认为资金占比一般的样本次之，认为资金占比很小的样本最少。中部地区创建专项资金占比情况不同，认为资金占比很大的

样本的比例为7.1%，占比最少，认为资金占比一般的样本的比例为50.0%，占比最多，认为资金占比一般的样本的比例为42.9%。由此可见，创建专项资金在东部和西部地区示范区服务供给中占据了重要地位，而在中部地区，大部分示范区的创建专项资金在服务供给中的占比较小。结合对东、中、西部地区国家级示范区专项资金满足情况和占比情况分析可见（见表6－19），东部绝大部分地区的资金满足情况较好，且大部分示范区的专项资金占据了较大的比例，可见，东部地区国家级示范区创建的专项资金效果较好，作用最为明显。西部地区资金作用不明显的情况较东部地区有所提升，但总体来看，大部分地区的专项资金供给充足，并且在资金占比中占据了重要地位。而中部大部分地区的创建专项资金不仅作用发挥得不明显，而且创建专项资金占比很小的地区比例较高。

表6－19　　　　**示范区创建专项资金占比情况**　　　　（%）

	示范区总体	区域		
		东部	中部	西部
很大	37.1	45.5	7.1	43.4
一般	41.7	36.4	50.0	34.0
很小	21.2	18.2	42.9	22.6

（三）示范区在创建验收后保障效果较好，以纳入本级预算为主

示范区验收后资金保障状况总体情况见表6－20所示，选择依靠上级政府补助的样本占比为19.8%，选择由市/县本级政府纳入预算的样本占比为61.8%，选择暂无财政保障的样本占比为18.3%。结果显示，大部分示范区在创建验收后得到了市/县本级政府纳入预算的资金保障，并有部分地区拥有上级政府补助，可见，绝大部分示范区拥有了资金保障，仅少部分地区缺少财政保障。就东、中、西部地区国家级示范区对比分析而言，东部地区绝大部分示范区在创建验收后能够通过纳入政府预算和政府补助的方式得到资金保障，仅有极少部分示范区没有财政保障；中部地区大

部分示范区的资金保障方式为纳入政府预算，但无财政保障的样本比例要高于选择依靠上级补助的样本比例；同样，西部地区大部分示范区的资金保障方式为纳入政府预算，但依靠上级补助的样本比例要高于无财政保障的样本比例。由此可见，东部地区拥有资金保障的示范区比例最高，资金保障情况最好，西部地区次之，中部地区无财政保障的示范区占比较高，示范区创建验收后的资金保障情况较差。

表 6－20　　示范区创建验收后的资金保障情况　　（%）

	示范区总体	区域		
		东部	中部	西部
依靠上级政府补助	19.8	9.1	21.4	30.8
市/县本级政府纳入预算	61.8	81.8	50.0	50.0
暂无财政保障	18.3	9.1	28.6	19.2

三　服务供给财政保障状况评价

公共文化产品、服务及活动供给财政保障状况总体较好，各类服务供给保障状况存在差异。虽然示范区的总体保障状况要优于非示范区，但示范区内部、国家级示范区和省级示范区保障状况存在差距，并且国家级示范区保障状况存在地区差异，呈现出东部地区较好、西部地区次之、中部地区较差的保障趋势。

（一）服务供给财政保障状况总体较好，各类服务保障状况存在差异

在本次调研中，受访者认为财政保障资金充足的占 14.4%，认为财政保障资金状况一般的占 60.3%，认为财政保障资金短缺的占 25.3%。数据显示，虽然财政保障资金状况一般的地区占比最高，大部分地区的公共文化产品、服务及活动供给能够获得最基本的财政资金保障，但保障资金短缺地区的占比要高于资金充足地区的占比。可见，总体而言，公共文化产品、服务及活动供给的财政保障资金状况并不乐观，大部分地区的保障资金状况仅能满足公共文化产品、服务及活动供给的基本需求，甚至存在部分地区资金短缺现象。

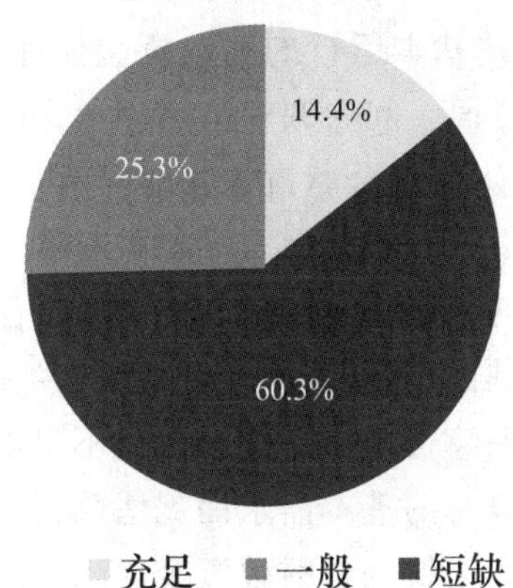

图6－3　公共文化产品、服务及活动供给的财政保障资金总体情况

公共文化产品、服务及活动供给的财政保障资金具体情况见表6－21所示。在“三馆”服务供给方面，问卷调查数据显示，认为资金充足的样本占比为15.6%，认为资金一般的样本占比为61.5%，认为资金短缺的样本占比为23.0%。总体来看，认为资金保障一般的样本占比最多，认为资金保障充足和资金短缺的样本较少，虽然大部分地区的“三馆”保障资金状况一般，但这只能表明大部分地区“三馆”的资金状况仅满足了运行的基本需要，而在提高人员积极性、提升服务质量等方面无法起到促进作用，并且资金短缺的“三馆”要多于资金充足的“三馆”，在示范区和非示范区中，这一现象更加明显。可见，在“三馆”的财政保障方面，绝大部分地区的资金仅能够维持其自身的基本运行需求，资金充足的地区并不普遍，财政保障资金总体状况一般。

在乡镇文化站方面，问卷调查数据显示，认为充足的样本占13.2%，认为资金状况一般的样本占51.8%，认为资金短缺的样本占35.0%。总体来看，虽然大部分地区的乡镇文化站财政资金保障状况一般，但资金短缺的地区占比较高，资金充足的地区占比很少。可见，在乡镇文化站服务供给的财政资金保障方面，绝大部分地区的资金仅能够维持其基本建设需求，部分地区甚至存在资金短缺的状况，只有极少部分地区的乡镇文化站运行处于资金充足的状态，总体来看，乡镇文化站基本运行的财政资金保障情况不是很乐观。

在流动文化服务方面，问卷调查数据显示，认为资金状况充足的样本占比为12.8%，认为资金状况一般的样本占比为53.3%，认为资金状况短缺的样本占比为33.9%。总体来看，虽然流动文化服务的资金保障状况一般的地区超过半数，但是资金保障充足的状况占比很小，且资金保障短缺的情况要远多于保障充足的情况。由此可见，流动文化服务的财政保障资金从总体上看是不足的，部分流动文化服务的资金仅能够维持自身的基本需求而无法取得进一步发展，小部分资金保障充足的地区成为特例，财政资金保障状况不足的地区更加普遍，并且在非示范区中资金短缺的情况更为严重，可见流动文化服务的财政保障状况总体较差。

在数字文化服务方面，问卷调查数据显示，认为充足的样本量占比为12.8%，认为资金状况一般的样本占比为51.0%，认为资金短缺的样本占比为36.2%。总体来看，大部分地区的数字文化服务财政保障资金状况一般但占比仅过半，资金短缺地区的比例较高，且大于资金充足地区的比例。可见，在数字文化服务的财政资金保障方面，虽然部分地区的资金状况仅能够维持其基本建设需求，但资金状况短缺地区的占比仍然较高，只有极少部分地区的数字文化建设处于资金充足的状态，并且非示范区中情况更加严重，地区之间的差距也较大，总体来看，数字文化服务财政资金保障情况不是很乐观。

表6－21　**“三馆”、乡镇文化站、流动文化服务及数字文化服务财政资金保障状况**

（%）

	“三馆”	乡镇文化站	流动文化服务	数字文化服务
	百分比	百分比	百分比	百分比
充足	15.6	13.2	12.8	12.8
一般	61.5	51.8	53.3	51.0
短缺	23.0	35.0	33.9	36.2

（二）示范区财政保障状况优于非示范区财政保障状况，国家级示范区和省级示范区保障状况存在差异

将示范区和非示范区对比来看（见表6－22），两者资金状况一般的地区占比都较大，但在示范区中，保障资金充足地区的占比和保障资金短缺地区的占比几乎持平，而在非示范区中，保障资金充足地区的占比极小，保障资金短缺地区的占比较高，且高于示范区中资金短缺的比例。可见，示范区的总体保障状况要好于非示范区，保障资金充足的地区更多，而保障资金短缺的地区更少，这和上级专项资金的支持和各级政府的补助是有密切联系的。将国家级和省级示范区对比来看（见表6－22），两级示范区都是大部分地区保障状况一般，但国家级示范区资金短缺的比例要高于资金充足的比例，而省级示范区则是资金充足的地区比例高于资金短缺地区的比例，可以看出省级示范区的财政资金保障状况要好于国家级示范区。

表6－22　**示范区和非示范区财政保障资金状况**　（%）

	示范区总体	示范区		非示范区
		国家级示范区	省级示范区	
充足	20.5	17.9	24.0	8.0
一般	59.8	57.7	63.0	60.8
短缺	19.7	24.4	13.0	31.2
合计	100.0	100.0	100.0	100.0

（三）国家级示范区财政保障状况在地区之间存在差异，东部地区最好，西部地区次之，中部地区相对较差

对比东、中、西部地区国家级示范区，在公共文化产品、服务及活动供给的财政保障资金状况方面，调查数据（见表6－23）显示，东、中、西部地区都是保障资金状况一般占比最高，但是，东部地区保障资金充足的占比较高，总体的财政保障状况较好。西部地区虽然保障资金短缺的比例要高于保障资金充足的比例，总体保障状况较差，但是与中部地区比较来看，西部地区保障资金短缺的比例为26.4%，要小于中部地区的35.7%，而西部地区资金充足的地区为

17.0%，要高于中部地区的14.3%，可见，中部地区的公共文化产品、服务及活动供给的财政保障状况最差，这与中部地区处于经济发展水平一般和上级资金补助一般的尴尬境地有关。

表6－23　东、中、西部地区国家级示范区财政保障资金状况　（%）

	东部	中部	西部
充足	27.3	14.3	17.0
一般	72.7	50.0	56.6
短缺	0.0	35.7	26.4
合计	100.0	100.0	100.0

（四）省级政府和市县级政府需要承担更大的支出责任

关于加强支出责任的建议情况（见表6－24）。问卷调查数据显示，建议中央政府加强乡镇文化站服务供给支出责任的样本占24.2%，建议省级政府加强支出责任的样本占36.7%，建议市/县级政府加强支出责任的样本占39.1%。总体来看，受访者认为，市/县级政府在乡镇文化站提供公共文化服务的支出方面要承担更大的责任，其次是省级政府，最后是中央政府。可见，虽然大部分地区的乡镇文化站在运行过程中得到了来自基层政府的资金支持，但支持仍然不够，需要基层的市县级政府进一步加大资金投入，同时也需要省级政府提供相应的帮助。可以看到，乡镇文化站支出责任的要求随政府层级的降低而增加，越是基层的政府，越接近居民公共文化需求最真实的反应，越要承担更大的支出责任。在流动文化服务方面，认为中央政府应该加强支出责任的样本占27.2%，认为省级政府应该加强支出责任的样本占39.3%，认为市/县级政府应该加强支出责任的样本占33.4%。调查结果显示，受访者认为省级政府在流动文化服务方面应该承担更多的支出责任，其次是市/县级政府，最后是中央政府。在数字文化服务方面，认为中央政府应该加强支出责任的样本占30.7%，认为省级政府应该加强支出责任的样本占39.5%，认为市/县级政府应该加强支出责任的样本占29.8%，中央政府和市/县级政府加强支出责任的比例次之且差距不大。可以看出，对省级政府加强

支出责任的要求最为强烈，对于中央政府的支出责任要求超过了基层的市县级政府，可见数字文化服务供给并非基层政府能够独立完成的，更需要上级政府提供帮助，给予更大的资金、技术、政策等方面的支持。

表6－24　加强乡镇文化站、流动文化服务及数字文化服务支出责任的建议　(%)

	乡镇文化站	流动文化服务	数字文化服务
中央政府	24.2	27.2	30.7
省级政府	36.7	39.3	39.5
市/县级政府	39.1	33.4	29.8

总体来看，当前公共文化产品、服务与活动供给财政保障状况显示出基层政府成为各类服务供给资金的主要来源，在示范区中，示范区创建专项资金对各类公共文化产品、服务及活动的正常供给发挥了重要作用。但当前公共文化产品、服务与活动供给的财政保障总体状况并不乐观，各类服务供给如场馆服务供给、数字文化服务供给和流动服务供给等，资金来源有限，资金数量并不充分，财政保障状况总体较差。虽然示范区中拥有专项资金，保障状况相对较好，但是示范区内部存在地区差异，呈现出东部地区最好，西部地区次之，中部地区较差的差异趋势。而在支出责任方面，各类公共文化产品、服务和活动供给，都需要省级政府和市/县级基层政府承担更多的支出责任，更加强调地方政府在公共文化服务供给方面的主体责任。

第四节　基层文化管理人员财政保障状况

公共文化服务体系建设逐渐完善和公众文化生活意识的增强，对基层公共文化管理人员的数量和素质提出更高的要求。近些年来，我国基层公共文化管理人员数量呈增长趋势。国家统计局数据显示，2016年，我国乡镇综合文化站从业人员人数的增长率为6.3%，从业人员高达101970人，基层综合文化站从业人员人数以持续较为稳定的增长率增长。可见，为基层文化管理岗位工作人员提供较为合理的岗位保障，才能更加充分地调动基层文化管理人员的工作积极性，以保证提供质量上乘的公共文化服务，满足公众的文化需求。

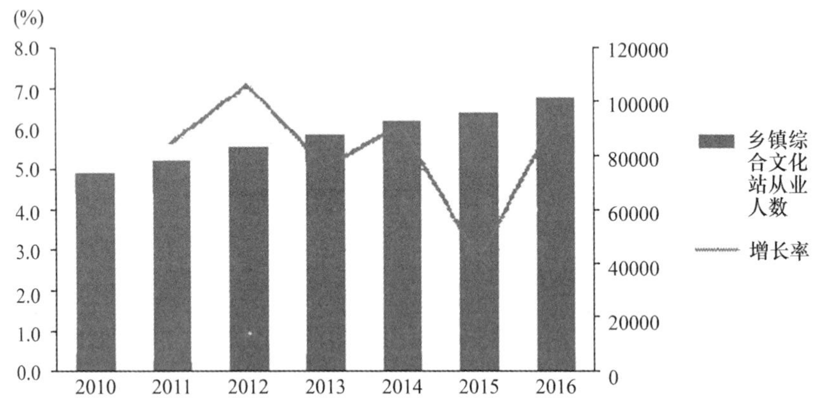

图 6－4　我国 2010—2016 年基层综合文化站从业人员人数变化趋势

一　基层文化管理人员配置与保障方式

调查基层公共文化服务机构的人员编制情况，有利于找到基层文化管理人员的合理配备标准，落实政府文化服务体系建设的具体政策要求，保证基层公共文化服务的专干供给。文广系统基层工作无人做事的局面在很大程度上也源于文化专干从文广系统剥离，导致基层文化站成为无人管理的“空壳”。此外，涉及文化专干岗位的福利保障问题尚未完全理顺，对部分基层文化工作人员的工作状态有直接的影响。本次调查发现，乡镇文化管理人员岗位编制状况和相应的财政保障存在如下情况。

（一）乡镇文化管理人员仍存在没有编制的状况

总体来看，一方面，我国基层公共文化管理岗位从业人员的编制保障状况较好，本次调查中有 48% 的县市表示其所属的乡镇文化站的管理岗位都有编制保障，享受由公共财政提供的较为稳定的岗位薪酬保障；另一方面，我国基层公共文化管理岗位从业人员仍存在没有编制保障和部分有编制保障的状况，部分从业人员的岗位保障问题仍需加以解决。

根据《国家公共文化服务体系示范区（项目）创建工作方案》，中、东、西部地区的国家级公共文化服务体系建设示范区乡镇（街道）综合文化服务岗位均要求乡镇（街道）综合文化站的人员编制在3名以上，行政村和社区至少有1名享有财政补贴的文化管理员（文化指导员），专干专用，并依照现行人事制度按事业单位人员进行核算，由公共财政支出岗位薪酬与补贴，以充分发挥薪酬激励机制，调动基层文化管理人员的工作积极性。以湖北省为例。湖北省委办公厅和省政府办公厅印发的《关于加快构建现代公共文化服务体系的实施意见》要求：湖北省内各个乡镇综合文化站（中心）配备公益性服务岗位工作人员不少于两名，规模较大的乡镇可适当增加；创新乡镇文化管理工作方式方法，县（市、区）可在事业编制总量内通过县聘乡用、派出制等形式，加强乡镇文化工作力量。湖北省文化厅和湖北省财政厅共同发布的《关于开展第二批湖北省公共文化服务体系示范区创建工作的通知》对基层文化岗位设置标准的要求是：湖北省内县级公益性文化事业单位业务人员占职工总数的比例不低于80%。从实际相关人员的保障情况看，示范区内乡镇文化管理人员享受编制保障的占比相对较多，但编制保障的覆盖范围仍不够全面，仍存在部分人员没有编制保障或只有部分人员享受编制保障的情况。本次调查数据显示，示范区内不到一半的乡镇文化管理员有编制，占示范区人员状况的42.7%；没有编制或部分有编制的乡镇文化管理员占多数，其中“都没有编制”的占31.3%，“部分有编制”的占26.0%。

表6－25　**乡镇文化管理员编制保障状况**　（%）

	总体	区域			类别	
		东部	中部	西部	示范区	非示范区
都有编制	48.0	39.2	24.3	68.8	42.7	53.6
都没有编制	28.9	29.7	45.7	17.9	31.3	26.4
部分有编制	23.0	31.1	30.0	13.4	26.0	20.0

从理论上讲，按照乡镇级别文化管理人员享受编制保障的标准，

在基层乡镇文化服务体系创建示范区内，乡镇文化管理人员的编制保障状况会更好，充分发挥出示范区文化服务体系建设的示范性作用。但在此需特别说明的是，在本次调查对象中，属于湖北省地区的较多，湖北省地区曾进行过“以钱养事”改革，乡镇文化站的人员编制数量变少甚至被取消，省内大多数其他地方还存在部分保留编制的情况，历史原因对最终的乡镇文化管理人员有编制保障部分的调查数据产生了一定程度的影响。考虑到这一特殊状况，本课题组剔除湖北省部分数据，计算出相应的总体、示范区和非示范区的乡镇文化管理员编制状况，以显示示范区内乡镇文化管理人员编制保障的总体状况。数据显示，在剔除湖北省地区乡镇文化管理员编制状况的条件下，示范区内都有编制的乡镇文化管理人员占比上升到 48.5%，由此证明湖北省的特殊情况对总体编制状况确实产生了影响。

表 6－26　**剔除湖北省后的乡镇文化管理员编制保障状况**　（%）

	总体	区域			类别	
		东部	中部	西部	示范区	非示范区
都有编制	54.5	39.2	37.0	68.8	48.5	59.8
都没有编制	22.5	29.7	22.2	17.9	22.8	22.3
部分有编制	23.0	31.1	40.7	13.4	28.7	17.9

与此同时，乡镇文化服务从业者的构成除了有正式编制保障的人员之外，还有部分没有编制的人员，这部分人员多为行政村或社区的文化指导员、社区或村业余文艺队和公共文化服务志愿者等。其中，有的属于综合文化站应有的编制岗位，可能存在人岗匹配的考虑，实际工作量没有达到示范区的标准，不需要设置较多文化管理岗位；有的是岗位人员没有达到标准，需要在后期根据地区实际情况进行岗位调整，以达到示范区人员保障标准；还有部分文化活动，政府无法依靠自身提供服务，需要寻求其他方式例如社会参与和公共文化志愿服务等加以运作。但为了保障基层文化人员的工作积极性，我们仍需解决这一部分没有编制保障人员的保障问题。

本次调查数据显示，还有 31.1% 的乡镇文化管理人员没有编制保

障，说明公共财政对已有保障标准要求的乡镇文化管理工作人员的保障工作未完全做到位，现阶段解决乡镇文化管理人员的编制问题仍较为迫切。示范区内只有形成合理的岗位编制，才能满足基层公共文化服务供给的需要，发挥公共财政的激励作用，激发基层文化管理人员的工作积极性，为群众提供满意的文化服务。

（二）乡镇文化管理岗位没有编制保障的多由政府购买公益性岗位的方式进行保障

没有编制保障的乡镇文化管理岗位选取多种其他方式满足对从业人员的保障要求，具体有参照公务员薪酬支付保障、政府购买公益性岗位保障和其他保障方式。其中，常采用政府购买公益性岗位的方式，由政府公共财政支出完成岗位购买，通过聘用制，雇请公务人员建设文化类公共设施并为社会提供文化服务，且多采用文化项目的模式来实现。

本次调查数据显示，乡镇没有编制保障的文化岗位多由政府以购买公益性岗位的方式解决人员的保障问题。示范区内超半数没有编制保障的乡镇文化管理人员均采用政府购买公益性岗位的保障方式，占示范区非编制保障方式的57.9%，公共财政对这部分人的薪酬保障投入持续增加，反映出公共文化服务相关经费基本被纳入地方政府财政预算，且注重基层文化服务人员的薪酬保障问题。此外，参照公务员薪酬支付的保障方式占14.5%，其他保障方式占27.6%，可见基层文化管理岗位的人员配备，亦可灵活采用其他岗位人才保障方式。但社会参与的基层文化岗位参照公务员薪酬水平予以保障的程度并不高，社会参与需要更多的政府政策和文化财政保障投入。

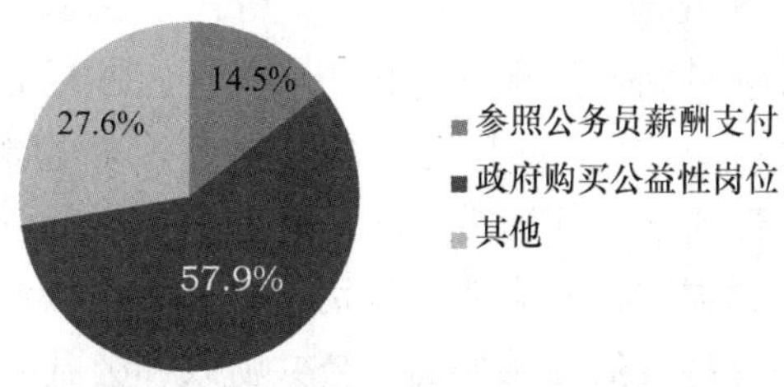

图6－5　没有编制状况下示范区的乡镇文化管理员岗位保障方式

（三）村级文化管理人员绝大多数由村干部兼任

村级文化管理人员队伍建设也需设置专门的农村文化管理员，这是农村群众与基层公共文化服务机构最直接的联系纽带。公共文化服务体系的建设为加快实现农村公共文化服务供给，提升农村综合文化站的活动利用率，需要专门的村级文化管理人员对文化站的建设、运行进行操作，打开基层文化站建设的新格局。调查结果显示，村级文化管理人员岗位有73.3%由村干部兼任，其他岗位配置方式占比相对较少。

表6－27　**村级文化管理员设置状况**　（%）

	总体	区域			类别	
		东部	中部	西部	示范区	非示范区
政府购买岗位	36.5	56.8	32.4	25.7	43.1	29.6
村干部兼任	73.3	64.9	79.4	75.2	73.1	73.6
村民志愿服务	40.0	50.0	33.8	37.2	42.3	37.6
暂处于空缺	7.5	2.7	5.9	11.5	7.7	7.2
其他	5.1	5.4	4.4	5.3	3.1	7.2

《国家公共文化服务体系示范区（项目）创建工作方案》要求统筹城乡文化发展的相关规划，明确公共文化服务体系建设示范区内的行政村至少配有1名享有财政补贴的文化管理员（文化指导员）。本次调查数据显示，由村干部兼任的文化管理员占73.1%；政府购买岗位设置的村级文化管理员占43.1%；村民志愿服务的占42.3%；暂处于空缺状态的村级文化管理岗位占7.7%；由其他方式设置的村级文化管理岗位占3.1%。反映出示范区内村级文化管理岗位的从业人员主要由村干部兼任，并辅之以村民志愿参与服务、农民自办文化和政府购买岗位的方式，社会力量特别是城镇文化从业人员参与村级文化服务帮扶的程度较低。一方面，公共财政和公共政策对村级文化岗位购买的投入程度不够，城市对农村地区的文化服务建设帮扶情况

不理想；另一方面，村民、干部兼任文化服务岗位虽能较好地为地方文化服务提供特色，但依然缺乏文化服务的专业水平和技术知识，会影响文化服务产品提供的质量。示范区内村级文化服务岗位需将公共文化服务人力资源进行有效整合，确定基本的村级文化岗位设置标准和相关岗位的保障水平，形成综合、系统、运行有效的文化服务人员网络，补足岗位缺失，合理考虑村干部是否能兼任文化服务岗位的问题。满足村级文化管理岗位的设置，不仅需要村级干部和村民的参与，政府也需加大对村级文化项目的岗位购买资金扶植，引入社会力量、社会机构，特别是对城市地区的文化服务人员的聘用。旨在统筹城乡，以较好的村级文化服务人员岗位保障调动基层文化服务人员的参与性与积极性。

对比示范区与非示范区内村级文化管理员岗位的设置情况，非示范区总体的岗位设置状况与示范区较为相同，也主要由村干部兼任相关文化岗位，占比达到73.6%。但非示范区可能没有示范区创建的政策优势，政府购买村级文化岗位的方式较少，占比为29.6%。但后期需充分发挥示范区的带头与示范作用，鼓励多元供给主体参与村级文化服务岗位，加大政府公共财政对村级文化岗位的财政补贴。

对比地区间村级文化岗位设置的状况，岗位配置情况差异也较大。中、东、西部地区均以村干部兼任村级文化管理岗位为主，社会参与村级文化服务岗位的较少。但东部地区多元主体参与岗位设置的情况较好，村干部兼任、村民志愿服务和政府购买三种方式所占比例较为均匀，考虑到东部地区经济水平较发达，社会文化人才和社会文化机构较多，各方力量都会参与到公共文化服务中，需继续加大财政对相关岗位的资金保障投入，为中、西部地区提供文化服务帮助，实现公共文化服务均等化；相对而言，西部地区政府购买村级文化岗位的方式较不充足，以政府购买岗位的方式设置村级文化管理员的占25.7%，需继续加大对西部地区文化建设的政策扶植和公共财政资金的投入；中部地区的村级文化岗位配置结构状况一般，政府采购文化岗位占32.4%，社会力量参与不够。

二　基层文化管理人员财政保障状况评价

基层公共文化服务人员的相关岗位主要以薪酬、补贴等方式进行保障，虽然亦有社会参与和社会志愿服务形式来确保基层文化服务岗位，但保障资金更多地来源于政府公共财政中文化财政投入。本次调查通过对乡镇、村级文化管理员薪酬支付资金是否充足来评估实际文化岗位的财政保障状况。

本次调查数据显示，总体上，有46.7%的人认为公共财政资金投入一般。首先，示范区基层文化从业人员对人员财政保障支付情况总体评价较为一般，认为示范区内乡镇、村级文化管理员岗位的薪酬支付情况一般的占本次调查的49.2%；认为岗位薪酬支付充足的占12.9%；认为岗位薪酬支付短缺的达到37.9%，反映出示范区内的基层文化人员对当前公共财政对其从业岗位保障支付情况较为不满意，基层文化服务人员的岗位待遇有待提高，公共财政需继续加大对文化服务人员津贴保障的投入，解决岗位薪酬资金短缺问题。其次，非示范区基层文化人员财政保障资金更为短缺。对比示范区与非示范区乡镇、村级文化管理岗位的薪酬资金保障情况，非示范区人员财政保障资金相对更短缺，占有效样本的47.2%，反映出非示范区公共财政对该文化管理人员的岗位薪酬支付情况不佳，对人员岗位薪酬支付相关资金需尽快纳入非示范区地方政府的国民经济和社会发展总体规划和公共财政预算中。

表6-28　乡镇、村级文化管理员薪酬支付资金评价　（%）

	总体	区域			类别	
		东部	中部	西部	示范区	非示范区
充足	10.9	17.6	2.9	11.5	12.9	8.8
一般	46.7	63.5	45.7	36.3	49.2	44.0
短缺	42.4	18.9	51.4	52.2	37.9	47.2

此外，国家级示范区内地区之间乡镇、村级文化管理员岗位的薪酬支付资金情况相较于整体示范区内的情况有所改善。在国家级示范

区，总体属于资金投入一般水平，东、中部地区的改善状况相对较少，但西部地区国家级示范区乡镇、村级文化管理员岗位的薪酬支付资金情况由短缺（占39.6%）转变为支付资金投入呈一般水平（占47.2%）。反映出国家级示范区创建政策对西部地区乡镇、村级文化管理员岗位的薪酬支付资金投入力度较大，使西部地区文化岗位保障情况有所改善，公共财政投入保障机制仍需继续推行，以提升地区内文化服务管理岗位从业人员的薪酬保障水平。

表6-29　**国家级示范区乡镇、村级文化管理员薪酬支付资金评价**　（%）

	国家级示范区总体	区域		
		东部	中部	西部
充足	10.9	27.3	—	13.2
一般	46.7	63.6	42.9	47.2
短缺	42.4	9.1	57.1	39.6
合计	100	100	100	100

在本次问卷调查中，我们对基层乡镇、村级文化管理岗位的财政资金投入和相关状况了解到一些较为具体的评价。一方面反映了基层文化管理人员积极响应文化服务体系建设的要求，另一方面确实反映出各个地方所存在的具体问题。首先，在顶层设计维度，西部地区的被访者普遍反映部分偏远地区地方政府对文化事业建设的意识不高，落实政策呈现出棚架现象，文化类政策的出台流于形式，他们希望实现地区间文化建设的均等化，不仅仅将地区建设和发展局限在经济方面；他们希望上级领导重视基层文化服务供给建设，研究出台较为合理的地方文化服务体系建设实施政策和意见方式，不走文化事业建设的思维，设置充足的基层乡镇、村级综合文化站与专门的管理人员和文化专业人才，并切实将公共文化服务保障资金纳入财政预算。其次，在财政保障标准维度，一方面是财政投入偏少，且缺少标准。未将基层文化服务人员的薪酬保障资金编入财政预算中，同时财政经费和专款出现挪用问题，财政经费并未完全投入文化服务体系建设中。另一方面，部分县市仍有中央、省级财政补助资金划拨、使用不透

明，资金难到位的情况。农村地区的文化财政投入力度和落实更不易达成。再次，在财政保障方式维度上，社会参与和市场化程度不够。特别是政府文化财政投入和市场竞争投入的界限划分不清，权责划分不明晰，导致基层文化服务人员无法获得较好的薪酬保障。最后，在财政管理维度，从财政投入的反馈角度看，对财政资金的使用没有专门的监督机制，未将文化建设成效纳入对地方政府或官员的绩效考核标准中，导致对文化服务体系建设不重视，也没有财政资金使用的具体细则和支出凭证，未落实信息公开制度，这在很大程度上影响了基层文化财政保障资金的落实情况。在财政的使用上出现财政文化投入对象与实际群众文化需求不一致的现象，“钱并未花在刀刃上”。

第五节　公共文化服务体系建设财政保障状况的实证研究

影响公共文化服务体系建设财政保障状况的因素是复杂的，问卷调查结果显示，受访者认为地区经济发展水平、财政投入力度、社会力量参与程度、政策执行力度以及领导重视程度的影响较为显著，所占比例分别为16.8%、17.7%、11.7%、10.1%和14.3%，其中地区经济发展水平与财政投入力度占比最高，影响最为突出。其他因素例如政府间支出责任（8.4%）、融资方式（3.8%）、政策完善程度（9.1%）、文化传统与文化底蕴（7.6%）、其他（0.7%）也在一定程度上影响了公共文化服务体系建设财政保障状况。可见，虽然公共文化服务体系建设财政保障状况影响因素多样，但主要影响因素为经济发展水平、财政投入力度。为了使结论更具说服力，需要对公共文化服务体系建设财政保障满意度因素进行进一步探索，以建立回归模型的论证方式，对数据进行相关性描述和回归分析。

一　变量选取与模型设定

根据访谈纪要以及描述性统计分析，本课题组希望进一步分析哪些因素会影响公共文化服务体系建设财政保障状况以及这些因素是如何影响公共文化服务体系建设财政保障状况的，并通过多元回归分析来探索影响财政保障状况背后的原因。本课题组将公共文化服务体系建设财政保障状况作为被解释变量，由公共文化服务体系财政资金的满足程度来衡量；将解释变量设置为专项资金满足程度以及对政府间支出责任划分。其中，在公共文化服务体系政府支出责任方面，根据前文所述和公共文化产品的受益范围原则、效用外溢原则以及效率原则，可知“三馆一站”基础设施建设主要是以中央和省级政府支出为主；乡镇文化站所提供的公共文化服务、流动文化服务、公共数字文化服务等公共文化服务项目主要是以地方支出为主，中央补助为辅，因此本书用公共文化基础设施建设政府支出责任（财政层级）认知和公共文化服务项目类政府支出责任（财政层级）认知两个指标来衡量公共文化政府支出责任认知。同时，将地域分布、示范区创建和保障方式这三个解释变量设置为虚拟变量。在地域分布上，我们将东部地区设置为参考比较对象，赋值0；将中、西部地区设置为基础对象，赋值1。在示范区建设上，我们将非示范区设置为基础对象，赋值1；将示范区设置为参考对象，赋值0。在保障模式上，将政府主导、社会参与这种普遍模式设置为基础对象，赋值1；将政府主导以及市场主导这两种占比相对较小的保障方式设置为参考对象，赋值0。

为了衡量因变量公共文化服务体系建设财政保障满意度及其两大主要影响因素——专项资金满足程度和政府间支出责任划分，本课题组设计了公共文化服务体系建设财政保障状况及其影响因素的调查问卷（见附录Ⅰ），并根据调查问卷的相关内容构建了公共文化服务体系建设财政保障状况、专项资金满足程度以及政府间支出责任划分的指标体系（见表6－30、表6－31、表6－32）。问卷采用李克特量表设计，在公共文化服务体系建设财政保障状况的题项中，“充足”“一般”“短缺”的赋值分别为1分、2分、3分。在专项资金满足程度题项中，“完全满足”“基本满足”“一般”“资金太少”的赋值分别为1分、2分、3分、4分。在公共文化政府间支出责任划分题项中，由于为多选题，政府支出财政层级可分为市/县级政府支出责任，省级、市/县级政府支出责任，省级政府支出责任，中央、省级政府支出责任，中央、省级以及市/县级政府支出责任，中央政府支出责任，相对应的赋值分别为1分、2分、3分、4分、5分、6分。

表6－30　公共文化服务体系建设财政保障状况测评指标体系

一级指标	二级指标
公共文化服务体系财政保障满意度（y）	公共文化基础设施建设的财政保障资金（x_1）
	公共图书馆、文化馆、博物馆基本运行的财政保障资金（x_2）
	乡镇文化站基本运行的财政保障资金（x_3）
	开展流动文化服务的财政保障资金（x_4）
	公共数字文化建设的财政保障资金（x_5）
	公共文化产品、服务及活动供给的财政保障资金（x_6）
	乡镇、村级文化管理员薪酬支付资金（x_7）

注：问卷选项中“充足”为1；“一般”为2；“短缺”为3。

表6－31　公共文化服务体系建设专项资金满足程度测评指标体系

一级指标	二级指标
示范区专项资金充裕度（cy）	满足当地公共文化基础设施建设需求程度（x_8）
	满足公共文化产品、服务与活动供给程度（x_9）

注：问卷选项中“完全满足”为1；“基本满足，发挥了重要作用”为2；“一般，作用不明显”为3；“资金太少，无法满足”为4。

表6－32　受访者对公共文化服务政府支出责任认知测评指标体系

公共文化基础设施建设支出责任认知（srz）	公共文化服务基础设施建设支出责任财政层级（x_{10}）
公共文化服务项目类支出责任认知（frz）	乡镇综合文化站建设财政支出责任财政层级（x_{11}）
	流动文化服务供给支出责任财政层级（x_{12}）
	数字文化服务供给支出责任财政层级（x_{13}）

注：中央政府支出责任赋值为6；中央、省级以及市/县级政府支出责任赋值为5；中央、省级政府支出责任赋值为4；省级政府支出责任赋值为3；省级、市/县级政府支出责任赋值为2；市/县级政府支出责任赋值为1。

本课题组根据上述所构建的公共文化服务体系建设财政保障状况、专项资金满足程度以及政府间支出责任划分的指标体系和问卷所获得的数据，采用熵值法，得到公共文化服务体系建设财政保障状况、专项资金满足程度以及政府间支出责任划分所对应的数值。假设评价指标体系中包括 m 个评价指标，选取 n 个评价对象，熵值法计算步骤如下：

（1）指标的“同趋势化”，当正向、逆向和适度指标并存时，先将逆向、适度指标正向化。

（2）对指标实际值按比重法转换成评价值，公式为 $b_{ij} = x_{ij}/(\sum_{i=1}^{n} x_{ij})$，其中，$x_{ij}$ 是第 i 个评价对象的第 j 项指标值，n 是被评价对象的个数。

（3）计算第 j 项指标的熵值，$e_j = -K\sum_{i=1}^{n} b_{ij}\ln b_{ij}$，其中，$K = 1/\ln(n)$。

（4）指标的权数 $w_j = (1-e_j)/\sum_{i=1}^{m}(1-e_j)$ $(j=1, 2, 3, 4, \cdots, m)$，其中 m 为评价指标个数。

（5）样本的评价值 $U = \sum_{i=1}^{n} y_{ij}w_j \times 100$。

依照熵值法计算步骤可得到文化及财政系统人员对公共文化服务体系财政资金状况的综合评价值：

$$y = 0.1752x_1 + 0.1384x_2 + 0.1414x_3 + 0.1379x_4 + 0.1399x_5 + 0.136x_6 + 0.1311x_7$$

所得到的数值越低，说明文化及财政系统人员认为公共文化服务体系建设财政保障资金越充足，表明公共文化服务体系建设财政保障资金越充足；反之，所得到的数值越高，说明文化及财政系统人员认为公共文化服务体系建设财政保障资金短缺。文化及财政系统人员对公共文化服务体系专项资金满足程度的综合评价值为：

$$cy = 0.5159x_8 + 0.4841x_9$$

所得到的数值越低，说明文化及财政系统人员认为公共文化服务体系专项资金能满足公共文化服务体系建设和运行的需求，表明中央或有关部门为公共文化服务体系建设所拨付的专项资金充足。反之，所得到的数值越高，说明文化及财政系统人员认为公共文化服务体系建设专项资金不能满足公共文化服务体系建设和运行的需求，表明中央或有关部门对公共文化服务体系建设所拨付的专项资金不足；文化及财政系统人员分别对公共文化服务基础设施建设和服务项目类政府支出财政层级的综合评价值为：

$$srz = x_{10}$$

$$frz = 0.3795x_{11} + 0.3383x_{12} + 0.2822x_{13}$$

所得到的数值越低，则文化及财政系统人员认为政府支出财政层级越低；反之，所得到的数值越高，则文化及财政系统人员认为政府支出财政层级越高。

本节研究的是公共文化服务体系建设财政保障状况的影响因素，可以通过多元线性回归模型来实现，因此本书构建了如下计量模型：

$$y_i = \alpha_0 + \alpha_1 cy_i + \alpha_2 srz_i + \alpha_3 frz_i + \alpha_4 p_i + \alpha_5 s_i + \alpha_7 m_i + \varepsilon_i$$

其中，cy_i为公共文化服务体系建设专项资金满足程度，srz_i为公共文化基础设施建设政府支出责任认知，frz_i为公共文化服务项目类政府支出责任认知，p_i为地域分布，s_i为示范区情况，m_i为保障模式，ε_i为随机扰动项。相关变量的含义、赋值及描述性统计见表6－33。

表6－33　　**变量的描述性统计**

变量	符号	变量定义及说明	平均值	标准差
被解释变量				
公共文化服务体系建设财政保障状况	y	根据调查问卷构建公共文化服务体系建设财政保障状况指标体系，采取熵值法获得	2.1704	0.5002
核心解释变量				
专项资金满意程度	cy	根据调查问卷构建公共文化服务体系建设专项资金满意程度指标体系，采取熵值法获得	1.2996	1.2680

续表

变量	符号	变量定义及说明	平均值	标准差
基础设施建设政府间支出责任划分	*srz*	根据调查问卷构建公共文化基础设施建设政府支出责任认知指标体系，采取熵值法获得	3.4202	1.8610
服务项目类政府间支出责任划分	*frz*	根据调查问卷构建公共文化服务项目类政府支出责任认知指标体系，采取熵值法获得	3.2117	1.6077
控制变量				
地域分布	*p*	中西部地区 =1；东部地区 =0	0.7121	0.4537
示范区	*s*	非示范区 =1；示范区 =0	0.5175	0.5007
保障模式	*m*	政府主导、社会参与模式 =1；政府主导或市场主导模式 =0	0.7043	0.4573

二　回归分析结果

考虑到各个解释变量之间可能存在相关性，因此在模型估计之前，先进行多重共线性检验，本书使用容忍度统计指标检查多重共线性问题。结果显示，所有解释变量的容忍度指标值都远远大于0.3，因此可以认为，模型不存在严重的多重共线性。

本书利用SPSS软件对所建的多元回归模型进行估计，回归结果见表6－34所示。从表6－34中可以看到*F*值为9.353，*Sig*值为0.000，显然小于0.05，说明因变量与自变量之间存在真实的线性关系，模型的显著性检验通过。同时可以看到*DW*值为1.767，说明残差序列不存在自相关，上述回归模型基本上概括了因变量的变化，且不受滞后周期性的影响。

公共文化服务体系建设专项资金满意程度对公共文化服务体系建设财政保障状况具有显著的正向影响，专项资金满意程度在回归模型中通过了1%水平的显著性检验，且系数为正。这表明，在其他条件不变的情况下，专项资金满意程度越高，即中央及相关部门对公共文化服务体系拨款的专项资金越充足，文化及财政系统人员认为公共文化服务体系建设财政保障状况就越好。

表6-34　　**公共文化服务体系建设财政保障状况影响因素**

模型	非标准化系数		标准化系数	t	$Sig.$
	B	标准误差	B		
(常量)	2.1	0.099	2.097***	21.175	0.000
专项资金满意程度	0.126	0.042	0.32**	3.009	0.003
基础设施政府间支出责任划分	-0.004	0.019	-0.016	-0.223	0.824
服务项目政府间支出责任划分	0.003	0.022	0.009	0.120	0.905
地域分布	0.305	0.065	0.277***	4.663	0.000
示范区	-0.465	0.107	-0.465***	-4.329	0.000
财政保障方式	-0.092	0.066	-0.084*	-1.401	0.053
R^2	0.183				
调整的 R^2	0.164				
F 值	9.352***				
DW	1.767				

注：*、** 和 *** 分别表示显著性水平小于0.05、0.01 和0.001，由于变量赋值数值较小和样本量选取，R^2 数值不大，模型拟合效果一般，但仍认为模型可用。

公共文化基础设施建设政府支出责任认知（财政层级）与公共文化服务体系建设财政保障状况呈负相关关系，但不显著。这表明，在其他条件不变的情况下，公共文化基础设施政府支出财政层级越高，公共文化服务体系建设财政保障状况的数值越小，则公共文化服务体系建设财政保障状况就越好。由中央和省级政府对公共文化基础设施进行财政投入，能提高文化及财政系统人员对公共文化服务体系建设财政保障状况的满意度。公共文化服务项目类政府支出责任认知（财政层级）与公共文化财政保障状况呈正相关关系，但不显著。这表明，公共文化服务项目类政府支出财政层级越低，公共文化服务体系建设财政保障状况的数值越小，则公共文化服务体系建设财政保障状况就越好。由地方政府对公共文化服务项目类进行投入，能提高文化及财政系统人员对公共文化服务体系建设财政保障状况的满意度。在

经济学上一般认为，政府支出责任对财政保障状况是有影响的，可能由于调查的样本量太少或者文化及财政系统人员对公共文化基础设施和服务项目类政府支出责任认知（财政层级）的不稳定性，公共文化服务基础设施和服务项目类政府财政支出认知对公共文化服务体系建设财政保障状况的影响不显著。总体而言，公共文化服务基础设施建设以中央和省级政府投入为主、地方政府提供相应配套资金，公共文化服务项目类以地方支出为主，辅以中央补助，能提高公共文化服务体系建设财政保障状况。

在其他条件不变的情况下，中、西部地区的财政保障状况比东部地区的财政保障状况平均高出 0. 305，由于公共文化服务体系建设财政保障状况的数值越小，文化以及财政系统人员认为公共文化服务财政保障状况越好，则各地区的文化及财政系统人员认为东部地区公共文化服务体系建设财政保障状况要好于中、西部地区。

在其他条件不变的情况下，示范区的财政保障状况比非示范区的财政保障状况平均低出 0. 465，同理，由于公共文化服务体系建设财政保障状况的数值与其状况成反比，则示范区文化及财政系统人员认为其公共文化服务体系建设财政保障状况要好于非示范区。

在其他条件不变的情况下，政府主导，社会参与公共文化服务体系建设模式下的财政保障状况比财政主导、市场主导公共文化服务体系建设模式下的财政保障状况平均低出 0. 083，则采取政府主导、社会参与公共文化服务体系建设模式地区的文化及财政系统人员认为公共文化服务体系建设财政保障状况要好于采用财政主导、市场主导公共文化服务体系建设模式的地区。

第七章　结论与政策建议

加快完善公共文化服务体系是全面建成小康社会的应有之义，也是新时代满足人民日益增长的美好生活需要的必经之路。党的十九大报告进一步将“基本公共服务均等化基本实现”作为实现社会主义现代化的目标之一，指出加快完善包括公共文化服务体系在内的公共服务体系，能够“使人民获得感、幸福感、安全感更加充实、更有保障、更可持续”。目前，我国已初步构建起覆盖全民的国家基本公共文化服务制度体系，各级各类基本公共文化服务设施不断完善，国家基本公共文化服务项目和标准得到全面落实。然而，基本公共文化服务供给不足、发展不平衡问题依然突出，与2020年“全覆盖”“均等化”的目标差距较大。面对差距，亟须进一步加强文化财政保障。

第一节　研究结论

本书以公共文化服务体系建设财政保障为核心研究任务，从满足公民公共文化需求和权益出发，从公共文化服务体系建设内容和财政保障责任研究入手，在公共物品、渐进预算、多中心治理等前沿理论基础上，搭建公共文化服务体系建设的财政保障理论分析框架，紧紧围绕公共文化基础设施网络建设体系，公共文化产品、服务及活动供给体系，公共文化服务建设支撑体系三大建设内容，通过规范分析与实证分析相结合的研究路径，分别开展财政保障标准、财政保障方式、财政保障状况的评价研究。

一是以从社会契约论切入探讨文化权利让渡和政府文化职能来源为前提，基于财政学的角度，依次采用公共物品理论、渐进预算理论、多中心治理理论对公共文化服务体系建设财政保障的责任范围、标准制定和方式选择进行纯理论分析，搭建了一个分析框架。社会契约论认为保障公民文化权利在内的基本人权成为政府获得合法性的基础之一。公共物品理论限定了公共文化服务财政保障范围，认为基本公共文化服务属于纯公共物品，必须由政府来提供，也就是应由公共财政保障。渐进预算理论对政府预算的解释及实践操作要求，为公共文化服务财政保障标准的制定提供了设计思路。而多中心治理理论打破了以往学者所认为的只有国家或市场是解决公共事务治理之道的定式思维，创新了公共文化服务财政保障方式理念，主张通过政府与市场、政府与社会、中央与地方等多主体制度安排构建一个基本公共文化服务有效供给机制。基于此，笔者围绕为什么、怎么做、结果如何的思维逻辑，构建一个内含财政保障责任、财政保障标准、财政保障方式与保障绩效评估的四维分析框架。

二是通过对公共文化服务体系建设财政保障责任进行研究，认为我国公共文化服务供给大致呈现了“垄断式”“过度市场化”和“政府主导、多元共治”的演进历程，充分体现了党和政府对其文化职能的清晰定位、对公民文化权利和文化民生建设的主动担当。根据我国政府对公民应享有的基本公共文化服务水平的认定和目前预算安排来看，除包括公共文化基础设施建设之外，还涵盖了各类群众文化活动和基本的广播、电视、出版等服务，这表明我国采取了“政府主导型”的中文化模式。自 2011 年起，《国家公共文化服务体系示范区（项目）创建标准》明确了东、中、西部三大地区的示范区创建标准，各省级示范区创建也出台了相应的标准。2015 年底出台了《国家基本公共文化服务指导标准（2015—2020 年）》，各省（市、区）依据此标准制定了相应的实施标准。从内部构成来看，公共文化服务体系涵盖的各个基本子系统可归纳为公共文化设施网络服务体系，公共文化产品、服务及活动供给体系，公共文化服务支撑体系。

三是通过对公共文化服务体系建设财政保障标准进行研究，认为公共文化服务财政支出规模持续渐进增长，但缺乏稳定性，亟待制定并落实综合财政保障标准以满足人民群众日益增长的美好生活需要。以全国文化体育与传媒支出这一指标度量公共文化服务体系建设资金，从绝对数据和相对规模以及与传媒支出的平均增长率和经济水平、财政收支的平均增长率比较来看，均可发现随着经济社会的发展，公共文化服务财政保障规模也得到了一定程度的提升。当前公共文化服务基础设施建设、产品服务和活动供给、人才保障方面大体上制定了分类财政保障标准，同时也明确了对农村、贫困地区以及特殊群体的财政保障倾斜标准。需要指出的是，尽管全国文化事业费总规模和人均文化事业费呈快速增长态势，但从相对规模来看，文化事业费占国家财政总支出的比重多年来一直维持在0.4%左右且不断回落，并未随着国家财力的快速增长而同步增加，且中央公共文化服务体系建设财政支出标准缺乏稳定性。投入不足还表现在公共文化服务的财政投入结构不均衡上。国家对文化的投入存在明显的“城市偏向”，农村地区的公共文化投入远远低于城市地区，针对残疾人、农民工、老年人、边疆少数民族地区群众等特殊群体的公共文化服务普遍较少。

四是通过对公共文化服务体系建设财政保障方式进行研究，认为公共文化服务财政保障方式日趋多元共治，但效能有限，亟须转向以预算支出和规范化转移支付为依托、社会资本有序参与的保障体系。面对公民公共文化需求，中央补助地方公共文化服务体系建设专项资金，各级政府加大财政投入的同时积极创新财政保障方式引导社会资本参与，用于支持和引导地方落实国家基本公共文化服务指导标准和地方基本公共文化服务实施标准。在国家三批示范区创建以及十多个省开展的省级示范区创建中，涌现了许多关于公私合作供给公共文化服务的典型案例，政府采取诸如政府购买、项目补贴等形式逐步引导社会力量参与，不少地方政府已经将国债资金、土地出让金、国有文化企业的分红、福利彩票收益等形式用于公共文化服务体系建设，在公共文化领域，主要是大型基础设施建设领域推广运用PPP模式，“公共提供，私人生产”的范畴正在不断拓宽，产生了一定的治理效应。尽管公共文化服务财政投入改革创新的具体实践已取得较大进展，但由于起步晚、起点低，目前仍处于初步发展阶段，以专项转移支付为主要保障方式的弊端较为明显，不仅不利于财政资金使用效益的提高，影响了财政的可持续发展，而且影响了政府文化职能的履行。在社会力量参与层面存在程度不足，参与范围有局限的困境下，政府购买公共文化服务中普遍存在着“供给方缺陷”和“需求方缺陷”，而PPP模式在公共文化基础设施建设领域的运用仍不成熟，项目落地困难。此外，在财政事权划分方面，以地方财政为主，中央财政予以补助或奖励，财政事权与支出责任下移，地方政府财力有限，转移支付制度不健全，在一定程度上制约了公共文化服务的发展。

五是通过对公共文化服务体系建设财政保障绩效进行研究，认为省际层面2007—2016年10年里的财政投入增速较为平缓，财政保障平均综合效率小于1，即非DEA有效，具有地域差异但整体上差异逐年变小。进一步考察其技术有效性和规模有效性发现，2007—2016年财政保障纯技术效率和规模效率均小于1，既非技术有效，也非规模有效，且呈现出地域差异。进行均等化评估后发现，2007—2010年财政保障效率变化呈现出增长趋势，技术变化与全要素生产率均呈现出增长趋势，2011—2016年财政保障的技术效率呈现出下降趋势，而技术变化和全要素生产率均呈现出增长趋势。在市县级层面，通过调查问卷分析发现，当前财政保障资金情况总体良好，但是部分地区仍有资金缺口，示范区与非示范区、省级与国家级示范区的差异明显。示范区创建专项资金基本上满足了基础设施建设需求和产品、服务及活动供给需求，在创建验收后保障效果较好，以纳入本级预算为主，占比为61.8%。通过回归分析发现，经济发展水平、财政保障模式、示范区与否、专项资金、政府支出责任认知对公共文化服务体系建设财政保障状况具有影响。此外，示范区建设加速了示范区公共文化服务体系的发展，但也加剧了公共文化服务财政保障的不平衡。示范区创建的背后存在着相对丰厚的项目资金和项目优惠政策，成功创建示范区也意味着地方政府投入了足够的财政资金。然而，当前绝大多数未参与示范区创建的地区，其文化财政保障状况堪忧。

综上所述，自2005年党的十六届五中全会首次提出要“加大政府对文化事业的投入，逐步形成覆盖全社会的比较完备的公共文化服务体系”，特别是党的十八大以来，公共文化服务相关政策密集出台，财政部会同文化部等相关部门出台了多项支持公共文化服务发展的财政政策和措施，并取得了一定的成效，同时也面临着诸多问题。当前我国各级政府公共文化服务体系建设财政保障责任已经逐步清晰，保障标准基本确立，保障方式趋于多元，保障成效不断凸显，但是仍面临着保障标准不稳定，支出责任划分不合理，融资渠道有待突破，资金使用效率低下等问题，公共文化服务发展不平衡不充分，难以满足人民日益增长的美好文化生活需要。在新时代背景下，进一步加快完善公共文化服务体系建设，关键在于加快完善公共文化服务财政保障机制。

第二节　政策建议：从示范区走向全国均等化

党的十九大报告指出，中国特色社会主义进入新时代，我国社会的主要矛盾已经转化为人民日益增长的美好生活需要和不平衡不充分发展之间的矛盾。站在新的历史起点上，各地各级政府应正视公共文化服务体系建设十多年来所取得巨大成绩和仍存在的不足，加强文化财政保障，加快完善公共文化服务体系，努力提升公共文化服务效能。无论是国家级还是省级公共文化服务体系示范区创建，都应将其作为推动文化改革发展的重要抓手和创新发展方式的重大举措，对照创建标准，加大财政投入，完善体系建设，着力推动公共文化服务体系的跨越式发展，增强当地人民群众的文化获得感和幸福感，在全省乃至全国发挥示范引领作用。问卷调查结果也充分证实了示范区公共文化服务基础设施建设、产品服务与活动供给以及人员队伍保障的相对有效性。但是示范区创建的背后存在着相对丰厚的项目资金和项目优惠政策，成功创建示范区也意味着地方政府投入了足够的财政资金作为支撑来满足基础设施建设、产品服务与活动供给与人才保障的需要。然而，对于绝大多数未参与示范区创建的地区而言，文化投入仍显动力不足。笔者曾听某省公共文化服务体系示范区创建领导小组成员抱怨下属县级单位申报积极性不高，甚至提议示范区创建到此届为止，归根究底在于那些文化基础不太好的地方政府拿不出足够的财政资金来达到示范区的创建要求。在这种情况下，亟须进一步加强文化财政保障，提升财政保障标准，优化财政保障方式，进一步发挥示范区的影响和带动作用，着力推动非示范区公共文化服务体系建设，最终走向全国范围内的均等化。

正如前文所讲，公共文化服务体系建设是一项涉及面广、错综复杂的系统性工程，而且具有重要性、紧迫性和中国特色，在初期的大规模建设阶段，采用应急性的、临时性的“文化专项资金”这种非常规保障是必要的，是可以理解的，但一旦公共文化服务体系初步形成，就必须转向常规保障：以预算和预算管理体制为依托的政府公共文化服务财政支出和规范化的转移支付建立起具有中国特色、规范化、长效化的公共文化服务体系建设财政保障机制。在这一目标指引下，加强公共文化服务体系建设财政保障，应当坚持以下四项原则：一是坚持人民主体地位。把增进人民福祉、促进人的全面发展作为构建现代公共文化服务体系的出发点和落脚点，着眼于满足人民群众日益增长的公共文化需求，充分尊重人民群众的主体地位，保障人民平等参与、平等发展权利，最大限度地激发全社会参与文化建设的积极性、主动性、创造性。二是坚持政府主导、社会参与。加强各级政府对公共文化服务体系建设的领导，有效落实政府尤其是地方政府的主体责任，引导社会力量积极参与，建立政府主导与社会参与相统一、多层次、多元化的创建工作格局，协同推进现代公共文化服务体系建设。三是坚持改革创新、示范引领。树立创新、协调、绿色、开放、共享的发展理念，转变政府文化职能，创新现代公共文化服务体系建设机制体制，形成具有推广价值的典型经验，发挥示范引领作用。四是凸显地方本土文化特色。以群众文化需求偏好为导向，立足于践行社会主义核心价值观，深入挖掘地方优秀历史文化，充分发挥本土优势，凝聚力量、激发活力、活跃氛围，打造老百姓喜闻乐见、知名度高的当地文化品牌。在四大基本原则下，从构建现代财政制度的大背景出发，坚持不断提高公共文化服务财政保障标准，坚持持续创新公共文化服务财政保障方式，着力以标准化推动均等化，实现现代公共文化服务体系建设目标。

一 强化公共文化服务财政保障职能，实现政府责任清单化

无论是从社会契约论的观点来看，还是从公共经济学公共物品理论的视角来看，公共文化服务供给是政府应履行的基本职能之一，公共文化服务必须由政府来提供，也就是由公共财政提供保障。纵观我国公共文化政策，从群众文化、公益性文化事业到公共文化服务体系

建设，这一历程充分体现了政府文化职能的逐渐清晰定位与本质回归。以为公民提供均等化的基本公共文化服务为要旨的公共文化服务体系建设也凸显出我国政府职能转变、建立服务型政府的改革要求和目标。当前我国公共文化服务体系建设内容已经基本明确，财政保障的外部边界范围、内部组成结构以及政府间支出责任划分已经基本明确。2017 年开始实施的《公共文化服务保障法》将基本公共文化服务标准制度化、法律化，把各级政府的经费投入提升为法律约束，政府财政保障职能已经被纳入法治的轨道。按照党中央、国务院的部署和要求，省级行政权力清单和责任清单现已编制完成。权力清单明确政府“法无授权不可为”，主要针对政府乱作为，责任清单明确政府“法定责任必须为”，主要针对政府不作为。但是各省公示的部门责任清单各有侧重，标准不一，规范性不强，完整性不够，同时受现行法律法规的限定，当前包括文化部门在内的诸多部门责任清单中仍有部分事项与全面深化改革的要求不相适应，仍存在机构重叠、职责交叉、权责脱节等现象，在一些领域里中央和地方机构职能上下一般粗，权责划分不尽合理，事业单位定位不准、职能不清、效率不高等问题依然存在，政府文化责任清单亟须进一步完善。

党的十九届三中全会《关于深化党和国家机构改革的决定》指出：转变政府职能，是深化党和国家机构改革的重要任务。提出要坚决破除制约市场在资源配置中起决定性作用、更好地发挥政府作用的体制机制弊端，围绕推动高质量发展，建设现代化经济体系，加强和完善政府经济调节、市场监管、社会管理、公共服务、生态环境保护职能，调整优化政府机构职能，全面提高政府效能，建设人民满意的服务型政府。就公共文化服务而言，要健全体系建设，推进基本公共文化服务均等化、普惠化、便捷化，推进城乡区域基本公共文化服务制度统一。政府文化职能部门要强化文化职能，更好地保障和改善文化民生，把工作重心从单纯注重本行业本系统公共事业发展转向更多地创造公平机会和公正环境，促进公共资源向基层延伸、向农村覆盖、向边远地区和生活困难群众倾斜，促进全社会受益机会和权利均等。各地方政府应进一步贯彻落实党中央、国务院的决策部署，加快形成权限清晰、分工合理、权责一致、运转高效、法治保障的地方政府机构职能体系。表 7 - 1 列出了江苏省文化厅公共服务责任清单。

表 7－1　　江苏省文化厅公共服务责任清单

服务事项	主要内容	承办机构	联系电话
“文化遗产日”非物质文化遗产展演活动	组织开展丰富多彩的非遗宣传展演活动，举办各种展览、演出、竞赛、论坛、讲座、咨询等特色活动	非物质文化遗产处	025—8779××××
“三送”工程	为基层“送书、送戏、送展览”	公共文化处	025—8779××××
文艺巡演	精彩江苏——文化民生基层文艺巡演	公共文化处	025—8779××××
受理文化市场投诉和举报	接受对文化市场违法、违规行为的投诉、举报，按照法律规定对举报予以登记并及时处理	省文化市场管理办公室	025—8779××××
文化惠民演出和美术展览	举办江苏舞台艺术优秀剧目演出和美术优秀作品展览	艺术处	025—8779××××
图书资料借阅服务	图书资料外借、阅览；流动服务	南京图书馆	025—8435××××
数字资源服务	网站服务；江苏地方网络资源典藏；江苏文化共享工程流媒体服务平台；自建特色数据库；外购数字资源服务；历史文献数字化影像阅览服务	南京图书馆	025—8435××××
立法决策信息服务	为党政军机关提供信息服务	南京图书馆	025—8435××××
移动阅读服务	南图移动图书馆项目	南京图书馆	025—8435××××
开展读者活动	少儿阅读系列活动；残障人阅读系列活动；阅读推广活动；社会公益活动	南京图书馆	025—8435××××
举办公益展览及讲座	南图讲座；公益巡讲；公益巡展；历史文献系列展；中华古籍保护计划成果展	南京图书馆	025—8435××××
公益培训服务	百场公益培训；业界业务培训	南京图书馆	025—8435××××
举办书画展览	举办系列的书画展览，出版系列书画精品及理论丛书，以精美艺术作品奉献社会、服务民众	江苏省国画院	025—8372××××
文物展览与展示	举办文物展览展示，并对社会公众开放	南京博物院	025—8480××××
社会教育与服务	根据博物馆的性质，开展馆内社会教育活动	南京博物院	025—8480××××

续表

服务事项	主要内容	承办机构	联系电话
组织策划专业展览	组织策划各类学术展、交流展、提名展等专业展览	江苏省美术馆	025—8961××××
组织“送展下乡”	组织优秀展览到基层和农村展出，美术普及指导和专题美术讲座	江苏省美术馆	025—8961××××
提供普及美育服务	“江苏美术讲堂”——免费学术理论研究讲座；“走进美术馆”“艺术进校园”“在美术馆上美术课”等系列免费公共教育活动，向公众提供普及美育服务	江苏省美术馆	025—8961××××
开展群众文化活动	组织开展时政法制科普教育、公益性群众文化活动	江苏省文化馆	025—8469××××
组织基层文化队伍和业余文艺骨干培训	培训基层文化队伍和业余文艺骨干，指导群众文艺创作和推广	江苏省文化馆	025—8469××××
组织公益性展览展示	组织美术书法摄影艺术、非物质文化遗产等公益性展览展示	江苏省文化馆	025—8469××××

二　提高公共文化服务财政保障标准，增强财政保障稳定性

无论是从纵向上研究公共文化服务体系建设资金的绝对规模和增长速度，还是从横向上比较公共文化服务体系建设资金与其他公共服务财政资金投入；无论是从全国层面还是从中央层面考虑，本课题组均得出了公共文化服务体系建设资金的财政保障标准偏低的结论，且中央公共文化服务体系建设财政支出标准缺乏稳定性。因此，如何使得公共文化服务体系建设的财政保障标准稳定提升，以解决广大人民群众日益增长的美好生活需要和不平衡不充分的发展之间的矛盾，将成为文化领域的主要研究课题。笔者建议以 2020 年均等化政策目标思路下的设计方案预测结果为主，以渐进设计方案预测结果为参考，并考虑选择区际差异化标准方案，确立国家基本公共文化服务财政保障标准。

第一，加大政府投入力度。按照基本公共文化服务标准，推动落实基层提供基本公共服务所必需的资金。在纵向上，公共文化服务体

系建设财政保障资金在保持绝对规模不断扩大的同时，注重公共文化服务体系建设财政资金相对规模的提升，提高公共文化服务体系建设财政保障资金占财政收支及 GDP 的比重，使得公共文化服务体系建设财政保障资金的公共财政预算支出增长弹性、公共财政预算收入增长弹性和 GDP 增长弹性均大于 1。在横向上，在公共文化服务的绝对规模与公共教育和公共医疗卫生差距较大的情况下，要保证公共文化服务财政保障标准绝对规模的增长率在较长时间内高于公共教育和公共医疗卫生等其他公共服务财政支出的增长率。此外，政府部门特别是中央机构，要在提高公共文化服务财政保障标准的基础上，增强财政保障的稳定性，减少因政策原因所导致的财政保障标准的大幅波动，保证财政保障标准的可持续性。

第二，提高非示范区公共文化服务的财政投入标准。随着国家级和省级公共文化服务示范区和示范项目的建立，公共文化服务的财政资金更多地向示范区和示范项目流动。但是，示范区原本就是公共文化服务体系建设领先的地区，财政资金的流入会进一步加大示范区和非示范区公共文化服务水平的差距。因此，若要实现基本公共文化服务均等化，则要进一步提高对非示范区公共文化服务的财政投入标准，使得非示范区公共文化服务的财政投入标准与示范区基本公共文化服务财政投入的平均水平相当，从而在提高公共文化服务供给水平的基础上，促进基本公共文化服务的均等化。

第三，加大奖励资金力度，保障基本公共文化服务财政投入的可持续性。中央补助地方公共文化服务体系建设奖励资金和省级公共文化服务体系示范区创建补助资金发挥了极大的乘数效应，促进了地区公共文化服务的快速发展。但是，这些资金均为一次性奖励，不具有可持续性，这种非可持续性的资金投入容易导致公共文化服务体系建设的非可持续性发展。因此，要加大奖励资金力度和可持续性，尽量避免公共文化服务财政投入因政策结束而缩水，保障基本公共文化服务财政投入的可持续性，更好地发挥奖励资金的乘数效应，为公共文化服务体系建设建立完善的激励制度。

第四，加大财政保障资金向特殊群体的倾斜，保障特殊群体享受公共文化服务的权利。国家在建设公共文化服务体系的过程中，注重资源向贫困地区、向农村和向特定人群的倾斜，以实现不同区域、城乡和人群之间的均等化。但是，目前的公共文化服务财政保障更多地体现为向落后地区和农村地区的倾斜，而较少向特殊人群倾斜。但是基本公共文化服务不能实现在群体间的均等化，就不是完全的均等化。因此，亟须通过在财政资金投入方向上实现对特殊群体的倾斜，在公共文化服务财政投入资金考核结果上更加重视特殊群体的反馈等方式实现财政保障资金向特殊群体的倾斜，以保障特殊群体平等享受公共文化服务的权利。考虑到外来务工人员集中区域往往是经济发达的劳动力输入区域，经济发展水平较高，基本公共文化服务经费相对充裕的现实，在将外来务工人员基本公共文化服务经费纳入常住地政府经常性预算保障的同时，建议考虑人口输出地的基本公共文化服务经费不应按照常住地人口核算。

第五，建议梳理、清理各类文化专项资金，将其纳入文化部门预算经常性财政支出范围。尽管文化专项资金在十余年的公共文化服务体系建设战略实施中发挥了重要作用，在监督约束各级地方政府文化支出、增强文化部门上级服务目标控制方面具有更强的功能，但考虑到我国现阶段专项转移支付规模过大、深化财税体制总体改革方案再次重申将清理压缩转向转移支付的大政策背景必然会影响文化专项资金的存续和保障规模，建议尽量将符合条件的文化专项资金保障项目纳入公共财政预算，以为基本公共文化服务发展提供长远制度保障。

此外，如何在目前的部门预算框架下，在公共财政预算支出科目中充分实现三大服务保障内容，直接关系到国家基本公共文化服务保障标准先行先试的成败，建议在标准制定过程中，高度重视大文化部门制配套改革以及实物标准和财力保障标准的有效衔接。

三　创新公共文化服务财政保障方式，促进供给主体协同化

按照多中心治理理论，在公共文化服务体系建设中充分体现现代市场经济的要求，明确政府责任主体的同时，还须注重公共文化服务提供主体的多元协同。近些年来，我国各地公共文化服务体系建设也凸显出这一趋势，逐步构建多层次、多方式的公共文化服务供给体

系。特别是国家级、省级公共文化服务体系示范区在创建过程中，对财政保障方式的创新进行了积极探索，取得了显著的成效。笔者对这些工具进行了比较（见表7－2），认为在推广这些有效做法的同时，创新公共文化服务财政保障方式还应进一步优化分摊方式、投入方式和融资方式。

表7－2　　　**公共文化服务供给行为的政策工具集**

工具	产物或活动	机制	递送系统	可能的影响				
				有效性	高效性	公平性	可管理性	政治支持
直接供给	实物或服务	直接提供	政府部门	低	中	中	高	高
政府拨款	实物或服务	拨款奖励/现金支付	下一级政府	中	中/高	中/低	高	高
合同承保	实物或服务	合同和现金支付	商业部门，非营利组织	中	高	中	低	中
税收支出	现金，激励	税收	税务系统	低	中	中	高	高
贷款担保	现金	贷款	商业银行	中	高	中	中/低	高
事业单位	实物或服务	直接提供/贷款	准政府部门	中	高	高	中/低	高
福利券	实物或服务	消费者补贴	政府部门/消费者	中/低	高	中	中	中

首先，进一步优化分摊方式，科学划分各级政府文化事权与支出责任，完善转移支付机制，推动各级财政转移支付不断向精准投入转变。县级"三馆一站"等大型文化场所建设以及公共数字文化建设的事权和支出责任应进一步上移，主要由中央和省级政府承担，且中央补助标准应进一步细化，并根据各地财政状况分类分档保障。其余公共文化服务项目的支出责任则仍应由地方政府承担，中央、省级财政适当补助。第一，在大型场馆建设方面，应根据"因素法"，同时着重考虑各地财政自给率，将地方"三馆"建设支出责任适当上移。为确保公共文化领域内支出责任划分的规范性、客观性以及专项资金划拨的合理性，主要运用"因素法"综合考量各种因素对支出责任划分的影响。在公共文化领域，运用"因素法"应综合考量以下影

响因素：经济发展水平、人口规模、公共文化设施现状、辖区内服务面积等。根据这些因素，科学、合理地测算出公共文化服务设施的建设经费，以此为标准确定转移支付规模。同时，财政自给率、当地经济发展水平也应纳入支出责任划分考量中。财政自给率达到0.8以上且经济发展水平较高的地区，“三馆”建设的支出责任仍应以地方政府为主，专项资金起补助作用。财政自给率在0.3—0.8，且经济发展能力有限的地区，应考虑在现有基础上支出责任适当上移，由中央政府承担主要支出责任，地方政府则视其能力承担剩余责任。在地方政府支出责任划分中，省级政府应适当加大支出责任的承担力度，减轻市县级政府的财政压力。对于财政自给率低于0.3，且经济发展落后的地区，“三馆”建设支出经费原则上应大部分由中央政府承担，省级政府则应视其能力承担剩余支出责任。① 第二，考虑到“三馆一站”免费开放所具有的很强的辖区间外溢性特征，采用中央转移支付予以保障，并按照东、中、西部不同地区采取不同的分摊比例的做法是十分合理的，但应明确将地方分担比例纳入预算经常性支出范围予以保障，同时考虑到对“三馆一站”专门出台财政保障标准的过渡性特殊背景，在新保障标准设置中建议考虑与相关服务项目经费保障的归类合并。第三，在公共数字文化设施建设方面，应形成以中央政府财政保障为主体的保障模式，这是由数字化设施的建设特点所决定的。数字化网络设施、设备的建设具有技术复杂、资金需求量大、资源需求丰富等特点，中央政府能够很好地整合全国各地的基础设施资源、人才资源以及经费资源进行建设，且能够实现全国范围内标准的统一，有助于公共数字文化的共建共享。总之，我们应进一步做好中央和地方关于文化事权与支出责任的划分工作，根据信息处理的复杂性、外部性和激励相容原则，合理划分中央与地方公共文化财政事权。同时，应充分考虑区域性财力发展水平，形成中央对地方财政的差异化补贴，从而建立起区域均衡、权责明晰、财力协调的支出责任体系。

---

① 段小虎等:《西部贫困县图书馆“因素法”财政保障研究》,《图书馆论坛》2017年第11期。

其次，进一步优化投入方式，通过政府购买、项目补贴、定向资助、贷款贴息等多种手段引导和激励社会力量参与文化建设，建立政府、社会、市场共同参与的多元文化投入机制。虽然《公共文化服务保障法》的出台明确了社会力量参与的合法性，但专门性政策文件的缺失以及相关配套政策法律保障体系的不健全，导致地方政府具体开展社会力量参与的实践还面临着许多现实困境。对此，在理念层面，建议以现代治理理念代替政府管理理念，切实做到政府放权于市场、社会，构建科学、合理、高效的政府、市场、社会、公众良性互动的治理体系，一方面，政府以契约服务范式代替高度集中的行政范式，突破文化事业体制中“慈母式”依附关系，向社会力量让渡出合理的参与空间。[①] 另一方面，政府有效回应多元治理中的公众需求，把握技术性肌理、变革文化建设模式。在制度层面，建议加快建立健全相关政策法律体系，如明确规定社会文化组织的公共文化服务供给权限、供给产品及其管理过程的民主价值监督、供给产品的合法性、文化组织的绩效监管与财税激励等问题，切实保障社会力量参与的有序化、规范化及社会力量权益的合法化、合理化。对于社会力量参与的最典型模式政府购买而言，政府须以公众需要为目的成为“精明的买主”，有能力识别公共文化服务市场中的供需两方面缺陷，在缺乏具有竞争性的公共文化服务市场时创造一个能够通过适当方式获得卖方充足信息并能够准确界定所需购买的服务，构建公共文化服务精准供给和供求平衡的市场。比如，成都市通过“公共文化服务超市”这一实践形式，在政府、社会与公众之间搭建了一个双向互动的交易平台，通过公众参与、政府买单的形式，保障了公共服务的精准性，实现了文化市场与公共文化服务之间的有机融合。[②] 此外，政府还可以采取如下途径：确立服务的标准，让每一个消费者选择私营商，并购买服务；向家庭签发凭单，允许他们从任何授权提供者那里购买服务，如北京市的惠民文化券。

---

① 陈庚、崔宛：《社会力量参与公共文化服务的实践、困境及因应策略》，《学习与实践》2017 年第 11 期。

② 靳亮、纪广斌：《公共文化服务市场化背景下政府如何扮演“精明的买主”角色》，《理论与改革》2017 年第 6 期。

最后，进一步优化融资方式，加大PPP模式探索，重点解决县级公共文化服务设施建设资金缺口。从目前公共文化服务设施建设的情况来看，县级以上公共文化服务设施建设成本相当庞大，但是市级公共文化服务设施由于有国家的大力支持，市本级政府往往也能为公共文化服务设施建设筹集一部分资金，因此资金缺口较小；县级以下政府公共文化服务设施建设成本相对较小，因此，通过捐赠、上级拨款等方式也能较好地解决建设资金问题。然而，县级公共文化服务设施投资金额巨大，却缺乏相应的财政支持，在当前中国县级政府仅能维持吃饭财政的情况下，县级公共文化服务设施建设举步维艰。调研显示，PPP模式在地方政府的实施效果在很大程度上决定了地方政府公共文化服务设施网络建设的水平。但是，目前PPP模式还极不规范，存在诸多风险点。因此，建立统一的PPP标准运作体系是当前的一大重点。建议加大对PPP标准化运作模式的探索与研究，通过中央政府主导，建立全国范围内固定资产投资的PPP标准化运作模式。第一，科学界定文化领域PPP模式的边界，由发改委和财政部形成对于PPP模式的统一认知，避免多头“管理”，使得各地对于PPP模式的认知存在分歧。第二，应重视完善PPP盈利模式设计，弥补具有公益性特质的文化类项目对于社会资本吸引力弱的不足。在项目回报机制上坚持“使用者付费+政府财政补贴”的模式，同时，政府要切实履行风险承担义务，给予社会资本更加可信的投资环境，打消社会资本的顾虑，使其放心投资。第三，设立“专家+民众参与”形式的PPP项目评估机制。PPP项目实施的最终目标就是要实现民众对于文化的需求，所以民众参与下的项目评估机制设计是必需的。同时也要邀请经验丰富的专家参与到评估中来，实现公共资源的优化配置。

四　改善公共文化服务财政保障绩效，确保资金使用高效化

公共财政资金的使用必须置于社会公众的监督之下，遵循公共选择决策的程序。虽然近些年来公共文化服务财政投入不断增加，但总量短缺的影响还是比较直接的，与此同时，效率低下所导致的财政资金使用低效现象更是层出不穷，农家书屋工程便是例证。一方面，我国对公共文化服务体系建设的财政投入分散到多个管理部门，业务交

叉重复，缺乏整合，导致管理成本增加，在资金使用上交叉重复、多头管理且部门之间职责不清。另一方面，存在重资金分配、轻资金监管等问题，缺少有效的资金使用监督机制。公共文化服务预算缺乏科学性且在其编制及使用过程中监督力度不够，很多财政资金的使用存在着依赖领导主观意识的情况，很少考虑对财政资金的使用效率进行审核，即使有此考虑，也没有合理且规范的考核程序和指标，往往是根据经验判断或大致评估，与相关责任人的绩效考核等并无直接硬性联系，这就使其在支出财政资金时，并不会注意使用效率的问题。在我国财政“过紧日子”的新阶段，提高财政资金的绩效，应努力“少花钱多办事”“把钱花在刀刃上”。

首先，加大政府预算统筹力度，盘活财政存量资金。加大政府性基金与一般公共预算的统筹力度，加大国有资本经营预算与一般公共预算的统筹力度，加强对一般公共预算各项资金的统筹使用。当前不少地方政府已经将国债资金、土地出让金、国有文化企业的分红、福利彩票收益等用于公共文化服务体系建设。建立预算执行情况定期分析制度，随时关注项目实施情况，以保证项目支出严格按预算执行。部门单位切实履行项目支出管理职责，及时有效地组织项目实施。建立项目动态调整机制，对于项目预算执行进度较慢的，同级财政收回资金，统筹用于经济社会发展急需资金支持的领域，对地区和部门结余资金及连续两年未用完的结转资金，一律收回并统筹用于重点建设，不足两年的结转资金，要加快预算执行，也可按规定用于其他急需领域。建立财政资金统筹使用任务清单和时间表，加强经常性检查和审计监督，对于未按规定完成的追究责任。

其次，建立健全财政资金监督管理机制，建立文化财政资金绩效评价结果与预算安排挂钩制度，提高资金使用效益。从转变文化政绩观出发，建立以价值和效能为导向的考核体系，制定公共文化服务考核指标。一方面，在预算执行中引入“绩效”因子，明确考核指标，通过事前、事中和事后绩效评价工作的开展，充分监督和制约政府财政支出行为。建立从项目申报到财政资金拨付全过程的权力和责任清单制度，切实明确权责，对虚报冒领、骗取套取、挤占挪用财政资金的问题实行一案双查。另一方面，在公共文化服务设施建设中，重点文物保护、非物质文化遗产保护、中等职业教育基础能力建设、文化体育与传媒事业发展专项、文化设施维修补助等项目的财政保障标准主要是依据项目特点采取申报的方式获得，导致这些专项资金，特别是国家重点文物保护专项资金在不同地区的差异巨大。因此，在目前尚不完善的项目绩效评价机制下，为防止“跑部钱进”现象的发生，应尽快引入标准化绩效管理模式，并加强对绩效评价结果的运用，将具有相同内容的项目纳入标准化项目库管理。

最后，充分利用大数据、云计算等现代科学技术构建绩效管理云平台，提高公共文化服务供给效能。公共文化需求表达的收集，到公共决策，再到财政预算的形成与拨付，财政投入的使用（包括布局基础设施、组织生产或购买以及分发）和监管，最后到绩效评估，应是一个充分民主而透明的科学程序。没有这样一套程序，不仅公共文化服务的效能难以提高，还会导致财政资金浪费。利用大数据、云计算等现代科学技术能够最大限度地满足个体差异化需求的“精神传播”，强调对每个受众的尊重，从而大大提高公共文化的服务效能和群众满意度，更便于政府科学、准确地保障公民文化权益。各地方政府应依托其电子政务外网云中心搭建绩效考评工作全覆盖的绩效管理云平台，使得计划、决策、指标、责任、跟踪、评价、反馈等多要素多环节有效衔接，搭建“横向到边、纵向到点”的重大任务落实监控体系和部门履职考核体系，更好地发挥绩效考评“指挥棒”“风向标”“助推器”作用，加快完善现代公共文化服务体系。

参考文献

[美] 安瓦·沙:《公共服务提供》，孟华译，清华大学出版社 2009 年版。

[美] 珍妮特·V. 登哈特、罗伯特·B. 登哈特:《新公共服务：服务，而不是掌舵》，丁煌译，中国人民大学出版社 2010 年版。

[挪] 艾德:《经济、社会和文化的权利》，黄列译，中国社会科学出版社 2003 年版。

[美] 戴维·奥斯本、彼得·普拉斯特里:《政府改革手册：战略与工具》，谭功荣译，中国人民大学出版社 2004 年版。

[美] 苏戴瑞:《在中国城市中争取公民权》，王春光译，浙江人民出版社 2009 年版。

[新加坡] 阿努拉·古纳锡克拉等:《全球化背景下的文化权利》，张毓强译，中国传媒大学出版社 2006 年版。

[美] 莱斯特·M. 萨拉蒙:《公共服务中的伙伴：现代福利国家中政府与非营利组织的关系》，田凯译，商务印书馆 2008 年版。

[以色列] 阿耶·L. 希尔曼:《公共财政与公共政策——政府的责任与局限》，王国华译，社会科学文献出版社 2006 年版。

[美] J. K. 布坎南、M. R. 弗劳尔斯:《公共财政》，赵锡军等译，中国财政经济出版社 1991 年版。

[美] 安东尼·B. 阿特金森、约瑟夫·E. 斯蒂格利茨:《公共经济学》，蔡江南等译，上海三联书店 1994 年版。

[澳] 休·史卓顿、莱昂内尔·奥查德:《公共产品、公共企业和公共选择——对政府功能的批评与反批评的理论纷争》，费朝辉等译，经济科学出版社 2000 年版。

［美］罗伊·T. 梅耶斯等：《公共预算经典——面向绩效的新发展》，苟燕楠、董静译，上海财经大学出版社 2005 年版。

张启春等：《区域基本公共服务均等化：政府财政平衡机制与政策研究》，科学出版社 2016 年版。

于群、李国新：《中国公共文化服务发展报告（2012）》，社会科学文献出版社 2012 年版。

胡洪曙：《促进基本公共服务均等化的中央财政转移支付机制优化研究》，经济科学出版社 2016 年版。

高培勇：《经济新常态下的中国财税》，中国财政经济出版社 2017 年版。

高培勇：《步入“十三五”的财税改革》，社会科学文献出版社 2016 年版。

巫志南：《社区公共文化服务》，北京师范大学出版社 2012 年版。

卢洪友：《中国基本公共服务均等化进程报告》，人民出版社 2012 年版。

金武刚：《贫困地区公共阅读研究》，国家图书馆出版社 2015 年版。

胡税根：《政府管理与公共服务标准化创新研究：以杭州市上城区为例》，浙江大学出版社 2013 年版。

冯海波：《农民负担与农村公共物品供给：历史的回望与思索》，经济科学出版社 2012 年版。

吴理财等：《文化治理视域中的公共文化服务体系建设》，高等教育出版社 2016 年版。

Behrooz Morvaridi, *Social Justice and Development*, Palgrave Macmillan, 2008.

Jim McGuigan, *Rethink Cultural Policy*, Open University Press, 2004.

Rainey, Lawrence S. , *Institutions of Modernism*: *Literary Elites and Public Culture*, Yale University Press, 1998.

Oates, Wallace E. , *The Economies of Fiscal Federalism and Local Finance*, Northampton, Edward. Elgar, 1998.

Joyce Zemans, Archie Kleigartner, *Comparing Cultural Policy*: *A Study of Japan and United States*, Alta Mira Press, 1999.

Michael Babunakis, *Budget Reform for Government*: *A Comprehensive Allo-*

cation and Management System (*CAMS*), Quorum Books, 1982.

Geoffrey Vickers, *The Art of Judgment*: *A Study of Policy Making*, Sage Publication, 1995.

Yehezkel, Policy Nnalysts, *A New Professional Role in Government Service*, Harcourt Brace Company, 1978.

中国（海南）改革发展研究院：《中国基本公共服务建设路线图》，世界知识出版社 2010 年版。

上海高校都市文化 E—研究院：《2011 年全国 31 个省市自治区公共文化服务指数》，商务印书馆 2011 年版。

王列生等：《国家公共文化服务体系论》，文化艺术出版社 2009 年版。

杜宁华：《实验经济学》，上海财经大学出版社 2008 年版。

陈威主编：《公共文化服务体系研究》，深圳报业集团出版社 2006 年版。

马国贤：《中国公共支出与预算政策》，上海财经大学出版社 2001 年版。

马蔡琛：《变革世界中的政府预算管理——一种利益相关方视角的考察》，中国社会科学出版社 2009 年版。

艺衡等：《文化权利：回溯与解读》，社会科学文献出版社 2004 年版。

孙浩：《农村公共文化服务有效供给研究》，中国社会科学出版社 2012 年版。

陈瑶：《公共文化服务：制度与模式》，浙江大学出版社 2012 年版。

曹爱军、杨平：《公共文化服务的理论与实践》，科学出版社 2011 年版。

郑德涛、欧真志：《民主治理与公共服务价值的重塑》，中山大学出版社 2009 年版。

刘桂芝：《中国县乡公共治理与公共服务的财政支持研究》，人民出版社 2018 年版。

王守义：《财政分权、转移支付与基本公共服务供给效率》，社会科学文献出版社 2017 年版。

陈波：《我国农村公共文化服务体系的财政保障机制研究》，中国社会科学出版社 2014 年版。
财政部预算司：《地方财政统计资料（1995—2016）》，经济科学出版社。
中华人民共和国财政部：《中国财政年鉴（1995—2016）》，中国财政杂志社。
中华人民共和国文化部：《中国文化文物统计年鉴（1995—2016）》，国家图书馆出版社。
中华人民共和国国家统计局：《中国统计年鉴（1995—2016）》，中国统计出版社。
刘寒波：《空间财政：公共服务、要素流动与经济增长》，中国人民大学出版社 2016 年版。
段小虎等：《西部贫困县图书馆“因素法”财政保障研究》，《图书馆论坛》2018 年第 1 期。
张启春、山雪艳：《基本公共服务标准化、均等化的内在逻辑及其实现——以基本公共文化服务为例》，《求索》2018 年第 1 期。
毛雁冰、龙新亚：《农村地区公共文化服务供给的影响因素——利用固定效应模型的实证检验》，《图书馆论坛》2018 年第 4 期。
陆晓曦：《从全面保障到具体落实：〈公共文化服务保障法〉和〈公共图书馆法〉重点内容比较分析》，《图书馆》2018 年第 4 期。
杨秀云、赵科翔、苏祎：《我国公共文化服务水平及其影响因素》，《西安交通大学学报》（社会科学版）2016 年第 5 期。
陆晓曦：《中国公共文化服务保障性立法研究与实践综述》，《中国图书馆学报》2017 年第 2 期。
申亮、王玉燕：《我国公共文化服务政府供给效率的测度与检验》，《上海财经大学学报》2017 年第 2 期。
陈永正、董忻璐：《西方发达国家公共服务财力投入模式与借鉴（下）——公共文化和社会保障方面》，《行政论坛》2017 年第 2 期。
陈建：《文化精准扶贫视阈下的政府公共文化服务堕距问题》，《图书馆论坛》2017 年第 7 期。

安彦林、李齐云：《财政分权与地方政府公共文化服务供给》，《广东财经大学学报》2017 年第 3 期。

吴理财、贾晓芬、刘磊：《以文化治理理念引导社会力量参与公共文化服务》，《江西师范大学学报》（哲学社会科学版）2015 年第 6 期。

孙涛、郑洁：《构建公共文化服务体系的财政路径思考》，《中国财政》2015 年第 4 期。

杨林、许敬轩：《公共治理视域下地方财政公共文化服务支出规模绩效评价》，《东岳论丛》2016 年第 3 期。

李国新：《强化公共文化服务政府责任的思考》，《图书馆杂志》2016 年第 4 期。

安彦林、马静：《公共文化服务的经济学分析——基于供求视角》，《深圳大学学报》（人文社会科学版）2016 年第 4 期。

刘素华：《系统视角下的公共文化服务均衡发展研究》，《福建论坛》（人文社会科学版）2016 年第 8 期。

马雪松、杨楠：《我国农村基本公共文化服务供求失衡问题研究》，《中共福建省委党校学报》2016 年第 10 期。

苑新丽：《辽宁财政支持公共文化服务发展问题研究》，《地方财政研究》2014 年第 12 期。

胡税根、李倩：《我国公共文化服务政策发展研究》，《华中师范大学学报》（人文社会科学版）2015 年第 2 期。

张晓敏、陈通：《公共文化设施 PPP 建设运营模式研究》，《管理现代化》2015 年第 1 期。

祁述裕、曹伟：《构建现代公共文化服务体系应处理好的若干关系》，《国家行政学院学报》2015 年第 2 期。

李山：《政府购买：公共文化服务供给模式的现代转向》，《地方财政研究》2015 年第 4 期。

江刘伍、沈梅：《当代中国农民工公共文化服务现状及路径探究》，《艺术百家》2015 年第 2 期。

傅才武、陈庚、彭雷霆：《现代公共文化服务体系建设中的财政保障标准研究》，《福建论坛》（人文社会科学版）2015 年第 4 期。

蔡秀云、张晓丽：《社会组织供给公共文化服务财政激励研究——基于因子方法的实证分析》，《财政研究》2015 年第 3 期。

阮可：《我国基本公共文化服务保障标准研究》，《中国出版》2015 年第 12 期。

邱冠华：《公共图书馆提升服务效能的途径》，《中国图书馆学报》2015 年第 4 期。

张博、周巧洪：《新时期公共文化服务体系建设困境与出路》，《人民论坛》2015 年第 26 期。

陈红：《政府购买公共图书馆服务的障碍与未来方向》，《图书馆工作与研究》2015 年第 10 期。

傅才武、宋文玉：《创新我国文化领域事权与支出责任划分理论及政策研究》，《山东大学学报》（哲学社会科学版）2015 年第 6 期。

梁立新：《公共文化服务多元参与机制创新研究》，《学术交流》2014 年第 2 期。

张祖群、吴少平、罗琼：《以政府采购方式推进公共文化服务》，《中国国情国力》2014 年第 2 期。

张启春、李淑芳：《公共文化服务的财政保障：范围、标准和方式》，《江汉论坛》2014 年第 4 期。

胡守勇：《公共文化服务效能评价指标体系初探》，《中共福建省委党校学报》2014 年第 2 期。

金武刚、李国新：《中国公共图书馆总分馆制建设：起源、现状与未来趋势》，《图书馆杂志》2014 年第 5 期。

周芝萍：《农村公共文化服务体系构建——以江西为例》，《江西社会科学》2014 年第 5 期。

张启春、李淑芳：《基本公共文化服务财政保障模式——来自国际的经验》，《湘潭大学学报》（哲学社会科学版）2014 年第 4 期。

曲江滨、刘伟：《均等化视域下统筹城乡公共文化服务体系建设的路径——以河北省为例》，《河北大学学报》（哲学社会科学版）2014 年第 4 期。

李山：《政府购买公共文化服务的现实困境与改革路径》，《湘潭大学学报》（哲学社会科学版）2014 年第 5 期。

黎梅、奉晓红：《高校图书馆参与地方公共文化服务体系构建研究》，《图书馆》2014 年第 5 期。

胡智锋、杨乘虎：《免费开放：国家公共文化服务体系的发展与创新》，《清华大学学报》（哲学社会科学版）2013 年第 1 期。

张良：《“项目治国”的成效与限度——以国家公共文化服务体系示范区（项目）为分析对象》，《人文杂志》2013 年第 1 期。

王洛忠、李帆：《我国基本公共文化服务：指标体系构建与地区差距测量》，《经济社会体制比较》2013 年第 1 期。

李少惠：《转型期中国政府公共文化治理研究》，《学术论坛》2013 年第 1 期。

杨林、许敬轩：《地方财政公共文化服务支出效率评价与影响因素》，《中央财经大学学报》2013 年第 4 期。

荆晓燕：《提升基层公共文化服务水平的路径研究》，《行政论坛》2013 年第 4 期。

王春林：《公共文化服务运行机制构建探析》，《广西社会科学》2013 年第 5 期。

胡平：《农民工城市公共文化服务体系的完善》，《人民论坛》2013 年第 18 期。

游祥斌、杨薇、郭昱青：《需求视角下的农村公共文化服务体系建设研究——基于 H 省 B 市的调查》，《中国行政管理》2013 年第 7 期。

马雪松：《回应需求与有效供给：基本公共文化服务体系建设的制度分析》，《湖北社会科学》2013 年第 10 期。

金雪涛、于晗、杨敏：《日本公共文化服务供给方式探析》，《理论月刊》2013 年第 11 期。

傅才武：《当代公共文化服务体系建设与传统文化事业体系的转型》，《江汉论坛》2012 年第 1 期。

张楠：《纵横结构的公共文化服务体系模型建构》，《浙江社会科学》2012 年第 3 期。

涂斌、王宋涛：《地方政府公共文化支出效率及影响因素——基于广东 21 个地级市的实证分析》，《经济问题》2012 年第 3 期。

郑欣：《治理困境下的乡村文化建设研究：以农家书屋为例》，《中国地质大学学报》(社会科学版)2012 年第 2 期。

王富军:《农村公共文化建设:问题与对策——基于体制机制层面的思考》,《福建论坛》(人文社会科学版)2012 年第 2 期。

王晓洁:《中国基本公共文化服务地区间均等化水平实证分析——基于 1999 年、2009 年数据比较的考察》,《财政研究》2012 年第 3 期。

唐亚林、朱春:《当代中国公共文化服务均等化的发展之道》,《学术界》2012 年第 5 期。

吴理财:《把治理引入公共文化服务》,《探索与争鸣》2012 年第 6 期。

吕斌、张玮璐、王璐、高晓雪:《城市公共文化设施集中建设的空间绩效分析——以广州、天津、太原为例》,《建筑学报》2012 年第 7 期。

于志勇:《农村公共文化服务供给研究:基于公共服务均等化的视角》,《云南行政学院学报》2012 年第 4 期。

陈卓:《对统筹城乡公共文化服务体系建设"四性"原则的认识——以全国统筹城乡综合配套改革试验区成都为例》,《农村经济》2012 年第 9 期。

臧运平、宋桂娟、郑满生、牟肖光、姜仁珍、于良芝:《我国农村地区公共图书馆建设的诸城模式研究》,《中国图书馆学报》2012 年第 5 期。

胡唐明、郑建明:《公益性数字文化建设内涵、现状与体系研究》,《图书情报知识》2012 年第 6 期。

吕方:《我国公共文化服务需求导向转变研究》,《学海》2012 年第 6 期。

匡导球:《公共财政支持文化建设:动因、机制与路径》,《新视野》2012 年第 6 期。

王晓芸:《均等化视角下的社区公共文化服务探析》,《求实》2012 年第 S2 期。

曹海琴、张立克:《公共文化服务供给及均等化与政府职能》,《人民论坛》2012 年第 36 期。

韩凯：《大力发展非营利组织破解公共文化服务难题》，《前线》2011年第2期。

王列生：《论文化预算制的功能实现技术方案》，《华中师范大学学报》（人文社会科学版）2011年第1期。

周和平：《以免费开放为契机全面提升我国图书馆公益性服务水平》，《中国图书馆学报》2011年第3期。

柯平：《公共图书馆免费开放的理论思考》，《图书馆》2011年第3期。

高福安、刘亮：《国家公共文化服务体系建设现状与对策研究》，《现代传播》（中国传媒大学学报）2011年第6期。

吴理财：《公共文化服务的运作逻辑及后果》，《江淮论坛》2011年第4期。

金铁龙：《县级公共图书馆免费开放保障机制初探》，《图书馆》2011年第4期。

吴理财：《公共文化服务机制的六个特性》，《人民论坛》2011年第30期。

杨京钟：《基于财政政策视角下的公共图书馆研究》，《图书馆工作与研究》2011年第11期。

陈立旭：《推动基本公共文化服务均等化》，《浙江社会科学》2011年第12期。

罗云川、张彦博、阮平南：《“十二五”时期我国公共文化服务体系建设研究》，《图书馆建设》2011年第12期。

肖希明：《图书馆作为公共文化空间的价值》，《图书馆论坛》2011年第6期。

李国新：《公共图书馆“免费开放”的内容、范围与边界》，《图书馆》2011年第6期。

孔进：《我国政府公共文化服务提供能力研究》，《山东社会科学》2010年第3期。

曹爱军、方晓彤：《西部农村公共文化服务及其制度梗阻——基于甘肃农村的调查分析》，《贵州社会科学》2010年第3期。

李少惠、王苗：《农村公共文化服务供给社会化的模式构建》，《国家行政学院学报》2010 年第 2 期。

张云峰、郭翔宇：《建设农村公共文化服务体系的长效机制》，《学术交流》2010 年第 3 期。

付春：《新农村公共文化服务体系建设及其基本思路》，《农村经济》2010 年第 4 期。

刘俊生：《公共文化服务组织体系及其变迁研究——从旧思维到新思维的转变》，《中国行政管理》2010 年第 1 期。

江逐浪：《中国公共文化服务事业发展中的几个内在问题》，《现代传播》（中国传媒大学学报）2010 年第 5 期。

陈立旭：《公共文化发展模式：市场经济条件下的重构》，《江苏行政学院学报》2010 年第 3 期。

马树华：《公共文化服务体系与城市文化空间拓展》，《福建论坛》（人文社会科学版）2010 年第 6 期。

洪秋兰、柯平、弓克：《公共文化服务体系中的图书馆定位和发展分析》，《图书情报工作》2010 年第 7 期。

张天学：《农村公共文化产品的供给现状分析及对策建议——基于江苏省徐州地区农村的调查》，《农村经济》2010 年第 6 期。

张波、郝玲玲：《公共财政视角下政府公共文化服务职能创新》，《学术交流》2010 年第 6 期。

马洪范、王瑞涵：《完善农村公共文化服务体系建设的财政研究》，《中国财政》2010 年第 11 期。

刘文俭：《公民参与公共文化服务体系建设对策研究》，《行政论坛》2010 年第 3 期。

王瑞涵：《农村公共文化服务体系建设中的财政责任》，《经济研究参考》2010 年第 66 期。

葛继红、王玉霞：《当前农村公共文化建设研究——基于加强政府供给角度》，《生产力研究》2009 年第 4 期。

曹爱军：《公共文化服务：理论蕴涵与价值取向》，《湖北社会科学》2009 年第 6 期。

顾金孚：《农村公共文化服务市场化的途径与模式研究》，《学术论坛》2009 年第 5 期。

郭国祥、丁建芳：《近年来新农村文化建设研究的回顾与思考》，《学术论坛》2009 年第 7 期。

苏红：《论农村公共文化服务体系及其构建》，《兰州大学学报》（社会科学版）2009 年第 4 期。

韩雪风：《论公共文化服务体系构建中的政府职责》，《探索》2009 年第 5 期。

王瑞英：《公共文化服务体系中公共图书馆的服务定位》，《图书与情报》2009 年第 5 期。

张波、蔡秋梅：《政府公共文化服务职能创新的价值与动力》，《理论探讨》2009 年第 6 期。

杨炳璋：《加大政府投入力度构建公共文化服务体系》，《财会研究》2009 年第 20 期。

柯平、洪秋兰、孙情情：《公共文化服务体系中的图书馆与社会合作实证研究》，《图书情报工作》2009 年第 17 期。

陈昊琳：《面向公共文化服务的农村公共图书馆建设研究》，《图书情报工作》2009 年第 17 期。

江光华：《北京市公共文化转移支付制度研究》，《北京社会科学》2009 年第 6 期。

李少惠、余君萍：《公共治理视野下我国农村公共文化服务绩效评估研究》，《图书与情报》2009 年第 6 期。

张燕清：《走向“善治”：厦门公共文化服务建设探析》，《福建论坛》（人文社会科学版）2009 年第 12 期。

李宁：《农村公共文化服务绩效评估机制构建研究》，《宁夏大学学报》（人文社会科学版）2009 年第 6 期。

马海涛、程岚：《完善财政政策促进公共文化服务体系建设》，《中国财政》2009 年第 23 期。

赵路：《构建公共文化服务财政保障机制满足人民群众基本文化需求》，《中国财政》2008 年第 21 期。

闫平：《服务型政府的公共性特征与公共文化服务体系建设》，《理论学刊》2008 年第 12 期。

周晓丽、毛寿龙：《论我国公共文化服务及其模式选择》，《江苏社会科学》2008 年第 1 期。

向勇、喻文益：《公共文化服务绩效评估的模型研究与政策建议》，《现代经济探讨》2008 年第 1 期。

张晓明、李河：《公共文化服务：理论和实践含义的探索》，《出版发行研究》2008 年第 3 期。

羊守森：《构建农村公共文化服务体系的策略思考》，《安徽农业科学》2008 年第 12 期。

王世伟：《关于加强图书馆公共文化服务体系结构与布局的若干思考》，《图书馆》2008 年第 2 期。

蒋建梅：《政府公共文化服务体系绩效评价研究》，《上海行政学院学报》2008 年第 4 期。

魏鹏举：《文化体制改革与我国公共文化资金管理创新》，《中国行政管理》2008 年第 7 期。

尹长云：《农村公共文化服务的弱势与强化》，《求索》2008 年第 6 期。

巫志南：《现代服务型公共文化体制创新研究》，《华中师范大学学报》（人文社会科学版）2008 年第 4 期。

杨永、朱春雷：《公共文化服务均等化三维视角分析》，《理论月刊》2008 年第 9 期。

陈立旭：《以全新理念建设公共文化服务体系——基于浙江实践经验的研究》，《浙江社会科学》2008 年第 9 期。

张波、宋林霖：《优化政府公共文化服务成本的制度研究》，《理论探讨》2008 年第 6 期。

柯平、尹静：《省级公共图书馆在公共文化服务体系中的功能定位》，《国家图书馆学刊》2008 年第 4 期。

罗明华：《构建民族地区公共文化服务财政保障机制》，《云南社会科学》2008 年第 6 期。

Kluckhohn. "Potterning in Navaho Culture, Language, Culture and Personality." *American Anthropologist*, Vol. 45, No. 2.

M. E. Opler. "Themes as Dynamic Forces is Culture." *American Journal of Sociology*, Vol. 1, 1945 (6).

Sara Selwood (ed.). "The UK Cultural Sector: Profile and Policy Issues." *Policy Studies Institute*, 2001.

Raymond Fisman , Roberta Gatti. "Decentralization and Corruption: Evidence Across Countries." *Journal of Public Economics*, 2002, 83.

Jorge Martine-vazquez , Robert M. Mcnab. "Fiscal Decentralization and Economic Growth." *World Development*, 2003, Vol. 31, No. 9.

Lin J. Y., Liu Z. "Fiscal Decentralization and Economic Growth in China." *Economic Development and Cultural Change*, 2000, Vol. 49, No. 1.

Roy Bahl. "Implementation Rules for Fiscal Decentralization". *International Studies Program*, 1999.

Bardhan, Pranab. "Decentralization of Governance and Development." *Journal of Economic Perspective*, Vol. 16, No. 4.

Rodden, J. "Comparative Federalism and Decentralization on Meaning and Measurement." *Comparative Political*, 2004, 36 (4).

Daniel Tarschys. "Rational Decreamental Budgteting". *Policy Sciences*, 1981 (14).

Stephanie M. Stolz. "Bank Capita l and Risk-Taking: The Impact o f Capital Regulation, Charter, Value and The Business Cycle." *Springer*, 2007 (11).

Steven T. Hackman. "Production Economics: Integrating the Microeconomic and Engineering Perspectives." *Springer*, 2008.

StephenM. Fiore, Glenn W. Harrison, Charles E. Hughes , E. Elisabet Rutstro. "Virtual Experiments and Environmental Policy." *Journal of Environmental Economics and Management*, 2009 (57).

Steffen Andersen, Glenn W. Harrison, Morten Igel Lau E. Elisabet Rutström. "Preference Heterogeneity in Experiments: Comparing the field and Laboratory." *Journal of Economic Behavior & Organization*, 2010 (73).

Steffen Andersen, Glenn W. Harrison , Morten Igel Lau , Elisabet E. Rutström. "Behavioral Econometrics for Psychologists." *Journal of Economic Psychology*, 2010 (31).

Anabela Botelho, Glenn W. Harrison, Lígia M. Costa Pinto, Elisabet E. Rutströmc. "Testing Static Game Theory with Dynamic Experiments: A Case Study of Public Goods." *Games and Economic Behavior*, 2009 (67).

Catherine Eckela, Herbert Gintis. "Blaming the Messenger: Notes on the Current State of Experimental Economics." *Journal of Economic Behavior & Organization*, 2010 (73).

Ken Binmore, Avner Shaked. "Experimental Economics: Where Next?" *Journal of Economic Behavior & Organization*, 2010 (73).

Glenn W. Harrison, Morten I. Lau, E. Elisabet Rutström. "Individual Discount Rates and Smoking: Evidence from a Field Experiment in Denmark." *Journal of Health Economics*, 2010 (29).

孔进:《公共文化服务供给：政府的作用》，学位论文，山东大学，2010 年。

张波:《政府公共文化服务职能创新研究》，学位论文，吉林大学，2009 年。

张哲:《论我国公共文化服务体系的完善》，学位论文，吉林大学，2008 年。

王鹤云:《我国公共文化服务政策研究》，学位论文，中国艺术研究院，2014 年。

于秀琴:《县级服务型政府绩效评估及能力提升研究》，学位论文，天津大学，2011 年。

安世绿:《提升农村公共文化服务效率的制度设计》，学位论文，中国社会科学院研究生院，2010 年。

孙浩:《农村公共文化物品有效供给研究》，学位论文，武汉大学，2011 年。

朱剑锋:《基于 DEA 方法的公共文化服务绩效评价实证研究》，学位论文，武汉大学，2014 年。

郭凤娟:《我国公共文化服务体系建设中的财政转移支付制度研究》，学位论文，中国艺术研究院，2014 年。

廖青虎:《公共文化服务设施供给的创新模式及其融资优化路径》，

学位论文，天津大学，2014 年。

李淑芳：《交易费用、预算国家与中国预算管理体制改革研究》，学位论文，华中师范大学，2015 年。

江朦朦：《中国区际基本公共文化服务财政保障绩效评估研究（2003—2012）》，学位论文，华中师范大学，2014 年。

许敬轩：《地方财政基本公共文化服务绩效评价与优化建议》，学位论文，中国海洋大学，2014 年。

陈彪：《浙江省基本公共文化服务均等化研究》，学位论文，浙江大学，2009 年。

俞楠：《“文化认同”的政治建构：当代中国公共文化服务战略研究》，学位论文，华东师范大学，2008 年。

史明明：《公共图书馆在公共文化服务体系构建中的作用》，学位论文，湘潭大学，2011 年。

安彦林：《财政分权对政府公共文化服务供给水平与区域差异的影响研究》，学位论文，山东大学，2017 年。

曾志杰：《中国公共文化服务支出绩效评价》，学位论文，集美大学，2017 年。

赵振兴：《农村公共文化服务供给中的政府职能研究》，学位论文，贵州财经大学，2017 年。

朱君：《县级公共文化服务财政投入现状与问题研究》，学位论文，上海交通大学，2014 年。

张晓丽：《社会组织供给公共文化服务的财税激励研究》，学位论文，首都经济贸易大学，2016 年。

李娟：《公共文化服务水平综合评价与提升路径研究》，学位论文，天津大学，2015 年。

盛禹正：《我国省级公共文化服务绩效指标体系构建研究》，学位论文，浙江大学，2013 年。

附　　录

Ⅰ　公共文化服务体系建设财政保障状况调查问卷

尊敬的先生/女士：

您好！

我们是国家社会科学基金艺术学重点项目“公共文化服务体系建设和运行中的财政保障标准和保障方式研究”课题组，非常感谢您在百忙之中接受我们的问卷调查。我们郑重承诺：本调查问卷所填内容完全用于本课题研究，不用于除此之外的其他任何用途，采用不记名、由计算机统一处理数据方式，请您放心填写。

很抱歉占用您的宝贵时间，再次感谢您的参与和大力支持！

【填写说明】☆填写时，请您直接将相应选项“标红”，或者打“√”。

☆如无特殊说明，每个问题只能选择一个答案，但请您注意部分问题是选答题。

☆若您认为某些题目和选项不知如何作答，请空置，更欢迎您直接联系我们。

【问卷回收】联系人：　　　　　　联系电话：

QQ：　　　　　　QQ 邮箱：

1. 您目前工作所在地：________省________市________县（区）。

2. 您所在的地区是否参加了国家/省级公共文化服务体系示范区创建工作：

A. 参加了，国家（第______批）

B. 参加了，省级（第______批）

C. 未参加

3. 您所在地区的公共文化服务体系建设模式总体上是：

A. 财政保障　　B. 政府主导，社会参与　　C. 市场主导

4. 您对所在地区公共文化服务体系建设财政保障状况的满意程度：

A. 非常满意　　B. 比较满意　　C. 一般

D. 不太满意　　E. 不满意

5. 您所在地区公共图书馆、文化馆、博物馆是：（若您选择 C，请直接跳至第 6 题）

A. 新建　　B. 部分新建（________）　C. 原场馆

5－1. 若“新建（含部分新建）”，资金来源与保障标准情况：（可多选）

A. 中央补助______万元，其中，图书馆______万元，文化馆______万元，博物馆______万元

B. 省级补助______万元，其中，图书馆______万元，文化馆______万元，博物馆______万元

C. 市/县本级拨款______万元，其中，图书馆______万元，文化馆______万元，博物馆______万元

D. PPP 项目融资总额______万元（没有采取 PPP 的，不必作答）

E. 土地置换　　F. 其他（　　）

6. 您所在地区是否存在乡镇文化站“无站所”的情况：（若您选择 B，直接跳至第 7 题）

A. 存在　　B. 不存在

6－1. 若“存在”，乡镇文化站建设采取的方式有：（可多选）

A. 新建　　B. 改建　　C. 租赁

D. 闲置资产划拨　　E. 其他（　　）

6－2. 若“新建”，资金来源与保障标准情况：（可多选）

A. 中央补助______万元，其中，建设资金______万元，内部设施购置______万元

B. 省级补助______万元，其中，建设资金______万元，内部设施购置______万元

C. 市/县本级拨款______万元，其中，建设资金______万元，内部设施购置______万元

D. 其他（　　）

7. 您所在地区村级（社区）文化活动中心建设资金来源主要有：（可多选）

A. 中央补助　　B. 省级补助　　C. 市/县本级拨款

D. 对口扶贫　　E. 村级“一事一议”　　F. 村民自筹

G. 社会捐赠　　H. 其他（　　）

8. 您所在地区流动舞台车、文化车、图书车等流动设备的资金来源与保障标准：（可多选）

A. 中央统一配送，流动舞台车、流动文化车、流动图书车（请将配送的车标红，或打“√”）

B. 省级统一配送，流动舞台车、流动文化车、流动图书车（请将配送的车标红，或打“√”）

C. 中央未配送，但有补助______万元，其中，舞台车______元，文化车______元，图书车______万元

D. 省级未配送，但有补助______万元，其中，舞台车______元，文化车______元，图书车______万元

E. 市/县本级拨款______万元，其中，舞台车______元，文化车______元，图书车______万元

F. 其他（　　）

9. 您认为示范区创建专项资金能否满足当地公共文化基础设施建设需求？（非示范区不必作答）

A. 完全满足　　B. 基本满足，发挥了重要作用

C. 一般，作用不明显　　D. 资金太少，无法满足

10. 总体而言，您认为所在地区公共文化基础设施建设的财政保障资金：

A. 充足　　B. 一般　　C. 短缺

10-1. 您建议由哪级政府加强公共文化基础设施建设的支出

责任：

A. 中央政府　　B. 省级政府　　C. 市/县级政府

11. 您所在地区公共图书馆、文化馆、博物馆用于设备维护与更新、开展活动等基本运行所需资金的主要来源有：(可多选)

A. 市/县本级拨款　　B. 中央补助　　C. 省级补助

D. 事业收入　　E. 经营收入　　F. 其他（　　）

请您对各资金数量从多到少排序：

11 -1. 公共图书馆、文化馆、博物馆基本运行中，上级补助专项资金的占比：

A. 很大　　B. 一般　　C. 很小

11 -2. 您认为当前公共图书馆、文化馆、博物馆基本运行的财政保障资金：

A. 充足　　B. 一般　　C. 短缺

12. 您所在地区乡镇文化站提供公共文化服务活动所需资金的主要来源有：

A. 市/县本级拨款　　B. 上级免费开放专项资金

C. 上级其他补助　　D. 其他（　　）

请您对各资金数量从多到少排序：

12 -1. 您认为当前乡镇文化站基本运行的财政保障资金：

A. 充足　　B. 一般　　C. 短缺

12 -2. 您建议由哪级政府加强乡镇文化站提供公共文化服务的支出责任：

A. 中央政府　　B. 省级政府　　C. 市/县级政府

13. 您所在地区开展文化“三下乡”流动服务的资金来源与保障标准：(可多选)

A. 市/县本级拨款　　B. 中央补助　　C. 省级补助

D. 其他（　）

请您对各资金数量从多到少排序：

13 -1. 您认为当前开展流动文化服务的财政保障资金：

A. 充足　　B. 一般　　C. 短缺

13 -2. 您建议由哪级政府加强提供流动文化服务的支出责任：

A. 中央政府　　B. 省级政府　　C. 市/县级政府

14. 您所在地区文化共享工程、电子阅览室等公共数字文化建设的资金来源主要有：（可多选）

A. 市/县本级拨款　　B. 中央补助　　C. 省级补助

D. 其他（　　）

请您对各资金数量从多到少排序：

14 - 1. 您认为所在地区当前公共数字文化建设的财政保障资金：

A. 充足　　B. 一般　　C. 短缺

14 - 2. 您建议由哪级政府加强公共数字文化建设的支出责任：

A. 中央政府　　B. 省级政府　　C. 市/县级政府

15. 您所在地区开展大型公益性文化活动的资金来源与保障标准：（可多选）

A. 上级政府补助　　B. 市/县本级拨款

C. 企业冠名资助　　D. 社会捐赠　　E. 其他（　　）

请您对各资金数量从多到少排序：

16. 您认为示范区创建专项资金能否满足公共文化产品、服务与活动供给需求？（非示范区不必作答）

A. 完全满足　　B. 基本满足，发挥了重要作用

C. 一般，作用不明显　　D. 资金太少，无法满足

16 - 1. 您认为示范区创建专项资金在当地公共文化产品、服务与活动供给中占的比重：

A. 很大　　B. 一般　　C. 很小

16 - 2. 示范区创建验收后，当地公共文化产品、服务与活动供给资金是如何保障的？

A. 依靠上级政府补助　　B. 市/县本级政府纳入预算

C. 暂无财政保障

17. 总体而言，您认为所在地区公共文化产品、服务及活动供给的财政保障资金：

A. 充足　　B. 一般　　C. 短缺

18. 您所在地区乡镇文化管理员是否有编制：（若您选择 A，请直接跳至第 19 题）

A. 都有编制　　　　　　B. 都没有编制

C. 部分有（请注明比重＿＿＿＿＿＿＿＿）

18-1. 若没有编制，是如何保障的？

A. 参照公务员薪酬支付　B. 政府购买公益性岗位

C. 其他（　　）

18-2. 您认为采取“政府购买”方式的效果：

A. 非常好　　　　　　B. 一般　　　　　　C. 效果差

D. 不好评论

19. 您所在地区的村级文化管理员设置状况：(可多选)

A. 政府购买岗位　　　B. 村干部兼任　　　C. 村民志愿服务

D. 暂空缺　　　　　　E. 其他（　　）

20. 您认为所在地区用于乡镇、村级文化管理员薪酬支付资金：

A. 充足　　　　　　　B. 一般　　　　　　C. 短缺

21. 您认为公共文化服务体系建设财政保障状况的影响因素有：(可多选)

A. 经济发展水平　　　B. 财政投入力度

C. 政府间支出责任划分　D. 融资方式

E. 社会力量参与　　　F. 政策完善程度

G. 政策执行力度　　　H. 领导重视程度

I. 文化传统与文化底蕴　J. 其他（　　）

22. 您认为该地区公共文化服务体系建设财政保障还面临其他哪些问题？

23. 您对公共文化服务体系建设财政保障有哪些意见和建议？请填写在下面，或者直接与课题组联系。谢谢您！

问卷到此结束，再次衷心感谢您的参与！

祝您生活愉快！

Ⅱ　访谈纪要

1. 访谈时间：2016 年 7 月 4 日

访谈地点：文化馆

访谈对象：公安县文化馆郑馆长

访谈员：山雪艳、王子冠（王子冠记录）

我们大约 8 点 30 分到达公安县文化馆，当时文化馆工作人员还没有开始办公，只有一名年轻的工作人员在打扫卫生，但两个排练厅都已经有健身爱好者在开展活动了。近 9 点的时候郑馆长到达文化馆，我们对郑馆长进行了访谈。

“郑馆长您好，我们刚才在楼下看到，两个排练厅里已有不少群众在活动。他们都是自发过来的吗?”

郑馆长：是的，这些群众主要来自我们县的秋之韵舞蹈队，几乎每天早上都有二三十人会来文化馆活动。基本上每天早上 7 点 30 分，他们就会过来锻炼，持续到 9 点左右结束。因为是室内的排练厅嘛，所以可以做到风雨无阻。

“那么早，咱们文化馆的工作人员已经上班了吗?”

郑馆长：不需要等到我们上班，他们有排练厅的钥匙，自己开门就可以活动了，结束的时候再把门锁好就行。

“周末的时候咱们文化馆不上班，他们也可以过来活动吗?”

郑馆长：是的。虽然我们周末不上班，但是这些群众依然可以过来活动。我们是全年免费开放的，除了过年那几天，基本上每天都有群众来活动。这也是目前我们文化馆最主要的服务群众的方式。

“那在文化活动方面，咱们文化馆都做了哪些工作呢?”

郑馆长：我们现在开展的主要活动，一个是对一些群众文艺节目进行指导。比如说，下个月 8 月 8 号是全民健身日，县里有一些活动，很多文艺团队都在排练准备节目。包括刚才你们看到的秋之韵舞蹈队等，我们就会对他们进行指导，帮助他们提高节目质量。另外就是我们会定期对乡镇和村里的文艺骨干进行培训，教他们一些最新的舞蹈动作，还有一些道具的使用等。这些活动我们都是有照片留存的。

“这种培训是全县所有的乡镇和村都开展的吗?”

郑馆长：对，是在全县所有乡镇或者村组轮流进行的。一般来说是下面的群众通过当地的乡镇文化站向我们表达参加培训的要求，我们就会安排老师下去，或者组织群众到县城培训。时间一般是在每年三四月，天气相对合适，农活也不是非常忙。但实事求是地讲，这种培训每次只有两三天的时间，能够教授的内容还是有限的。不像我年轻的时候，去省里培训学习一般最短都是一个星期，这样才能够真正多学点东西。

“那是什么因素制约了这些培训活动的开展呢?”

郑馆长：主要还是人才的不足。我们文化馆原本有 17 个人的编制，文体新广局抽调了三个人，还有几个因为各种原因没有来上班，真正在岗的只有八九个人。其中能搞具体文艺业务的不到五个，在实际工作中往往捉襟见肘。我们也尝试过引进一些专业人才，上回就从长江大学招了两个毕业生，一男一女，县里还帮忙给他们租了房子。但是只过了一个多月，两个人就离职了，走之前专门跟我说，本来他们准备不辞而别的，但觉得我平时确实对他们不错，还是跟我说一声再走较好。我觉得也确实不能怪他们，条件的确是苦了一点，他们两个大学生来了，一个月也只有 1800 块钱的工资。我们公安的消费是整个荆州地区最高的，靠着这点工资只能勉强生存，根本留不住年轻人。别说他们了，就是我本人，在文化战线上工作了 30 多年，现在也就是 4000 块钱的工资。可以说目前所有的基层文化工作者，都是因为自己爱好文化事业，靠着自己的热情工作着，收入方面相对于别的行业差得太多了。

“所以您的意思是，现在文化事业中专业人才的缺乏，主要是待遇过低造成的?”

郑馆长：是的，文化工作者也是普通人，也需要挣钱养家糊口嘛。待遇低了，自然就吸引不到人才，也留不住人才了。

“其他的硬件方面呢，比如说流动文化服务车，咱们文化馆有没有配备?”

郑馆长：目前还没有，这个流动文化服务车是由省文化厅配送的，我们也在积极争取，希望能尽早配备。

“非遗保护方面的工作，咱们文化馆又做了哪些呢？”

郑馆长：非遗方面我们主要是对公安说鼓和公安道情做了一些挖掘整理的工作，这方面我们县里有一位徐华老师，他是这方面的专家。还有孟家溪小学已经挂牌作为我们县的非遗传承基地，徐华老师时常去讲课。但是因为徐老师现在年纪大了，已经退休，我们也不好让他讲太多，而新的继承人又顶不上来，这也是个问题。另外我们还出版了两本公安说鼓的作品集，主编就是徐华老师。

2. 访谈时间：2016 年 7 月 4 日

访谈地点：传媒中心

访谈对象：陈主任

访谈员：课题组（王子冠记录）

公安县传媒中心是在 2015 年底由原公安县广播电视台、县电影公司和县新闻中心合并改组而建立的。我们在传媒中心会议室对办公室的陈主任进行了访谈。

“陈主任您好，请您跟我们介绍一下传媒中心的相关情况。”

陈主任：我们传媒中心是去年成立的一个新机构，是由好几个单位合并改组而来的，我们的前身包括公安县广播电视台、电影公司和县新闻中心。现在我们传媒中心对公安县内的广播电视、报纸杂志以及网络方面的媒体都有涉及。也就是原来那几个单位的各项职能都由我们整合了，由我们传媒中心统一管理。

“目前咱们公安县的有线电视入户率大概有多少？”

陈主任：在60%以上，并且这几年正逐步提高。我们现在正在推行的一项工作就是有线电视的高清改造，这个改造完成以后，我们公安县的有线电视用户就可以看上高清的电视节目了。

“公安县农村‘村村响工程’的建设和维护现状如何？”

陈主任：“村村响”建设工作去年就已经全部完成了，已经覆盖了所有的行政村。日常的维护工作，像设备的维修和更换，目前应该是由县网络公司负责。这一块的工作现在还没有文件做明确的责任划分，但还是有人做的。主要是因为我们传媒中心成立的时间还不长，有些工作的交接还没有完全明确。

“农村免费电影放映的工作呢?”

陈主任：是的，农村电影放映是由我们完成的。这一块的工作现在面临一些新的情况，因为农村的青壮年多数都到城里打工了，剩下的以中老年人和儿童为主，对于看电影的热情不是那么大，甚至有时候一场电影只有几个人看。但是我们也想了一些办法，比如说在农村里有红白喜事的时候，村民可以请我们去放电影，我们公安县的一些乡镇是有这个风气的，这样村民比较集中，来看电影的观众就比较多。我们还专门到福利院放映电影，福利院里的老人们因为日常生活比较单调，还是很愿意看电影的。

“那放映电影的选择是怎么确定的呢？村民是否可以提要求想看什么电影?”

陈主任：所有的电影都是在文化部的片库里挑选的。农村的村民对电影的需求和城市还不太一样，他们不一定喜欢最新的好莱坞大片，往往对于指导他们农业生产的科教片最感兴趣。每次放科教片的时候村民们最喜欢看，还常常跟放映员提出要拷下来拿回去再看几遍。我们也尽量满足这种需要，比如说要去的那个乡镇是以养殖小龙虾为特色的，我们就在文化部的片库里挑选下载一些关于小龙虾养殖技术的科教片，有的乡镇大面积种植葡萄，我们就放映讲葡萄种植技术的科教片。村民也可以直接跟放映员提出要求，下次想看什么影片，或者通过文化站向我们反映也是可以的。

“那咱们用什么方式来监管放映员，确保每一场电影放映都落实到位呢?”

陈主任：过去我们采取的办法比较原始，就是每一场电影放完之后由村里的负责人签字，证明电影放过了。那么现实中确实出现了放映员和村里负责人关系好，只放一场电影多签几个字的情况。现在我们采用了一些技术手段，主要运用 GPS 定位技术和 GPRS 传输技术，在监管平台上可以清楚地知道放映员何时何地放映了多长时间的电影。我们要求电影要在下午五点半之后开始放映，提前放是无效的，每部电影都要放到至少 80%，放的少了也是无效的。采用这样的办法之后，每一场电影放映的相关情况就实时传输到我们的监管平台上，确保了每一场电影放映都落实到位。

3. 访谈时间：2016 年 7 月 4 日

访谈地点：图书馆

访谈对象：朱馆长

访谈员：课题组（王子冠记录）

“朱馆长您好，目前咱们县图书馆的藏书量大概有多少？”

朱馆长：目前我们馆是文化部二级图书馆，藏书约 103500 册。

“关于文化活动方面，咱们馆做了哪些工作呢？”

朱馆长：我们馆每年开展的最主要的文化活动，就是全民阅读，具体的活动形式包括征文、知识竞赛、演讲等。我们馆现在也是湖北省的全民阅读基地。

“目前咱们图书馆有建立总分馆制的计划吗？”

朱馆长：我们正在筹划总分馆制，计划是建立县图书馆—乡镇文化站阅览室—村农家书屋三级体系。总分馆制主要可以解决农家书屋书籍种类较为单一的问题，在乡镇之间和村之间形成藏书的交换流动机制，丰富图书阅览室书籍的种类。

“咱们图书馆配备了流动服务车吗？”

朱馆长：有的，我们馆配备了一台流动服务车，是由省文化厅配送的，并且每年设有流动服务专项资金 5 万元。去年我们开展流动服务 20 余次，今年仅上半年就开展流动服务 16 次，计划全年完成 56 次。

“我们看到楼下大厅里还挂着一块‘文化信息共享中心’的牌子，您能不能给我们介绍一下这方面工作的情况？”

朱馆长：之前我们图书馆采用政府购买的方式，找到一家网络技术公司，帮我们构建了网络信息共享平台，建成了一个信息共享的网站。但是后续的维护我们自己无法完成，网站经常中毒或者遭到攻击，再请他们来做维护工作的费用又太高，所以目前这个网络信息共享平台处于关闭状态。

“咱们馆有没有设置盲人阅览室？”

朱馆长：盲人阅览室我们是有的，并且也购置了一些盲文的书籍。但是我们公安县的盲人不是很有阅读的意愿，我们把盲人阅览室的钥匙直接交给了他们，但他们还是不怎么愿意来，所以一般盲人阅览室都处于闲置的状态。

“那咱们馆目前在工作中又面临着哪些困难和问题呢?”

朱馆长：目前我们馆所面临的问题，一个是在硬件上继续加大投入，不过这一点在新图书馆建成以后应该就能得到解决。除此以外，还需要形成一个特有的品牌，加大图书馆的知名度，吸引更多群众来图书馆看书，来参加文化活动。同时我们图书馆也面临人才不足的问题，现有工作人员普遍年龄较大，最年轻的员工也38岁了，这里面的原因主要还是待遇不高，吸引不到年轻人。

4. 访谈时间：2016年4月10日

访谈地点：狮子口镇

访谈对象：狮子口镇文化站站长

访谈员：课题组（范晓琳记录）

10日上午，在文体新广局刘主任的陪同下，我们调研小组来到了公安县狮子口镇，对狮子口文化站进行参观，通过与站长深入交谈，了解到一些他个人有关乡镇文化站建设、文化工作开展的看法。上午10点左右，我们便驱车到达狮子口镇文化站，站长早已在这里等着我们。

一到文化站，首先进入我们眼帘的便是文化站门前那一片干净整洁的场地，上面安置着一些体育健身器材，在文化站右侧的围墙上悬挂着狮子口镇各种文化活动的剪影、照片、简报。进入文化站后，我们首先看到电子阅览室内有14台电脑，当天正有几位小学生在那里用电脑上网搜索。而图书室内的书籍涉及音像、科技、文学、生活、少儿、保健六个方面，还有一些报纸、杂志，但观察发现，报纸还不能够紧跟时事，陈列的都是去年10月的报纸，跟站长了解到平常电子阅览室还有一些学生或是少数居民使用，但是图书室来的人就比较少，更多的还是居民观念的问题，全民阅读的风潮还没有彻底形成。另外，站长还特别带我们来到了多功能厅，这里的前身是一个剧场，舞台、灯光、音响配备齐全，能容下5000名左右的观众，这个剧场是在文化改制时期站长没有改革变卖而保存下来的一块场地，现在，狮子口镇任何较为大型的活动都在这里举行，并且，有时候学校的文艺汇演也会借用这里的场地。

在文化活动方面，狮子口文化站组织的活动也较为丰富。站长跟我们介绍他们已连续举办了三届“申津渡杯”全民阅读知识竞赛。除此之外，还组织了“书香满盈人生路”演讲比赛，庆祝建党 90 周年文艺晚会，“活跃农村文化，共建美好家园”文艺汇演。站长提到，特别是“活跃农村文化，共建美好家园”文艺汇演，它是由各个村、社区自己组织节目，自编自演的草根文艺汇演，节目主持人由县文化馆工作人员，灯管音响的控制由荆州九歌传媒有限公司工作人员负责，到场观看的群众很多，节目汇演十分成功。站长说，他希望将这样的活动做成品牌，增强它的持续性，以此丰富基层群众的文化生活。

在文化站的活动经费方面，站长提到，狮子口镇有近 7 万人口，但是经济总量排全县倒数第二，在经济基础不行的情况下，文化建设更加困难。文化站每年可获得 4 万元的活动经费，不用写报告，直接拨款。但是，文化站的日常管理除了站长之外，还有一个公益性的岗位，但是，工资报酬只有 1200 元，并不高，对于维持基本生活还是比较困难的。并且，文化站下乡是没有差旅补贴的，也没有电话补贴，这就更增加了文化站工作人员的负担。站长还是认为要加强对基层文化站的经费支持，只有在保障投入的前提下，活动开展、人员调配才能跟上来。

总体来说，狮子口文化站的基础设施建设、文化服务供给方面都做得不错，设施场地齐全，还有一个能容纳约 5000 人的剧场，文化品牌活动也较为丰富，“活跃农村文化，共建美好家园”文艺汇演广受群众喜爱，但是，在文化活动财政经费保障上还比较薄弱，基层文化工作人员的福利水平比较低。

5. 访谈时间：2016 年 7 月 5 日

访谈地点：麻豪口镇

访谈对象：丁委员（宣传部），严站长

访谈员：课题组（胡红霞记录）

严站长和丁委员介绍了麻豪口镇的基本情况：该镇有 23 个村，4 个社区，人口为 6.6 万，面积达 187.2 平方公里。目前该镇已经建成标准村6个，其中包含示范村2个。并且该镇现又上报拟建立4个标准村，其中两个村已基本建成，另两个正在修建过程中。此外，该镇共有32支广场舞队伍和3支篮球场队伍。

在“一镇一品”品牌活动方面，该镇的“文明舞台”品牌活动，主要是以传统节假日，如三八妇女节，五四青年节，六一儿童节，七一建党节，八一建军节，九九重阳节等为依托，以某村为中心，其他各周边村共同参加来举办各种文化演出活动。在“送戏下乡”方面，每年都有八九场戏送下村；在管理人员（站长）的培训方面，每年会有为期一周的培训。

谈到公共文化服务体系建设所存在的问题，丁宣传委员指出，在送电影方面，存在供需不匹配的问题。“我们这里的生产发展主要是以花卉、养殖、果树等五大产业为支撑，并且有许多诸如水产合作社、苗木花卉种植合作社、养鸡养鸭合作社等各种农业合作社。因此，群众更多的是希望能看到农技培训这方面的科技片，但是实际上这方面的需求并没有得到满足。一方面关于科技影片的供给过少，另一方面，后来供给下来的科技片却往往不能满足农民现时的真正需要。比如说，影片下放时，已经过了该农业品种的种植或养殖时间；不能起到农技指导和培训的作用。”

在公共文化设施方面，场地、健身器材、音响设备等缺乏；同时，公共文化设施的闲置率比较高，并未得到充分利用，主要是学校和医院的团体享用公共文化设施，进行宣讲或者举办知识竞赛。在文化服务供给方面，公共文化活动形式单一，主要是以跳广场舞为主；另外丁委员表示：“在人才数量及培养方面，人员严重不足和匮乏，文化站里只有站长一个专职人员，同时，他还要协助做其他的事情，比如防汛等。若站长退休，就没有后续的接班人，也找不到一个如此有经验和热情的人接替。因此，后续人才的储备与培养也是一个大问题。同时，经费也缺乏。比如，一些音响设备及茶水费、电费等都是爱好文艺的人自己出的。”

6. 访谈时间：2016年7月6日

访谈地点：藕池镇高场村

访谈对象：陈站长（30 岁左右）

访谈员：课题组（胡冰记录）

藕池镇是一个千年古镇，三国时期刘备屯兵藕池、荷源抗战都是藕池镇宝贵的历史文化资源，明英宗时期杨溥首辅大臣也是出自藕池镇。藕池镇从前是一个工业镇，在改革开放后，大批企业从国有变成了私有股份制，这也奠定了藕池镇的经济基础。目前，藕池镇一共有 13 个村，其中有 5 个标准村和 1 个示范村，按照创建标准，藕池镇总共应建 9 个标准/示范村，现在还差 3 个村才能达到 70% 的标准。藕池镇依托于其历史文化，可以被打造成一个特色旅游文化镇，发挥其历史底蕴优势。

陈站长谈到藕池镇基层文化追求和工作开展状况。“在上级没有配备场所和资金的情况下，群众能做到自发自主参与广场舞活动，体现了基层民众对于文化的追求与向往。”藕池镇目前已经有了公安说鼓的教学基地，农家书屋也配备了总价值 23800 元的图书，配有电子阅览室且运用良好，球场利用率不错，配备文体广场和室内活动室；13 个村和 4 个社区都有自己的广场舞分队与健身分队；对于空巢老人与留守儿童也有专门的“送爱心”活动。

然而藕池镇在建设过程中依然遇到了许多问题：

首先，陈站长提到藕池镇在文化工作中存在滞后性，原因有二，即资金筹备紧张与人才不足。“省出台的文件规定乡镇的人均文体经费应高于 1.5 元，藕池镇 5 万人口，最低的经费应该不低于 7.5 万元，但是实际上真正从事文体的经费却不到 1 万元。有些基础设施建设，上面没有经费发下来，都是村里自行筹集。”至于人员问题，藕池镇缺乏从事文体工作的专业专职人员，且许多工作人员身兼数职，文化站只有站长一个人，陈站长要负责所有的工作，很多地方的基层文化工作也是只有一人来完成，这就限制了很多活动的开展。陈站长指出，在公安县还有 5 个乡镇都与藕池镇有着相同的情况，就连县文化馆从事指导工作的人员也只有 5 人。“这种资金和人才严重匮乏的问题不仅仅存在于藕池镇，在整个公安县乡镇中都普遍存在。”

其次，陈站长提到了农家书屋的运行困境。他认为：“农家书屋配备齐全了图书、音像资料虽然是件好事，但是许多农民有着借书不还的习惯，如果采取收取押金的办法，又会出现无人借书的局面，因而造成了图书资源的浪费。”但陈站长坚持认为应该引导村民养成爱看书的好习惯，因此如何运行好农家书屋是需要当前藕池镇认真思考的问题。

再次，陈站长还向我们指出了开展文化工作其他方面的困难，“在送电影下乡、送戏下乡的活动中经常出现浪费，观看人群不多，并且电影依然是几十年前的抗战老片”。对此，陈站长提出需要“进行资源整合，将送电影、戏曲下乡与七一建党节、重阳节等活动相结合，吸引更多的人参与”。除此之外，室内活动室也有利用不够的问题，原因在于没有经费配置音响、舞台和座位。团体文艺队伍比如广场舞队、健身队满足的大多是老年人群的需要，基层公共文化服务对中青年人群的需要满足不够。

最后，陈站长对藕池镇进一步建设提出了一些想法，他针对镇上综合文化站（三级站）未达标的问题提出了三点措施：“第一，希望政府给予政策性支持；第二，由国资委调配资源；第三，自筹资金。对于村里的设施设备不足的问题，他提出政府可以采取直接配送实物而不是拨付资金由乡镇政府购买，这样能够更多地节省成本。”

7. 访谈时间：2016 年 7 月 5 日

访谈地点：夹竹园镇

访谈对象：胡站长

访谈员：课题组（范晓琳、胡冰记录）

5 日上午，我们在尹主任的陪同下到公安县的一个一级文化站——夹竹园站了解当地的基本文化建设情况。到达夹竹园文化站，胡站长接待了我们，我们在文化站内进行了访谈，胡站长真实亲切地跟我们谈到了一些基层文化建设的困境及情况。

胡站长首先介绍了夹竹园公共文化服务标准村的建设情况。夹竹园镇共有 5.2 万人，19 个行政村，其中建有标准的综合文化服务中心的有 6 个，今年正在创建的有 3 个，其中只有 30%—40% 的村配备了体育健身器材。夹竹园文化站配有标准的“三室一厅一场”，在多功能活动厅内，陈列着音响、话筒、支架、电视、大鼓等设施，可供居民在那里开展文艺活动。图书室内陈书2000册，报纸都比较新，环境也较好。“镇图书室、电子阅览室、多功能活动厅均是免费开放，并为现有的一支广场舞队提供交通费，同时还为跳舞健身的人群提供免费的用电和茶水。”另外，胡站长还提到，“今年三八妇女节举办了文艺汇演活动，由乡镇的各个行政村、社区、舞蹈队自己组织节目，自编自演、自娱自乐。整场演出包括演员、非演职工作人员100人左右，活动比较成功，到场观看的群众很多，活动不仅有照片记录，还有摄影存档，在文化站的活动中心播放。”

胡站长特别说明了夹竹园镇在基层公共文化服务建设方面的困境，他总结说：

第一，基层文化服务管理不足。这包括两个层面：一方面乡镇文化站的三室一厅一场需要管理，每天的开放需要人来运转，但是，现阶段对于这项工作能够提供的人员资金不足，所以导致管理方面找不到人，也不好开展。在村一级更是如此，没有划拨专项资金，管理人员工作动力不足，胡站长说：“现在村里边村干部的工作也不少，你要让他们每天开放这些活动室，又要管理，如果不给人家一定的补偿，根本没有人会做这样的事情。由于没人管，这就导致了很多村级图书室内的书被老鼠啃、被人偷的问题产生”。“但是，这些东西你又一定需要人去管，一旦这些书、电脑被损坏或是被偷窃遗失，想要重建、修复都是相当困难的，没有人，也没有钱能够让你重建。怎么办呢？我认为需要上面出台政策，将管理跟上，农家书屋与设备的管理应纳入村干部的绩效管理考核中去。对于体育器材和设备，应建立起长效维修机制。”对于图书室与电子阅览室利用率不高的问题，胡站长分析道，这与百姓看书学习的观念跟不上有关，同时还与现代社会手机、电脑对纸质书的冲击有关，胡站长对此提出了“通过宣传动员、送书上门与开展征文演讲活动三管齐下的方式来引导村民更多地看书”。

第二，上级对乡镇和村的基层公共文化设施与服务的资金投入不足。目前夹竹园镇文化站工作人员总共只有两名，“站长助理的工资只有1400元，且无保险，工资太低导致工作人员不能维持基本的生活”，极大地影响了他们的工作积极性。除日常的文化管理人员需要提高工资待遇之外，胡站长还说道，“举办一场文艺晚会也需要资金的支撑，无论是服装、交通、排练等都需要经费才能继续下去。”胡站长提出将文艺活动经费纳入财政预算，才能保证乡镇文体活动的数量与质量。关于夹竹园镇打造“一镇一品”工程未能成功完成的事情，胡站长也将其归因于经费不足，打造一个品牌需要大量的资金，“品牌不是喊出来的，”胡站长这样说道。

第三，文艺人才缺乏，县级的文化引导到基层的辐射力度不够大。乡镇一级的文化活动基本上都是广场舞、文艺表演、看电影这一类，在给他们提供了跳舞的场地、音响设备之后，他们还需要有人来教，但是，乡镇一级的文艺人才十分有限，乡镇也难以留住人才。对此，胡站长提出了他的一些想法：“希望上级能提供一些政策倾斜，大力倡导文化工作者下基层，县级统筹，加强横向部门间的合作，实行文化单位、文化工作人员负责制，由文化馆的专业文化工作者每人负责几个文化站，在下面有需要的时候能够及时得到支持。”至于乡镇与村经常存在工作人员积极性不高的问题，这与乡镇工作人员基本权益未能得到保护有很大的关系。胡站长说：“这是一个共性的问题，基本上所有的乡镇文化站都存在这样的困境。缺人背后的重要原因就是缺钱，解决好这两个问题才是解决公共文化建设的基础性问题，否则，一切都是纸上谈兵，没有任何实质性的突破。”

胡站长最后总结道，以上种种问题也许会通过本次创建示范区工作得到暂时的解决，然而要长久保持下去就需要形成一种长效机制，形成一种制度机制，否则创建结束后一切就会恢复原样。

8. 访谈时间：2016 年 7 月 6 日

访谈地点：夹竹园镇前进村

访谈对象：胡站长、妇女主任

访谈员：山雪艳、王子冠、胡冰（胡冰记录）

前进村是夹竹园镇已建成的标准村，建有农家书屋、电子阅览室、多功能活动室、老年人活动中心，还有一个较为宽敞的广场，广场上方配有一盏夜间照明灯，方便村民晚上在这里跳舞，农家书屋藏书相对较丰富，与镇图书室一样每本书都有标签并编号，电子阅览室配有两台电脑，每个场所都张贴了相应的管理规章，总体来说，前进村设施较为齐全。前进村妇女主任介绍道："文化室场地大，是楼上楼下两层，但条件还不够好，楼上电子阅览室可以上网，由于是去年新修好的，所以网速很快。平时看书的人不是很多，群体主要是年轻人。"

胡站长又提到了管理问题，总的来说有三点：第一，场地有，设施有，但条件差。第二，无人管理，无法提供开放文化室的保障。文化室基本形同虚设。第三，文化建设需要各级领导的重视，尤其需要经济上的支持。要建立各种管理机制，经济落实机制。

胡站长分析道：农家书屋、电子阅览室、活动室利用率不高的原因之一是"没人管，虽然每村培训了文化指导员，而且是挑选的人员，但不是人人都有奉献精神，根源还是工资太低。前进村的图书、网络、象棋等配备齐全，但没有专门的管理人员，基本上都是主任亲自管理，就是有人来文化室，却没人开门，下次就不会再有兴趣来了。"

9. 访谈时间：2016 年 7 月 7 日

访谈地点：夹竹园镇黄金口村

访谈对象：书记，三四十岁

访谈员：山雪艳、胡冰、王子冠（胡冰记录）

黄金口村是夹竹园镇今年上报计划建成的标准村，是该村建设村委会统筹规划建设的文化服务中心。目前正在建造中，主体结构已经形成，共有两层。一楼设有群众服务大厅、多功能活动厅和会议室，二楼设有农家书屋、电子阅览室以及其他办公室等。预计今年群众服务大厅就可以投入使用。陈书记讲到："建在了村内最中心的地方，符合服务中心的建立理念。"此外，黄金口村热爱跳舞的人很多，届时会招标搭建一个百姓舞台。

陈书记介绍了建设资金的来源："上级拨款、自筹，即找成功人士赞助。向上级争取到的款项大约 50 万元，包括以下部门的支持与帮助：县组织部资助 10 万元，民政局 20 万元，旅游局给了 10 万元，中建局解决了 10 万元，等建设完毕后，文广新局会用以奖代补的形式给予一定的支持。其他经费由村里自筹，这就需要找成功人士做好赞助动员工作。”

陈书记讲到：“建成总预算大约100万元，其中整体工程43万元，地面、下水设施装修10万元，室内设施10万元，围墙7万元，空调、桌椅等设施目前全部都没有现成的，需要重新购置。土地购买花费7万元，这是因为基本农田不得征用，只能将原来的房屋和土地一并购买，然后重建。届时政务会全部公开。”

谈及村里的收支问题，陈书记向我们说道：“目前黄金口村的收入为零，负债额度很高，但又必须进行文化建设工作，要惠民，实属不易。”

10. 访谈时间：2016年7月6日

访谈地点：南平镇拖船埠村

访谈对象：村支部书记（龚书记）

访谈员：课题组（范晓琳记录）

拖船埠村是南平镇的一个典型的新型农村，村委会的建设规划十分全面，既有村民办事大厅，又有老年人互助中心、村民谈心室，文化活动中心建设也比较全面，“三室一厅一场”齐全，并且设施都比较新，场地也很宽敞。在老年人互助中心内摆放着两张床，可以供村里的老人在这里聚会、休息，并且，互助中心由专门的村干部管理，确保服务的提供。在活动中心里，有乒乓球台等体育设备，可供村民免费使用，室内还陈列了不少凳子，过往的村民都可以在这里休息。另外，在村委会旁树立着两栋“村民集中楼”，村民可以自愿购买，购买者可以享受900元每平方米的优惠价格，但是，一旦购买了集中楼房，村民原来居住的旧房就要拆掉，把土地让出来。

村支部龚书记具体给我们介绍了村里这栋集中楼的建设情况，集中楼是镇政府利用招标的方式，向市场招聘商家，并对房屋建成后的房屋销售进行限价，不能超过规定的价格，所以，这栋集中楼村民购买才能享受900元每平方米的销售价格。另外，外带的车库是每个2万元。对于村委会大楼的建立，龚书记说，主要是以村里自筹资金为主，村委会大楼建设总共花费85万元，县组织部出资10万元，南平镇政府出资5万元，县文体新广局“以奖代补”5万元，剩余的65万元都是由村里自筹资金，而这其中主要依赖村里在外从商的村民，利用他们的资源，鼓励他们回报家乡建设。村委会文体活动中心的设施配备，体育器材、灯光音响等都是文体局对建设标准村的支持。另外，对于文体活动中心的日常运转，龚书记采取了创造性的做法。村委会有一个很大的场地，设施水电齐全，有时村民有喜事，需要办酒席时，村委会就将场地出租，收取适当的费用，这部分费用就用于文体中心、村委会日常的水电费用。

另外，对于拖船埠村的村民文体活动情况，龚书记介绍说，拖船埠村的文体活动比较丰富，一方面，村民每天都会到广场上跳广场舞，并且村里也组织了自己的舞蹈队，到县里去参加比赛取得了较好的成绩。另一方面，送电影下乡在村里也比较受欢迎，因为放映的场地就在集中楼旁的广场上，村民来观看也很方便，如果是在晚上的时候，跳广场舞的群众在跳完广场舞后都会继续看电影。

11. 访谈时间：2016年7月5日

访谈地点：麻豪口镇江南村

访谈对象：希望之星何院长

访谈员：山雪艳、高贵宝、胡红霞（胡红霞记录）

江南村的“希望之星”幼儿园是何女士私人建立的，该幼儿园院内有宽敞的舞台和广场。何女士自发自愿组织当地的群众成立广场舞队，免费培训舞蹈；并且自掏腰包买音响设备，提供电；同时无偿提供幼儿园的舞台和广场作为村文化活动的举办和演出之地。但是，何女士也深感一己之力的不足，其他群众都十分愿意加入广场舞队，但是缺乏专业老师，她是靠着视频自己学会舞蹈，然后再教会其他人。去年她参加过一次县文化馆组织的文化辅导活动，不过，培训时间只有2天，学到的比较少，希望能够多组织一些。另外，她曾设想请一位专业老师，但费用太高了，因而凡是大小文化活动，她一人兼主持人、舞蹈老师、表演者等多重身份，要想进一步扩大影响力，她表示“心有余而力不足”，特别希望村委以及镇里能够提供一些支持。

12. 访谈时间：2016 年 7 月 4 日

访谈地点：公安县文化馆

访谈对象：H 女士，退休人员，61 岁

访谈员：范晓琳

4 日早上，调研组成员便来到公安县文化馆，实地了解当地群众对文化馆的使用情况，同时也想通过与在文化馆活动的居民进行交流，了解他们的需求以及他们对公共文化服务的看法。到达文化馆后，有大约 20 名当地居民正在活动室内跳舞。在他们休息的间隙，我访问了其中的一名阿姨，了解到这位阿姨是公安县国税局的一名退休人员，家住在公安县城，每年退休金约 5 万元，子女在外工作，她平常很喜欢跳广场舞，也是公安县红枫叶艺术团的成员之一。阿姨的家离文化馆并不近，每天都要坐公交车到文化馆，但她还是十分愿意过来，一来，这里有较为专业的团队，可以相互交流学习；二来，这里文化馆的条件比较好，有个室内的活动厅。

在与阿姨的访谈过程中，她根据自己的情况提到了以下这些内容：

（1）县城公共文化服务场馆、设施的建设还是不能满足需求。阿姨说："我们的情况还是比较好的，还能有这样一个地方可以免费使用，但是县城里还有很多人不能到这里来，他们只能在广场或是县城农行门口的那片空地上跳跳，下雨或是天气很热的时候就不行了。"

（2）文化馆的使用很抢手。面积 80 平方米左右的活动厅，每天上午、下午都有不同的舞蹈队会过来跳舞。使用时间和次序一般都是团队间自主协商，在遇到县里有大型文艺活动，如"社区天天唱"，有很多表演队需要排练，场地不够用的时候，它们就轮流使用，尽量把时间错开，所以文化馆基本上不存在闲置的问题。但是，文化馆内的配置还可以进一步提高。阿姨说："以前，我们在这里跳舞还能开个空调，但这几个月不知道什么原因，空调没能打开，我们商量着自己去缴电费，好在热的时候开开空调、电扇。"

（3）文化馆的老师太少了。"现在文化馆的舞蹈老师只有陈老师一位，但是县里的舞蹈队很多，老师都忙不过来，如果我们需要学习、培训的时候，都是由领队跟陈老师联系，让她抽几个小时给我们看看。”现在教她们跳舞的这位领队，是自己有着较好的舞蹈天赋和功底的普通居民，她平常在家练练，熟悉了之后就到这里来教她们，而且是无偿的。

（4）文艺社团下乡演出的活动广受舞蹈队成员的喜爱。红枫叶艺术团作为县城较有名气的艺术团，在乡镇有文艺汇演时会邀请文化馆参加，这时文化馆就会请红枫叶艺术团出个节目。阿姨还给我看了他们到乡下表演的照片，大家带着行李、装备下去，参加表演，也顺便到乡下看看风景，玩得不亦乐乎。

（5）现在政府对文艺队伍的帮扶相较于以前来说更好了。阿姨说：“现在像广场舞大赛这样的大型活动，参加的队伍都能够得到600—1000元的服装、道具方面的经费支持，相较于前两年没有经费，我们自己出钱的情况已经好很多了。”如果能够得到这样一些经费支持，他们的舞蹈道具、服装方面就能够得到更好的配置，对于他们的表演也更有帮助。

总体来说，这位阿姨对于县城近些年来公共文化服务方面的建设还是比较满意的，也明显感觉到了服务方面的良好改变，这点让阿姨感到非常欣慰。

13. 访谈时间：2016年7月6日

访谈地点：公安县南平镇

访谈对象：K先生，离退休人员，67岁

访谈员：胡红霞

K先生是南平镇的一位离退休人员，文化程度只有小学；但是，他从年轻时起就特别热爱文艺，熟识音乐简谱，对二胡、腰鼓等乐器也十分擅长。现在为南平镇民间艺术社团腰鼓队的队长。

“您平时有什么文化方面的爱好和活动吗？”

K先生：当然有啊，我就是爱好这方面。别看我就读个小学，没什么文化，我年轻的时候就喜欢研究那个音乐简谱，现在无论什么样的谱子，拿给我瞟一眼，我马上就能用二胡拉出来；之前有几个大学生过来，我拿个谱子给他们看，他们都不会。那些简单的do，re， mi，按说大学生都应该会啊，你们怎么也不会啊?!

“您知道这南平镇上有综合文化站吗?”

K 先生：知道，有，以前也去过。

“那边有没有文体广场之类的?”

“K 先生：没有，就有个办公的地方，没有广场，根本没有地方。”

问：那文化站平时举办什么文化活动吗? 像文艺汇演或者跳广场舞之类的? 没有广场的话都在哪里举行呢?

K 先生：没有举办什么文艺活动，跳广场舞的蛮多的；都是自己组织，在自家门口的场子上跳。以前上面举办那个广场舞大赛，要求下面选跳得好的广场舞的队伍去比赛；也有让我们这些民间艺术社团组织节目去比赛的。

“那政府有没有组织提供过一些公共文化服务或者活动呢? 比如送戏下乡，免费放映电影之类的?”

K 先生：没有，没有搞这些。

“那您觉得政府对公共文化服务这块儿重视吗? 还有资金方面投入得多吗?”

K 先生：这块儿不行，相反是我们这些爱好民间艺术的团体促使上面搞这个，他们不搞，我们自己搞。在我们年轻的那个时候，文化这块儿都是从上到下，硬指标，必须要搞的；现在都是我们这些年纪差不多的，退了休的老同志，爱好这个方面的就自己组成腰鼓队，平时没事就聚在一起练习；这里有什么红白喜事的也都请我们过去。我觉得上面肯定是在这块儿投了钱的，但是在下面我们是没有看到的。以前文化站也说要把我们组织在一起，每个加入的都发一个红本本，我们很高兴，觉得有个红本本，光荣嘛。每个人还缴了 200 块钱，后来，还是散了，我们还是自己搞自己的。

“政府加大公共文化设施、服务、活动等方面的建设和供给，您觉得有没有必要呢?”

K 先生：那当然是很有必要的啊！其实群众对文化这块儿的需求大得很，只是上面没怎么搞。

后　记

本书是我2013年国家社科基金艺术类重点项目“公共文化服务体系建设和运行中的财政保障标准与保障方式研究”（13AH005）的研究成果。从立项到结项、从研究到出版，前后耗费了五年时间。在这期间，我作为湖北省公共文化服务体系建设专家库专家，曾全程参与了湖北省松滋市、公安县两地的省级示范区创建制度设计研究工作，并参与了第一、二批共21个市、县、区省级示范区创建的中期督察、实地验收和最终评审工作，对公共文化服务体系建设财政保障问题有了更加切身的感受和思考。这也就意味着本书是理论与实践紧密结合的产物，希望本书的出版能为关注公共文化服务体系建设乃至整个基本公共服务均等化供给问题的学者们提供些许启发和借鉴。

项目的申报、研究及成果出版得到许多人的帮助，在本书即将出版之际，我谨以此后记向给予我帮助的这些人致以最诚挚的感谢！

感谢华中师范大学国家文化产业研究中心主任黄永林教授、经济与工商管理学院邓宏乾教授、政治与国际关系学院吴理财教授在项目申报与研究过程中给予的关心、支持和帮助。

感谢文化和旅游部政策法规司张永新司长（原文化部公共文化司司长）对本书研究工作的支持。我曾应邀向公共文化司提供项目研究的阶段性成果，成果获得了他们的采纳。

感谢湖北省文化和旅游厅的李波处长、刘伟伟副处长及刘晓林先生、李娜女士，他们为课题组开展实地调研给予了无私的帮助，并提供了大量的一手资料。

此外，还要感谢我的学生李淑芳、江朦朦、山雪艳、梅莹等博士，他们在资料搜集、调研开展、问卷分析、文字校对等方面提供了许多帮助。

张启春

2019 年 7 月